名著阅读学历案系列丛书

名著深度阅读

IN-DEPTH READING OF FAMOUSWORKS

编 贾龙弟

第二辑

分册主编 蒋云兵 朱晖 朱慧

浙江大学出版社·杭州
ZHEJIANG UNIVERSITY PRESS

图书在版编目（CIP）数据

名著深度阅读. 第二辑 / 蒋云兵，朱晖，朱慧分册主编. —
杭州 ：浙江大学出版社，2022.9
（名著阅读学历案系列丛书 / 贾龙弟主编）
ISBN 978-7-308-22815-2

Ⅰ. ①名… Ⅱ. ①蒋… ②朱… ③朱… Ⅲ. ①阅读课
—初中—教学参考资料 Ⅳ. ①G634.333

中国版本图书馆CIP数据核字(2022)第118319号

名著深度阅读（第二辑）

MINGZHU SHENDU YUEDU DIERJI

蒋云兵　朱晖　朱慧　分册主编

责任编辑　赵　静
责任校对　胡　畔
封面设计　林智广告
出版发行　浙江大学出版社
（杭州市天目山路148号　邮政编码　310007）
（网址：http：//www.zjupress.com）
排　　版　杭州林智广告有限公司
印　　刷　杭州高腾印务有限公司
开　　本　787mm×1092mm　1/16
印　　张　21.25
字　　数　480千
版 印 次　2022年9月第1版　2022年9月第1次印刷
书　　号　ISBN 978-7-308-22815-2
定　　价　80.00元

浙江大学出版社市场运营中心联系方式：0571-88925591；http：//zjdxcbs.tmall.com

目录

《红星照耀中国》

版本推荐

作者：[美]埃德加·斯诺著，董乐山译

出版社：人民文学出版社

出版时间：2016年6月

作品梗概

《红星照耀中国》(当时为了在国民党统治区出版方便，曾易名为《西行漫记》)，是美国著名记者埃德加·斯诺撰写的一部纪实作品。1936年6月至10月，斯诺以战地新闻记者的身份深入中国西北革命根据地，深入老百姓中间，进行了一系列采访，向全世界真实报道了中国共产党和中国工农红军，以及多位红军将领的情况，让西方第一次全面了解了中国共产党及其发展状况。

《红星照耀中国》一书共有十二篇，其中第五篇《长征》尤为重要，全书以"长征"事件为重点，向人们介绍了一系列的红色人物、红色事件。在陕北，斯诺采访了众多红军将领，如毛泽东、周恩来、彭德怀、林伯渠、邓发、徐海东等。斯诺描述他们的言谈举止，追溯他们的家庭环境和青少年时代，试图从其出身和成长经历中，找寻他们成为具有非凡精神品质的共产党人的原因。此外，斯诺还深入红军战士和根据地老百姓之中，采访了红小鬼、少先队员等普通人，对苏区军民生活、地方政治改革、民情风俗习惯等做了广泛而深入的调查。斯诺看到红色革命在西北地区日益蓬勃地发展起来，深刻地感受到中华民族的未来充满希望，他在书中预言"红色中国"一定会取得最后的胜利。

"红星"在西方语境中指下层民众参加的、反对旧世界的民主革命，《红星照耀中国》特指中国共产党反帝反封建的社会革命，有明显的赞誉意味。

思维导图

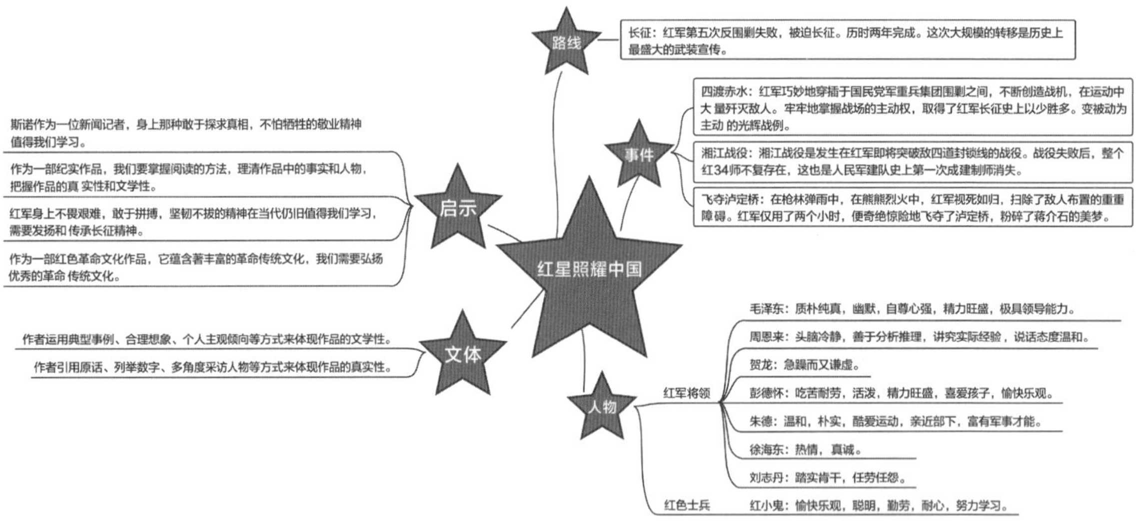

红星照耀中国
路线
长征：红军第五次反围剿失败，被迫长征。历时两年完成。这次大规模的转移是历史上最盛大的武装宣传。
事件
四渡赤水：红军巧妙地穿插于国民党军重兵集团围剿之间，不断创造战机，在运动中大 量歼灭敌人。牢牢地掌握战场的主动权，取得了红军长征史上以少胜多。变被动为主动 的光辉战例。
湘江战役：湘江战役是发生在红军即将突破敌四道封锁线的战役。战役失败后，整个红34师不复存在，这也是人民军建队史上第一次成建制师消失。
飞夺泸定桥：在枪林弹雨中，在熊熊烈火中，红军视死如归，扫除了敌人布置的重重障碍。红军仅用了两个小时，便奇绝惊险地飞夺了泸定桥，粉碎了蒋介石的美梦。
启示
斯诺作为一位新闻记者，身上那种敢于探求真相，不怕牺牲的敬业精神值得我们学习。
作为一部纪实作品，我们要掌握阅读的方法，理清作品中的事实和人物，把握作品的真 实性和文学性。
红军身上不畏艰难，敢于拼搏，坚韧不拔的精神在当代仍旧值得我们学习，需要发扬和 传承长征精神。
作为一部红色革命文化作品，它蕴含著丰富的革命传统文化，我们需要弘扬优秀的革命 传统文化。
文体
作者运用典型事例、合理想象、个人主观倾向等方式来体现作品的文学性。
作者引用原话、列举数字、多角度采访人物等方式来体现作品的真实性。
人物
红军将领
毛泽东：质朴纯真，幽默，自尊心强，精力旺盛，极具领导能力。
周恩来：头脑冷静，善于分析推理，讲究实际经验，说话态度温和。
贺龙：急躁而又谦虚。
彭德怀：吃苦耐劳，活泼，精力旺盛，喜爱孩子，愉快乐观。
朱德：温和，朴实，酷爱运动，亲近部下，富有军事才能。
徐海东：热情，真诚。
刘志丹：踏实肯干，任劳任怨。
红色士兵
红小鬼：愉快乐观，聪明，勤劳，耐心，努力学习。

作者介绍

埃德加·斯诺（Edgar Snow，1905 年 7 月 11 日—1972 年 2 月 15 日），生于美国密苏里州，美国著名记者。他于 1928 年来华，曾任欧美几家报社驻华记者、通讯员。1933 年 4 月—1935 年 6 月，斯诺同时兼任北平燕京大学新闻系讲师。1936 年 6 月，斯诺访问陕甘宁边区，写下了大量通讯报道，成为第一个采访红区的西方记者。抗日战争全面爆发后，又任英国《每日先驱报》和美国《星期六晚邮报》驻华战地记者。1942 年去中亚和苏联前线采访，离开中国。代表作品有《红星照耀中国》《远东前线》《活的中国》等。

文学地位

《红星照耀中国》是美国新闻记者埃德加·斯诺根据采访和考察得到的第一手资料写成的。此书一问世便引起轰动，1937 年在伦敦首次出版，几个星期内就加印了 5 次，销售 10 万册以上。西方舆论高度评价：此书对中国共产主义运动的发现与描述，如哥伦布发现新大陆一样，是震惊世界的成就！

新闻出版家胡愈之这样评价："《红星照耀中国》始终是许多国家的畅销书。直到作者去世以后，它仍是国外研究中国问题的首要通俗读物。它在全世界有亿万的读者，这是并不奇怪的。它是忠实描绘中国红色区域的第一本著作。"可见这部作品带给世界极大的震撼，让世界开始了解中国的红色革命。此外，中国共产党领导人毛泽东也曾高度评价这部作品："美国人斯诺1936年著的《红星照耀中国》是外国人报道中国革命最成功的著作之一。"

核心价值

◎ 核心知识

（一）红色经典

红色经典是指反映社会政治运动和普通工农兵生活的作品，与实际生活相距较远，具有一定的年代感。《红星照耀中国》作为一部红色经典著作，客观地向全世界报道了中国共产党人和红军的真实情况，使西方全面地了解到中国共产党人的真实生活。作品刻画了众多的共产党领袖和红军将领，例如毛泽东、周恩来、彭德怀、林伯渠、邓发、徐海东等，他们身上无不闪耀着红色革命精神。在这些红色人物的带领下，红军战士们跨越了一道又一道难关，最终取得了长征胜利。长征的胜利，是红军战士的胜利，也是红色精神的胜利。红色经典作品中蕴含的红色精神在我们当代仍旧具有重要意义。我们需要学习这部作品中的红色人物身上所展现出来的艰苦奋斗、迎难而上、永不言弃的精神，并赋予这种红色精神新时代的意义，将其运用到自己的学习、生活中，传承并发扬光大。阅读红色经典作品，不仅需要我们把握作品的深刻内涵，更需要读懂作品的时代意义。

（二）纪实作品

从文体特质来说，《红星照耀中国》是一部纪实性作品。纪实性作品，是记录人与事真实情况的作品，其基本特点是用事实说话。这类作品，或是记录历史，或是叙写现实，其内容必须是真实的，不能凭空虚构。因此，这是一部"用事实说话"的杰出作品。

纪实性作品的特点在于真实性和文学性。真实性体现在作品中引用了许多的原话、数据，例如作品第四篇《一个共产党员的由来》基本上引用的是毛泽东的原话，第五篇《长征》中列举的许多数据，都体现了《红星照耀中国》的真实性。文学性体现在作者用典型事例来塑造毛泽东、彭德怀、徐海东等的人物形象，还有细腻而深刻的描写、合理的想象等等。因此，在阅读过程中，需要引导学生关注体现作品真实性和文学性的内容，掌握阅读纪实性作品的方法与策略。

（三）人物群像

斯诺在《红星照耀中国》中刻画了许许多多的红色人物，他们身上都闪现着红色革命精神。在阅读作品的过程中，学生很容易关注到像毛泽东、周恩来、彭德怀、朱德等红色将领。在他们身上，学生能够感受到红色人物艰苦奋斗、敢为人先、永不言弃的革命精神，初步感知红色精神的内涵与意义。

但是，红色革命最终能够取得胜利，离不开这些红色将领对革命事业的辛苦付出，也离不开那些默默无名的红色士兵。于是，斯诺在作品中又刻画了另外一群红色人物——小人物。这些小人物主要是指红小鬼、山西娃娃、少先队员这类人，从他们身上，我们也能够感受到他们认真负责、严谨踏实、乐于奉献的革命精神。正是他们对革命事业的无私奉献和辛勤付出，才最终确保了长征的胜利和革命的胜利。因此，不论是红色将领还是红色士兵，他们都是红色革命过程中一颗又一颗闪亮的红星，是红色人物群像，势必会照耀整个中国。

◎ 核心能力

（一）理清叙事脉络，把握文本内容的逻辑结构

作为纪实性作品，《红星照耀中国》体量较大，没有贯穿始终的故事情节，而且涉及的历史和政治背景较多，需要理清全书结构、叙事脉络，达到对整本书逻辑结构的认识。例如，在阅读过程中，可以引导学生绘制采访路线、绘制长征路线图、制作人物卡片等，以思维导图形式梳理整本书的主要内容，理清这本书的叙事脉络，把握整体结构，对文本内容形成一个更为完整的认识。

（二）构建阅读策略，掌握纪实作品的阅读方法

《红星照耀中国》作为纪实性作品，是纪实文学的一个样本，针对纪实文学的特点开展整本书的阅读教学，除了指导学生会读“这一本”，更重要的是引导学生会读“这一类”。明确纪实作品的特点后，能结合作品具体内容分析体现作品真实性和文学性的地方。要真正考查学生是否读懂了作品，让学生掌握纪实性作品的特点，教给学生阅读纪实性作品的方法，培养学生的阅读能力。此外，学生能够从一个零散点，串联起整本书中各个部分的内容，也恰好体现了阅读“整本书”的特点。

（三）深读红色经典，感悟红色人物的精神内核

《红星照耀中国》讲述的是中国革命的事实，作为一部红色经典，刻画了一群闪现着红色革命精神的红色人物，这些人物身上承载着我们民族优秀的革命文化。当时风雨如晦的时代，中国共产党团结广大人民，为实现民族独立和自由浴血奋战，谱写壮丽诗篇，在国家大义面前忠诚坚守、不怕牺牲，这样优秀的革命文化内核值得铭记。在阅读过程中，可以引导学生重点研读红色中国人物群像，感受人物群像的精神品质；重点研读“长征”部分，学习和内化长征精神。“让青少年学习和弘扬无产阶级在革命斗争中所凝结的革命精神、秉承的优良传统和追求高尚道德”，是“红色经典”力量与信念的当代渗透。

◎ 核心策略

（一）外化输出

阅读经典作品不仅仅要输入，更要学会输出。外化输出是指在阅读过程中，用口头或书面的形式，把对文本的理解外显出来。将学生对作品基本内容的感知，用策略进行输出，促进对作品的深度解读。例如通过为英雄人物写小传、墓志铭等活动，学生可以

将人物的生平经历、典型事件、性格特征内化后进行输出写作。另外，学生在阅读《红星照耀中国》时，可以使用图文转化策略。例如可以根据作品内容，将毛泽东、周恩来、朱德、彭德怀等人的内容进行梳理，呈现在海报上，展示人物的生平经历。通过图文转换的形式，可以检测学生对作品内容的理解程度，也可以通过表现性任务来测评学生的阅读效果，相互交流分享，加深对作品的理解。

（二）建立联结

纪实作品《红星照耀中国》刻画了许多英雄式的人物，他们身上闪耀着伟大的革命精神。在阅读过程中，教师需要引导学生体悟这些英雄式人物身上的精神品质。但是在这部作品中，红色精神并不是孤立的，而是表现在红色人物群像上。所以，在分析红色人物时，需要引导学生将“大人物”与“小人物”进行联结，从而归纳出红色人物群像身上都具有的红色精神。

此外，教师还可以引导学生将不同作品中的人物进行联结，比较、分析、归纳影响人物成长的关键因素。例如，教师可以将《红星照耀中国》中的“毛泽东”和《骆驼祥子》中的“祥子”进行联结，联系两部作品的内容，比较、分析同样身在社会底层，两位人物命运截然不同的深层原因，更加明确外在环境可以塑造一位伟大的人物，也可以毁灭一个人，但是自身因素才是影响人物成长的最关键因素。通过联结的形式，学生完成富有思维含量的阅读任务，深化自己的阅读体验，实现深度阅读。

（三）内容重构

内容重构是指将作品中前后分散的内容进行梳理、分析、归纳，更加具有聚焦性。《红星照耀中国》中的人物分散在各个篇章中，我们在分析红色人物的精神品质时，需要先将每一个人物所有的内容进行梳理、整合，再去分析人物的性格特征。例如，可以在对彭德怀人物内容重构的基础上，撰写人物小传，重点突出人物的整个生平经历和精神品质。再如，斯诺在作品中还描绘了许多惊心动魄的战役，为了帮助学生了解每一场战役的过程，可以将每一场战役的内容进行梳理，撰写成事件解说词，邀请小组代表对每一场经典的红色战役进行现场解说。因此，采用“内容重构”策略，一方面注重对作品基本内容的梳理，另一方面也注重对作品内容的输出。

◎ 精神文化

提升阅读能力的同时，拓宽人生的视野，丰富人文的积淀，博大胸襟，砥砺志向，深邃眼光，陶冶心性，熔炼品格，是阅读红色经典作品，提升精神文化的基本方向。

通过阅读《红星照耀中国》，我们可以深刻体会到中国共产党人在国家大义面前的广博胸怀，忠诚坚守的理想信念，不怕牺牲的长征精神，他们为实现民族独立，谱写了一首首壮丽的时代诗篇。学习、弘扬中国共产党人在革命斗争中凝聚的革命精神、高尚品德、坚定信念，“红星”炽热，映照着当代青少年对共产党人初心的感动礼遇。

此外，斯诺又以真实“他者”视角记述了真实的中国故事。这些故事，有温度、有情感、有精神、有力量。斯诺秉持客观真实，包容多样文化，洞察历史发展，关注人类主体情怀，斯诺的精神也是我们学习观察、思考的独有“素材”。

走进红色经典作品《红星照耀中国》，聆听斯诺与中国共产党人伟大心灵的回音，体悟中国故事中最独特的精神存在，让青春成长的心灵回荡着时代激流的最强音。

自主初读

◎ 阅读规划

阅读进程	阅读章节	阅读时间	阅读该部分感受最深的一点	阅读该部分最大的疑惑	自我评价（优、中、一般）	教师评价（优、中、一般）
进程一						
进程二						
进程三						
进程四						
进程五						
……						

任务伴读

◎ 进程一

任务推进

<table>
<tr><th>阅读规划</th><th>任务单</th><th>重点能力指向</th></tr>
<tr><td>范围：第一篇至第三篇。
时间：3 天阅读完毕。</td><td>1. 斯诺在作品中叙述了许多的“红色人物”。请你在阅读“进程一”的篇章内容后，梳理出邓发、贺龙、周恩来的基本信息。
<table><tr><th>人物</th><th>外貌、言谈</th><th>出身与家庭</th><th>生平经历</th><th>受教育情况</th></tr><tr><td>邓发</td><td></td><td></td><td></td><td></td></tr><tr><td>贺龙</td><td></td><td></td><td></td><td></td></tr><tr><td>周恩来</td><td></td><td></td><td></td><td></td></tr></table>2. 斯诺为什么要去探寻红色中国？在进入红色中国前后，斯诺对中国共产党和红军的态度有何变化？</td><td>1. 借助表格梳理文本中的人物，提高提取、归纳信息的能力。
2. 借助文本语句，分析各个阶段的重点内容，揣摩斯诺的心路历程。</td></tr>
</table>

阶段性检测

1. 梳理“进程一”的阅读内容，给下面几段人物的细节描写找到主人。

（1）“他参加共产党后，一直忠于党，从来没有违反过党的纪律。他总希望别人提出批评，留心听取意见。”________

（2）“他个子清瘦，中等身材，骨骼小而结实，尽管胡子又长又黑，外表上仍不脱孩子气，又大又深的眼睛富于热情。他确乎有一种吸引力，似乎是羞怯、个人的魅力和领袖的自信的奇怪混合的产物。”________

（3）“他的一头黑油油的浓发下面，一双闪闪发光的眼睛紧紧盯着我，他的青铜色的脸上露出了恶作剧的笑容，在他卸掉那副墨镜以后，你一眼就可以看出，他的制服是件伪装，他并不是个坐办公室的官僚，而是个户外活动的人。”________

A. 毛泽东　　B. 邓发　　C. 贺龙　　D. 周恩来

2. 小林同学根据书本中周恩来的相关信息，撰写了一份周恩来的“人物赞歌”。请你仿照示例，根据作品内容，为贺龙或毛泽东写一份人物赞歌。

〔示例〕

有这样一个人，出身富裕，天资聪颖，成为学校的“学霸”。

有这样一个人，满脸胡须，看似凶狠，说话却温和文雅。

有这样一个人，言行一致，特别纯粹，却被国民党悬赏八万元要首级。

有这样一个人，曾经身先士卒，也曾转入地下工作。

这个人的名字——周恩来。

◎ 进程二

任务推进

阅读规划	任务单	重点能力指向
范围：第四篇至第六篇。 时间：3 天阅读完毕。	1. 请你在阅读这几个篇章的内容后，梳理出毛泽东的基本信息，并为他制作一张人物信息表。 人物信息表 外貌、言谈举止：________ 出身与家庭：________ 学习经历：________ 革命经历：________ 我的创意人物绘画： 2. 请你绘制长征路线，要求标注出每一阶段的路线和红军经历过的战役等。	1. 借助地图梳理红军长征路线图，了解长征路上关键性的战役。 2. 借助文本中的语句，梳理红色事件，并用读写结合的形式深化阅读体验。

阶段性检测

1. 近日，某地长征纪念馆将为红军长征路上的关键事件配上一段解说词，请你选择其中一件关键事件，并为关键事件写一段解说词，要求包括事件的地点、发生时间、领导人物、起因、经过、结果，字数要求200字以上。

重点事件：（1）湘江战役；（2）四渡赤水；（3）飞夺泸定桥；（5）过大草地。

〔示例〕

事件：爬雪山

解说词：1935年6月，红军安然渡过大渡河之后，进入川西，爬上了一万六千英尺（约4.9千米）高的大雪山。在爬雪山的过程中，红军战士衣衫单薄，血气不旺，不习惯高原气候，其中不少战士因此冻死在半路。据毛泽东说："在这个过程中，有一个军团死掉了三分之二的驮畜，成百上千的战士倒下去就再也没有起来。在行军的途中，我一次又一次地鼓励战士们坚持下去。"一路上，英勇顽强的红军战士们爬过了泡桐岗、邛崃山脉、梦笔山、打鼓山等山脉，一路荆棘，一路艰辛，最终在1935年7月20日进入了西北富饶的毛尔盖地区，取得了阶段性的胜利！

2. 请你以记者的身份，穿越到长征现场，选择长征中的某一关键事件写一则消息，消息格式和注意事项可以参考八年级上册课本第15页，电头统一用"金惠社长征前线××日××时电"，字数250—300字。

◎ 进程三

任务推进

<table>
<tr><th>阅读规划</th><th>任务单</th><th>重点能力指向</th></tr>
<tr><td>范围：第七篇至第九篇。
时间：3天阅读完毕。</td><td>1. 请你在阅读这几个篇章的内容后，以思维导图形式梳理斯诺去甘肃边境和前线时的所见所闻。
2. 请你在阅读这几个篇章的内容后，梳理出彭德怀、徐海东的基本信息。
<table><tr><th>人物</th><th>外貌、言谈</th><th>出身与家庭</th><th>生平经历</th><th>受教育情况</th></tr><tr><td>彭德怀</td><td></td><td></td><td></td><td></td></tr><tr><td>徐海东</td><td></td><td></td><td></td><td></td></tr></table></td><td>1. 借助思维导图形式梳理斯诺去甘肃边境和前线时的所见所闻。借助文本内容，深入苏区感受军民生活。
2. 借助表格梳理人物相关信息，提高提取、归纳信息的能力。</td></tr>
</table>

阶段性检测

1. 下面是《红星照耀中国》中有关三位红军领袖的评价，请选出评价不当的一项，并进行修改。

A. 朱德——他是坚忍不拔精神的化身，是新旧历史间的桥梁。

B. 周恩来——他自傲和热烈，虽不免有点朴野之感，可是他是十分诚恳的。

C. 彭德怀——他是一个活泼的、喜欢发笑的人，是一个大的滑稽家。

2. 阅读下列节选文段，回答问题。

我没有权利闯到他那里去打扰他的工作，但是我知道他接到命令要尽一切可能协助我。他有好几次充当我的翻译，因此我就充分利用这个条件。我也认为，他厌恶外国人，后来他向我谈了他的简短自传以后，我就不怪他了。他在自己的国土上曾两次遭到外国警察的逮捕和囚禁！

问：文中的“他”是谁？请结合书中有关“他”的内容，简述其性格特点。

◎ 进程四

任务推进

<table>
<tr><th>阅读规划</th><th>任务单</th><th>重点能力指向</th></tr>
<tr>
<td>范围：第十篇至第十二篇。
时间：3天阅读完毕。</td>
<td>1. 请你在阅读这几个篇章的内容后，梳理出朱德的基本信息。
<table>
<tr><td>人物</td><td>外貌、言谈</td><td>出身与家庭</td><td>生平经历</td><td>受教育情况</td></tr>
<tr><td>朱德</td><td></td><td></td><td></td><td></td></tr>
</table>
2. 请你阅读这几个篇章后，梳理“西安事变”的整个过程。
<table>
<tr><td rowspan="2">西安事变</td><td>起因</td><td>经过和结果</td></tr>
<tr><td></td><td></td></tr>
</table>
</td>
<td>1. 借助表格梳理文本中的人物信息，提高提取、归纳信息的能力。
2. 借助表格梳理西安事变的前因后果。借助文本内容，理解国共合作的点滴进步，进一步理解斯诺的总结。</td>
</tr>
</table>

阶段性检测

1.《红星照耀中国》记录了美国记者埃德加·斯诺1936年6月至10月采访“红色中国”的全过程，塑造了一大批给“红色中国”增添无限希望和活力的人物形象，“红小鬼”就是其中的群体形象。试列举作者写“红小鬼”的两个事例。

2. 请你从所读篇章内容中摘录两处作者对事件、人物发表观点、立场、看法的句子，并作简要分析。

示范：

摘录：说实在的，除了带着一封给苏维埃政府主席毛泽东的介绍信，确实没有什么东西可以叫我感到放心。

分析：斯诺出发去红区前，心情是复杂的，心情是恐慌的，可见他对红区的情况并不放心，是一种冒险行为。

课型推进

◎ 阅读课规划

教学阶段	主要内容	教学资源	设计意图
导读课	1. 浏览目录，了解作品主要内容、框架。 2. 掌握阅读纪实类作品的阅读方法与技巧，合理规划安排阅读进程。 3. 选读书中任意章节，初读人物故事，初步感受人物形象。	书本、课件、阅读卡片	1. 了解作品主要内容、框架。 2. 合理规划安排阅读进程。 3. 初步感受人物形象。
推进课 1	1. 梳理红色人物的经历。 2. 明确红色人物的类型。 3. 感悟红色人物的精神。	书本、小报、课件、人物名片、人物小传	1. 了解红色人物的生平经历。 2. 理解红色人物的群像意义。 3. 感知红色人物的精神品质。
推进课 2	1. 绘制长征路线图。 2. 解说长征路线。 3. 评点红色战役。	书本、表格、解说词	1. 能够自己绘制并解说长征路线，熟悉长征过程。 2. 评点长征路线上经典的战役，感悟长征精神。

续表

教学阶段	主要内容	教学资源	设计意图
推进课 3	1. 了解共产党人的革命信仰。 2. 理解长征精神的内涵。 3. 传承与发扬长征精神。	书本、笔记本	1. 撰写墓志铭，概述人物的革命信仰。 2. 探究长征精神的内涵及其发扬与传承。
成果分享课	1. 整理阅读内容。 2. 展示阅读成果。	书本、小报、小剧本、影视片段	1. 感悟主要人物的精神品质。 2. 体悟红军精神。 3. 感受作品的时代价值。

◎ 专题探究信息一览表

专题	探究指向	阅读策略	思维层次
专题 1：不朽的红色人物	梳理、归纳红色人物的形象特征	外化输出、图文转换	理解、分析、评价
专题 2：经典的红色战役	归纳、阐释经典的红色战役	外化输出、建立联结	分析、评价、创造
专题 3：信仰与精神	红色经典作品的现实意义	外化输出、建立联结	理解、分析、评价

◎ 阅读课设计

探秘“红星”之旅

——《红星照耀中国》导读课

【教学目标】

1. 浏览目录，了解作品主要内容、框架，激发阅读整本书的兴趣。

2. 掌握阅读纪实类作品的阅读方法与技巧，合理规划安排阅读进程。

3. 选读书中任意章节，初读人物故事，初步感受人物形象。

【教学重点】

选读书中任意章节，初读人物故事，初步感受人物形象。

【教学难点】

掌握纪实类作品的阅读技巧与方法。

【课时安排】

1 课时

【教学过程】

一、导入新课（以图片资料导入）

有这样一张照片，有这样一个人，有这样一段友谊。照片背后有多少故事？让我们带着好奇迈进这本《红星照耀中国》。

二、我眼中“斯诺和中国”的关系

请同学们阅读书本的序言部分，并通过图书馆、纸质书等形式，搜集“斯诺和中国”的关系的相关材料，并进行展示交流。

〔示例〕《西行漫记》的作者埃德加·斯诺于 1905 年出生在美国密苏里州堪萨斯市，是家中三个孩子中最小的一个。他父亲开了一家小印刷厂，家里过着小康生活。父亲要他也从印刷业开始自己的职业生涯。但他却走上了一条与父亲截然不同的道路，成为世界著名记者。他 1928 年来华，曾任欧美几家报社驻华记者、通讯员。1933 年 4 月—1935 年 6 月，斯诺同时兼任北平燕京大学新闻系讲师。1936 年 6 月斯诺访问陕甘宁边区，写了大量通讯报道，成为第一个采访红区的西方记者。

新中国成立后，斯诺曾三次来华访问，并与毛泽东主席见面。

1972 年 2 月 15 日，斯诺因病在瑞士日内瓦逝世。遵照其遗愿，其一部分骨灰葬在中国，地点在北京大学未名湖畔。

三、我眼中“斯诺的延安之旅”

请再次阅读作品的序言部分，小组合作整理出作品中“斯诺的延安之旅”，并进行小组展示交流。

〔示例〕1931 年 9 月，斯诺以《纽约先驱论坛报》记者的身份在上海结识了宋庆龄。斯诺渴望到中国共产党的陕北根据地考察，并于 1936 年春专程到上海拜访宋庆龄请求帮助。经宋庆龄的努力沟通，斯诺和外籍医生马海德都得到了确认口信。1936 年春夏之交，宋庆龄促成斯诺与马海德前往陕北。在延安，斯诺同毛泽东、周恩来等进行了多次长时间的谈话，搜集了二万五千里长征第一手资料。此外，他还实地考察，深入红军战士和老百姓当中，口问手写，对苏区军民生活、地方政治改革、民情风俗习惯等做了广泛深入的调查。四个月的采访，他密密麻麻写满了 14 个笔记本。当年 10 月底，斯诺带着他的采访资料、胶卷和照片，从陕北回到北平，经过几个月的埋头写作，《红星照耀中国》的报告文学终于诞生。

四、阅读指导

1. 读书方法及要求

➢ 第一重：翻书（看封面、看作者、看目录）

➢ 第二重：品书（边读边思考、边读边批注、读出思考、读出感悟）

2. 利用序言、目录获得作品整体印象

➢ 浏览目录，说一说，这本书的写作顺序是怎么样的？

目录

共12篇，是按“探寻红色中国”的时间顺序来写的。

➢ 浏览目录，说一说，这本书主要写了哪几方面的内容？

红军、共产党、苏维埃政权

➢ 根据目录选读《红星照耀中国》中报道人物事迹的任意章节。

要求：快速阅读，圈点勾画出描写人物外貌、言谈举止等语句，梳理主要人物经历，批注最让你感动的细节，摘录关键词，写下你的阅读感受。

阅读卡片

我喜欢的人物：________外貌、言谈举止：________

主要经历：________

____

最让我感动的细节：________

我的阅读感受：________

____

五、阅读规划

阅读阶段	阅读任务	阅读要求
第一阶段	阅读全书	边读边圈画
第二阶段	专题探究： 1. 领袖人物和红军将领的革命之路。 2. 关于长征。 3. 信仰与精神。 4. 完成“名著阅读”手抄报。	关于长征： 画出红军长征路线图，写下重要事件等，了解红军长征的起因、经过。
第三阶段	读书汇报会。	1. 手抄报展示。 2. 撰写读后感。 3. 选择主题汇报演讲。

六、课堂小结

我们生长在红星照耀下，生长在新中国，请你到这本书中去发现未知的世界吧！除了让人惊奇的事、让人敬仰的人之外，还有关于精神与信仰的内容，阅读要与思考同在！

【配套练习】

1.《红星照耀中国》作者是________，________（国家）人，该书原名________。

2.《红星照耀中国》共12篇，其主要内容包括哪些？

3. 红军长征一共经过____个省份，爬过____座山脉，渡过____条河流，占领过____座大小城市，突破____个地方军阀军队的包围，

开进和顺利穿过 ______ 个不同的少数民族地区。

4. 毛泽东认为中国人民能够消耗和打败日本军队的三个条件是什么?

不朽的红色人物

——《红星照耀中国》推进课1

【教学目标】

1. 梳理作品中红色人物的外貌、出身、家庭等内容，对人物有初步的印象;

2. 明确红色人物的类型，并结合具体内容感悟红色人物身上的精神品质。

【教学重点】

梳理作品中红色人物的外貌、出身、家庭等内容，对人物有初步的印象。

【教学难点】

明确红色人物的类型，并结合具体内容感悟红色人物身上的精神品质。

【课时安排】

1课时

【教学过程】

一、导入

《红星照耀中国》是一部纪实性作品，斯诺在书中为我们塑造了形形色色的红色人物。这些红色人物身上都闪耀着那个时代的光芒与色彩，今天我们就一起来探究作品中红色人物的精神。

活动一：细数红色人物

1. 请你说说作品中让你印象最深刻的红色人物，并结合作品内容说明原因。

〔示例〕我印象最深刻的人物是彭德怀。当彭德怀在通过一条道路的关卡时，遭遇了红小鬼的阻拦。这时，彭德怀没有仰仗自己的身份，恐吓认真负责的红小鬼，而是乖乖地拿出了路条才得以继续通行。因此，彭德怀一丝不苟、按照规章办事的性格深深吸引了我。

2. 请你思考作品中除了红色将领以外，是否还有其他的红色人物?

〔示例〕红小鬼、山西娃娃、少先队员……

过渡：在阅读时，不仅要关注这些有姓氏的红色将领，更要关注那些没有姓氏的无名小卒，例如红小鬼、山西娃娃、少先队员等人，是他们共同确保了革命的最终胜利。

活动二：阐述红色精神

请你结合摘录、整理的某位红色人物的内容，用喜欢的方式介绍最令你印象深刻的红色人物，并谈谈人物身上的哪种精神品质最吸引你。

□人物小报　□人物专题 PPT　□人物小传　□人物名片

〔示例〕

（1）人物小报组：彭德怀

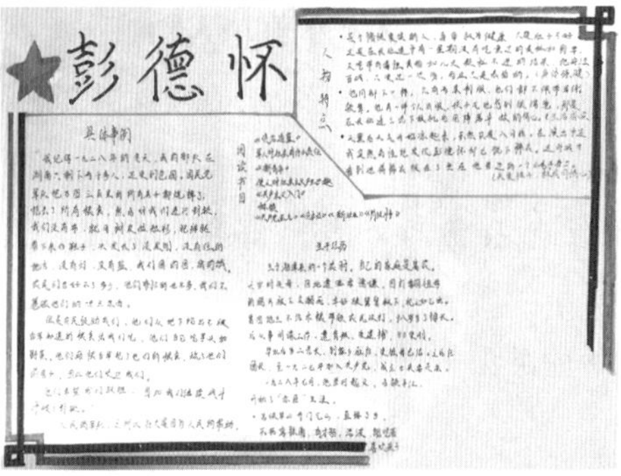

（2）人物专题 PPT 组：红小鬼

红小鬼指的是年龄小的红军。长征史料显示，红军中平均年龄最小的部队应该是红二十五军，其战斗员的平均年龄不到18岁。

长征路上的红小鬼

少年先锋队员在红军里当通讯员、勤务员、号手、侦察员、无线电报务员、挑水员、宣传员、演员、马夫、护士、秘书甚至教员！

——《红星照耀中国》

在苏区，少年先锋队队员的任务之一，是在后方检查过路旅客，看他们有没有路条。他们十分坚决地执行这项任务，把没有路条的旅客带到当地苏维埃去盘问。彭德怀告诉我，他有一次被几个少先队员喝令站住，要看他的路条，否则就要逮捕他。

“但是我就是彭德怀，”他说，“这些路条都是我开的。”

“你是朱总司令我们也不管，”小鬼们不相信地说，“你得有个路条。”他们叫人来增援，于是有几个孩子从田里跑出来。

彭德怀只好写了路条，签了字，交给他们，才能够继续上路。

——《红星照耀中国》

因此看到他们，就会使你感到中国不是没有希望的。

——《红星照耀中国》

（3）人物小传组：朱德（竞猜的形式）

①外貌：长相平平，眼神犀利，结实强壮，四肢似钢。

②出身：生于四川农村。他是一穷苦佃农，为一家十二口生活，家里租了二十亩地。后在地主压迫下，经济困难分家，被寄于一伯。

③爱好：擅乒乓，篮球打个“不厌”，性和话朴，乐助人，甚嗜辣，好与友人交谈，时常开些玩笑。

（4）人物名片：毛泽东

> 他有孩子气的笑，有农民的质朴，也有锐利的机智。
> 他四处求学，博览群书，有着丰满的理想。
> 他既是知识分子，也是革命家。
> 他的名字叫——毛泽东。

二、过渡

在作品中，斯诺常常选取典型事例来塑造人物的形象，同时采用访谈的形式让材料真实可靠，体现了这部作品的真实性和文学性。

活动三：细说“伟人”的普通

伟人并不是标签化的，也有普通人的一面。《红星照耀中国》中塑造了许多伟大的革命领袖，但是书中也不乏体现他们普通人的一面。请你结合作品具体谈谈。

〔示例〕人物：毛泽东。在《红星照耀中国》一书中，毛泽东作为一个伟大人物，他带领红军长征，并取得胜利，扩大了红军在西北的根据地，干了一番事业。但是在书中，他也有普通人的一面。例如，他在斯诺面前找寻裤裆里的寄生物，在窑洞里脱下裤子和衣服研究地图，真是一个非常接地气的普通人，在别人面前毫无顾忌，没有领导的架子，朴素而又平易近人。

【配套练习】

1.“我记得有一两次当他讲到已死的同志或回忆到少年时代湖南由于饥荒引起的大米暴动中发生死人事件的时候，他的眼睛是湿润的。”假如你是一名小画家，请发挥合理的想象，展现此刻的毛泽东，你会摹画他怎样的神态呢？

2. 斯诺将这部作品命名为《红星照耀中国》，你是如何理解“红星”的含义的？请结合作品内容阐述。

经典的红色战役

——《红星照耀中国》推进课 2

【教学目标】

1. 通过绘制红军长征路线图，熟悉红军长征路线；

2. 梳理、归纳红军长征路线上的经典红色战役，能根据作品内容解说红色战役。

【教学重点】

通过绘制红军长征路线图，熟悉红军长征路线。

【教学难点】

梳理、归纳红军长征路线上的经典红色战役，能根据作品内容解说红色战役。

【课时安排】

1课时

【教学过程】

一、绘制长征路线图

请你绘制长征路线图，要求标注出长征开始和结束的时间及长征路上重要的红色战役。

〔示例〕

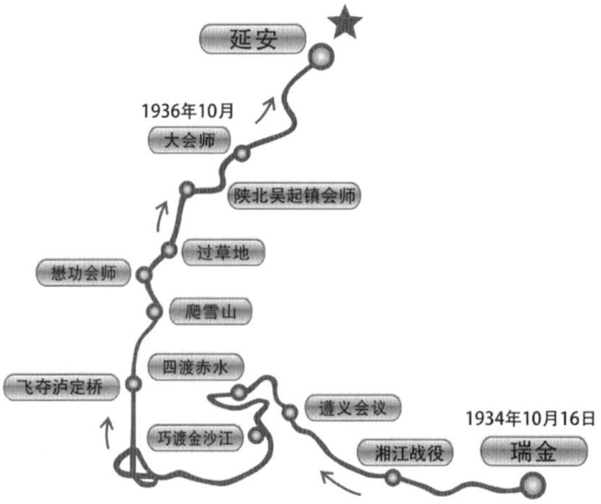

中国工农红军长征路线图

二、解说长征路线图

小组合作，请根据绘制的长征路线图，对长征路线写一段解说词。

要求：（1）解说包含长征的起始点、起始时间；

（2）重点解说红军长征路线的经典战役和艰难险阻。

〔示例〕

红军第五次反围剿失利，死伤超过六万人。红军在江西瑞金举行军事会议，决定撤出，把红军主力转移到一个新根据地去。

1934年10月16日　　江西瑞金出发

1934年11月　　湘江战役

1935年1月　　四渡赤水

1935年5月　　巧渡金沙江

1935年5月29日　　飞夺泸定桥

1935年6月　　爬雪山

1935年7月　　过草地

1935年10月　　吴起镇会师

1936 年 10 月　　　　甘肃会宁大会师

就在这里（指湘江战役处），发生了著名的湘江战役，这是在突破第三道防线之后，红军遭遇的一次巨大损失。

就在遵义（手指遵义会议处），红军突破第四道防线顺利到达遵义，并召开了遵义会议，这是中国共产党历史上一个生死攸关的转折点。遵义也因此被载入史册。

长征中让人无法想象的就是爬雪山、过草地。那里荒无人烟，积雪连年，环境极其恶劣，可红军战士硬是凭着顽强的意志顺利走过这里。（手指爬雪山、过草地处）

长征取得胜利，在当时是一件不可思议的事情，我们一起来看看外国友人是如何评价长征的：

- 长征是考验中国红军男女战士的意志、勇敢和力量的伟大史诗。——索尔兹伯里
- 长征已经在各大洲成为一种象征，人类只要有决心和毅力就能达到自己的目的。——迪克·威尔逊
- 长征是锻炼以后中国领导人的熔炉。——安东尼

外国友人对长征的评价如此之高，那么对当时的红军来说，长征有什么意义呢？

1. 长征的胜利粉碎了蒋介石扼杀中国革命的企图，使中国革命转危为安。中国共产党以陕北为根据地，将中国革命的胜利推向全国。

2. 红军长征胜利实现了我党北上抗日的总方针，实现了把党中央领导全国革命的大本营奠基在西北、红军主力转移到抗日前沿阵地的战略任务，为党和红军的大发展创造了条件，开创了中国革命的新局面。

3. 通过长征确立了毛泽东同志在党内的领导地位，确立了毛泽东军事思想、政治思想的指导地位。党能坚持按照马克思主义基本原理，紧密结合中国的具体实际，独立自主地解决中国革命的重大问题，使中国革命走上顺利发展的道路。

4. 长征的胜利，使中国共产党有了稳固的革命根据地，使抗日战争、解放战争有了稳固的后方。

毛泽东也曾这么评价长征：长征是历史纪录上的第一次，长征是宣言书，长征是宣传队，长征是播种机。

三、评点经典的红色战役

湘江战役、四渡赤水、飞夺泸定桥等经典的红色战役让我们心潮澎湃、慷慨激昂。现将对这三场战役进行评选，从中选出最具智慧的战役，请你写出推荐理由，并进行阐释。

评分标准：

1. 推荐理由充分，形式创新，有内涵；

2. 阐述时能结合作品内容，生动具体地体现战役的“智慧”；

3. 讲述时精神饱满，有激情，声音洪亮，吐字清晰，语言有感染力。

〔示例〕

战役名称	四渡赤水
推荐指数（满5颗星）	☆☆☆☆☆
推荐理由	当机立断，绝处逢生，日后东山再起。
具体阐述	当时在毛泽东同志的领导下，经土城之战，伤亡惨重，夺下永安寺后，红军一渡赤水，试图摆脱国民党的追击。后来毛泽东组织了一小支队伍北上，蒋介石产生了红军北上的错觉，指挥国民党驻扎在四川周边的主力军队在遵义北部设下包围。红军趁机东进，二渡赤水，重回遵义。另一边，蒋介石接到红军再次渡过赤水河的消息后，急忙调兵前往遵义。红军经鲁班场战役，战胜了当地驻扎军队，在同年3月17日三渡赤水。三天之后四渡赤水，再次摆脱了国民党的追击。正是毛泽东同志的睿智，才让红军彻底摆脱了国民党的凶猛追击，确保红军能够继续长征。同时，四渡赤水也是毛泽东自认为最得意的一场战役。

四、小结

不论是红军的长征，还是长征路上的红色战役，我们都能感受到红军这一路走来的不容易。今天这节课，我们从红军长征路线入手，通过画路线和解说路线，进一步了解长征的整个过程。又通过点评红军长征路线的战役，感受红军将士身上的睿智与非凡的意志。他们真是一群铁一般的斗士！

【配套练习】

1. 请你为毛泽东《七律·长征》进行朗读设计，要求能读出红军长征的艰辛，以及长征胜利之后的喜悦、激动。

七律·长征

毛泽东

红军不怕远征难，万水千山只等闲。

五岭逶迤腾细浪，乌蒙磅礴走泥丸。

金沙水拍云崖暖，大渡桥横铁索寒。

更喜岷山千里雪，三军过后尽开颜。

2. 请你写出一部自己阅读过的革命文学作品，并谈谈它的现实意义。

信仰与精神

——《红星照耀中国》推进课3

【教学目标】

1. 了解革命文学的概念，领会中国共产党人的革命信仰；

2. 通过设计长征纪念馆分场馆的形式，理解长征精神的内涵；

3. 分享阅读红色经典作品的心得体会，探究革命文学作品的现实意义。

【教学重点】

通过设计长征纪念馆分场馆的形式，理解长征精神的内涵。

【教学难点】

分享阅读红色经典作品的心得体会，探究革命文学作品的现实意义。

【课时安排】

1课时

【教学过程】

一、导入

请同学们回忆初中阶段读过哪几部红色经典作品？

〔示例〕埃德加·斯诺《红星照耀中国》、王树增《长征》、奥斯特洛夫斯基《钢铁是怎样炼成的》、罗广斌和杨益言《红岩》等等。这些作品塑造了一群为革命斗争而默默付出甚至牺牲的战士，带有浓厚的年代感。

PPT：红色经典是指反映社会政治运动和普通工农兵生活的作品，与实际生活相距较远，具有一定的年代感。

二、一生信仰化为墓志一言

通过对《红星照耀中国》的阅读，结合你对作品中国共产党人的了解，请选择某一共产党人，为其墓碑撰写一句碑文并做阐释，要求能够体现其革命信仰。

知识卡片

墓碑碑文，是镌刻在墓碑上的一种悼念性文字，主要是对逝者一生的评价。如一位摄影师的碑文是这样写的："抓住稍纵即逝的瞬间，为历史留下活的形象。"这句话概括了摄影师的职业特点和工作意义。再如文学家老舍的碑文"文艺界尽责的小卒，睡在这里"，则是引自老舍说过的一句话："在我入墓的那一天，我愿有人赠我一块短碑，刻上：文艺界尽责的小卒，睡在这里。"

碑文： 阐释：

〔示例〕

（1）彭德怀

碑文：身后“小鬼”的精神支柱！

阐释：彭德怀的身后常常跟着一群小鬼，他们对彭德怀有着深厚的感情，也在他的影响下加入中国共产党，实现了传承。

（2）刘志丹

碑文：上下五千年，英雄千千万。人民的英雄，要数刘志丹。

阐释：刘志丹一生为人民而奋斗，最后死于工事，为人民而牺牲，着实伟大！

总而言之，共产党人的革命信仰是能为党抛头颅、洒热血，奉献自己，顾全大局，随时做好为党牺牲的准备。

三、设计“红色精神馆”展板

近日，某地将以《红星照耀中国》为依据设计“红色精神馆”展板，请你在认真通读《红星照耀中国》全书后，选定一个关键词设计场馆的内容。

场馆	关键词	场馆具体内容
分场馆一		
分场馆二		
分场馆三		
……		

〔示例〕

第一个分场馆：坚韧，呈现红军长征路上坚韧不拔的场景。

第二个分场馆：执着，呈现红军长征路上顽强抵抗的场景。

第三个分场馆：无私，呈现红军长征路上互相帮助的场景。

第四个分场馆：勇敢，呈现红军长征路上经典的红色战役。

总而言之，不论哪一个关键词，都是长征精神的重要组成部分，都能体现红军的长征精神：乐于吃苦、勇于探索、重于求实、敢打敢拼、无所畏惧、坚韧不拔。

四、弘扬与传承红军的长征精神

每一个分场馆都蕴含着长征精神，我们感受到了红军长征的艰难与执着。那么，当代青少年该如何传承长征精神呢？请你结合作品内容谈谈。

〔示例〕（一）聚焦当下，对时代的意义

长征精神给予我们信仰和力量。在当代，战疫逆行者——医护人员、军人、记者、志愿者等身上的精神就是长征精神的体现。时代在变更，但是这些人的信仰从未改变，他们像保尔一样，兢兢业业，奋战在“战斗”的前线。因此，长征精神中有着信仰的力量。

〔示例〕（二）联系文本，对个体的意义

在中学阶段，每个人或多或少都会遇到一些挫折和困难。每当遇到挫折和困难时，我们就需要学习红军身上永不放弃、顽强不屈的精神，打败它们，昂首前行。因此，革命文学作品中红色人物的精神品质值得我们学习和传承。

五、小结

《红星照耀中国》这部作品中的共产党人是有信仰的，也是有革命情怀的。在他们身上，我们能体悟到长征精神的深刻内涵，深感长征胜利来之不易。此外，作为一名当代的青少年，我们仍旧需要学习红军身上的长征精神，在学习上刻苦、努力，为建设美好的祖国而不懈奋斗，遇到困难想要放弃的时候，就应该想一想红军长征的故事，时刻在激励着我们前行！

【配套练习】

场景一:【红色革命作品选书现场】

暑假开始前，八年级的小方与九年级的小李一起去新华书店购买《红星照耀中国》。在书店里，小方找到了如下两个版本的《红星照耀中国》:

(1)

(2)

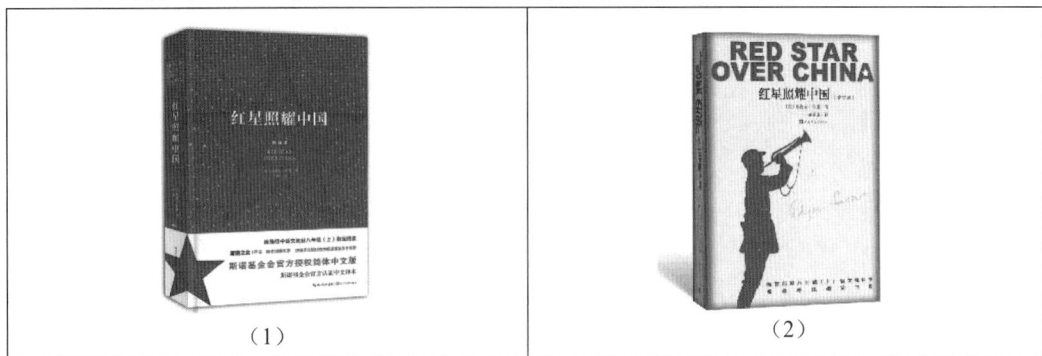

正当他犹豫不决买哪本时，九年级的小李就走过来了，热心地对他说:“__________。”

听了小李的话，小方就买了其中一本。

请你推测小方最后买了哪一本《红星照耀中国》，并补全横线中的话。

场景二:【红色革命精神宣传现场】

读完第五篇“长征”，小方热血澎湃、慷慨激昂，真想也能参与当时的长征。此时，小方想到 2021 年是纪念红军长征胜利 85 周年，于是打算根据《红星照耀中国》第五篇“长征”的内容，绘制一张长征海报，以此来纪念并宣传红军长征胜利 85 周年。

场景三:【究竟谁的标题更恰当】

小方读完《红星照耀中国》第十二篇后，饶有兴趣地去翻了另外一个版本的目录，发现自己读的版本标题是“再回白色世界”，另一个版本的标题是“回到白色区域”。于是，小方就去请教小李，发生了如下对话:

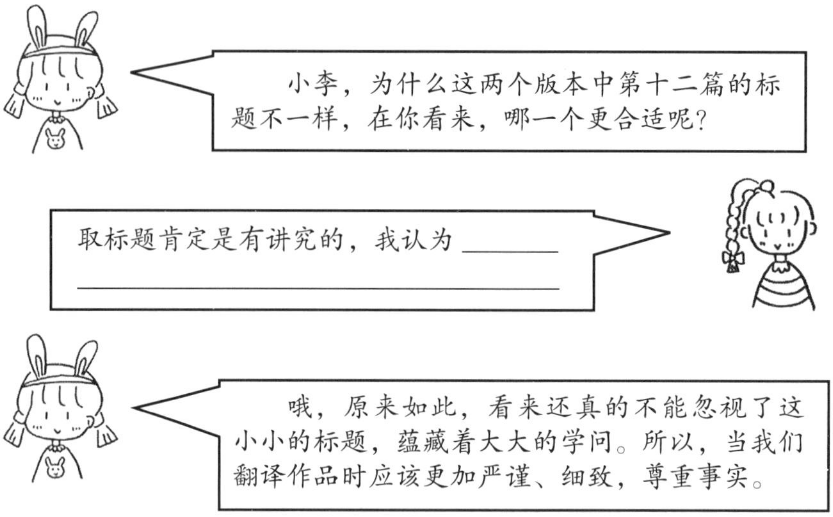
小李，为什么这两个版本中第十二篇的标题不一样，在你看来，哪一个更合适呢？
取标题肯定是有讲究的，我认为 ________
____
哦，原来如此，看来还真的不能忽视了这小小的标题，蕴藏着大大的学问。所以，当我们翻译作品时应该更加严谨、细致，尊重事实。

追随“红星”之旅 感悟红军精神

——《红星照耀中国》成果分享课

【教学目标】

1. 整理阅读内容，展示阅读成果；

2. 感悟主要人物精神品质，体悟红军精神，感受作品的时代价值。

【教学重点】

梳理阅读内容，展示阅读成果，体悟红军精神。

【教学难点】

感悟主要人物精神品质，体悟红军精神，感受作品的时代价值。

【课时安排】

1 课时

【教学过程】

一、我来阐述长征路线

请一位小组代表阐述红军长征的路线。

〔示例〕红军第五次反围剿失利，死伤超过六万人。红军在江西瑞金举行军事会议，决定撤出，把红军主力转移到一个新根据地去。1934 年 10 月 16 日，从江西瑞金出发；1934 年 11 月，湘江战役；1935 年 1 月，四渡赤水；1935 年 5 月，巧渡金沙江；1935 年 5 月 29 日，飞夺泸定桥；1935 年 6 月，爬雪山；1935 年 7 月，过草地；1935 年 10 月，吴起镇会师；1936 年 10 月，甘肃会宁大会师。长征是历史纪录上的第一次，是宣言书，是宣传队，是播种机。

二、我来介绍红色战役

请三位小组代表介绍红军经历的三场红色战役。

〔示例〕湘江战役是发生在红军即将突破敌方四道封锁线时的战役，从图中我们可以看出此时的红军有 6.5 万人，而作战的兵力不足 5 万人。在红军北面，有中央军 5 个师、湘军 4 个师，西面有桂军 5 个师，东面有中央军和湘军 6 个师，三个方向形成了一个口袋，一点点往红军这包围。几乎在任何一个方向，只要敌人杀来，那就是一场恶战。1934 年 12 月 1 日下午四点，一批批战士倒下，用生命完成了渡江任务，突破了敌人的第四道封锁线。过湘江损失惨重，大部队往前开，背水一战，冒着炮火往前走，打了四天四夜。湘江终会带走战士们的鲜血，却带不走人们脑海中那一条血色长河。

三、我来扮演“红星”人物

请小组代表扮演书中人物，表演“红星”小剧本

〔示例〕

（旁白）剧本介绍：在去红色中国临时首都的路上，斯诺第一次与红军小战士聊天。

人物：斯诺、红军小战士

斯诺：你们喜欢红军吗？（“老狗”、“老表”奇怪地看着他）

“老狗”：红军教我读书写字，现在我已经能够操纵无线电和用步枪瞄准了。红军帮助穷人。

斯诺：就这些？

“老表”：红军对我们很好，我们从来没挨过打，这里大家都一样，不像在白区里，穷人是地主和国民党的奴隶。这里大家打仗是为了帮助穷人，救中国。红军打地主和白匪，红军是抗日的。这样的军队为什么有人会不喜欢呢？

斯诺：你们为什么参军？

四川的小红军：我们的父母是贫农，不够养活我和我的两个姊妹。红军来到我们的村子，地主就逃跑了，我的父母还分到了土地。我们参加红军，家里人都很高兴。

二十四岁的班长：我 1931 年就参加红军，那一年我的父母在江西被南京的轰炸机炸死，我的家也被炸毁了……

旁白：斯诺突然明白了，这些红军都遭遇过人生的悲剧。但因为参加了红军，他们才对未来的生活有了希望。他们一路上都唱着欢快的歌，他们的快乐感染着所有同行的人。

四、我来配音影视画面

请小组代表为影视画面配音，“声临其境”感受这本书。

〔示例〕

台词片段：

毛泽东：斯诺先生，你要是如实报道我们，恐怕就会大大地得罪蒋委员长。

斯诺：我已经去过江西了。

毛泽东：哦？你去过江西！

斯诺：是想看看，红军、共产党到底是一群用什么特殊材料制成的人！

毛泽东：我们都是普通人呐！

斯诺：那我们就开始吧！我在北平，采访过蒋介石。他跟我说，红军已经被消灭了，共产党不存在了，我当时相信了。

可是你们，一次次地重生，而且越来越壮大，这不能不说是个奇迹！

报纸上说，你们是一直在溃退，一直在被蒋介石追着打，而且，报纸上也讲，你们一次次被消灭。关于溃退的事，你怎么解释？

毛泽东：红军的长征，不能说是溃退。因为啊，我们的红军，胜利地到达了目的地，而且核心力量，完整无损，军心士气和正直意志，一如既往地坚强！我们从江西出发，是向着抗日前线在进军，所以说，红军的长征，不是溃退，而是一场精神抖擞的胜利大进军！这，就是长征！

五、我来畅谈阅读收获

请同学们谈谈阅读作品《红星照耀中国》的收获和启示。

〔示例〕

①斯诺的敬业精神和探求真相的可贵；

②红色人物身上坚持不懈、顽强拼搏、乐于助人的精神；

③发扬和传承长征精神的时代意义；

④优秀革命文化带给我们的精神力量。

【课堂小结】

通过整本书《红星照耀中国》的阅读，相信大家对红色中国有了更全面的认识，对中国共产党、红军也有了更深刻的了解。希望同学们都能传承“红军”精神，做好新时代的小“红军”，并走好属于我们新时代的“长征”之路！

【配套练习】

1. 斯诺说：“总司令被逮这一惊人事件把中国历史引导到了新的方向。”简述你的理解。

2. 为什么说红军的西北长征是“撤退”而不是“溃退”？

3. 以作品内容为例，简述《红星照耀中国》中的红军精神。

中考链接

真题 1

原题呈现（2020 年浙江宁波卷）

有同学发现：读《红星照耀中国》就像从平面镜中看客观世界，读《昆虫记》就像从显微镜中看微观世界，读《契诃夫短篇小说选》就像从哈哈镜中看变形的世界。请从《红

星照耀中国》《昆虫记》中任选一部，结合内容，参考示例，说说该同学为什么会有这样的发现。（4 分）

〔示例〕读《契诃夫短篇小说选》就像从哈哈镜中看变形的世界，因为作者用夸张手法表现出一个畸形的社会。例如，作者在叙述警官奥楚茂洛夫处理“狗咬人事件”时，不厌其烦地描写了他的变化，让读者看到了他扭曲的灵魂，看到了当时黑暗腐败的社会。

思维层次：分析、评价、创造

阅读能力：建立人物、情节之间的联结，将相似的情节、人物进行对比分析，评价关键语句。

命题特点及解题策略：本题命题体现作品的文体特质，考查学生的高阶思维。解答本题需熟悉作品的情节内容，理解作品的思想主题，建立作品与关键句的联结。

参考答案：

〔示例〕读《红星照耀中国》，就像从平面镜中看客观世界。因为作者用纪实手法忠实地描绘了中国红色区域的真实情况。例如，作者深入根据地，经过大量访谈，客观记录了毛泽东青少年时期的经历，让人们了解了他成为共产党人的原因。（4 分。手法 2 分，事例 2 分。其他符合题意的内容亦可）

真题 ❷

原题呈现（2020 年浙江湖州卷）

名著推广活动中，一位同学为下面四部名著设计了演讲主题，不恰当的一项是（　　）

A.《昆虫记》：拥有和自己斗争的勇气，才能登上艺术的顶峰。

B.《简·爱》：你总要熬过一些苦难，方能尘埃落定，静待花开。

C.《红星照耀中国》：你的热爱有多浓烈，你的祖国就有多美丽。

D.《海底两万里》：即使是普通的冒险，也伴随着对科学的关注。

思维层次：理解、分析

阅读能力：理解每部作品的主题。

命题特点及解题策略：本题考查学生对作品主题的理解能力。解答本题需熟悉作品的内容与主题。

参考答案：

A

真题 ❸

原题呈现（2020 年福建省卷）

填空题。

为了民族未来，红军爬雪山、过草地……历尽艰辛，创下了＿＿（1）＿＿的壮举（《红星照耀中国》）；为了取得真经，唐僧师徒一路降妖除魔，途经火焰山时，和铁扇公主、牛魔王斗智斗勇，留下了＿＿（2）＿＿的故事（《西游记》）；为了保持独立的人格和自尊，简·爱对罗切斯特发出了经典的爱情宣言：＿＿（3）＿＿（请用一句话概括）

（《简·爱》）。

思维层次：记忆、理解

阅读能力：熟悉并掌握作品的主要内容。

命题特点及解题策略：本题考查学生对作品内容的熟悉程度。解答本题需熟悉作品的内容与主题。

参考答案：

（1）长征 （2）三调芭蕉扇 （3）每个人精神和人格都是平等的（或：我们是平等的；我和你的灵魂是一样的；我和你有完全一样的一颗心……）

真题 4

原题呈现（2020年黑龙江绥化卷）

下列各句表述错误的一项是（　　）

A.《骆驼祥子》一书中，虎妞大胆泼辣有点变态，敢于追求自由幸福却又好逸恶劳，控制欲极强，她最后难产而死是祥子走向堕落的根本原因。

B.清代小说家吴敬梓的《儒林外史》，被鲁迅在《中国小说史略》中称为中国古代最优秀的讽刺小说。

C.《大堰河——我的保姆》是中国现当代著名诗人艾青所作，抒发了艾青对抚养他的保姆——大堰河深深的挚爱和无尽的怀念，是他的成名作。

D.美国记者埃德加·斯诺根据采访和考察得到的第一手资料，写成了纪实性作品《红星照耀中国》，曾易名为《西行漫记》。

思维层次：记忆、理解

阅读能力：熟悉并掌握作品的主要内容。

命题特点及解题策略：本题考查学生对作品内容的熟悉程度。解答本题需熟悉作品的内容与主题。

参考答案：

A。虎妞难产而死不是导致祥子走向堕落的根本原因。

真题 5

原题呈现（2020年江苏盐城卷）

下列表述不正确的一项是（　　）

A.美国记者埃德加·斯诺于1936年穿越重重封锁，深入延安，采访、考察后创作了纪实性作品《红星照耀中国》，深入分析和探究了“红色中国”产生、发展的原因。

B.《海底两万里》是法国小说家儒勒·凡尔纳创作的一部科幻小说，小说主人公尼摩船长是一位献身科学的探索者，也是英勇顽强、反对一切压迫和殖民主义的战士。

C.《水浒传》塑造了一大批栩栩如生的人物形象，其中武松最具传奇色彩。他从为兄报仇开始，斗杀西门庆、醉打蒋门神、大闹五台山、智取生辰纲……一步步走向反抗道路。

D. 老舍是公认的语言大师，他的《骆驼祥子》创造性地运用了北京市民的口语，给通俗朴素的文字增添了“亲切、恰当、活泼的味儿”，使人一读就能感受到小说的地方特色。

思维层次：记忆、理解

阅读能力：熟悉并掌握作品的主要内容。

命题特点及解题策略：本题考查学生对作品内容的熟悉程度。解答本题需熟悉作品的内容与主题。

参考答案：

C

真题⑥

原题呈现（2020 年广东省卷）

（A）邓发？邓发……哦，是的，邓发就是中国红军特务队的首领。而且还有，我的天，还悬赏五万元要他的头啊！

邓发泄露了他的身份，快乐得跳起舞来。他被这有趣的局面所鼓舞，就无法压制他的兴奋；他，这著名的“共匪”，现在是生活在敌人的营幕之中，拿他的鼻子碰着到处密布的侦探呢。

（B）不过我急于把它找回来的直觉，是绝对正确的。因为第二天蒋委员长突然到西安来了。这天的早晨街上完全断绝了交通。通到城里去的所有道路，都排列着宪兵和军队，沿路的农民都被从家里赶了出去，有几家看不上眼的小屋也完全被拆毁。那时候我们的汽车要通过那条路到渭水，是不可能的，因为那条路接近高度警戒着的飞机场。

委员长的到临与仍旧新鲜地留在我的脑子里的场面——毛泽东、徐海东、林彪、彭德怀等在红色中国的街道上闲庭信步，形成了一种不易忘掉的对照。委员长并没有被悬赏通缉，这生动地表明谁怕百姓，谁相信百姓。但是即使在西安为了保护委员长的生命而布置的一切戒备，仍被证明并不充分，因为在保卫他的这一军队内部，也已有他的很多敌人。

（节选自《红星照耀中国》，有删改）

（1）选文 A 中的邓发见“我”的任务是______；选文 B 中的“它”指的是 ______。

（2）原著具有鲜明的态度，请从选文 A、选文 B 中各举一例并作简要分析。

（3）联系原著，概括作者阐明的主要见解。

思维层次：理解、分析

阅读能力：熟悉并掌握作品的主要内容。

命题特点及解题策略：本题命题体现作品的文体特质，考查学生的高阶思维。解答本题需熟悉作品的情节内容，理解作品的思想主题。

参考答案：

（1）护送“我”进入苏区；装有笔记、胶卷和文件等物品的行囊。

（2）选文 A 得知眼前人就是被悬赏通缉的要犯邓发时，作者禁不住流露出对邓发的钦佩、对国民党侦探的嘲讽之情；选文 B 将中国共产党领袖和蒋介石对待民众的不同态度做对比，表达了作者褒贬分明的态度。

（3）［示例］①中国共产党及红色军民不是“共匪”，而是为国家和民族命运浴血奋战的优秀中华儿女；②红色苏区政府组织严密、政策合理、群众基础牢固，生命力越来越旺盛；③国民党反动派已经激起老百姓的仇恨和反抗，共产党领导的红色政权深受民众欢迎，中国的未来属于共产党及其领导的革命力量；④长征成功地实现了战略大转移；⑤“西安事变”不是政变，而是兵谏，它的和平解决，促成国共停止内战。

真题 7

原题呈现（2020 年江西省卷）

班级拟开展“读名著，谈感想”综合性学习活动，请从下面“专题探究”中选择一个专题，写一篇发言稿，交流你的读书心得。字数 200 字左右。

【专题探究】

专题一：《红星照耀中国》中的长征精神

专题二：《水浒传》中的人物

专题三：《儒林外史》的讽刺艺术

思维层次：分析、评价

阅读能力：熟悉并掌握作品的主要内容和主题思想。

命题特点及解题策略：本题命题体现作品的文体特质，考查学生的高阶思维。解答本题需熟悉作品的情节内容，理解作品的思想主题。

参考答案：

［示例］大家好！读完《红星照耀中国》，我被书中所体现的长征精神深深地打动了。在书中，作者描述了中国工农红军长征的经过，向全世界报道了长征这一举世无双的军事壮举。长征途中，红军将士不畏艰险，巧渡金沙江，飞夺泸定桥，强渡大渡河，冒着严寒忍着饥饿，爬雪山、过草地，展示了中国共产党为民族解放事业而牺牲奉献、艰苦奋斗的崇高精神，以及革命的乐观主义精神。这就是长征精神。在今后的学习和生活中，我将以这一精神鞭策自己，让自己变得更加优秀。

真题 8

原题呈现（2020 四川德阳卷）

（1）下列说法不正确的一项是（　）

A.《朝花夕拾》中记载我儿时要去看五猖会，在兴高采烈之际，被父亲命令要背书过关才能去，这样的落差给作者留下了极其深刻的回忆。

B. 在儒勒·凡尔纳的《海底两万里》中，作者设想了有强大功能的潜水艇，有能发射到月球的大大炮弹，展示了作者非凡的想象力。

C.《水浒传》通过写众多草莽英雄的不同人生和反抗道路，表现了封建社会“官逼民反”的主题，表达了作者对平等互爱的理想社会的向往。

D.“你以为，因为我穷、低微、不美、矮小，我就没有灵魂没有心了么？你想错了。”这是简·爱这样一个追求人格独立和尊严的女性的宣告。

（2）你怎样理解著名新闻记者白修德对《红星照耀中国》的书评“斯诺对中国共产党的发现和描述，与哥伦布对新大陆的发现一样，是震撼世界的成就”？

思维层次：记忆、理解

阅读能力：熟悉并掌握作品的主要内容。

命题特点及解题策略：本题考查学生对作品内容的熟悉程度。解答本题需熟悉作品的内容与主题。

参考答案：

（1）B

（2）白修德用形象的比喻肯定了《红星照耀中国》作为纪实作品的巨大成就，以“发现新大陆”作比，通过一个外国人的所见所闻，第一次让全世界了解了中国共产党和红军的真实情况。斯诺是通过采访、对话和实地考察得来的事实，对中国共产党和中国革命做了客观评价。

【解析】（1）B 项“有能发射到月球的大大炮弹”错误。应是：在儒勒·凡尔纳的《海底两万里》中，小说设想了潜水艇的强大功能，描绘了奇幻美妙的海底世界，体现了人类自古以来渴望上天下海、自由翱翔的梦想，展示了作者非凡的想象力。故选 B。

（2）本题考查对名著的理解分析能力。“斯诺对中国共产党的发现和描述，与哥伦布对新大陆的发现一样，是震撼世界的成就”是著名新闻记者白修德对《红星照耀中国》及其作者斯诺的评价。这是用形象的比喻说明《红星照耀中国》可以与“哥伦布发现新大陆”相媲美。埃德加·斯诺作为第一个到中国红色区域完成长达 7 年采访的西方记者，以亲身经历，客观地向全世界报道了中国共产党和红军的真实情况，使西方人第一次了解到中国共产党人的真实生活，揭开了当时令人无法理解甚至在外界看来扑朔迷离的红色中国的神秘面纱。斯诺通过访谈与对话，首次向全世界全面报道了中国工农红军长征的“军事壮举”。书中记录了考察所得的第一手资料，对中国共产党和中国革命做了客观的评价，瓦解了种种歪曲、丑化共产党的谣言。通过以上分析可知，答题的要点在于《红星照耀中国》第一次让全世界了解了中国共产党和红军的真实情况，对中国共产党和中国革命做了客观评价。

真题⑨

原题呈现（2020 年四川广安卷）

根据阅读积累，补写以下读书笔记卡。

时间	2020.6.10	编号	068
书名：《___（1）___》 作者：埃德加·斯诺 作品内容：写了两个层面的事实——一是作者 1936 年 6 月至 10 月采访“红色中国”的过程；二是“红色中国”的___（2）___。			
书名：《水浒传》 作者：施耐庵 作品结构和语言：结构上采取___（3）___的链式结构，线索分明；语言上用的是___（4）___，质朴生动，洗练明快，富有表现力。			

思维层次：记忆、理解

阅读能力：熟悉并掌握作品的基本内容。

命题特点及解题策略：本题考查学生对作品内容的熟悉程度。解答本题需熟悉作品的基本内容与主题。

参考答案：

（1）红星照耀中国（2）历史、现状和未来（3）先分后合（4）古代白话

真题⑩

原题呈现（2020年天津市卷）

请根据阅读积累，在下面表格的横线处填写相应的作品或人物。

作品	人物	文段
《海底两万里》	（1）	回到大艇上之后，我开始思考我们在马纳尔沙洲的历险经历，从而得出了两个结论：一个是（1）艇长勇气过人，无与伦比；另一个是他虽是一个跑到海底、躲避人类的海洋人，但却具有无私的献身精神。
《朝花夕拾》	（2）	大概是太过于念念不忘了，连（2）也来问《山海经》是怎么一回事。这是我向来没有和她说过的，我知道她并非学者，说了也无益；但既然来问，也就都对她说了。
《（3）》	周恩来	他在战后共产主义运动的影响下，在巴黎帮助组织中国共产党，成了同时在中国成立的这个组织的创建人。他在巴黎学习了两年，到英国去了几个月，又回到法国，接着又到德国学习了一年。
《水浒传》	（4）	那雪越下得猛，（4）投东走了两个更次，身上单寒，当不过那冷。在雪地里看时，离得草料场远了。只见前面疏林深处，树林交杂，远远地数间草屋，被雪压着，破壁缝里透出火光来。

思维层次：记忆、理解

阅读能力：熟悉并掌握作品的基本内容。

命题特点及解题策略：本题考查学生对作品内容的熟悉程度。解答本题需熟悉作品的基本内容与主要人物。

参考答案：

（1）尼摩　（2）阿长　（3）红星照耀中国　（4）林冲

真题⑪

原题呈现（2020年云南省卷）

【文段一】以后可忘却了，大概也和现今的国粹保存大家的议论差不多。但我对于这中西学堂，却也不满足。因为那里面只教汉文、算学、英文和法文。功课较为别致的还有，杭州的求是学院，然而学费贵。

【文段二】总觉得不大合，可是无法形容出这个不合适。现在是发现了大致相近的字眼了，“乌烟瘴气”，庶几乎其可也。只得走开……于是毫无问题，去考矿路学堂去了。

（1）上面两个文段出自名著《__________》，讲述的是______（人名）求学期间的两次心理变化，体现了他对新时代、新思想的追求。

（2）请从下列三项中任选一项，参照示例，联系名著内容谈谈所选人物的追求。

①简·爱（《简·爱》）②祥子（《骆驼祥子》）③“红小鬼”（《红星照耀中国》）

〔示例〕唐僧在西天取经途中历经重重磨难，但始终坚持造福众生的追求，最终取回三藏真经。

思维层次：记忆、理解、分析

阅读能力：熟悉并掌握作品的基本内容和人物形象。

命题特点及解题策略：本题考查学生对作品内容的熟悉程度，考查学生的高阶思维能力。解读本题需熟悉作品的基本内容，结合关键情节分析人物的形象。

参考答案：

（1）朝花夕拾　鲁迅（周树人）

（2）[示例]①简·爱是位不甘忍受社会压迫、努力追求自由平等的女性，她不惧与罗切斯特先生社会地位悬殊，勇敢追求爱情。

②祥子追求幸福生活，想要凑钱买一辆洋车，在烈日和暴雨下拼命奔波。

③“红小鬼”追求平等，他们虽然年纪很小，却事事参与，并不认为自己应该受优待。

真题⑫

原题呈现（2020年吉林长春卷）

阅读下面选文，根据要求回答问题。

[甲]我在宁夏和甘肃所看到的红军部队，住在窑洞里，富有地主原来的马厩里，用泥土和木料草率建成的营房里，以前的官吏或驻军丢弃的场地和房子里。他们睡在硬炕上，甚至没有草垫，每人只有一条棉毯……

[乙]红军战士一个个站出来愿意冒生命危险，于是在报名的人中最后选了三十个人。他们身上背了毛瑟枪和手榴弹，马上就爬到沸腾的河流上去了，紧紧地抓住了铁索一步一步抓地前进。红军机枪向敌军碉堡开火，子弹都飞迸在桥头堡上。敌军也以机枪回报，狙击手向着在河流上空摇晃地向他们慢慢爬行前进的红军射击。第一个战士中了弹，掉到了下面的急流中，接着又有第二个，第三个。

（摘自《红星照耀中国》人民文学出版社）

埃德加·斯诺看到的中国工农红军是一支怎样的队伍？请简要概括。

思维层次：理解

阅读能力：熟悉并掌握作品的基本内容。

命题特点及解题策略：本题考查学生对作品内容的熟悉程度。解答本题需熟悉作品的基本内容与主题。

参考答案：

[示例]中国红军是一支甘于奉献、甘于吃苦、不怕牺牲的队伍。

真题⑬

原题呈现（2020 江苏泰州卷）

下列关于文学名著内容的表述，错误的两项是（　　）（　　）

A.《西游记》中的故事大多情节曲折，其中的大闹天宫、大闹五庄观、大闹野猪林等故事尤为精彩。

B.《红星照耀中国》分析和探究了“红色中国”产生、发展的原因，多方面展示了中国共产党为民族解放而艰苦奋斗和牺牲奉献的崇高精神。

C.保尔告诉冬妮娅他最喜欢的一本书是《牛虻》，因为书中的传奇领袖加里波第的故事让他着迷。

D.《大堰河——我的保姆》《我爱这土地》《向太阳》是《艾青诗选》中的三篇佳作。

E.《儒林外史》中，范进因中举喜极而疯、严监生临死前吝惜灯草油等情节充分体现了作品的讽刺艺术。

思维层次：理解、分析、评价

阅读能力：熟悉并掌握作品的基本内容和人物形象。

命题特点及解题策略：本题考查学生对作品内容的熟悉程度，考查学生的高阶思维能力。解答本题需熟悉作品的基本内容，结合关键情节分析人物的形象。

参考答案：

A C（“大闹野猪林”是《水浒传》的故事，不是《西游记》的故事；《牛虻》中的主人公是牛虻，让保尔着迷的是牛虻。）

真题⑭

原题呈现（2019 年山东日照卷）

下列有关名著的表述，正确的一项是（　　）

A.《西游记》三借芭蕉扇中，孙悟空第一次借到假扇；第二次骗得真扇，却被牛魔王又骗回去；第三次猪八戒打得牛魔王现出原形，借得真扇。

B.《红星照耀中国》是美国记者埃德加·斯诺依据自己 1936 年在根据地的采访和考察资料写成的，作品客观报道中国共产党和红军的真实情况，并且预言红星必将照耀全中国。

C.《简·爱》最后写简·爱回到芬丁庄园与失明的罗切斯特结婚，是因为简·爱从去世的叔叔那里继承了五千英镑的遗产，与罗切斯特经济上平等。

D.《水浒传》中，青面兽杨志因在东京卖宝刀时杀了泼皮牛二，被监禁于死囚牢中；后受梁中书赏识押运花石纲，在黄泥岗失陷花石纲，只好投二龙山落草。

思维层次：记忆、理解

阅读能力：熟悉并掌握作品的基本内容。

命题特点及解题策略：本题考查学生对作品内容的熟悉程度。解答本题需熟悉作品的基本内容与主要人物。

参考答案：B

真题 15

原题呈现（2021 年浙江衢州卷）

1. 同学们绘制了“中国工农红军长征路线图”，请你写出 A、B、C 三处战役的名称。

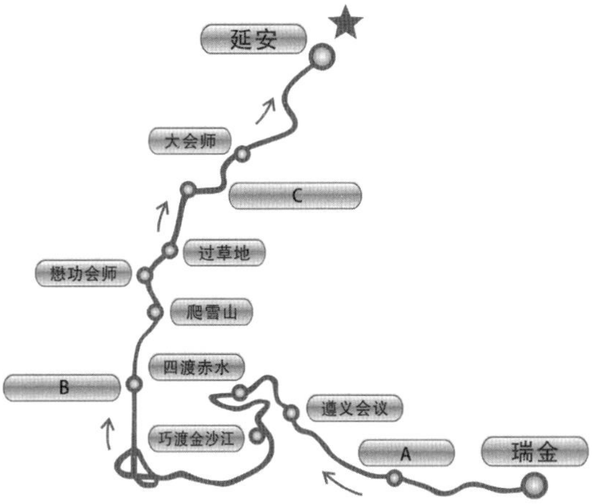

中国工农红军长征路线图

2. 长征中哪一次战役给你留下深刻的印象？请简要叙述起因、经过、结果。

思维层次：记忆、理解

阅读能力：熟悉并掌握作品的基本内容。

命题特点及解题策略：本题考查学生对作品内容的熟悉程度。解读本题需熟练掌握作品的基本内容。

参考答案：

1. A. 血战湘江　B. 强渡大渡河（飞夺泸定桥）C. 激战腊子口

2.［示例］巧渡金沙江。红军第一军团在龙街渡口遭到敌军的阻截，江宽水急，没有渡船，也没有架桥器材。为避免与敌军正面交锋，红军转移到皎平渡口渡江，数万红军靠七条破旧的木船和严明的军纪顺利渡过金沙江。

参考文献

[1] 徐全，谢艳锋 . 红色经典的批判色彩——重读小说《钢铁是怎样炼成的》[J]. 时代文学（理论学术版），2007（4）：114-116.

《昆虫记》

推荐版本

作者：[法] 亨利·法布尔著，陈筱卿译

出版社：人民文学出版社

出版时间：2018 年 4 月

作品梗概

《昆虫记》又称《昆虫世界》《昆虫物语》《昆虫学札记》或《昆虫的故事》，共十卷。作者描述了小小的昆虫恪守自然规则，为了生存和繁衍进行着不懈的努力。十卷本的《昆虫记》被誉为“昆虫的史诗”。在作者的笔下，小小的昆虫们无一不是身怀技艺的行家里手：长腹蜂是挥舞瓦刀的“泥瓦工”；黑蛛蜂是技艺高超的“制陶工”；土蜂是下针精确无误的“麻醉师”；切叶蜂是名副其实的“裁剪工”；黄斑蜂是技艺惊人的“鞣毡大师”；而蜾蠃则是“挖掘工”“采脂工”和“粉刷工”。

作者依据其毕生从事昆虫研究的经历和成果，以人性化观照虫性，以虫性反映社会人生。用通俗易懂、生动有趣和散文的笔调，深入浅出地介绍了他所观察和研究的昆虫的外部形态、生物习性，真实地记录了几种常见昆虫的本能、习性、劳动、死亡等，既表达了作者对生命和自然的热爱和尊重，又传播了科学知识，体现了作者观察细致入微、孜孜不倦的科学探索精神。

思维导图

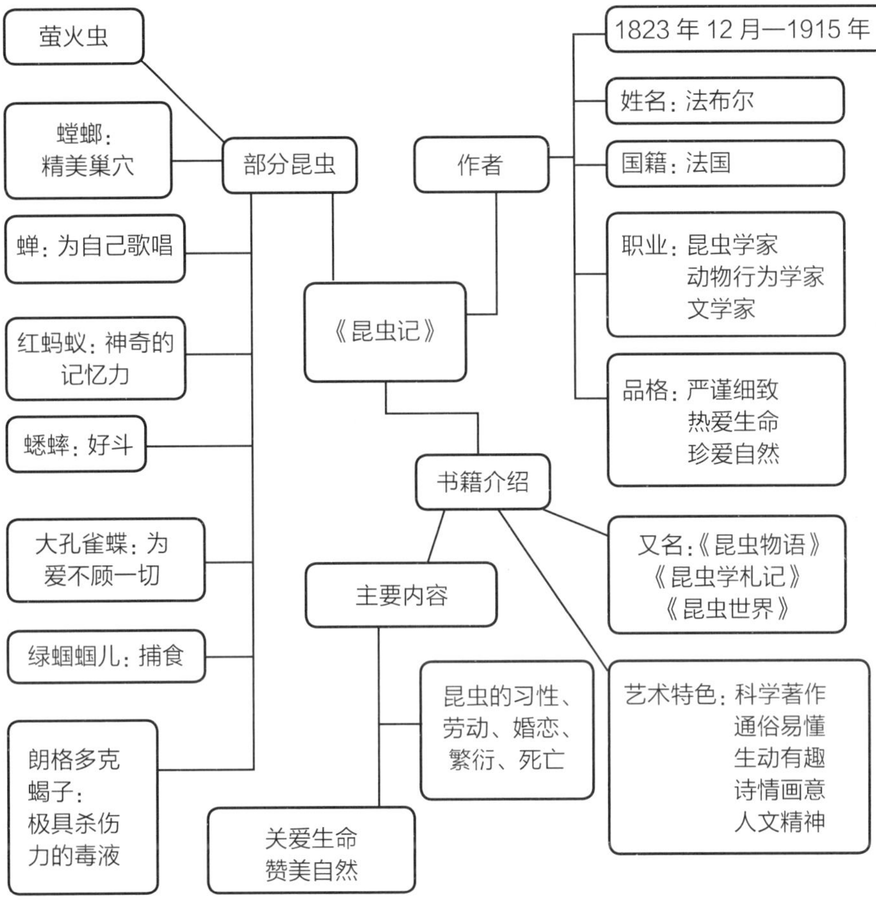

作者介绍

法布尔（1823—1915），法国昆虫学家、动物行为学家、文学家，是昆虫之父、昆虫界的“维吉尔”。出生后的几年间，法布尔是在离该村不远的马拉瓦尔祖父母家中度过的，当时年幼的他已被乡间的蝴蝶与蝈蝈这些可爱的昆虫所吸引。

法布尔一生坚持自学，先后取得了自然科学学士等多个学位，精通拉丁语和希腊语，喜爱古罗马作家贺拉斯和诗人维吉尔的作品。他在绘画、水彩方面也几乎是自学成才，留下的许多精致菌类图鉴，曾让诺贝尔文学奖获得者、法国诗人弗雷德里克·米斯特拉尔赞不绝口。法布尔晚年时，《昆虫记》的成功为他赢得了“昆虫界的荷马”和“科学界诗人”的美名，他的成就得到了社会的广泛承认。

法布尔虽然获得了许多科学头衔，但他仍然朴实如初，为人腼腆谦逊，过着清贫的生活。他的才华受到当时文人学者的仰慕。《昆虫记》中精确地记录了法布尔进行的试验，揭开了昆虫生命与生活习惯中的许多秘密，因此，法布尔被称为“无法效仿的观察家”。

文学地位

法布尔的《昆虫记》誉满全球，在法国自然科学史与文学史上具有重要地位。因为融合了科学与文学，所以作品既有科学的理性，又有文学的感性。它将作者对昆虫的细心观察、潜心研究和人生体会熔于一炉，不仅使人们在阅读时获取相关的科学知识，而且睿智的思想哲理跃然纸上。在作者朴素的笔下，一部严肃的学术著作如优美的散文，读者们不仅能从中获得知识和思想，而且阅读本身就是一次独特的审美享受。

《昆虫记》不仅是一部研究昆虫的科学巨著，同时也是一部讴歌生命的宏伟诗篇。法布尔用“哲学家一般的思、美术家一般的看、文学家一般的感受与抒写”，生动地揭示昆虫鲜为人知的生活习性，为昆虫谱写生命乐章，创作出一部不朽的世界名著。

正如罗曼·罗兰所说：在这些天才式的观察中，融合热情与毅力，简直就是艺术品的杰作，令人感动不已。一个人耗费一生的光阴来观察、研究算是奇迹了；一个人一生专为“虫子”写出十卷大部头的书，更不能不说是奇迹。法布尔将专业知识与人生感悟熔于一炉，娓娓道来，不得不说，这是一个奇迹。

核心价值

◎ 核心知识

（一）第一人称的叙事视角

《昆虫记》采用第一人称的叙事视角，作品中作者多以自己的视角来进行观察，用讲故事的方法来讲对昆虫的研究，把自己融入昆虫的世界中，并以第一人称——“我”展开叙述。这与一般的科普作品不同。一般的科普作品，把知识科普化，往往采用间接叙述的方法，介绍者站在第三者的角度，将转述的内容以第三人称的口吻介绍给读者。这样的介绍很难让读者保持长久的阅读兴趣。著名翻译家、思想家周作人曾说：“法布尔的书中所讲的是昆虫的生活，但我们读了却觉得比看那些无聊的小说戏剧更有趣味，更有意义。”

（二）点状式的介绍顺序

科普作品是一种以向大众普及科学知识为主要目的的作品，一般呈现出一种点状式的介绍顺序，即随便翻到哪一章看都不会影响阅读效果，倒过来看也是可以的。《昆虫记》也具有这样的特点，在具体的每一章的介绍中，法布尔也是想到哪儿说到哪儿，以自己的兴趣为主，以自己认为最有意义的介绍为主。这和我们阅读传统的讲究章法的文章略有不同。

阅读《昆虫记》，我们可以试着站在法布尔研究昆虫的立场，去发现法布尔介绍的一般顺序。即我研究的对象是什么？我要研究的问题是什么？这种昆虫的生活习性等又是怎么样的？我们还可以想一想法布尔是如何站在一个观察者的角度来展开介绍，最后再形成一个结论的。阅读《昆虫记》，读者会渐渐感知到昆虫学家法布尔及像法布尔一样痴迷、醉心于自己的研究领域的科学家们。

（三）拟人化的写作手法

首先，在法布尔的笔下，小小的昆虫们无一不是身怀技艺的行家里手：蝉和蟋蟀是名副其实的“歌唱家”，蛩是可以进行外科手术的“麻醉师”……法布尔赋予了昆虫各行各业的身份和职务，它们在那个稀奇而冷落的“荒石园”里快乐而自由地生活着。

其次，法布尔还关注昆虫生活中的一个个小细节，发现一个个昆虫的小心思、小乐趣，告诉读者昆虫之间也和人类一样存在尔虞我诈、巧取豪夺。例如在描写蜣螂运食物时，一会儿写朋友合作，像邻居一般友好，抛下工作，助一臂之力；一会儿来个强盗，猛地将主人击倒，自己蹲在球上，前腿交叉胸前，待球主人起来抢球便给它一拳，把它打得四脚朝天。

通过关注昆虫的心理、动作、神态等，让人在阅读时发现读《昆虫记》就是在读一部昆虫的武侠片、生活剧。

◎ 核心能力

（一）检视性阅读能力

检视性阅读是获取文本信息的一种主要的阅读方式。它以检索寻找一项或几项特定的内容为阅读目的，寻找书中的必读材料。进行检视性阅读，必须熟悉书本内容，并且善于利用目录等检索信息。在迅速而准确地选到所需材料后，还能概括和组织所读材料内容。让学生检视阅读《昆虫记》，实则是让学生通过关注不同的方面、不同的角度，运用不同的方式去快速获取书中相应的知识。

（二）理解性阅读能力

理解性阅读的目的是读懂作品讲了什么，理解文章的关键，要抓住要点，准确把握作品的意思。让学生带着一颗需求心去阅读《昆虫记》，主要是通过“自我阅读需求”和“学习任务驱动”两种方式，来帮助学生理解《昆虫记》中的疑难点，促进学生在阅读过程中建立起篇与篇的联系，从宏观上把握作品，引发更多的思考和探索。对于这个时代的学生来说，书中的昆虫他们并不是全部都了解。所以，也不要求学生将每一种昆虫的知识都掌握。在阅读《昆虫记》的过程中，可以引导学生试着做一个熟悉的昆虫名片，讲一个熟悉的昆虫故事，整理一下法布尔观察记录昆虫的器皿，发现不同昆虫生活的地方等，让学生围绕这样一个又一个的任务集体建构，读懂作品内容，加深阅读理解。

（三）研究性阅读能力

研究性阅读，指以研究问题为目的的资料阅读。让学生带着一颗探索心去走进科学，是让学生通过对“知识内容的追问”和“对法布尔科学精神的追问”，进而一步一步引导学生把书本上的科学变为实践运用中的科学。

《昆虫记》是一部研究昆虫的科学巨著，是法布尔毕生研究的结晶。如果只是以一种获得资料或者消遣的方式来阅读，那就体现不出《昆虫记》本身所具有的价值了，我们的阅读也便失去了向上迈一个台阶的重要意义。在阅读的过程中，学生必须学会不断地问问题。在一个又一个的问题中，完成阅读过程的探索，也叩醒心扉，燃起研究的欲望，一步一步带着书本上的知识走向生活，走进科学。

◎ 核心策略

（一）外化输出

外化输出是指在阅读过程中，以口头或书面的形式，把对文本的理解外显出来。以学生内化理解为基础，用各种策略促进学生外化输出，内化、外化相结合能够促进理解的深入。例如，通过写昆虫卡片等活动，学生可以外化输出对文本的理解，也可以通过阅读批注等形式，把自己对作品内容、语言等方面的体会标注在书上，还有昆虫介绍、观察日记等活动，都是外化输出。例如，在写观察日记的过程中，要讲述观察的对象，可以先从观察前的准备说起，锁定观察内容；然后按要求观察相应的对象；接着进行语言组织；最后呈现观察日记。特别是对观察日记的撰写，既要符合要求，又要生动有趣。正是这一系列外化输出，在与同伴交流的过程中，能进一步加深对文本的理解，实现内化、外化、深化的立体化阅读过程，促进阅读效果的最优化。

（二）对照阅读

《昆虫记》中的昆虫，习性有相同和不同之处。针对各类习性，用对照的方式阅读，有助于更加深入了解昆虫的各种特点。对照阅读可以是人们普遍常识和现实本质的对比。例如《蝉和蚂蚁的寓言》中的蝉和蚂蚁的特点，与法布尔观察下的蚂蚁和蝉的个性正好相反，通过对照阅读，法布尔为蝉正了名，蝉才是真正的勤劳者。法布尔观察昆虫通常会采用多次实验的方法。对照阅读每次实验的结果，能更快掌握昆虫的特性。例如《朗格多克蝎子》中，作者在介绍蝎子妈妈对小蝎子的爱护程度的时候，分别做了三次实验，一次又一次的“挑衅”，证明了蝎子是关爱孩子的。对照阅读也可以是不同昆虫之间的对比。同样是拥有毒素，狼蛛和朗格多克蝎子的毒有什么不同？同样会建造房子，胡蜂和红蚂蚁又有什么不同？这些都可以通过对照阅读来开展。

（三）图文转换

图文转换是指由文绘图或以文叙图。生动的文字可以带给读者鲜活的画面感，让读者在栩栩如生的情境中阅读。学生阅读《昆虫记》时，可以使用图文转换策略，一是可以根据阅读内容，绘制各类昆虫的图像，使之形象化；二是可以绘制昆虫的思维导图，有条理地掌握昆虫的特点；三是可以绘制法布尔做实验的观察步骤，使探究过程清晰地展现出来。通过图文转换，可以让学生更直观地再现自己对文字的理解，更鲜明地呈现昆虫形态、具体观察细节，进而在与同学的交流分享中深化理解和感悟。

◎ 精神文化

巴金曾说：“《昆虫记》熔作者毕生的研究成果和人生感悟于一炉，以人性观察虫性，将昆虫世界化作供人类获取知识、趣味、美感和思想的美文。”学生不仅要在经典阅读中体悟文字表达，还要通过阅读激起探寻微观世界的兴趣，感悟法布尔执着的科学探索精神，体会他的理性思考，促进精神成长。

法布尔说：“这是我四十年来拼命奋斗的乐园呵！……看呵！这里有一种会缝纫的蜜蜂，它剥下开有黄花的刺桐的网状线，采集了一团填充的东西，骄傲地用它的腮带走了……”阅读这样的文字，可以激起学生憧憬自然，走向自然的美好愿望的。

法布尔的一生是为昆虫的一生。书中第一句话写道：“我们都有自己的才能和特具的禀性。”这正是法布尔作为一名昆虫学家对自己执着昆虫学研究的真切告白。阅读《昆虫记》可以唤醒学生在科学探究的道路上，不只是有兴趣，更要有一种坚定而执着的精神。

自主初读

◎ 阅读规划

阅读进程	阅读章节	阅读时间（小时）	阅读该部分感受最深的一点	阅读该部分最大的疑惑	自我评价（优、中、一般）	教师评价（优、中、一般）
进程一	第__章～第__章					
进程二	第__章～第__章					
进程三	第__章～第__章					
进程四	第__章～第__章					

任务伴读

◎ 进程一

任务推进

阅读规划	任务单	重点能力指向
范围：第1–6章。 时间：3天阅读完毕。	1. 概括红蚂蚁的特点。  2.《蝉和蚂蚁的寓言》带给你哪些新的阅读体验？ 3. 请从形状、大小、好处、作用四方面简要介绍蝉的地洞模样。 4. 结合阅读体验，分析蝉发出那么大声音的原因。	概括分析的能力 比较提炼的能力

阶段性测试

1. 法布尔称呼蝉为什么？

2. 有人说“蝉是个令人辛酸的音乐家”，你同意这种说法吗？请结合具体内容谈谈。

◎ 进程二

任务推进

阅读规划	任务单	重点能力指向
范围：第 7−15 章。 时间：3 天阅读完毕。	1. 螳螂残忍习性的具体体现：  2. 请简单介绍一下螳螂的巢。 3. 蟋蟀住宅选址讲究哪些？	提取信息的能力 综合评价的能力

阶段性测试

1. 简要阐述蝗虫发音器的特点。

2. 按时间顺序简要阐述蝗虫的最后一次蜕皮。

◎ 进程三

任务推进

阅读规划	任务单	重点能力指向
范围：第 16−21 章。 时间：3 天阅读完毕。	1. 用思维导图的形式梳理大孔雀蝶的习性。 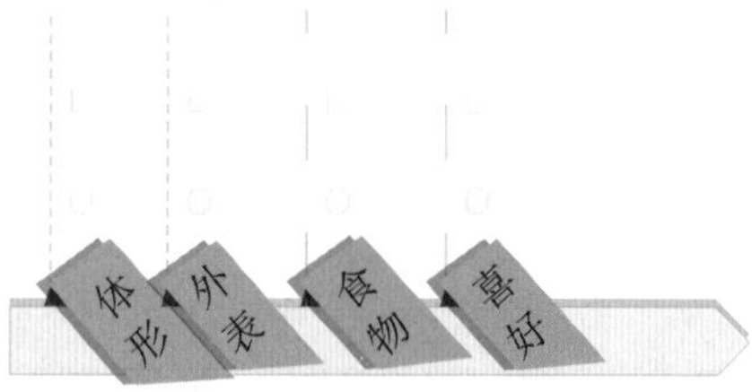 大孔雀蝶的习性 2. 观察小条纹蝶，法布尔做了几次实验？每一次实验都验证了什么？ 3. 黑腹狼蛛的“毒”到底有多厉害？请举例证明。	理解阅读能力 概述比较能力

阶段性测试

1. “从仪表和花纹来看，这是南部最美丽的蜘蛛目动物，肚子如榛子一般大小。”根据你的阅读体验，请判断这是哪一种动物。

2. 简要介绍一下胡蜂的住宅，至少用一种说明方法。

◎ 进程四

任务推进

阅读规划	任务单	重点能力指向
范围：第 22—28 章。 时间：3 天阅读完毕。	1. 用思维导图的形式简要介绍朗格多克蝎子。  2. 请简要描述一下朗格多克蝎子的爱情过程。 3. 用思维导图的形式介绍一下萤火虫。  	提取信息的能力 综合评价的能力

阶段性测试

1. 据说朗格多克蝎子的胆子很小，请结合文章内容具体说说。

2. 举例说说朗格多克蝎子同类屠杀的事件。

课型推进

◎ 阅读课规划

教学阶段	主要内容	教学资源	设计意图
导读课	1. 作品文学常识介绍。 2. 了解作品的主要内容。 3. 艺术特点初体现。	1. 作者的背景资料。 2. 科普小品文的概念。	1. 初步了解并识记《昆虫记》作品的基本文学常识。 2. 初步感受作品的艺术效果。
推进课 1	1. 精读书中描述法布尔观察昆虫的精彩段落。 2. 结合实例总结法布尔的观察经验。	1. 昆虫名片。 2. 名家点评。 3. 经典细节。	掌握作品中昆虫的生活习性。
推进课 2	研读法布尔着力探究的若干个具体实例，总结其科学探究的经验。	1. 昆虫名片。 2. 名家点评。 3. 经典细节。	欣赏作品中叙述昆虫的优美笔法。
推进课 3	1. 寻找并品读《昆虫记》的趣言趣语。 2. 发现《昆虫记》中饱含感情的句子。 3. 体会《昆虫记》的语言特色。	1. 昆虫名片。 2. 名家点评。 3. 经典细节。	在理解主题的基础上，拓宽人物形象的价值。
成果分享课	1. 阅读经验交流。 2. 手抄报展示。 3. 思考《昆虫记》的现实意义。	1. 对具体片段的研讨和表演。 2. 撰写每个表演之间串词的方法。	1. 通过阅读经验分享，汲取他人阅读之所长。 2. 通过手抄报等形式的展示，锻炼学生分享成果的能力。

◎ 专题探究信息一览表

专题	探究指向	阅读策略	思维层次
专题一：跟法布尔学观察	观察角度、观察方法	分类 联想	迁移能力
专题二：跟法布尔学探究	研读探究	批注 评价	决策能力
专题三：跟法布尔学写作	写作技巧	鉴赏 评价	写作能力

◎ 阅读课设计

昆虫世界先知晓

——《昆虫记》导读课

【教学目标】

1. 认识《昆虫记》的作者，了解《昆虫记》的主要内容；

2. 学会看名著的前言，体会前言对读书学习的帮助作用；

3. 了解名家对《昆虫记》的评价，激发学生阅读名著的兴趣。

【教学重点】

学会看名著的前言，体会前言对读书学习的帮助作用

【教学难点】

搜集名家评论并能联系作品内容

【课时安排】

1 课时

【教学过程】

一、谈话导入，激发兴趣

1. 认识法布尔

今天我们来认识一位新朋友（出示法布尔的图片及名字），大家根据自己课前查阅资料的情况，说一说你对法布尔的了解。

（法布尔，法国著名昆虫学家、文学家，第一位在自然环境中研究昆虫的科学家。他穷毕生精力深入昆虫世界，在自然环境中对昆虫进行观察与实验，真实地记录昆虫的本能与习性，被称为“昆虫的史诗”。）

2. 了解《昆虫记》

《昆虫记》是优秀的科普著作，也是被公认的文学经典。它行文生动活泼，语调轻松诙谐，充满了盎然的情趣。文中真实地记录昆虫的生活，还透过昆虫世界折射出社会人生。全书充满了对生命的关爱之情，充满了对自然万物的赞美之情。

二、走进名著，走进译序

请同学们阅读《昆虫记》的译序，思考以下的问题：

法布尔的童年是如何度过的？对他以后的成长有什么重要影响？

法布尔是如何进行研究与写作的？有何特别之处？

人们对法布尔的评价如何？为什么会有这样的评价？

小结：想要快速走进名著，名著前的序言可以帮助我们很快了解作者、创作的背景、作品的内容、作品的风格等。

三、制订计划和阅读方案

请同学们根据《昆虫记》的目录，结合自己的阅读水平，制订符合自己的阅读计划，以及跟进方案。

在同学们制订计划的基础上，老师适当指导，也可出示自己的阅读计划，供学生参考。

四、名家评价，吸引阅读

出示一些名人大家对《昆虫记》的评价，分析这些评价，作为阅读过程中重点研究的切入点。

例如罗大冈的评价：在法国18—19世纪，热衷于把自己的科学研究成果写成文学式著作的生物学家，多到不可胜数，何止法布尔一人。可是只有法布尔的《昆虫记》流传最久最广，这绝非偶然。原因就在于他怀着对渺小生命的尊重与热爱去描写，甚至歌颂微不足道的昆虫。这就是《昆虫记》充满人情味的理由。《昆虫记》充满对昆虫的爱，对微小生命的爱，所以使广大读者深受感动。

从这段文字中，我们可以发现，《昆虫记》对微小生命的爱特别重视，在阅读的过程中请关注这一部分内容，并找到相应实例。

五、布置作业，开始阅读

完善制订的计划和方案，开始第一阶段的阅读。

【配套练习】

1. 法布尔是法国博物学家、昆虫学家、科普作家，被誉为“昆虫世界的__________”。

2.《昆虫记》先后被译成50多种文字出版，被人们称为“__________”。

3.《昆虫记》除了真实记录昆虫的生活，还透过昆虫世界__________。

4.“法布尔老人让我们了解了昆虫的世界，而昆虫则令我们永远记住了法布尔老人。”根据前期对《昆虫记》的了解，说说你对这句话的体会。

5. 法布尔没有采用解剖法，而是采取______的方法，实地记录昆虫的生活现象和习性，带给我们不一样的昆虫世界。

跟法布尔学观察

——《昆虫记》推进课1

【教学目标】

精读书中描述法布尔观察昆虫的精彩段落，结合实例总结法布尔的观察经验。

【教学重点】

精读书中描述法布尔观察昆虫的精彩段落，学会阅读科普作品的方法，结合实例总结法布尔的观察经验。

【教学难点】

学会阅读科普作品的方法

【课时安排】

1课时

【教学过程】

一、谈话导入，了解科普

同学们，阅读完《昆虫记》，你喜欢这样的作品吗？理由是什么？

科普作品的特点就是力求深入浅出，用通俗的语言说明复杂、抽象的事例，以利于科学知识的传播。

二、片段欣赏，体会精彩

1. 仔细阅读示例，体会法布尔写作的特色。

〔示例1〕

在雄蝉的胸前，紧靠后腿的下方，有两块宽大的半圆形盖片，右边的微微叠在左边的上面。这是发音器的气门、顶盖、制音器，也就是音盖。如果把它们掀起，就能看到两个宽敞的空腔，一左一右，在普罗旺斯，人们称它们叫小教堂。两个小教堂合起来叫大教堂。它们的前端是一块柔软细腻的乳黄色膜片，后端是一层干燥的薄膜，像肥皂泡一样呈彩虹的颜色，这在普罗旺斯语中被称为镜子。

通常，大教堂、镜子和音盖被认为是蝉的发音器官。普罗旺斯人说“镜子裂了”，用来指歌唱家底气不足；这形象的语言也形容诗人缺乏灵感。但是，人们的这种观点是不符合声学原理的。我们可以打碎镜子，用剪刀剪去音盖，把前端的乳黄色薄膜撕碎，但这并不能使蝉停止歌唱；它只是使歌声弱了一点，音质差了一点而已。两个小教堂是共鸣器，它们并不发声，而是通过前后两片薄膜的振动使声音加强，并通过音盖的开合改变音色。

——选自《蝉的歌唱》

（这里作者详细介绍了蝉的发音器。作为一个比较专业的术语，为了让大家明白，什么是发音器，发音器有什么作用。法布尔采用了比喻手法，把它比成了普罗旺斯人最熟悉的“教堂”。科学的道理在法布尔的阐述下，显得生动有趣，增强了科普作品的可读性。）

〔示例 2〕

它把自己扮成顺从的美男子。它手指一钩，把一条触须拉到大颚下，卷曲起来，涂上唾液作为化妆品。它那长着尖刺、佩着红饰带的长长后腿，时而焦躁地跺着，时而空尥着蹶子。激动的情绪使它发不出声。鞘翅虽然迅速地震动着，却再也不能鸣响，或者只发出一阵杂乱无章的摩擦声。

这爱的表白却一无所获。雌蟋蟀跑着躲藏到一片莴苣叶子的深处。不过，它将帘子拉开一条缝，向外张望，同时也希望被对方看见。

——选自《蟋蟀的歌声和交尾》

（这里作者介绍了蟋蟀的求偶情况。作者俨然把蟋蟀当成了一个人，它是一个“美男子”，还涂上了“化妆品”。当“表白”一无所获时，“将帘子拉开一条缝，期待对方看见”。这种恋爱的心理与人类不正是一模一样吗！可见作者是多么喜欢这些小动物啊。）

〔示例 3〕

在生儿育女这方面，圆网蛛更是才华横溢，甚至超过了它的捕猎艺术。彩带圆网蛛用来盛放蛛卵的丝袋，或者称之为蛛巢，更是一件远胜于鸟窝的精品。它形态如一只倒置的气球，大小如鸽卵。丝袋的上端逐渐收口呈梨形，开口处齐平，镶着月牙边，从每一个月牙的交角处延伸出揽丝，将其固定在四周的小树枝上。丝袋的其余部分呈优雅的卵形，垂直悬挂在几根起稳固作用的丝线中间。

丝袋顶端凹陷似火山口，上面覆盖着蛛丝毡子。其他部分是一整个外壳，由一种缎状物制成，洁白、厚实、密集、难以扯破而且防潮。棕色甚至黑色的蛛丝被织成宽带状、纺锤状，或是任意子午线状，装饰在丝袋球体的顶端外部。这些织物的作用显而易见：它是一个防水顶盖，无论是露水还是雨水都无法穿过。

——选自《彩带圆网蛛》

（这里作者详细介绍了彩带圆网蛛的蛛巢。作者用“才华横溢”来形容一点都不为过。把蛛巢的形状比作“倒置的气球”，大小比作“鸽卵”，“收口呈梨形”，“镶着月牙边”。这已经不是一个简单的蛛巢，这是一件艺术品。）

2. 按照以上示例，请从文中再找三处，写下你的体会，与同学分享交流。

片段 1：

选自：
赏析：

片段 2：

选自：
赏析：

片段 3：

选自：
赏析：

三、阶段总结，体会特色

通过这些精彩片段的赏析，我们可以总结一下法布尔《昆虫记》的写作特色：

与一般的科普小品或百科全书不同，本书采用了生动活泼的行文，运用了轻松诙谐的语调，朴素自然地写出了昆虫的世界，进而折射出社会人生。要学习作者这种在平实中蕴含生动的行文方式。

为了使表达更准确，作者运用了比喻、拟人等修辞手法，这不仅让昆虫们的形象更具体、鲜活，同时也拉近了与读者的距离。要学习作者这种细致、生动的描写方式，并将其运用到具体的写作当中。

四、作业布置

选一种你最喜欢的昆虫，把它的外貌、生活习性等讲给同学听。

【配套练习】

1. 法布尔称赞______的建筑才能，认为它在这一点上远胜于罗浮宫的建筑艺术智慧。

2. 列举三种昆虫的生活习性。

3. 萤火虫有两个非常有意思的特点：一是________；二是________。

4. “我敢肯定，你从来也没有见到过。_____把它的翅膀极度地张开，它的翅竖了起来，并且直立得就好像船帆一样。翅膀竖在它的后背上，______将身体的上端弯曲起来，样子很像一根弯曲着手柄的拐杖，并且不时地上下起落着。

那对随时准备东挡西杀的前臂也早已张了开来。不光是动作奇特，与此同时，它还会发出一种声音。那声音特别像毒蛇喷吐气息时发出的声响。它把自己的整个身体全都放置在后足的上面。显然，它已经摆出了一副时刻迎接对手挑战的姿态。”（有删节）

这是对______迎接对手挑战的一段描写。它做了哪两种备战姿态？

跟法布尔学探究

——《昆虫记》推进课 2

【教学目标】

研读法布尔着力探究的若干个具体实例，总结他的科学探究的经验。

【教学重点】

研读法布尔着力探究的若干个具体实例，学习他的探究精神。

【教学难点】

在学习中实践法布尔的探究精神

【课时安排】

1 课时

【教学过程】

一、谈话导入，激发兴趣

《昆虫记》之所以引人入胜，与法布尔独特的研究方法有关。在法布尔那个时代，一般昆虫学家的研究是把昆虫装在木盒里，浸在酒精里，睁大眼睛观察昆虫的触角、上颚、翅膀、足等，极少去思考这些器官的功能，不重视研究昆虫的本能与习性。法布尔一反常规，用野外观察和实验的方法来研究昆虫的本能与习性。

让我们再次走进《昆虫记》，去认识这些活蹦乱跳的昆虫吧。

二、研读片段，探究入理

1. 仔细阅读示例，体会法布尔探究的精神。

〔示例 1〕

为了证明红蚂蚁不是靠嗅觉找回家的路，法布尔设计了多次实验，一次次猜想，一次次验证。

那些人说：蚂蚁是靠嗅觉来指路的，而嗅觉器官似乎就是那动个不停的触须。对这个看法我不敢苟同。首先，我不相信嗅觉器官会是触须，理由前面已经说过了；其次，我希望通过实验，证明红蚂蚁不是靠嗅觉来指引方向的。花整整几个下午等候我的亚马逊人出窝，而且常常无功而返。

…… ……

实验似乎肯定了嗅觉的作用。……在下结论肯定或否定嗅觉的作用之前，最好是在更好的条件下再进行一次实验，将所有有气味的物质彻底扫除干净。

几天后，我制订了新的计划……

经过这两次实验——一次是激流冲洗路面；另一次是薄荷掩盖气味——我认为，再也不能把嗅觉说成是指引蚂蚁沿触发时的路线回窝的原因了。

…… ……

我们再进行一次同样的实验……

……我守在红蚂蚁的窝边……

——选自《红蚂蚁》

（法布尔不轻易对别人的结论持否定态度，为了探究真相，他一次次地进行实验。红蚂蚁能够原路返回，到底靠的是什么？经过多次试验，发现它凭的是超强的记忆力。“实验似乎肯定了嗅觉的作用”，“似乎”一词高度体现了法布尔的求真精神。“我守在红蚂蚁的窝边”，充分体现了法布尔的执着精神。）

〔示例 2〕

为了了解蝉蜕壳的过程，证明整个过程中有两个着力的支撑点，法布尔又开始了实验。

我用线系住蝉的一条后腿，把它悬在没有气流的试管里。这是一根重垂线，没有什么能改变它垂直状态。蝉的蜕变需要它处于头朝上的姿势，可现在它却处于头朝下的非常状态，可怜的虫子不停地翻动，竭力挣扎，试图翻过身来，用前爪抓住垂线或者那条被线系住的后腿。有几只蝉做到了，好歹竖起了身子，虽然保持平衡还有点困难，但它们还是自如地在线上固定住，毫无障碍地完成了蜕变。

…… ……

我又着手进行另一项实验。我把幼虫装进一个广口瓶，在瓶底铺上一层薄沙，使幼虫可以爬行。它爬着，却没法在任何地方直立起来：玻璃瓶壁太滑，使它做不到这一点。在这种情况下，关在瓶里的幼虫没有蜕变就死了。这样悲惨的结局也有例外：有时，我看到幼虫依靠它难以捉摸的平衡性，就像平常一样，在沙地上蜕变成功。但总的来说，如果不能达到正常或类似正常的姿势，蜕变就不会开始，蝉就会夭折。这是一般的规律。

这个结果似乎告诉我们，蝉有能力对影响它蜕变程序的外力做出反应……

除了这些在好奇心驱使下所做的悲惨实验，我还从未见过蝉的幼虫这样死去……

——选自《蝉的蜕变》

（又是一次次的实验，验证了蝉在蜕变过程中尾部和脊背所做的努力。如果法布尔不做这样的实验，就无法科学地说出蝉蜕变的过程，以及蝉有能力对影响它蜕变程序的外力做出反应。“这是一般的规律”，充分体现了法布尔科学探究精神的严谨性。因为在蝉的蜕变过程中，法布尔还发现了特殊的情况。所以，整个实验过程，体现了科学家认真的探究精神。）

〔示例 3〕

法布尔用实验证明螳螂等昆虫在孵化的过程中会有一个“过渡的形态”。

在这个区域的每一片鳞片下，都可以看到一个半透明的圆块慢慢钻出，随后是两个大大的黑点，那是小螳螂的眼睛。新生儿缓缓地在薄片下滑动，露出一半身体。这是不是与成年螳螂体态相近的幼虫形态下的小螳螂呢？还不是。它只是一个过渡的形态。……

这又是一个例子，告诉我们有些昆虫在孵化成幼虫之前，还有一个短暂的过渡形态，其目的是帮助小虫子穿过困难重重的狭道，顺利降生；否则，它们长长的肢体一旦舒展开来，就会成为出巢时无法逾越的障碍。……

小螳螂遇到的困难和蝉类似。它也要通过曲折、狭窄的通道，从巢的深处出来，如果它那纤细的长腿舒展开来，就找不到地方容纳。……

蝉和螳螂的例子，为我们在昆虫世界这座蕴藏着无尽宝藏的矿山中，开拓了一条新的矿脉。从中我总结出一条规律，其他类似的例子随处可见，也可以证明这条规律：昆虫的幼虫并不一定直接来自于虫卵。如果新生儿在孵化的过程中会遇到一些特殊的困难，那么在真正的幼虫形态之前，会有一个过渡形态——我仍然称这一形态为“原始幼虫”。……

——选自《螳螂的孵化》

（这一个例子清晰地告诉我们法布尔下的结论都是科学严谨的。他的结论都是通过科学实验证明的，真正用事实说话。这个例子还有一个特点，就是在探究的过程中，法布尔是运用比较法，得出一般昆虫的规律，这可以从“从中我总结出一条规律”看出。同时他也根据特殊情况，特别对待，例如“会遇到一些特殊的困难”“我仍然称这一形态”等。法布尔用自己探究的过程，向我们展示了科学家严谨的工作作风。）

2. 根据上述示例，跳读名著，体会法布尔的探究精神。

片段 1：

选自：

赏析：

片段 2：

选自：

赏析：

三、名家点评，学习探究

周作人说：法布尔的书中所讲的是昆虫的生活，但我们读了却觉得比看那些无聊的小说戏剧更有趣味、更有意义。他不去做解剖和分类的工夫，却用了观察与试验的方法，实地记录昆虫的生活现象、本能和习性之不可思议的神妙与愚蒙。

从周作人的评价中，我们发现：认真地观察，真实地记录，就是科学探究最好的方法。法布尔像侦探一样长时间追踪观察昆虫，不断地假设，反复地推理，严密地求真，一步步逼近真相。

四、作业布置

在自然界选择一种昆虫，做一次科学观察实验。

【配套练习】

1. 作者将昆虫鲜为人知的生活习性生动地描写出来，例如：______在地下潜伏四年才钻出地面，却只能在阳光下活五个多星期；螳螂善于利用_______战术制服敌人；_____能够不凭借任何工具精确地剪下圆叶片做盖子……

2.______称这部书是“一部很有趣，也很有益的书”；________把法布尔当成“掌握田野无数小虫子秘密的语言大师”。

3. 法布尔从不满足于仅仅记录______，他关注的是昆虫活生生的_________。他对昆虫的形态、习性、劳动、繁衍和死亡的描述，处处洋溢着对生命的____，对自然万物的_____。

4. 蜜蜂和红蚂蚁都具备的一种本领是_______。

5. 蜘蛛知道蛛网上有猎物是通过________感觉到的。

跟法布尔学写作

——《昆虫记》推进课 3

【教学目标】

1. 寻找并品读《昆虫记》的趣言趣语，发现其中饱含感情的句子；

2. 品读《昆虫记》的语言特色，试着仿写。

【教学重点】

品读《昆虫记》的语言特色。

【教学难点】

试着仿写。

【课时安排】

1 课时

【教学过程】

一、视频导入，激发兴趣

播放小昆虫的视频，法布尔笔下的昆虫们，也是如此可爱。作者饱含着喜爱之情去观察这些动物，并赋予人的感情。今天这节课，我们重点研究一下法布尔饱含热情的笔触。

二、探究法布尔笔下昆虫有趣而生动的原因

1. 跳读名著，找找体现趣言趣语的地方。

〔示例 1〕

从六月份起，我捉到了足够数量的成对的绿蝈蝈儿，便把它们安置在一个钟形金属网下，并在瓦钵上铺了细沙做底。说真的，这昆虫可真漂亮，全身呈浅绿色，另有两条白色的带子沿着身体两侧。它的身材得天独厚，修长匀称，大大的双翼薄似轻纱，是蚱蜢类昆虫中最优雅的。我被自己的俘虏给迷住了。

——选自《绿蝈蝈儿》

（作者抓住绿色蝈蝈的外形特点：身材修长匀称，又用比喻的手法，生动形象地描写了薄如轻纱的双翼，呈现给我们一个优雅的“绅士形象”。“我被自己的俘虏给迷住了”充分体现了法布尔对蝈蝈的喜爱之情。）

〔示例 2〕

我想丰富一下食谱，便给蝈蝈儿们喂一些甜甜的水果，几片梨子，几粒葡萄，几块甜瓜。这些它们都吃得津津有味。绿蝈蝈儿就像英国人，酷爱涂着果酱的带血牛排。也许这就是为什么它一捉住蝉，就破开那鼓囊囊的肚子，以获取里面混着甜酱的肉。

——选自《绿蝈蝈儿》

（这几句主要写蝈蝈的吃食。蝈蝈喜欢吃甜酱似的肉，在法布尔眼里仿佛是酷爱吃果酱牛排的英国人。对蝈蝈的喜爱在字里行间表露无遗，也平添了几分幽默诙谐。）

〔示例 3〕

它不愿同伴分享，便对任何靠近想咬上美美一口的蝈蝈儿都拳打脚踢，将它们赶得远远的。自私自利四处可见。吃饱喝足了之后，它才让位给另一只。这一次轮到后者不能容忍其他蝈蝈来分享了。就这样一只一只，整个罩子里的蝈蝈儿都来轮流就餐。嗉囊盛满之后，蝈蝈儿们就用颚尖抓抓脚心，再用脚蘸了唾液擦亮额头与眼睛；接着，它们有的抓住纱网，有的卧在沙上做出沉思的样子，悠然自得地消化着食物。它们一天中的大部分时间都在休息，尤其是最炎热的时节。

——选自《绿蝈蝈儿》

（这一段主要讲蝈蝈群食的状态。原来蝈蝈是不喜欢群食的，“拳打脚踢”、

“自私自利”，不正是一群淘气的孩子争食的情景。吃饱喝足后，各种状态引人发笑，还有蝈蝈在沙上做“沉思状的”，用了拟人的手法。读来趣味无穷，怎能不喜欢这些可爱的精灵？）

2. 每人各找三处体现作品语言特色的地方，在文中做好批注，然后全班交流。

3. 小结：细致的观察、丰富的想象与生动的比喻、拟人等修辞，趣味和情感并存，让《昆虫记》妙趣横生。

三、仿照法布尔的笔法写作

1. 讨论交流如何写好一种小动物？

（细致的观察＋丰富的想象＋生动的修辞＋真实的情感）

2. 写一种自己喜欢的小动物的片段，可以是吃食、外貌、洞穴等。

3. 全班交流。

四、作业布置

把写作片段丰富，形成一篇作文。

【配套练习】

1. “很快我就发现 A 的注意力被穗饵吸引过来了，开始谨慎地踱着步向麦穗走过来。我将这个家伙引出洞，确信它已无法逃回洞中后，迅速抽开麦穗；A 见势不妙，转过身嗖地朝洞口冲去，我当然不会让它的逃跑得逞，抢在它前把洞口封住了。A 一时冒昧行事昏了头，就连躲避我的捕捉也显得异常笨拙。最后我把它赶入一个纸袋，迅速封上袋口。”

文中“我”是_____，作者采用_____修辞，描写了诱捕一只 _____的过程。

2. “到了中午，正是工蜂们采蜜工作最忙的时候，许许多多的蜜蜂从洞口飞进飞出，老祖母（守门的蜜蜂）仍旧守护在那里；到了下午，外边很热，工蜂都不去采蜜，留在家里建造新的巢，这时候，老祖母仍旧在上面守着门。在这种闷热的时候，它连瞌睡都不打一下，它不能打瞌睡，这个家的安全就靠它了。”

请结合文段的内容，赏析语句。

3. “孔雀蛾一生中唯一的目的就是找配偶，为了这一目标，它们继承了一种很特别的天赋：不管路途多么远，路上怎样黑暗，途中有多少障碍，它总能找到它的对象。在它们的一生中，大概有两三个晚上它们可以每晚花费几个小时去找它们的对象。如果在这期间它们找不到对象，那么它的一生也将结束了。”

请结合语段说说孔雀蛾的特点。

4. “一次，我取了一张叶子，截走几只蚂蚁，放到别处。这几只就这样迷了路，其他的，凭着它们的记忆力顺着原路回去了。”

从这一段文字中你发现了什么？

5. 法国作家罗曼·罗兰把法布尔称为“掌握田野无数小虫子秘密的______”。

奇妙的昆虫世界

——《昆虫记》成果分享课

【教学目标】

分享小组研究成果，在交流中体会昆虫的人性美；阅读科普作品，培养科学意识和科学精神。

【教学重点】

分享小组研究成果，在交流中体会昆虫的人性美。

【教学难点】

掌握阅读科普作品的方法

【课时安排】

1 课时

【教学过程】

准备阶段：

根据分享内容，合理分组。

成果分享评价标准

维度/评价/展示小组	展示内容		展示形式		展示过程		质疑解疑	总评
	成果丰富	解读清晰	资料呈现	分享形式	口语表达	合作默契		

一、回顾所学，谈话导入

这个秋天，我们借法布尔的《昆虫记》窥探了一个我们从未知晓的昆虫世界，在法布尔的笔下，昆虫们像人类一样有着各自的性格特点。今天我们就这一阶段的阅读成果做一交流。

二、小组展示，交流分享

我们在读作者——读文本——读自己中走进了《昆虫记》。

生动活泼的语言特色，大量昆虫科学知识，幽默机智的法布尔……

总之，这样一本科学性与文学性兼容的名著一定带给大家很多认识。下面按小组交流。

第一组：分享制作昆虫档案的体会。

〔示例〕

昆虫档案			
名称	萤火虫	所属纲目	鞘翅目科
别称	朗皮里斯	住所	热带或亚热带
出现时间	炎热的夏天晚上	特长	发出莹白色的光
体貌	有略微坚硬的外皮，还有斑斓的色彩，身体呈棕色，胸部呈粉红色。环形服饰的边缘还点缀着两个红红的小斑点。 其颅顶下面，长着两只大眼睛，非常鼓凸，呈球冠形，中间只有一条狭窄的槽沟，以便收放触须。它的这个复眼几乎占据了它的整个面孔，缩在大灯罩所形成的空洞里，真像库克普罗斯的眼睛。		
食性	捕猎时相当狠毒，他的猎物通常是蜗牛。萤火虫所谓的“吃”，并不是真正意义上的吃，而是吮吸，如同蠕虫那样，把猎物化为汁液，然后吸入肚里。		
婚恋	萤火虫在达到婚育年龄时，在夏季酷热期间发出亮光的过程中，一直保持幼虫状态。		
繁殖	雌雄交配的时候，那盏灯的灯光会变弱，几近熄灭，只有尾部那盏灯还亮着。春暖花开、暖意融融的时节，田野里，昆虫们都在求欢享爱，低吟婚庆颂歌，陶醉于男欢女爱之中，萤火虫的这盏尾灯虽能通宵达旦地亮，也没有哪位去注意它的，不会发生任何的危险。待交配完成，萤火虫便立刻产卵，它们并无夫妻感情，没有什么家庭观念，没有慈母之爱，它把白白的圆圆的卵产在——或者更确切地说是抛撒在——随便什么地方。		

第二组：分享绘制手抄报的心得。

第三组：分享观察日记的写作技巧。

第四组：分享做批注的要点。

三、设计论题，开展辩论

1. 设计论题：《昆虫记》到底是科学性强，还是文学性强？

《昆虫记》到底是虫性反观人性，还是人性关照虫性？

2. 正反方由学生当场站队成立。

〔示例1〕为爱不顾一切的大孔雀蝶

为了它生命的唯一目标——结婚，大孔雀蝶有着非凡的天赋。它可以长途跋涉、穿越黑暗、排除万难，去发现自己的心上人。它有两三个晚上、几个小时的时间，来寻找爱人并与之嬉戏。但如果它没能抓住机遇，那么一切就都完了：精确的指南针会出故障，明亮的导航灯也会失色。这样活着还有什么意思呢！于是，它清心寡欲地退居一隅，就此长眠不醒，把幻想和苦难一同结束。

——选自《大孔雀蝶》

（看完大孔雀蝶的这一幕，感觉有点悲壮。下文还讲到“大孔雀蝶只是为了繁衍后代才以蝴蝶的形态出现的。它从不进食”；“它的生命只有两三个晚上，刚好够它和配偶相遇相识，仅此而已。”为了爱不顾一切的大孔雀蝶，让我们想到了人类。又有多少人为了爱能付出生命代价呢？）

3. 小结。

法布尔的《昆虫记》之所以成为经典名著，是因为它是科学与诗的结合，在自然科学史与文学史上都有它的地位，科学性与文学性兼具，透过昆虫世界折射社会人生。

四、精彩片段，情感朗读

1. 选择自己最喜欢的片段，进行朗读，读后说说理由。

2. 同伴评价，并谈谈体会。

五、作业布置

课外阅读《法布尔传》，深入了解法布尔。

【配套练习】

1.《昆虫记》是一部（　　）

A. 文学巨著、科学百科　B. 文学巨著　C. 科学百科　D. 优秀小说

2. 根据你的阅读体验，请罗列一下《昆虫记》的艺术特色。

3.“当那个可怜的蝗虫移动到螳螂刚好可以碰到它的时候，螳螂就毫不客气，一点儿也不留情地立刻动用它的武器，用它那有力的掌重重地击打那个可怜虫，再用那两条锯子用力地把它压紧。于是，那个小俘虏无论怎样顽强抵抗，也无济于事了。”

请赏析以上文段。

4.《昆虫记》蕴含着丰富的科学精神。请谈谈《螳螂的捕食》《蟋蟀的洞穴和卵》《红蚂蚁》三章中分别蕴含了怎样的科学精神。

中考链接

真题 1

原题呈现（2021年浙江温州卷）

以下是“人与自然”专题阅读时摘录的句子，选择与其对应的作品。

① 野蛮是这个世界的救赎。（　　）

② 人们恰恰很难辨认自己创造出来的魔鬼。（　　）

③ 你们探索的是死，我探索的是生。（　　）

A.《昆虫记》 B.《沙乡年鉴》 C.《寂静的春天》

思维层次：高阶思维，分析、判断、评价

阅读能力：理解能力

命题特点及解题策略：此题虽然是一道选择题，考查的内容却很丰富。命题时既考虑了名著的内容，也考查了名著的主题。阅读时一定要注意积累的广泛性，既要注意名著表面的知识，如作者、背景、特色、人物及故事，还要有更为深入的理解，并且及时

做笔记，逐步深化印象。

参考答案：

①B ②C ③A

真题❷

原题呈现（2021年浙江宁波卷）

下面是班级“科普作品·智慧之光”小组阅读成果分享现场。请你参与其中，从《昆虫记》《寂静的春天》中任选一部，结合作品内容，补充丙同学的发言。

甲：科普作品中呈现的科学研究方法闪耀着智慧之光，尤其是“先假设后求证”的研究方法，同学们在阅读中感受最深，让我们一起来分享。

乙：好。我发现，科学工作者往往循着“提出假设——用实验或数据分析等推理求证——得出结论”的路径进行研究。下面，我们请丙同学说一个具体的例子。

丙：____。

甲：说得真好，这样的研究方法充满智慧。让我们在阅读中获得真知，让科学的光芒照亮自己。

思维层次：高阶思维，分析、评价、综合

阅读能力：理解能力、运用能力

命题特点及解题策略：此题考查学生运用知识的能力。在理解名著的基础上，提炼一类文的特点，这里主要是科普类文章。然后运用科学方法去验证所读名著，考查学生活学活用的能力。这就对平时的阅读提出了更高的要求，不是简单地识记，更重要的是要有分析和解决问题的能力。

参考答案：

［示例1］《昆虫记》中，法布尔提出了蝉的歌唱与爱情无关这一假设。之后他多次实验，发出各种声音，但雌蝉都没有任何反应，得出“蝉的听觉很迟钝，蝉的歌唱只是表达生命乐趣的手段，与爱情无关”这一结论。

［示例2］《昆虫记》中，法布尔提出大头黑步甲会因地表环境改变而采取假死之外逃生方式的假设。之后他多次实验，把大头黑步甲放在木头上、玻璃上、沙土上，还有松软的泥土地上，发现它始终采取假死的方式，于是得出假设不成立的结论。

真题❸

原题呈现（2020年浙江宁波卷）

有同学发现：读《红星照耀中国》就像从平面镜中看客观世界，读《昆虫记》就像从显微镜中看微观世界，读《契诃夫短篇小说选》就像从哈哈镜中看变形的世界。请从《红星照耀中国》《昆虫记》中任选一部，结合内容，参考示例，说说该同学为什么会有这样的发现。

［示例］读《契诃夫短篇小说选》就像从哈哈镜中看变形的世界，因为作者用夸张

手法表现出一个畸形的社会。例如，作者在叙述警官奥楚蔑洛夫处理“狗咬人事件”时，不厌其烦地描写了他的变化，让读者看到了他扭曲的灵魂，看到了当时黑暗腐败的社会。

思维层次：高阶思维，分析、判断、评价、综合

阅读能力：理解能力

命题特点及解题策略：此题考查的内容很丰富，既有名著主题，又有名著情节，还有个人对名著的评价，真实地再现学生名著阅读的水平。示例为学生做题提供了支架。只要认真分析示例的要求，确定自己答题选择的名著，结合自己的阅读体验，就能完整地表达自己的意思。

参考答案：

［示例］读法布尔的《昆虫记》，就像从显微镜中看微观世界。因为作者通过细节描写呈现出一个有趣的昆虫世界。例如，作者在记述蝉幼虫脱壳的过程时，细致地描写了蝉的动作，让读者看到了一个鲜为人知的昆虫世界。

真题 ❹

原题呈现（2020 年浙江湖州卷）

名著推广活动中，一位同学为下面四部名著设计了演讲主题，不恰当的一项是（　　）

A.《昆虫记》：拥有和自己斗争的勇气，才能登上艺术的顶峰。

B.《简·爱》：你总要熬过一些苦难，方能尘埃落定，静待花开。

C.《红星照耀中国》：你的热爱有多浓烈，你的祖国就有多美丽。

D.《海底两万里》：即使是普通的冒险，也伴随着对科学的关注。

思维层次：高阶思维，分析

阅读能力：认读能力、理解能力、评价能力

命题特点及解题策略：此题从名著的主题入手，考查学生对名著的整体认知程度。不仅要掌握名著的内容，还要通过阅读，有自己的阅读体会。可从每部名著的主旨出发，辨别主题的正确与否，这样能清晰地做出判断。

参考答案：

A

真题 ❺

原题呈现（2020 年浙江绍兴卷）

我们班开展“敬畏生命”的主题阅读活动，邀你一起参加。

（1）小语同学摘录了以下三段文字，请回答括号中的问题。

①《昆虫记》作者法布尔称赞______的建筑才能，认为在这一点上它远胜于卢浮宫的建筑艺术智慧。（空白处应填哪种昆虫？候选昆虫：黄蜂、蟋蟀、蝉、园蛛。）

②“人最宝贵的是生命。生命每个人只有一次。人的一生应当这样度过：当回忆往

事的时候，他不会因为虚度年华而悔恨，也不会因为碌碌无为而羞愧。”（这段话出自谁的作品？）

③“你以为我贫穷、低微、不美、矮小，我就没有灵魂，没有心吗？你想错了，我和你有一样的灵魂，一样充实的心。”（这段话是简·爱对谁说的？）

①_____　②______　③______

（2）这三段文字是否切合“敬畏生命”的主题？请阐释理由。

____

思维层次：从低阶到高阶

阅读能力：认读能力、理解能力、鉴赏能力

命题特点及解题策略：此题的设计，既考查对名著基本知识的掌握程度，又考查对名著艺术特色的把握程度，全面地考查学生名著阅读的能力。

第（1）小题考查学生对名著内容的掌握，只要是认真阅读的学生，就能准确地回答。

第（2）小题考查学生的理解、鉴赏能力。在认真阅读的基础上，还要有自己对名著的评价能力。

参考答案：

（1）①黄蜂 ②奥斯特洛夫斯基 ③罗切斯特

（2）[示例]切合主题。敬畏生命，包含着对生命的爱，法布尔的《昆虫记》是讴歌生命的“昆虫史诗”，在他笔下，昆虫都有了灵性，全书充满了对生命的关爱之情和对万物的赞美之情。敬畏生命，包含着对生命价值的追求，保尔·柯察金在疾病与寒冷的交织攻击下，以惊人的毅力和对生命的责任顽强投入革命事业中。这是生命的价值与意义。敬畏生命，包含着对生命的尊重，简·爱是个不甘忍受社会压迫、勇于追求个人幸福的女性，她认为生命是平等的，不分卑微、渺小，都应受到尊重。

真题⑥

原题呈现（2020年浙江舟山卷）

不同体裁的作品有不同的阅读方法。请从《昆虫记》和《红星照耀中国》中选择一部作品，借助材料，参照示例，解说应该采取的阅读方法及理由。

A.《傅雷家书》

做人第一，其次才是做艺术家，再其次才是做音乐家，最后才是做钢琴家。或许这个原则对旁的学科的青年也能适用。……中国艺术最大的特色，从诗歌到绘画到戏剧，都讲究乐而不淫，哀而不怨，雍容有度，讲究典雅、自然，反对装腔作势和过火的恶趣，反对无目的地炫耀技巧。

（《傅雷家书》代序）

B.《昆虫记》
我竭力坚持真实第一、一丝不苟。我为了学者、哲学家，将来想去解决本能这个难问题的人而著述，我也为了而且特别为了少年而著述，我想使他们爱那自然史。 （法布尔《昆虫记》序言）

C.《红星照耀中国》
1936年斯诺带了当时无法理解的关于革命与战争的无数问题，冒着生命危险，进入陕甘宁边区，收集第一手资料，完成了《西行漫记》的写作。斯诺作为一个西方新闻记者，对中国共产党和中国革命作了客观评价，并向全世界做了公正报道。 （《红星照耀中国》中文重译本序，作者胡愈之）

［示例］《傅雷家书》是书信汇编，我们可以根据自己的兴趣选择性阅读。书信的字里行间是一位知识渊博的父亲给孩子的人生指导，“做人第一，其次才是做艺术家”，我们不仅可以感受父子情深，还可以学习做人、做事的道理。同时傅雷还谈到了“中国艺术最大的特色”，我们可以采用摘记、批注的方法阅读，丰富文化、艺术等各领域的知识。

思维层次：高阶思维，推理和判断

阅读能力：认读、理解能力

命题特点及解题策略：此题既考查名著的内容，又考查名著的特点。此题既要对名著内容理解，又要结合阅读体验，给出有效的阅读策略。考查学生名著阅读的综合能力。

参考答案：

［示例］《昆虫记》是一部研究昆虫的科学巨著，科学性是其遵循的首要原则，正如该书序言中所说：“我竭力坚持真实第一、一丝不苟。”作为一部科学著作，它的读者群体中有学者、哲学家，法布尔甚至考虑到了“将来想去解决本能这个难问题的人”。同时《昆虫记》也是公认的文学经典，笔调轻松诙谐，充满了盎然的情趣。它也是一部适合青少年阅读的经典之作，正如法布尔所说“我想使他们爱那自然史”。我们可以采用摘记、批注的方法阅读，丰富我们的生物学知识，激发我们热爱自然的心。

真题 7

原题呈现（2020年四川成都卷）

下面是一位同学读完《昆虫记》后写给法布尔笔下昆虫的小诗，请根据你的阅读体验，在代表昆虫的字母后填上恰当的选项。

A. 蚂蚁　　a. 身后那条黑色的细线，其实是我刚刚狼吞虎咽下的美餐。

B. 萤火虫　b. 为什么与自己的姐妹同类相残？为什么当妈妈前性情大变？

C.圣甲虫　　c.前人的寓言迷惑了我的眼，你真实的身份原来是疯狂抢劫犯。

D.螳螂　　d.早知你要将我吮吸进肚中，我就该拒绝你带着麻醉的亲吻。

A_____　B_____　C_____　D_____

思维层次：高阶思维，分析、综合、比较

阅读能力：理解能力、阅读能力、评价能力

命题特点及解题策略：此题考查的是阅读《昆虫记》后的真实体验。考查学生阅读后对名著内容的掌握程度，也考查学生对名著的个人评价；把阅读的结果转化为自己的阅读体验。

参考答案：

A—c　B—d　C—a　D—b

真题⑧

原题呈现（2020年贵州黔西南卷）

相关内容表述错误的一项是（　　）

A.《昆虫记》是一部引人入胜的书，是德国昆虫学家法布尔花了足足三十年时间写就的十卷本科普巨著。

B.表，是古代臣子向帝王陈情言事的一种文体，言辞往往恭敬、恳切，如《出师表》。

C.“热得难受”中，难受是对“热”的补充；“雄伟壮丽”中，两个词没有轻重主次之分。

D.“不一会儿，暴风雨就歇斯底里地开始了，顿时，天昏地暗”一句，把暴风雨完全人格化了。

参考答案：

A

真题⑨

原题呈现（2020年江苏淮安卷）

下列对相关名著的表述有错误的一项是（　　）

A.《昆虫记》是法国昆虫学家法布尔写就的十卷本科普巨著，堪称科学与文学完美结合的典范，无愧于“昆虫的史诗”之美誉。

B.1936年，美国记者埃德加·斯诺冒着生命危险，穿越重重封锁，深入延安。后来，他根据采访和考察得来的第一手资料，写成了《红星照耀中国》。

C.沙僧是《西游记》中深受人们喜爱的角色，他本是天上的天蓬元帅，因触犯天规下凡，错投猪胎，长成一副长嘴大耳、呆头呆脑的样子。

D.《儒林外史》这部小说不仅具有深邃的主旨，在艺术上也达到了很高的境界，将讽刺的锋芒隐藏在含而不露、耐人寻味的叙述中。

参考答案：

C

真题 ⑩

原题呈现（2019 年江西省卷）

班级拟开展“走进名著，与作者对话”综合性学习活动，请从下面“专题探究”中选择一个专题，以“一位忠实的读者”的名义，给作者写一封信，交流你的探究成果，字数 200 字左右。

【专题探究】

专题一：孙悟空的“不变”（《西游记》）

专题二：跟法布尔学观察（《昆虫记》）

专题三：探讨诗歌的意象（《艾青诗选》）

参考答案：

［示例］

尊敬的法布尔先生：

您好！我是您的一位忠实读者，最近拜读了您的作品《昆虫记》，收获良多！

我也喜欢昆虫，读完此书兴趣更浓，也从书中学到您的一些观察方法。在观察蚂蚁的时候，您伏在地上用放大镜观察了四小时；爬到树上观察螳螂活动，别人误解来抓时才惊醒过来！这样全神贯注、耐心细致、沉浸其中，才有了详尽真实的多彩记录。向您学习！

最后，感谢您为我们带来了这么优秀的作品，让我们看到您对生命的尊敬与热爱，也让我们学会如何去观察和热爱。

此致

敬礼！

一位忠实的读者

2019 年 6 月 17 日

真题 ⑪

原题呈现（2018 年四川凉山卷）

名著阅读。

有这样一只不知危险、无所畏惧的灰颜色的虫，朝着那只螳螂迎面跳了过去。后者，也就是那只螳螂，立刻表现出异常愤怒的态度。接着，反应十分迅速地做出了一种让人感到特别诧异的姿势，使得那只本来什么也不怕的小蝗虫，此时此刻也充满了恐惧感。

以上文字节选自________（国籍）________（人名）的《____________》，该书被誉为“____________________”。

参考答案：

法国　法布尔　昆虫记　昆虫的史诗

真题⑫

原题呈现（2018年黑龙江龙东卷）

阅读下面的文字，回答问题。

【A】“这一回可不然，你的确和莫扎特起了共鸣，你的脉搏跟他的脉搏一致了，你的心跳和他的同一节奏了；你活在他的身上，他也活在你身上；你自己与他的共同点被你找出来了，抓住了，所以你才这样欣赏他，理解他。”

【B】一个人耗尽一生的光阴来观察、研究昆虫，已经算是奇迹了；一个人一生专为昆虫写出十卷大部头的书，更不能不说是奇迹。这些奇迹的创造者就是法布尔，他的《昆虫记》被誉为“________”。

（1）语段【A】中的文字选自《________》。作者现身说法，教导文中的“你”做一个“________”的艺术家。

（2）语段【B】中《昆虫记》被誉为“________”。在这本书中，________在地下“潜伏”四年；________在编织“罗网”方面独具才能；________善于利用“心理战术”制服敌人。

参考答案：

（1）傅雷家书　德艺俱备、人格卓越

（2）昆虫的史诗　蝉　蜘蛛　螳螂

真题⑬

原题呈现（2019年山东聊城卷）

名著阅读。

作品名称	名著片段
《__①__》	意大利蟋蟀没有黑色礼服，也没有整个蟋蟀类所特有的臃肿外表。相反，它纤长，娇弱，体色很浅，近乎白色，这与它夜间活动的习性十分适合。
《水浒传》	_②_寻思道：“俺只指望痛打这厮一顿，不想三拳真个打死了他。洒家须吃官司，又没人送饭，不如及早撒开。”拔步便走，回头指着郑屠尸道：“你诈死，洒家和你慢慢理会。”一头骂一头大踏步去了。
③ 《骆驼祥子》	祥子的手哆嗦得更厉害了，揣起保单，拉起车，几乎要哭出来。拉到个僻静地方，细细端详自己的车，在漆板上试着照照自己的脸！越看越可爱，就是那不尽合自己的理想的地方也都可以原谅了，因为已经是自己的车了。把车看得似乎暂时可以休息会儿了，他坐在了水簸箕的新脚垫儿上，看着车把上的发亮的黄铜喇叭。他忽然想起来，今年是二十二岁。因为父母死得早，他忘了生日是在哪一天。自从到城里来，他没过一次生日。好吧，今天买上了新车，就算是生日吧，人的也是车的……

（1）①处应填入的作品名是《________》；②处应填入的人物名是________

（2）高阳同学在片段③处批注了“如愿以偿”一词，结合作品内容说说你的理解。

参考答案：

（1）①昆虫记　②鲁达

（2）买车是祥子的梦想，经过三年的努力，他终于买了属于自己的车，内心充满幸福和希望。

真题⑭

原题呈现（2019年天津市卷）

根据阅读积累，在下面文段的空缺处填写相应的内容。

经典名著是一个时代留给我们的精神食粮。读《水浒传》，我们结识了景阳冈打虎的＿＿＿＿＿，在他身上我们看到了草莽英雄的血性与气概；读《西游记》，我们认识了有着火眼金睛，会七十二变的＿＿＿＿＿，被他桀骜不驯、爱憎分明的性格所吸引；读《＿＿＿＿＿》，我们和尼摩船长一起航行，领略了海底的奇妙与美丽；读《昆虫记》，我们了解了昆虫生活的奥秘，也被＿＿＿＿＿（作者）积极探索、求真务实的精神所感动……徜徉书海，我们的心灵得到滋养，我们的思想变得深刻。

参考答案：

（1）武松（2）孙悟空（3）海底两万里（4）法布尔

真题⑮

原题呈现（2019年四川广安卷）

名著之所以“著名”，不仅因文字，更因情怀。《傅雷家书》是一部书信集，凝聚着傅雷先生对祖国、对儿子＿＿＿＿（填人名）深厚的爱；《昆虫记》在真实记录和描写昆虫生活的同时，还渗透着＿＿＿＿（填作者）对人类的思考。

参考答案：

傅聪　法布尔

参考文献

[1] 秦晨菲．法布尔《昆虫记》在中国的科学传播研究[D]. 内蒙古师范大学，2018.

[2] 张霞．《昆虫记》阅读[J]. 中学生阅读（初中版）. 2020（2）.

[3] 徐鲁．为昆虫立传[J]. 教师博览 . 2011（12）.

[4] 丁卫军．人性与虫性——《昆虫记》导读课[J]. 中学语文教学参考 . 2019（23）.

[5] 崔慧琴．在视角转换中逐步深入——《昆虫记》整本书教学探索[J]. 中学语文教学参考 . 2020（5）.

[6] 李碧华．动物性和昆虫性[J]. 初中生写作 . 2020（Z1）.

《长征》

推荐版本

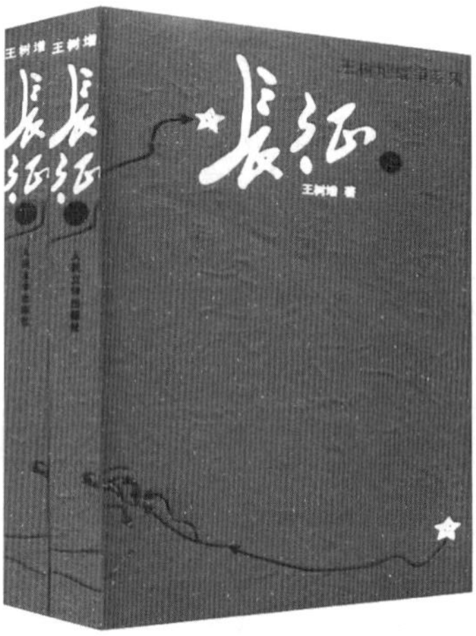

作者：王树增著

出版社：人民文学出版社

出版时间：2006 年 8 月

作品梗概

《长征》是著名报告文学作家王树增历时六年精心打造的巨著，该巨著让我们从人类发展的高度重新认识了长征的重要意义，是红军长征以来，第一部用纪实的方式全面地反映长征的文学作品。作为纪实文学作品，真实是必须坚守的原则，王树增查阅了大量史料，实地采访了许多老红军战士，书中的许多重大事件和资料都是首次披露。《长征》的饱满、厚重、震撼人心，在很大程度上来自这种严谨认真的写作方式。在遵循真实性原则的前提下，《长征》有着浓厚的文学色彩。作者以强烈的情感来表现长征中的“人”。在书中，作者弘扬了长征体现出来的国家统一精神和不朽的信念力量。此外，作者还讲述了在这一伟大壮举中许多感人的小事，让我们通过丰富的细节近距离去接触长征的历史：1934 年 10 月，由于时任中共中央主要负责人的博古和共产国际派来的军事顾问李德高估了红军的军事能力，导致了血战湘江的悲剧，第五次反围剿失败。中央主力红军为摆脱国民党军队的包围，被迫实行转移，退出中央根据地，进行长征。

《长征》以时间为线索，展现了红军在党的领导下，以非凡的智慧和勇气，运用灵活机动的战略战术，突破国民党军重重“围剿”和道道封锁，四渡赤水河、巧渡金沙江、强渡大渡河、飞夺泸定桥、转战乌蒙山、激战嘉陵江，击退百万追兵阻敌，翻越冰山雪岭，征服沼泽草地，取得长征最后胜利的全过程。此书精心描绘了一幅立体的长征全景图，被称为长征的“史记”。

思维导图

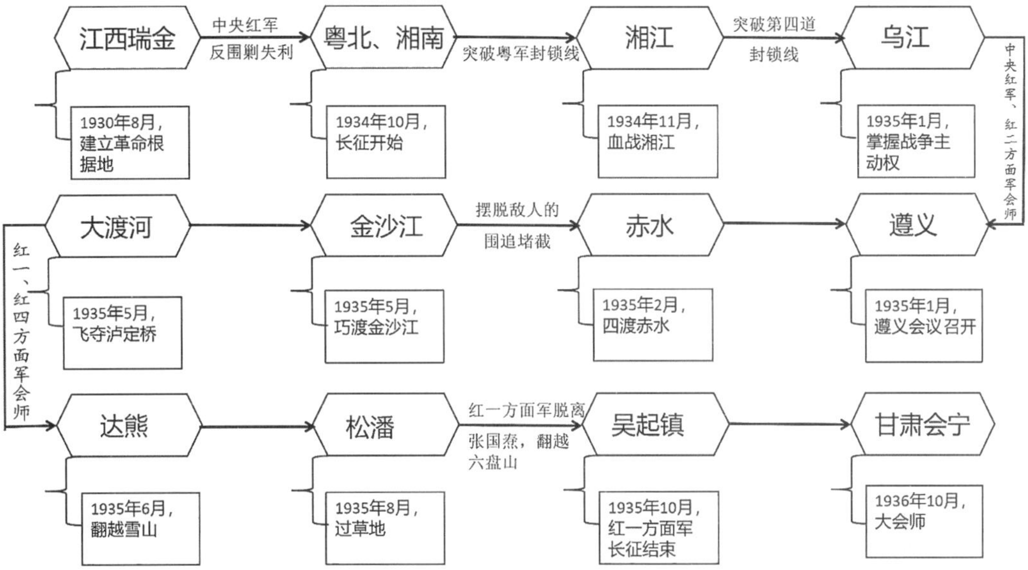

作者介绍

王树增，男，中国军旅作家。1952 年 2 月生于北京市，中共党员，国家一级作家，现供职于武警部队政治部创作室，全军艺术委员会委员。1972 年开始发表作品，1992 年加入中国作家协会。著有长篇纪实文学《远东朝鲜战争》《长征》，长篇历史随笔《1901》等。作品曾获中国人民解放军文艺大奖、鲁迅文学奖、曹禺戏剧文学奖。

王树增说："当代青年对中华民族历史的解读还远远不够。一个民族把自己经历的悲伤的或者欢乐的往事当作珍宝一样捧在手里，把它作为照耀未来民族前进的一盏灯。我们的青年在这样一个物欲横流的环境之中，无论如何不能丢失信念和信仰。中国人一直是生存信念最坚定、生命力最强的一个民族。"在创作《长征》过程中，王树增也是怀抱着这样的愿望。

王树增介绍说，自己为写《长征》，差不多翻阅了数千万字的资料，仅笔记就做了两百多万字，写作时参阅的长征地图几乎都被"时间"磨破了。对于一个严肃的写作者来说，这是一次漫长而艰苦的精神之旅。

核心价值

◎ 核心知识

（一）非虚构（纪实性）

所谓非虚构（纪实性），就是连细节都不能虚构，每一个人物、每一个情节或者来自档案，或者来自史籍，或者来自当事人回忆，或者来自个人采访、勘察，总之都得找到出处，所以书中注释特别多。为了相对客观地还原长征的原貌，王树增不允许《长征》有任何虚构，细节不能虚构，对话不能虚构，心理描写更不能虚构。为此他花费六年时间翻阅数千万字的资料，采访了上百位亲历长征的老红军，数度重走长征路，不辞辛苦地收集整理普通红军官兵的史料。一张布告、一条标语、一封电报、行军途中的村庄、战斗的每一环节……在《长征》中都是真实的再现。书中的人物哪怕只出现了一瞬间，也有案可查；一场规模很小的战斗，连敌军的指挥官也不遗漏。《长征》的视角倾向于平民，呈现许多以前被忽视（或被遮蔽）的小人物和细节，对名不见经传的普通红军战士和默默无闻的普通军官不惜笔墨地进行生动的记述，具体而真实地将长征历史还原给了今天的读者。

（二）文学性

非虚构类文学作品是写人的，以人的精神为主轴，所以王树增写的《长征》叫文学，不能叫战史。《长征》把红军的四个方面军以同一时空齐头并进，以时间的跨度和地域的推进为基本构架，规模宏大，人物稠密，气势恢宏，线索繁复，给读者提供史诗般的阅读感受，其感情炽热、深沉、激越、雄壮，更是给人文学的震撼。对毛泽东、周恩来等红军领袖和高级将领浓墨重彩，对普通红军战士和下级军官倾情书写，对蒋介石、陈济棠等反面人物也刻画得血肉饱满而不是作简单的脸谱化处理，用大写意给许多牺牲的红军将士竖起了巍巍丰碑。跌宕起伏的故事、真实丰满的细节、瞬息万变的心理活动、细腻丰富的人物情感、酣畅淋漓的笔触……这一部有无尽韵味的“铁血雄文”具有极强的文学性，取得了令人震撼的艺术效果，让人读之异常心酸滞涩、感动振奋。

（三）史诗性巨著

为读者提供对历史的独特解读，作家必须做到这一点，但是做到这一点非常不容易。比如说，王树增写《长征》除了做足有关长征的功课外，还得研究政治、军事、经济、人文、民俗、地理等。作家必须是一个杂家，而杂家必须得非常“丰富”，尔后的作品才能“丰富”。

◎ 核心能力

（一）从多种叙述手法中体会纪实文学作品的特点

“以文学的手法创作历史题材性的作品”。当王树增找到了历史与文学的结合点时，他的优势就不言而喻了。他有史学家的严谨和学识，又具备文学家的才情，这使得他的作品内蕴历史厚重的朴实，外显文学飞扬的诗性。因而，便有了王树增“以小说的方法写历史”之言说。王树增将历史文献、人物和事件以文学的手法进行营构，内核是历史，纹理为文学，采用了多种叙述手法来写作。一是顺叙：在结构上，他以时间为序，依照历史的发展顺流而下。二是插叙：他时而偏爱闪回。三是平叙，即平行叙述同一事件，不同地点所发生的两件或两件以上的事：让时间停止，变换空间，进行并线式叙述。对于事件，他会提炼、放大或浓缩，突出高潮，产生戏剧化的效果；他强调历史事件发生发展的内在因素，尽其所能加以描述；他关注人物命运，在人物从历史关头走出后，他仍旧会倾注情感，注视人物的言行举止……

（二）从细节处探视历史

王树增敏锐而满怀深情地抚摸历史的细节。历史的构成，不仅仅是大人物、大事件，有时所谓的小人物、小事情似乎更能体现历史的博大与真实。在王树增的心中生长着浓重的平民意识，他对小人物凝结了太多的敬意和关怀，乐意走近他们，潜入他们的内心，从他们的脉搏和血液，有时甚至只是表情中体察他们的情绪和心念，进而从一个崭新的角度探视历史。《长征》让小人物、小事情成为建构历史的重要组成部分，并且和大人物、大事件的叙述相铺相陈，这已是王树增走入历史的标志性手法。对于红军普通士兵这样的小人物，王树增在个人命运与历史间架起了一座桥梁。1936 年 11 月 23 日，掉队的红军炊事员朱家胜独自挑着牺牲战友的东西在黎明时分到达陕北根据地，红军战友迎上来接过担子，往他手里塞了个热乎乎的芋头，一个干部还拿出针线包为他缝补那件破衣服——“那是他自一九三四年十二月离开根据地就一直穿在身上的一件单衣。”如此有名有姓，有具体的时间地点，有着相对完整的情节的人物，在《长征》中大量存在。如果我们加以详察，可以编织出一个系统的人物谱系。

（三）从鸿篇巨制中提取整合重要信息

《长征》以时间为线索，展现了红军在党的领导下，以非凡的智慧和勇气突破国民党军重重“围剿”和道道封锁，以艰苦卓绝的斗争精神与人力、自然力做斗争，取得最后的胜利。《长征》从微观到宏观全景式回顾长征，真实客观地再现长征当中诸多历史事件，披露读者从未领略的许多历史事实和资料，突出构成历史内容本质的令人惊心动魄的细节、鲜活的人物和危机，尽可能客观地还原了历史生活本身，不仅是一部立体全景式的长征交响史诗，也是一幅细致入微的长征工笔画。

作为一部时间跨度大、人物形象多的作品，非常适合用来锻炼学生信息提取整合的能力。信息的提取整合，需要从文本中抽取出与中心有关的各主要信息，删除琐碎、多余的信息，用概括性的词语取代从属内容，形成能代表文章主要含义的主题句。可以引导学生通过画思维导图、制作人物档案等活动来推进。

◎ 核心策略

（一）批注策略

批注策略是在阅读过程中，读者将自己的所思、所想、所感用文字或符号的形式，记录在文中的阅读策略。《长征》一书有67万字，其中包含了大量电文和个人回忆录，多个方面军的数条路线重叠并进。这样复杂的内容如何取舍？对于纪实文学作品，读者需要准确地把握作品中的人物、事件、时间、地点、原因、结果，在阅读过程中，学生可通过圈点批注的方法对主要人物信息进行提取、梳理和整合，试着为长征英雄制作包含人物出生、主要事迹、性格命运等内容的资料卡，以思维导图等形式对圈点批注的收获进行整合，理清阅读脉络，呈现阅读理解。

（二）跨界阅读

跨界阅读是指我们身处阅读终端多元化的时代，书籍、报纸、电影、话剧、移动设备都可以成为我们获得信息的渠道。与电影版《长征》进行对比阅读，在阅读过程中，感受不同艺术形式塑造人物形象的不同方式，感悟长征中英雄人物的伟岸形象。在走近、感怀英雄经历的过程中，获得精神力量和人生启迪。跨界阅读可以从两个或更多的学科中整合知识和思维方式，从而促进学生认知能力的提升。

（三）比较策略

阅读《长征》时，可以使用对照阅读策略，将具有一定关联的事件和人物对比参照，在相似中区分其差别，发现其联系。读者对重要内容进行对照阅读，可以更好地判断作者写作的关键部分，进而理解、评价内容。如将《长征》与《红星照耀中国》从文体特征、表述差异等角度进行比较阅读。比如，比较阅读《红星照耀中国》中的《大渡河英雄》与《长征》中的《喜极之泪》，《红星照耀中国》中的《过草地》与《长征》中的《黑暗时刻》，找出记叙相同事件的内容，比较两本书的异同。

◎ 精神文化

（一）不畏艰险、一往无前的英雄气概

第五次反“围剿”的失利，迫使中国工农红军第一、第二和第四方面军不得不进行战略大转移。在当时极端艰难困苦的条件下，英勇善战的中国红军从江西瑞金出发，历经两个寒暑，跨越了中国十四个省，书写了中华民族的豪迈史诗和民族赞歌。中国红军突破四道封锁线，四渡赤水、巧渡金沙江、强渡大渡河、飞夺泸定桥，越过飞鸟难过的夹金山，穿越茫茫无际的草地，不论在人力面前，或在大自然面前、死亡面前，都绝不承认失败。

红军当年以巨大的精神力量，战胜了长征途中的重重艰难困苦，谱写了一曲不畏艰难险阻，不怕流血牺牲的壮烈史诗，熔铸了伟大的长征精神。这是对革命理想和革命事业无比忠诚、坚定不移的信念，不怕牺牲、充满乐观、艰苦奋斗、一往无前的英雄气概。

（二）百折不挠、团结进取的长征精神

历经两个艰难漫长的寒暑春秋，中国工农红军在行军中所表现出的大无畏英雄气概，来源于中华民族顽强拼搏的精神，来源于中国人民百折不挠的团结进取精神，来源于中华民族在历史艰难岁月里沉淀的伟大的民族精神。长征这段枪林弹雨、九死一生的征途，是中国人民和中国革命最为艰辛难忘的岁月。长征路上，自然环境恶劣，敌人强大险恶，战士饥肠辘辘、疲惫不堪，在前有堵截、后有追兵的情况下，要经常穿越崇山峻岭、险关险道，甚至还要通过人迹罕至的雪山草地。虽然条件如此艰苦，但红军指战员依然斗志昂扬，坚守着革命必胜的信仰和为工农大众翻身求解放的革命理想。“红军不怕远征难，万水千山只等闲。五岭逶迤腾细浪，乌蒙磅礴走泥丸。”

团结无往而不胜。红军是无产阶级政党领导的革命军队，有着严格的组织纪律，能够顾全大局、紧密团结、互助友爱，有着巨大的凝聚力和战斗力。在整个长征途中，特别是在极其恶劣的自然环境和给养极端困难的情况下，在生与死的严峻选择面前，他们把个人的生死置之度外，各部队之间互相关心、互相鼓励、互相支援、互相配合、共渡难关。这种把大局利益看得高于一切的高尚品德，极大地支援了中央，维护了红军的团结统一。实现民族复兴是坚定的革命理想信念，这让他们百折不挠、团结进取，取得最终的胜利。

自主初读

◎ 阅读规划

阅读进程	阅读章节	阅读时间	阅读该部分感受最深的一点	阅读该部分最大的疑惑	自我评价（优、中、一般）	教师评价（优、中、一般）
进程一						
进程二						
进程三						
进程四						

任务伴读

◎ 进程一

任务推进

阅读规划	任务单	重点能力指向
范围：前言和第1–5章。	1. 通过查找资料，摘录文中相关内容，完成名词解释。	借助表格和思维导图梳理相关背景知识，了解长征，提高提取信息的能力。

续表

阅读规划	任务单	重点能力指向
时间：7天阅读完毕。	关键词 / 相关解释： 中华苏维埃共和国： 马克思列宁主义： 军阀： 合作社： 2. 利用以下提示语完成“长征”思维导图。 提示语：长征精神　长征原因　长征目录　主要事件	

阶段性检测

1. 根据你的阅读积累，判断下列属于纪实文学作品的是（　　）（多选）

A.《昆虫记》B.《骆驼祥子》C.《长征》D.《简·爱》E.《飞越太空港》

2. 阅读《长征》前言，回答（1）至（3）题。

【赏读引诗】

长征是信念不朽的象征。一位叫B. 瓜格里尼的意大利诗人这样写道：

黑夜沉沉，朦胧的黎明前时分，
遥望辽阔而古老的亚细亚莽原上，
一条觉醒的金光四射的巨龙在跃动、跃动，
这就是那条威力与希望化身的神龙！
他们是些善良的，志气高、理想远大的人，
交不起税走投无路的农家子弟，
逃自死亡线上的学徒、铁路工、烧瓷工，
飞出牢笼的鸟儿——丫鬟、童养媳，
有教养的将军，带枪的学者、诗人……
就这样汇成一支浩荡的中国铁流，
就这样一双草鞋一杆土枪，踏上梦想的征程！

（1）作者在前言中引用意大利诗人B. 瓜格里尼的诗句有什么作用？

【节选场景】

世界上不曾有过像中国工农红军这样的军队。指挥员的平均年龄不足二十五岁，战斗员的平均年龄不足二十岁，十四岁至十八岁的战士至少占百分之四十。在长征征途上，武器简陋的红军所面对的往往是装备了飞机大炮且数十倍于己的敌人。年轻的红军官兵能在数天未见一粒粮食的情况下，不分昼夜地翻山越岭，然后投入激烈而残酷的战斗，其英勇顽强和不畏牺牲举世无双。在两万五千里的征途上，平均每三百米就有一名红军牺牲。

（2）文学类作品的前言通常会介绍人物关系或节选篇章场景来彰显主题，请结合以上节选的部分说说，作者为什么要节选这个篇章场景？

【含蕴主题】

在中国工农红军中，无论是政治和军事精英，还是不识字的红军战士、官兵如同一人的根本是他们都坚信自己是一个伟大事业的奋斗者。他们都坚信中国革命的队伍“杀了我一个，自有后来人”，他们激情万丈、前赴后继、视死如归，决心为每一个红军所认同的理想牺牲生命。

（3）《长征》前言高度凝练地概括了英雄们的伟大精神，请结合你平时的阅读为其补充一个事实论据。

◎ 进程二

任务推进

<table>
<tr><th>阅读规划</th><th>任务单</th><th>重点能力指向</th></tr>
<tr>
<td>范围：第6–9章。
时间：共7天阅读完毕。</td>
<td>1. 快速阅读，以思维导图或表格形式进行梳理，向同学介绍重要人物的革命经历。如：
<table>
<tr><td>人物</td><td>毛泽东</td></tr>
<tr><td>出生与家庭</td><td></td></tr>
<tr><td>性格特点</td><td></td></tr>
<tr><td>外貌形象</td><td></td></tr>
<tr><td>受教育情况</td><td></td></tr>
<tr><td>革命经历</td><td></td></tr>
</table>
2. 选取典型事例，以小见大，凸显长征精神，写好红色故事。如：
<table>
<tr><td>人物</td><td>陈树湘</td></tr>
<tr><td>典型事例</td><td>陈树湘：“万一突围不成，誓为苏维埃流尽最后一滴血！”师长陈树湘腹部中弹，在昏迷中被俘。国民党道县保安司令命令将陈树湘放在担架上，由他本人亲自监督押往湖南省会长沙。在弯弯曲曲的山路上，抬着担架的国民党军士突然脚下一滑，他们这才看见担架上的陈树湘从腹部的伤口处把自己的肠子掏出来，扯断了。</td></tr>
<tr><td>精神品质</td><td>在革命关键时刻，敢于担当，勇于牺牲。</td></tr>
</table>
</td>
<td>运用批注策略，细读文本语句，关注人物身上的小事和细节。</td>
</tr>
</table>

阶段性检测

1. 阅读选文，回答问题。

【甲】一个名叫匡书华的少年是河南省光山县匡家湾人，他家被国民党军烧光了，于是他带领六七个和他年龄相仿的少年当了红军。一开始因为他个子太矮没有被批准入伍……匡书华加入红军的愿望终于实现了。

【乙】湖南南部盛产蜜橘，此时正是橘子红了的季节。在道县，几乎所有的红军官兵都尽情品尝了这块土地上出产的蜜橘。蜜橘甘甜的汁液令疲惫万分的红军官兵的心情如同连日阴雨之后突然放晴的天空一样，温暖而明亮起来。

《长征》这部作品擅长再现真实历史细节，把诚挚情感浸润到对小人物的细节描写中，请结合以上选段及自身阅读体验，分析作者这样写的好处。

◎ 进程三

任务推进

阅读规划	任务单	重点能力指向
范围：第 10–14 章。 时间：共 8 天阅读完毕。	1. 根据本进程的阅读内容，概括主要事件。 如：娄山关大捷，1935 年 2 月，中国工农红军第一方面军与黔军大战娄山关前，经过反复争夺，以两个团的兵力歼灭黔军六个团，揭开遵义大捷的序幕，赢得长征以来的第一次巨大胜利，展示了遵义会议的曙光。从此，红军战斗过的娄山关，便成为黔北著名的革命纪念地。 2. 与《红星照耀中国》进行比较阅读，进一步理解纪实文学中真实与虚构的关系，体会作者的主观倾向性。	抓住小说中的核心情节，梳理内容，在对比中理解纪实文学的特点。

阶段性检测

1.【梳理·长征路线】根据下列材料，回答问题。

（1）根据以上图片完成填空。（4 分）

中央红军长征基本路线：________→突破敌四道防线→强渡乌江→占领遵义→________→渡过金沙江→________→________→翻雪山→过草地→陕北吴起会师→甘肃会宁会师

（2）选择路线中的某一节点进行简要介绍。

2.【把握·纪实原则】纪实文学讲究纪实和虚构的有机结合，请结合下列知识卡片分析，下面的选段是如何体现纪实与虚构的结合的。

【甲】

一九三四年十月十八日下午五时，毛泽东来到于都县城北门与军委的队伍会合。毛泽东的随身物品不多，只有一袋书、一把雨伞、两条毯子和一块旧油布。他甩着胳膊，顺着于都河岸走着，已经有些凉意的秋风吹着他的长发。毛泽东很清楚，此一去，包括博古和李德在内，谁都无法预料，中华苏维埃共和国和中国工农红军将要走向哪里，现在要紧的问题是，国民党军的飞机最好晚一些发现这支逶迤如长龙的队伍。那一天，走在于都河边的毛泽东并不知道人类历史上一次惊心动魄的军事远征就要开始了，踏上征程的每一个红军都将成为一部前所未有的英雄史诗的主人公，不管他是新入伍的战士，还是拥有军事指挥权的领导者。仿佛是为了证实这一点，在那个秋天的黄昏，毛泽东的身影很快就淹没在渡河的人流里，他匆忙的脚步声和上万红军官兵的脚步声混杂在一起，瞬间便融入夜色里。

月亮升起来了，又大又圆。

知识卡片

纪实文学是由纪实性记事文学与虚构性叙事文学交叉、重合和融汇而生成的一种综合性、边缘性文体，既有纪实性又有虚构性，是纪实与虚构的有机结合。纪实文学，首先须纪实。按通常的写法，事件须纪实，包括人物、事件、时间、地点、原因、结果，须样样如实记写。其次，既然是文学，那就要有某种虚拟性、虚幻性，要有作家理想化的再造或构建，否则，完全拘囿于实存，就等于放弃了文学提升精神境界的责任。那么，哪些对象可以虚构？人物的心理、精神探索状态、神情气韵及环境的氛围态势等只能用心灵感受的对象，作者可以根据事件发展的逻辑合理展开虚构，更准确地说就是展开合理想象。

◎ 进程四

任务推进

阅读规划	任务单	重点能力指向
范围：第 15–18 章。 时间：7 天阅读完毕。	1. 根据本进程的阅读内容，梳理概括核心情节。 如：1935 年 9 月，一个个胜利果实在不断证实，毛泽东继续北进，以游击战争打通国际联系，在临近苏联边界的地区创建根据地，以便获得援助，尔后向东发展的战略方针是正确的；而事实也证明张国焘反对中央北上的战略方针，坚持向川康藏边境退却的方针是极端错误的。	通过比较策略分析人物形象。

续表

<table>
<tr><th>阅读规划</th><th>任务单</th><th>重点能力指向</th></tr>
<tr><td></td><td>2. 关注人物细节、典型事例，整合人物故事，分析人物形象，给人物写传记。
<table>
<tr><th>人物</th><th>典型事例</th><th>精彩细节</th><th>精神品质</th><th>节选自《红星照耀中国》还是《长征》？</th><th>传记提纲</th></tr>
<tr><td rowspan="4"></td><td></td><td></td><td></td><td></td><td rowspan="5"></td></tr>
<tr><td></td><td></td><td></td><td></td></tr>
<tr><td></td><td></td><td></td><td></td></tr>
<tr><td></td><td></td><td></td><td></td></tr>
<tr><td></td><td colspan="3">……</td><td></td></tr>
</table>
</td><td></td></tr>
</table>

阶段性检测

1. 阅读以下两个选段，完成题目。

四川军队大概从来没有见过这样的战士，这些人当兵不只是为了有个饭碗，这些青年为了胜利而甘于送命，他们是人，是疯子，还是神？迷信的四川军队这样嘀咕。

——选自《红星照耀中国》

世界上不曾有过像中国工农红军这样的军队：指挥员的平均年龄不足二十五岁，战斗员的平均年龄不足二十岁，十四岁至十八岁的战士至少占百分之四十。在长征征途上，武器简陋的红军所面对的往往是装备了飞机大炮且数十倍于己的敌人。年轻的红军官兵能在数天未见一粒粮食的情况下，不分昼夜地翻山越岭，然后投入激烈而残酷的战斗，其英勇顽强和不畏牺牲举世无双。在两万五千里的征途上，平均每三百米就有一名红军牺牲。

——选自《长征》

你认为红军是人，是疯子，还是神？请结合你的阅读体验，阐述观点与理由。

2. 连读同一题材的不同作品，往往能够让我们对作品中的人物、事件有更丰满的认识。阅读下面语段，请结合以下两段选文，谈谈你对彭德怀将军的认识。

【甲】

我住在彭德怀设在预旺堡的司令部的院子里。因此，我在前线常常看到他。附带说一句，司令部——当时指挥三万多军队，不过是一间简单的屋子，内设有一张桌子、一条板凳、两只铁制的文件箱、红军自绘的地图、一台野战电话、一条毛巾、一只脸盆和铺了他的毯子的炕。他同部下一样，只有两套制服，他们都不佩军衔、领章。他有一件个人衣服，孩子气地感到很得意，那是在长征途上击中敌机后用缴获的降落伞做的背心。

我们在一起吃过好几顿饭，他吃得很少，很简单，伙食同部下一样，一般是白菜、面条、豆、羊肉，有时是馒头。宁夏产瓜，种类很多，彭德怀很爱吃。可是，好吃惯了的作者却发现彭德怀在吃瓜方面并不是什么对手，但在彭德怀参谋部里的一位医生面前，只好低头认输，他的吃瓜能力已为他博得了“韩吃瓜”这样一个美名。

——《红星照耀中国》

【乙】

当时，老饲养员万分心疼，生怕大黑骡子会累死。彭德怀的命令下达之后，老饲养员和警卫员们谁都不愿意执行。彭德怀命令军团部的一名干部去。干部带上了一个叫印荣辉的战士。印荣辉后来回忆说：六头牲口被集中在一起，二十多分钟过去了，谁也不开枪。彭德怀叉着腰站在远处喊：“开枪！立即开枪！”最后，那位干部开枪了，用机枪扫。五头牲口倒下了，可那头大黑骡子依然安静地站着。它是个老兵了，根本不害怕枪声。老饲养员扑了上去，抱着大黑骡子的脖子喊：“把它留下！把它留下！”彭德怀走了过来，低声说：“同志，人比牲口重要。”然后看了那个干部一眼，干部又开了一枪，大黑骡子很慢地倒了下去，老饲养员趴在它身上失声痛哭，就是不让人对它动刀，彭德怀转身走了，看得出来他不忍心回头，彭德怀自己不吃，也不允许军团部的人吃，包括大黑骡子在内的六头牲口的肉全部给部队送去了。彭德怀特别嘱咐好肉要分给战士，特别是伤员和病号，干部们要分就分一点下水和杂碎。老红军应荣辉说：“这些肉不知救了多少红军的命。”

——《长征》

课型推进

◎ 阅读课规划

教学阶段	主要内容	教学资源	设计意图
导读课	1. 对《长征》阅读兴趣调查统计。 2. 明确创作背景及目的。 3. 结合自己的阅读体验，交流讨论阅读方法，创建思维导图。 4. 探寻长征精神，制订阅读计划。	1. 对《长征》阅读兴趣调查数据。 2. 与作家作品等信息有关的资料。	1. 通过读前言，了解作者的创作背景、目的。 2. 通过读目录，明确中央红军长征基本路线。 3. 通过自由阅读，初步感知情节，激发进一步阅读探究的兴趣。 4. 引导学生带着问题有目的、有计划地阅读本书。
推进课	1. 根据句子的描述说出对应人物。 2. 理解纪实作品的真实性。 3. 体会纪实作品的文学性。 4. 感悟纪实作品的启示性。	1. 纪实文学知识卡片。 2. 查阅相关史料。	1. 跳读作品重点章节，通过品读关键语句理解纪实作品真实性及文学性兼有的特点。 2. 学会用客观理性的态度阅读纪实作品，感悟其中蕴含的精神力量，树立正确的人生观与价值观。
成果分享课	1. 视频播放朗诵毛泽东的《七律·长征》。 2. 原著撷珠，书林新叶。 3. 开展“读《长征》，演经典”名著课本剧展演。	1. 视频：毛泽东的《七律·长征》。 2. 优秀的书法作品，手抄报展示、名言卡片。 3. 课本剧剧本。	1. 消除学生与红色经典的隔膜，再一次激发学生阅读原著的兴趣。 2. 让学生从革命精神中汲取营养，并增强报效祖国的责任感。

◎ 专题探究信息一览表

专题	探究指向	阅读策略	思维层次
了解非虚构写作，感受红色经典的力量。	纪实文学如何将丰富的细节描写和真实的史实记述融合。	1. 跨界阅读 2. 比读策略	筛选、分类、比照、辨析

重走长征路

——《长征》导读课

【教学目标】

1. 通过读前言，了解作者的创作背景、目的；

2. 通过读目录，明确中央红军长征基本路线；

3. 通过自由阅读，初步感知情节，激发进一步阅读探究的兴趣。

【教学重点】

1. 引导学生带着问题有目的、有计划地阅读本书。

2. 结合自身的阅读体验，交流讨论阅读方法，创建思维导图。

【教学难点】

自由阅读，初步感知作品中的长征精神，激发兴趣。

【课时安排】

1 课时

【教学过程】

一、导入

王树增的《长征》是红军长征 80 多年以来，第一部用纪实的方式最全面地反映长征的文学作品。我针对大家对这本书的阅读兴趣做了一个调查和统计，我们一起来看看结果：

（屏显）调查结果

喜欢的理由：真实，可以让我们了解那个年代。

不喜欢的理由：书名缺乏吸引力；
人物多，思路乱；
缺少艺术加工语言；
枯燥乏味；
叙述不够生动；
看不懂那段历史，距离太远；
难以理解；
那些人的情感太厚重。

《长征》是一部纪实作品，它的确不像我们之前读过的一些文学艺术作品，有曲折跌宕的情节、华丽隽永的语言，甚至丰富神奇的想象，但也有自己的特点和价值，那么它的特点是什么呢？怎样才能认识这部经典纪实作品的魅力和价值，就是这堂课我们要一起讨论和探究的，希望通过今天的共同学习，我们都有一点启发和收获。

二、活动过程

活动一：读前言，明确创作背景及目的

1. 方法指导：

（屏显）读前言，可以了解内容概要、写作缘由和过程，明确写书的纲领和目的。

下面，我们通过读前言，跟随作者的脚步，踏上八十年前的红色之旅，去追问中国这片苍茫大地的未知命运。

2. 学生活动：用 5 分钟时间浏览前言，根据下表提示，运用跳读法采集信息点，记录在便利贴上。

长征是什么?	
长征有何意义?	
各界对长征的看法?	
作者为什么要写这本书?	
我们阅读这类作品有何意义?	

3. 互动交流：在投影仪上展示学生答案，也可以找两个学生上台演示。最后引导学生运用跳读法筛选重要信息，找出答案。

4. 小结：前言告知我们，长征是中国及世界局势发生转变的关键，王树增所著的《长征》以崇高的历史责任感记述了这一人类历史上的惊人壮举，是迄今为止最为全面、生动、动情的长征纪实作品。作品以客观、真实的态度叙述历史，并以宏大、厚重的笔触展开这一考验人类意志的大规模转移。红军转移的浩大场面，在作品中得到真实而翔实的再现，令人震动和感慨。特别值得注意的是，作者赋予了长征以崭新的认知高度——长征是中国贡献给世界的最壮丽的英雄主义史诗，长征给予人类的精神财富是走向理想所必需的永不磨灭的信念。

活动二：读目录，重走长征路

这么厚的一本书，该读哪里呢？老师提示一下，大家不妨借助书的目录。

1. 方法指导：读目录，可以对作品的内容要点和篇章结构有所了解，迅速查阅到所需要的部分。

2. 学生活动：借助目录梳理长征路线。

要求：将线路以文字或者图片的形式进行展示。

基本路线：瑞金→突破敌四道防线→强渡乌江→占领遵义→四渡赤水→巧渡金沙江→强渡大渡河→飞夺泸定桥→翻雪山→过草地→陕北吴起会师（1935 年 10 月）→甘肃会宁会师（1936 年 10 月），宣告长征的胜利结束。

长征路线图

活动三：寻典型，感悟长征精神

1. 方法指导：自由阅读，边读边旁批，梳理前因后果、发展线索，做摘记，写提要。

2. 学生活动：选择感兴趣的情节，通过阅读了解前因后果、发展线索（5分钟），阅读中把你关注到的具体细节简要记录在便利贴上，以读书卡的形式来探讨共产党人及红军的精神和生产、发展秘诀。

典型事件	共产党及红军面临的绝境	生存发展秘诀

3. 学生分组交流5分钟，然后推选代表上台讲述。

4. 小结：谢谢同学们的分享。《长征》最重要的价值在于它全景式地展现了长征的历史。年轻的红军战士们闯过了数不清的敌军阵营，走过了说不尽的险山恶水，忍受了常人无法忍受的饥饿伤痛，每个人都面临着各种极限挑战，但是他们心中的革命英雄主义精神和革命浪漫主义情怀支撑他们取得了一个又一个胜利。

三、课堂小结

这节课，咱们从序言和目录入手，对《长征》这部书进行了初步探究，了解作者的创作过程，也学习了读书的基本方法。同学们能回顾一下我们学到的读书方法吗？

（屏显）读题目，猜其内容；读序言，观其大略；读目录，抓其精要；读正文，探其究竟。这节课我们对这部书只是粗知皮毛。课堂上留下的许多疑问，还有待于课后读书解决。

四、布置读书计划

总结:《长征》是一部纪实性经典作品，纪实性、文学性和启示性在它身上得到了完美的体现，我们没有理由不好好去阅读它。今天学习了读这类作品的方法，需要我们制订切实可行的计划，立即行动起来。如果还没有通读完整作品的，应该要立即行动起来。

《长征》阅读记录卡

阅读日期:	页码:
今日阅读内容概述:	
今日精彩摘录:	
今日思考感悟:	
联想关联作品:	

【配套练习】

1.____年10月17日，中共中央和中央红军从________出发开始，至___年10月22日，红一、红二、红四方面军在甘肃会宁胜利会师结束。红军长征总里程约为______余里。

2.《长征》是第一部用__________方式最全面反映长征的文学作品，作者是__________。

3. 说出红军长征中的几个重要事件。

4. 中央红军在长征途中损失最大的是哪一场战役？结合具体内容简要概括。

走近真实　遇见美好

——《长征》推进课

【教学目标】

1. 跳读作品重点章节，通过品读关键语句理解纪实作品真实性及文学性兼有的特点。

2. 学会用客观理性的态度阅读纪实作品，感悟其中蕴含的精神力量，树立正确的人生观与价值观。

【教学重点】

理解纪实作品中的真实性与文学性。

【教学难点】

拉近学生与红色经典纪实作品的距离，帮助学生正确认识红色经典纪实作品的价值。

【课时安排】

1 课时

【教学过程】

一、游戏热身，引导知识回顾

抢答：根据下面句子的描述说出对应人物。

1. 孩儿立志出乡关，学不成名誓不还。埋骨何须桑梓地，人生无处不青山。

这首诗是十六岁的农家少年______写的。

2. 她的腰间总是插着两把手枪，肩上还背着一支步枪，这个身体健壮的渔民的女儿，自十五岁起就以这样的英姿战斗在井冈山上，她骑马、攀山、行军、打仗，与所有的红军战士一样无所畏惧。即使在很多红军官兵都支持不住的艰难时刻，她也能始终行走如飞。

她是______。

3. 没人知道这个从小习武的红军将领到底有多大力气，据说他能把一头大黄牛举起来然后重重地摔死。他那把又宽又厚的纯钢锻造的鬼头刀极重，红军战士往往需要双手拿着才能试试这把大刀的分量，但是他单臂刀却犹如一阵旋风，无数敌人的脑壳在他刀起刀落的风声中滚落在地。

他是______。

4. 他的祖父是清末的一名武举人，其父虽然以农为业，但仍继承了家传的武艺。这个家族的从武传统对他一生不改的强悍性格有着决定性的影响。少年的他为了谋生，曾经在这一带的崇山峻岭中赶过马帮，因此他对这里的每座山、每条水都了如指掌。十八岁时，他成为由孙中山领导的中华革命党中的一员。

他是______。

5. 他的祖辈都是窑工。一九二五年，二十五岁的他挑着货在庙会上叫卖的时候，碰见了一个读私塾时的同学，同学是受共产党人陈潭秋的指派回到家乡来发展革命力量的。在这个同学的影响下，他加入了中国共产党，开始了他的革命生涯。……他是一个生性豪放、秉性耿直的共产党人，对于敬重之人他披肝沥胆，对于轻看之人他横眉立目。

他是______。

6. 他十八岁就从一名乡村木匠成为著名的黄麻起义的领导者之一，在经过无数残酷的战斗和苦难的生活考验之后，二十六岁的他已经成为一名外表安静温和、内心强如铁的优秀的红军指挥员。

他是______。

明确：毛泽东、康克清、徐世龙、贺龙、徐海东、李先念

二、自主讨论，梳理“纪实”要点

《长征》是一部最客观、最全面地反映长征的纪实文学。请结合作品具体内

容和知识卡片，分析王树增是怎样在《长征》中把历史的真实与文学的虚构统一起来的。

知识卡片

纪实文学，首先须纪实。包括人物、事件、时间、地点、原因、结果等，须样样如实记写。

〔示例1〕他收集了大量的有关红军长征的资料，采访了百余位参加过长征的老红军，并且亲自走了许多红军当年走过的路线。

〔示例2〕摘引难得一见的电报。

〔示例3〕具体翔实的时间、地点、人物身份、环境等方面的介绍。

〔示例4〕讲述了这一伟大壮举中发生的许多感人小事，让我们通过丰富的细节更加近距离地去接触长征的历史。

小结：王树增认为："非虚构写作，要求创作者即使在细节上也不能虚构，一切都是从档案、史料、采访、勘查中推演出来。"为此，他采用纪实文学的体裁，搜集了大量资料，采访了许多红军老战士，还进行了实地调查，客观真实地再现了长征中许多历史事件，生动展示了中国工农红军在两年的时间里，行程两万五千里，转战南北的艰苦卓绝的全貌。

三、合作探究，体会"文学"特性

好的纪实作品，除了首先要具有真实性，还应具备另一个重要特点。请大家看下面两段文字，这是老师从书中摘录下来的。

【甲】 耿飚在迷迷糊糊的高烧中听见杨成武正给部队下达战斗任务，然后就是来来回回急促的脚步声。耿飚睁开眼，拉住一个人，一看是先锋营营长，就问："部队要干什么？"杨成武没等营长回答就说："要打一仗！"耿飚一下子从门板上下来，叫参谋长李英华拿地图来。警卫员赶忙递过来一缸子热水，耿飚不停地喝着热水，然后用斗笠遮住马灯盯着地图看。

教师提问：选段对团长耿飚运用了哪种描写手法？说说作为红军将领的耿飚具有怎样的精神。

〔示例〕选段对耿飚主要运用了动作描写和语言描写。通过对团长耿飚身患疟疾，听到部队作战行动之后的一系列描写，反映了耿飚不惧病痛、刚毅坚强、忠于职守的伟大战斗精神。

【乙】 天亮的时候开始行军，在晴朗的天气中走了大半天，红军在一个小村庄稍事休息，然后命令来了：继续前进，吴起镇距此二十里。

那二十里路，所有历尽千难万险活下来的红军官兵永生难忘。

成仿吾回忆道："我们高兴极了，小孩子一样向吴起镇跑去。"

尘土飞扬中，那个小镇在红军官兵的视线里越来越近。杨成武回忆道："我们在蓝盈盈的天空下，列队进入了这个镇子。”

斜阳把远处的树林染成橘红色，野鸟惊讶地在崖顶上来回盘旋，路边的一道土墙上一条标语隐约可见：中国共产党万岁！

教师提问：选文画线句有什么作用？

〔示例〕选文最后一段是环境描写，斜阳染红了远处的树林，其实暗示着陕北根据地对当地群众的引导和感染作用；野鸟的“惊讶”，实际上也是历经长征的中央红军的切实感受，“野鸟”象征长征途中失去革命根基的中央红军，难以相信他们前一天还坐在山坡湿漉漉的地上，在国民党军骑兵的追截下快步行军，而现在，他们胜利了，他们重新拥有了扎实的革命根据地。

所以在纪实作品中，我们也常常会看到一些细致的描写，生动的修辞，饱含情感的议论和抒情，这就是纪实作品的另一个重要特点——文学性。

其实在文中还有很多这样的描写、修辞、议论和抒情，请大家找一找，我们一起再次体会一下。（引导学生重点阅读相关段落，并要求作简单赏析。）

四、跨界阅读，感悟人物情怀

信仰，是人类永恒的精神支柱。保尔为人类解放而斗争的信仰，使他成为钢铁战士；唐僧师徒西天取经、普度众生的信仰，使他们披荆斩棘、不畏艰险。读《长征》这本书，你又感受到了人物怎样的信仰？

〔示例〕中国共产党人为了民族解放而艰苦斗争、牺牲奉献的崇高信仰。他们把广大人民群众的根本利益看得高于一切，有着坚定的革命理想和信念，坚信正义事业必然成功，为了救国救民，不怕任何艰难险阻，不惜牺牲一切。

五、教师总结

长征途中面对敌人的围追堵截、粮食奇缺、路途坎坷等恶劣情况，红军战士们依然士气高昂，苦中作乐，笑对困难。但现在很多年轻人的自信力慢慢丧失，追星成风，浪费盛行，可能大家也是其中的一分子。那就让我们再次重读这些经典的纪实作品，走近这些真实而鲜活的生命，获得人生的指引和启迪，从而遇见更好的自己，做更好的中国人。

【配套练习】

好的插图往往能使作品增色，请你依据作品内容和特点，回答以下问题。

1. 小语想将以下几幅插图插入《长征》一书，她该如何安排顺序？这几幅图应插入哪些章节中？请你提出建议。

图一

图二

图三

2. 小文不同意小语想加入插图的想法，她认为加入当时的记录照片更为妥当，你同意小文的观点吗？请阐明理由。

我的长征

——《长征》成果分享课

【教学目标】

1. 消除学生与红色经典的隔膜，再一次激发学生阅读原著的兴趣。

2. 让学生从革命精神中汲取营养，并增强报效祖国的责任感。

【教学重点】

在阅读交流中回顾长征历史，感悟、弘扬长征精神，树立正确的人生观。

【教学难点】

师生之间、生生之间分享阅读感悟，促进情感共鸣。

【课时安排】

1 课时

【教学过程】

一、导入

（视频播放朗诵毛泽东的《七律·长征》）

这是毛泽东在红军长征胜利结束时写下的一首诗。1934 年，中国老一辈革命家毛泽东、刘少奇、周恩来等长征两万五千里，开创了中国革命史的新纪元；七十年后，他们的后人重走长征路，追寻先辈的足迹，展开了一次由“特殊人物”组成的红色缅怀之旅。今天，让我们跟着王树增一起开启我们的长征之旅。

长征给予人类的精神财富是走向理想所必需的永不磨灭的信念，长征是中国贡献给世界的最壮丽的英雄主义史诗。下边请同学们朗读自己搜集来的有关名人对长征的评价。

（幻灯片出示，学生朗诵名家点评）

名人们站在历史的高度，他们的评价是高屋建瓴的，而我们的感想却是实实在在的。今天，我们就把这些成果展示给大家。

二、活动过程

第一板块：原著撷珠

首先，我们开启第一板块——原著撷珠，这一板块包括四个小环节：认识作者、故事梗概、方法交流、读后感悟。

1. 走进作者——学生简要介绍《长征》作者：王树增。

2. 我来讲故事——概括主要内容（重大事件）。

3. 阅读有方法——学生说说自己运用什么方法进行阅读的，其他学生补充。（教师适当点拨）

4. 印象最深刻——简要说说读后给你印象最深的部分，并说明为什么这部分会给你较为深刻的印象？

（1）组内讨论交流，并选出优秀的同学，准备上台前说。

（2）每组选出代表来说。

（3）其他学生评价、补充。

第二板块：书林新叶

如果说刚才是同学们从原著中采撷的一粒粒光彩熠熠的珍珠，那么，接下来的第二板块，我们要展现同学们用灵巧的双手和不凡的才华所采摘的——书林新叶，请同学们在展示的同时一并说明自己的设计意图和作品特点。

1. 将优秀的书法作品拿到台前展示，学生评价。

2. 优秀手抄报展示，说明自己设计的主体和构思，其他学生评价。

3. 名言卡片展示、诵读，并说明你想把名言送给谁。

第三板块：经典演绎

开展“读《长征》，演经典”名著课本剧展演。

同学们可以选取经典长征故事进行演绎，建议大家从演员选取、剧本改编、台词动作、人物塑造等方面入手进行表演。评分参考表如下：

评分标准	得分
主题突出，思想性强，富有艺术感染力（20分）	
剧目选择编排有新意，能深刻地表现主题（20分）	
人物塑造抓住细节，能传神地表现人物的个性气质、精神品质（20分）	
节目表现形式有创新，表演过程流畅、紧凑、完整（10分）	
表演者服装、道具、舞台设计有特色，有利于表现主题（15分）	
表演者精神饱满，有激情，吐字清晰，语言有感染力（15分）	

三、活动小结

战争年代，人们最壮丽的事业是为人类的解放而斗争；和平年代，你认为这个事业还是最壮丽的吗？

1. 组内讨论。

2. 各抒己见。

总结：看来大家尽管各执一词，但有一点是共同的，那就是大家都要有很强的历史责任感。正是这种责任感才使得无数志士仁人前仆后继为社会的发展进步，为实现自己的人生理想抛洒热血。

【配套练习】

1. 阅读以下两个选段，回答问题。

个子不太高但显得十分结实的___A___，与个子同样不高但显得有些小的萧克之间的不寻常的友情，在中国革命史中堪称佳话。

——王树增《长征》

“__A__像只老虎一样强壮有力。他已年过半百，但仍很健康。他不知疲倦。他们说他在长征路上背着许多受伤的部下行军。他生活跟他的部下一样简单。”李长林说。

——《红星照耀中国》

“A”人物在王树增基于事实的细节推演中、在“说故事的好手”李长林绘声绘色的讲述中，呈现给我们的形象是有不同的。

（1）猜猜“A”是谁？

（2）请根据你的阅读体验，对“A”人物进行简要的评析。

2. 如今已经是和平年代，不需要我们为祖国、为国家，抛头颅洒热血。那么我们还需要“红军精神”吗？请结合文章和链接材料，谈谈你的看法。

【链接材料】

这支部队还发现过一片玉米地，玉米已经接近成熟，官兵们喜出望外，但得到的命令是：不准吃地里的玉米。经过再次请示，被允许摘一点玉米叶子，饿了的官兵们便在地边支上锅开始煮玉米叶。正煮着，在玉米地里藏了很久的主人来了，是一位藏族老阿妈。她揭开红军的锅，看见锅里煮的玉米叶子后，回家端来一大盆煮熟的玉米送给红军。连司务队长给了老人三块大洋，官兵们这才开始狼吞虎咽吃起来，看得老阿妈在一旁直抹眼泪。

（选自王树增《长征》）

中考链接

真题 1

原题呈现（2020年山东潍坊卷）

下列关于文学作品的表述，不正确的一项是（　　）

A.《海底两万里》中的尼摩船长是献身科学的探索者，也是反对压迫和殖民主义的战士。作者通过他表达了对科学、社会正义和人类平等的不懈追求。

B.《长征》既有对毛泽东、周恩来等革命领袖浓墨重彩的描绘，也有对众多无名红军战士细致入微的刻画，展现了红军历尽艰险转战大半个中国的历史。

C.《艾青诗选》常借“太阳”表达对光明、理想、美好生活的热烈追求。《我爱这土地》中，诗人化身为“鸟”，抒发了自己对土地深深的眷恋之情。

D.《飞向太空港》这部长篇小说，全面翔实地记录了20世纪90年代中国航天人成功地用“长征三号”火箭将美国“亚洲一号”卫星送入太空的过程。

思维层次：识记、理解

阅读能力：识记作家作品及文学文化常识，了解作品主要内容。

命题特点以及解题策略：选择题，本题的难度不大，但信息量较多，主要考查考生对名著的理解和感悟能力，平时阅读文学作品，对作品的内容和相关信息要注意记忆，这样才能厚积薄发，提高答题的准确率。

参考答案：

D（《飞向太空港》是报告文学）

模拟题 1

信仰，是人永恒的精神支柱。某班级开展以“信仰”为主题的阅读活动。请从下列名著中任选一部，说说你从作品中读出了作家或人物怎样的信仰，并结合名著的特点和相关内容阐述你运用了怎样的阅读方法。

A.《艾青诗选》

B.《长征》

C.《西游记》

思维层次：理解、分析、综合

阅读能力：了解作品内容，根据作品特点及自己的阅读经验，选择阅读方法。

命题特点以及解题策略：本题考查学生名著的阅读方法。学生要根据日常阅读积累，从题干所给的三个备选名著中选出最熟悉、印象最深、最有话说的一部。然后从作品中读出作家或人物的信仰，并结合名著的特点和相关内容阐述你运用了什么阅读方法。

参考答案：

［示例1］我选《艾青诗选》。从作品中我读出了诗人有着崇高的共产主义信念，为共产主义事业而奋斗。阅读时，可以抓住重点意象进行精读，圈画出重点词句，细细品味诗歌的语言和情感，或者有感情地诵读，认真做好摘抄和批注，体会诗人的爱国情怀。如《我爱这土地》《复活的土地》《雪落在中国的土地上》等诗歌，以“土地”为主要意象，表达了诗人悲悯下层人民的困苦，忧伤祖国的命运，体现了他崇高的信仰。

［示例2］我选《长征》。从作品中我读出了中国共产党人为民族解放而艰苦奋斗和牺牲奉献的崇高信仰。阅读时，可以结合序言，利用目录，选择自己感兴趣的某个篇章，如“强渡大渡河”和“过草地”等部分，梳理相关历史事件的前因后果，了解中国共产党人的生活经历和革命精神，也可以摘录出细节描写生动的语段进行批注阅读，体会中国共产党人的革命信仰。

［示例3］我选《西游记》。从作品中我读出了唐僧师徒四人披荆斩棘、不畏艰险，一心求取真经，普度众生的信仰。阅读时，可以采用跳读和精读相结合的阅读方法。如作品中某些打斗的场面、写环

境气氛的诗词、降妖伏魔的雷同情节可以跳读，体现唐僧师徒四人不畏艰险、一心求取真经的情节需要精读。如“三调芭蕉扇”这一情节，圈画出一借芭蕉扇之后沙僧、猪八戒、唐僧之间的对话进行精读，从对话中体会他们坚定不移的取经决心，从而感受他们为了信仰，勇于追求，为实现理想而敢于斗争、永不放弃的精神。

模拟题❷

光明中学开展“共读书，齐分享”的活动，小文想在下面三部作品中挑选一部推荐给同学们。请你结合自己的阅读体验帮他写出推荐理由。（不少于30字）

A.《长征》 B.《飞向太空港》 C.《红星照耀中国》

思维层次：分析、评价、创造

阅读能力：把握作品内容及艺术特色。

命题特点以及解题策略：本题考查学生对名著内容的综合理解，考查时设置了具体任务，答题时首先要告诉大家作品的主要内容，然后介绍作品值得推荐的地方，也就是作品的主要特点。

参考答案：

[示例1]《长征》可以说是迄今为止最全面、翔实、生动的长征纪实作品。推荐读这本书，是希望大家能铭记艰苦历史，牢记奋斗使命。长征已如往事远去，但它留给我们的精神财富却历久弥新，激励着我们为崇高的理想而矢志奋斗。

[示例2]《飞向太空港》是对人类航天和中国航天悲壮历程的丰富而深刻的社会历史的一次顿悟，是将文学从一向表现人类自身的关系向同时表现人类与宇宙的关系迈进的一次文学远征。作品刻画了一群默默耕耘的航天人形象，用历史的笔法勾勒概貌，烘托背景，以文学的手法讲述故事，塑造人物，描绘表达情感，可读性强，字里行间洋溢着乐观、自豪的情绪。

[示例3]《红星照耀中国》是一部文笔优美、纪实性很强的经典作品，作者通过实地调查和采访，搜集到第一手资料，第一次将中国共产党、中国工农红军和革命根据地的真实面貌呈现在世人面前。从这本书中，我们能真切感受到那段激情燃烧、烽火连天的峥嵘岁月，感受到中国共产党领导人民进行革命的光辉历程，感受到革命先辈的坚定信念和英雄壮举，并从中汲取精神养料来激励自己为崇高的理想而矢志奋斗。

模拟题❸

比较阅读是常用的阅读方法，下面两句话描写的是同一场景，但细节有出入，你认为哪句话更真实？请结合文章内容和链接材料，说说你的理由。

A.就在红军勇士即将接近北岸的时候，北岸桥头突然燃起了大火——川军把拆下来的桥板堆在桥头，泼上煤油点燃了。

——王树增《长征》

B.敌人把煤油倒在桥板上，开始烧了起来，……进攻的红军全速前进，冒着舔人的火焰冲过了余下的桥板。

——埃德加·斯诺《红星照耀中国》

链接材料：

作为纪实文学作品，真实是必须坚守的原则。王树增认为："非虚构写作，要求创作者即使在细节上也不能虚构，一切都是从档案、史料、采访、勘查中推演出来。"为此，他搜集并披露了大量资料，采访了许多红军老战士，还进行了实地调查。

我认为（　　）句更真实，因为____________________________________

思维层次：比较、分析、综合运用

阅读能力：同类名著比较阅读，把握作品特点，结合链接材料，阐明自己观点。

命题特点以及解题策略：本题考查学生对纪实性作品艺术特色的把握情况，作品的"真实性"是本题的重点考查对象，做题时既要考虑到作品内容、人物形象，还要联系两部作品的创作条件。

参考答案：

A 句更真实。

理由：

（1）根据《长征》和《红星照耀中国》两部作品的描述，白军胆怯无能，贪生怕死，不想也不敢与红军交战，他们不会冒死在红军的炮火攻击下跑到泸定桥上去点火烧桥板。

（2）王树增要求在细节上也不能虚构，他查阅大量史料、档案，并进行采访、勘查，因此他的细节可能更真实。

（3）斯诺来到苏区，只采访了几位红军，没什么史料档案可查，因此他的文字出现失实现象的可能性较大。

模拟题 4

中外经典名著塑造了众多的优秀女性形象，她们的精神品质在文学星空熠熠生辉，影响深远。你最欣赏下列名著中的哪位女性形象？请结合名著内容说说你欣赏该人物的原因。

A. 扈三娘（《水浒传》）　　B. 简·爱（《简·爱》）

C. 贺子珍（《长征》）　　D. 沈琼枝（《儒林外史》）

思维层次：分析、评价、综合

阅读能力：了解故事情节，掌握人物形象。

命题特点以及解题策略：开放类试题，从四个待选人物当中选择一个，结合名著内容表述自己喜欢理由即可。

参考答案：

［示例 1］贺子珍是坚强的共产主义战士，在长征路上，为掩护伤员，头、背、肺部被炸入弹片，17 块大小不一、深浅不同的弹片，有些终生都没有取出。而她醒过来后的第一件事，便是询问伤员的情况。然后，又嘱咐大家，千万不要把她受伤的消息告诉她的丈夫毛泽东，以免他牵挂。贺子珍就是这样一位坚强而又坚韧的女性，她在战争中表现出来的精神和毅力，值得所有人为她喝彩，她是一位

真正的长征女英雄。

［示例2］沈琼枝是一个特立独行、性格鲜明的女性。她重名节，不愿做妾，敢于反抗，逃到南京后靠手艺和才艺自养；她精明干练，有勇有谋，为追求人格独立和尊严而斗争。她怒骂市井恶少，面对官差索贿态度坚决而从容，这种敢于与恶势力斗争的精神令人敬佩。

参考文献

[1] 斯行．名著阅读导学练 [M]. 杭州：浙江教育出版社，2021.

[2] 王籽伊．部编本初中语文教学教材红色选文教学策略研究 [D]. 湖南师范大学硕士论文，2020.

《飞向太空港》

版本推荐

作者：李鸣生著

出版社：团结出版社

出版时间：2018 年 2 月

作品梗概

《飞向太空港》是当代著名作家李鸣生的代表作，也是“航天七部曲”之一，它以实地采访的方式获得第一手资料，全景式地描绘了 1990 年中国在西昌卫星发射场用自主研发的“长征三号”运载火箭成功将同步通信卫星美国“亚洲一号”送入预定轨道的全过程。全书分为六个章节，采用报刊消息、史料记载、口述实录、电影分镜头剧本等多种文体形式，对发射卫星的全过程做“闪电式、跟踪式、综合式”的采访记录，是一部优秀的报告文学作品。群体性的英雄故事凸显了航天人不屈不挠、勇敢无畏、力担重任、自强不息的航天精神，展现了社会、民族、国家的航天情怀，树立了“国家强、民族强”的信心。作者以文学的手法讲述了一代航天人的使命，用通俗易懂的语言精准塑造人物形象，描绘细节，展现人类探索憧憬宇宙的博大胸襟。同时作品还涉及中国火箭发展的历程，中美合作过程中的中美文化差异等，被称为中国“航天文学”的开山之作，开创了中国文学书写“空间文明”的先例。

思维导图

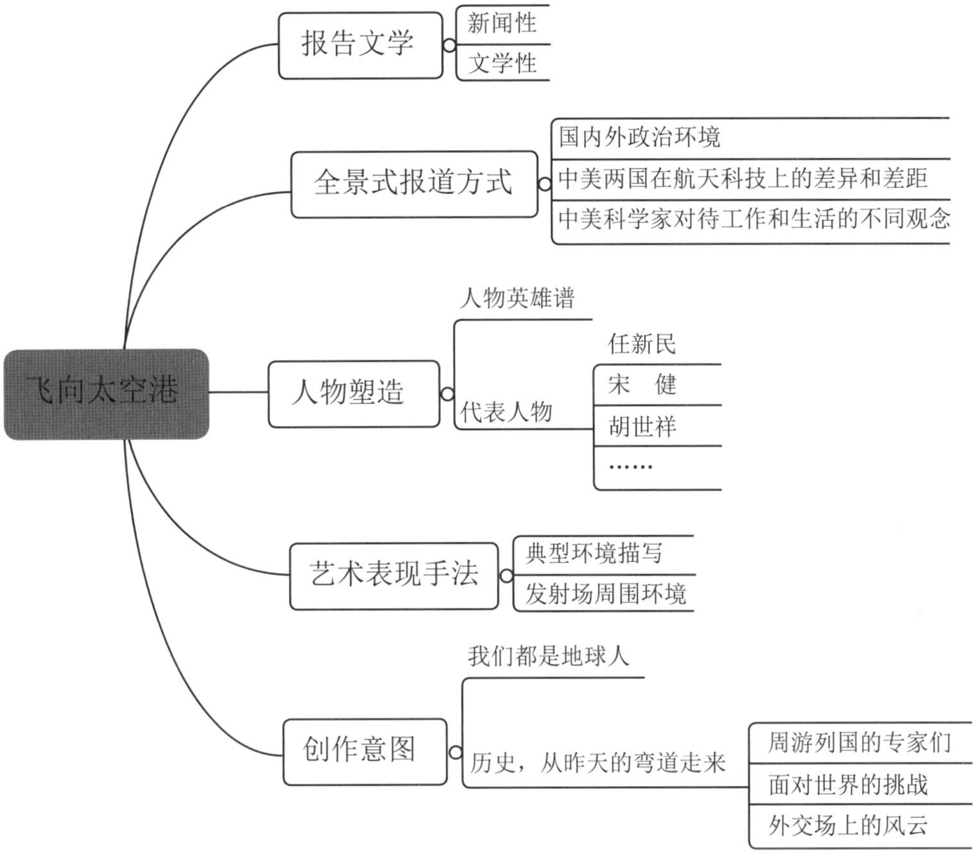

作者介绍

李鸣生，当代著名作家，连续三次获得“鲁迅文学奖”，主要从事航天等高科技题材的创作，是“中国航天文学第一人”。李鸣生曾经在西昌做过计算机技术员和宣传队创作员，他亲眼见证了西昌航天事业的发展和进步。1990 年，中国将在西昌卫星发射基地发射国外卫星的信息一经发布，李鸣生就进入采访准备状态，他快速赶往西昌，并立刻开始了闪电式采访。经过半年的努力，终于完成了这部长篇报告文学《飞向太空港》。

文学地位

《飞向太空港》是中国“航天文学”的开山之作。作品纵横捭阖、张弛有度，正如评论家冯立三先生所说：这个题材就其可以容纳、折射的人类社会生活的本质内容而言，具有极大的涵盖力和辐射力。它引导作家和读者去思考人类的历史、现实和未来，观察和思考政治、经济、军事、外交、生产方式、生活方式、价值观念，体会航天人无穷无尽的智慧和首创精神。因此《飞向太空港》不是拘于一隅的成就报告，它是对人类航天和中国航天的悲壮历程所能容涵的丰富而深刻的社会历史等的一次顿悟，是将文学从一向表现人类自身的关系向同时表现人类与宇宙的关系迈进的一次文学远征。

◎ 核心知识

（一）报告文学

根据茅盾先生的解释：报告文学是散文的一种，介于新闻报道和小说之间，也就是兼有新闻和文学特点的散文，要求真实，运用文学语言和多种艺术手法，通过生动的情节和典型的细节，迅速、及时地“报告”现实生活中具有典型意义的真人真事，往往像新闻通讯一样，善于以最快的速度，把生活中刚发生的事件及时地传达给读者大众。所以“报告”有浓厚的新闻性，但它跟报章新闻不同，因为它必须得形象化。

简单来说，报告文学就是运用文学艺术形式，真实、及时地反映社会生活事件和人物活动的一种文学体裁，是用文学手段处理新闻题材的一种文体。报告文学具有真实性和文学性的特点。

《飞向太空港》是一部优秀的报告文学，李鸣生以实地采访获得的第一手资料为支撑，对西昌发射场运用“长征三号”火箭首次为国外发射“亚洲一号”卫星事件的始末进行全方位跟踪采访，并以报告文学的形式展现出来，同时刻画了一群默默耕耘的航天人形象。以文学的手法讲述故事，塑造人物，描绘细节，表达情感，字里行间洋溢着乐观自豪的情绪。

（二）全景式描写

全景式是一种多角度、多方面的写作形式，主要用于背景宏伟，人物众多，时空跨度大，单线叙述无法表达其丰富内容，也传达不出澎湃气势的重大题材的报告文学，是一种全方位的立体叙述。

《飞向太空港》全景式地描绘了卫星发射的全过程。作者从西昌将在 1990 年 4 月 7 日用“长征三号”火箭首次为国外发射“亚洲一号”卫星的消息发布开始，就此次事件的始末进行全方位跟踪采访。作品内容涉及航天的历史、现实和未来，中美两国的政治经济、军事、外交、生产方式、生活方式、思维方式、价值观念等。以卫星发射为核心，以“外交斡旋”和“科技攻关”为两条主线交织推进，自然流畅地展开了一幅内容丰富的长卷。作品分为“通向宇宙的门前”“历史，从昨天的弯道走来”“卫星，一次总统待遇的远行”“火箭，另一个伟大的发明”“我们都是地球人”“跨越国界的飞行”，以及自序“天空让人想起使命”和尾声“走向新大陆”八个部分。整部作品按照“过去”“现在”和“未来”的时间顺序展开，用世界航天史和中国航天史两幅画面，一起构成中国当代航天活动的情景，因而具有格局上的宏观性。

◎ 核心能力

（一）鉴赏凸显人物性格的细节描写

本书中的细节描写有极强的表现力，发现并品味这些细节，有助于学生走进文字的内里，感受作品的精神内核。

作品刻画了任新民、胡世祥、谢光远、江·可达、乌可力、陈寿椿、上官世盘、沈荣骏等航天人形象，他们个性鲜明、锐意创新、攻坚克难、团结协作。也塑造了一组默默耕耘、无私奉献的航天人群像。例如，江·可达先生眼神忧虑，透露着惶惑与不安，亚洲卫星公司薛栋不停地在沙发扶手上敲击手指，以及对宋健的落泪、对任新民的目光、对胡世祥神情的细节描写等都极富个性和魅力；又如发射场上，在风雨中闪耀的一张张长着黑眼珠的黄色脸孔，祈祷着的五岁瘦弱的小女孩，用一双长满冻疮的手把一个个热鸡蛋塞到车队每个人手上的白发苍苍的老太太……品读每一个细节，融入其中，和人物及时代共鸣，更好地体悟航天精神。

（二）在比较阅读中整合信息

本书小标题体现出古今中外之间的文化差异，思想碰撞。类似“原始与现代同构的神话”“伦巴、探戈与辣椒、蒜苗”之类的对比性较强的小标题的出现，充满遐想和冲击力，内容丰富。

中国火箭发射美国卫星，东方与西方在空间技术上携手合作，但由于语言障碍，技术保密，思维方式、生活和文化的差异，合作过程异常复杂艰难。例如，在“中美双方文化差异”中，比较双方在饮食、日常生活、文化生活、工作习惯、通信等方面的差异，凸显合作过程异常复杂艰难。通过比较阅读，才能让读者更直观了解在重重困难下，中方倾尽全力在经济和技术上排除万难的不易，才能感受到发射场的专家和工作人员夜以继日、呕心沥血、攻坚克难的精神。

◎ 核心策略

（一）批注策略

批注式阅读是指学生在自主阅读时，对文章的内容、层次、思想感情、表现手法、语言特色、精彩片段、重点语句进行感知，在思考、分析、比较、归纳的基础上，用线条、符号或简洁的文字加以标注的读书方法。批注可以分为赏析式批注、评价式批注、联想式批注、疑问式批注等。

例如，在发射当天有很多关于雨的描写，如“天空依然细雨霏霏，乌云滚滚”“加注，在雨中进行”“雨，早已浇湿了他的头发和衣服”……教师就可以引导学生思考在这里为什么要大篇幅刻画雨呢，雨对发射有什么影响，对雨中的人们你有什么话想说，等等。通过批注研读，学生会发现美国五次发射失败都与气象有关，可见雨扣动着航天人的心、揪着群众的情，影响着读者情绪的起伏变化。聚焦重点内容，用批注记录研读的结果，可以对行文有更深的了解。

（二）组织策略

组织策略是读者将所阅读的信息加以组织，以保持有效信息的阅读策略。具体组织信息的方式一般有列提纲、利用表格图形等。本书的阅读主要利用表格和图形来梳理文本的组织策略。

《飞向太空港》以宏观全景式的结构来布局。以卫星发射为核心，以“外交斡旋”和“科技攻关”两条主线交织推进，自然流畅地展开了一幅内容丰富的长卷。比如，我们在阅读时可以通过表格来梳理“序章”中五则参考消息的主要信息，通过这些主要信息，我们更了解当时的国际形势。又如，在运用“长征三号”火箭首次为国外发射“亚洲一号”卫星过程中，可以通过图表的方式，从技术、日常生活、操作、工作习惯、语言障碍等角度梳理发射工作的艰难，再次深刻感受航天人锐意创新、攻坚克难的精神。

在用组织策略推进课堂的过程中，通过图表的方式对比阅读中美两国科研人员在各方面的习惯差异，在阅读中不断进行比较、对照和借鉴，看到差异和共同点，再次感受航天人攻坚克难的伟大精神。

◎ 精神文化

（一）求实精神

作者不仅仰望星空，更注重脚踏实地，从细微入手，无论是写人、写事、写情、写景，都恰到好处。细读本书，不难发现作者对此次卫星发射，乃至整个中国航天事业的了解非常全面细致，大到公告、合约，小至言语、动作，他几乎无所不知，仿佛每一个场合他都亲临现场，详细记录。这种“真实感”来自作者坚持不懈的跟踪采访和细致入微的求实精神——他在本书的“代自序”中提及，他在西昌基地待了整整十五年，在如此艰难寂寞的环境里，炼就了一颗坚韧的心，也让他积累了上百万字的原始资料。如今摆在读者案头的30余万字的成稿，正是作者删繁就简、沙里淘金的心血。

品读作品，鼓励学生为了理想努力奋斗，培养踏实求实的品质，以及孜孜以求、不轻言放弃的精神。

（二）崇高的航天精神

作品通过对此次卫星发射的描述，反映了中国航天迈出国门、走向世界的新征程，歌颂了中国航天人风雨同舟、以身许国的万丈豪情，锐意创新、攻坚克难的工作作风和不计得失、无私奉献的优秀品质。例如，“上官世盘还有一个特点：特能抗困！晚上加班熬夜，每当困得实在不行时，他便往墙角一站，两拳紧握双目怒睁，十分钟内绝不眨眼，很快便额头冒汗，困意全无。他说，干事业，这是基本功，得练！”他为了航天事业倾尽全部。又如，“长征三号”的另一位副总设计师范士合，他高高的个子，左手习惯性地托着唯恐要掉下来的胃，“我的胃不好，做过手术，被切除了五分之一。所以不能在外面吃饭，只能吃软食”。为了航天事业不计得失、无私奉献，令人钦佩。我们被英雄感动、被英雄感染，继而培养学生面对困难百折不挠、攻坚克难的坚韧品质。

自主初读

◎ 阅读规划

阅读进程	阅读章节	阅读时间	阅读该部分感受最深的一点	阅读该部分最大的疑惑	自我评价（优、中、一般）	教师评价（优、中、一般）
进程一						
进程二						
进程三						

任务伴读

◎ 进程一

任务推进

<table>
<tr><th>阅读规划</th><th>任务单</th><th>重点能力指向</th></tr>
<tr><td>范围：序章、第 1–2 章。
时间：共 3 天完成阅读。</td><td>1. 阅读序章中五则参考消息，根据示例，用表格梳理和提炼消息的重要内容。
<table><tr><th>参考消息</th><th>重要内容</th></tr><tr><td>参考消息一</td><td>〔示例〕法国“阿里亚娜—4”运载火箭在法属圭亚那的库鲁发射场升空后不到两分钟爆炸。</td></tr><tr><td>参考消息二</td><td></td></tr><tr><td>参考消息三</td><td></td></tr><tr><td>参考消息四</td><td></td></tr><tr><td>参考消息五</td><td></td></tr></table>2. 阅读《天时地利人和》章节，概括中国火箭打入国际商业市场具有哪些有利条件？
____
______________________________</td><td>1. 梳理五则参考消息的重要内容，提升信息的概括能力，了解序章在作品中的作用，提高鉴赏理解能力和整本书阅读能力。
2. 锻炼筛选及概括文本信息的能力。</td></tr>
</table>

阶段性检测

1. “亚洲一号”卫星原名 ________，是由美国休斯公司设计生产的一颗国际通信卫星。休斯公司是世界著名的卫星制造公司，它生产的卫星占全世界通信卫星总数的百分之四十，故在美国享有 ____________ 的美称。

2. 阅读“发射场：原始与现代同构的神话”部分内容，在西昌卫星发射场，还能见到另一类放卫星的人，他们是一群怎样的人？请结合具体内容分析。

◎ 进程二

任务推进

<table>
<tr><th>阅读规划</th><th>任务单</th><th>重点能力指向</th></tr>
<tr>
<td>范围：第 3–5 章。
时间：4 天完成阅读。</td>
<td>1. 阅读“我们都是地球人”部分内容，梳理东西方文化差异，完成下列表格。思考探究这部分在全书中所起的作用。
<table>
<tr><td>东西方文化差异</td><td>美国</td><td>中国</td><td>解决方式</td><td>作用</td></tr>
<tr><td>饮食文化</td><td></td><td></td><td></td><td rowspan="3"></td></tr>
<tr><td>生活文化</td><td></td><td></td><td></td></tr>
<tr><td>精神文化</td><td></td><td></td><td></td></tr>
</table>
2. 阅读“长征三号”和“它的伙伴们”部分内容，概括任新民、谢光选、王之任的性格特点。
任新民：________________________
谢光选：________________________
王之任：________________________</td>
<td>1. 通过跳读和精读，筛选书中的重要内容，进行归纳整合，提高从部分到整体的理解能力，锻炼思维能力。
2. 提高评价和鉴赏能力。
3. 引导由表及里，由浅入深，由分散到关联的思考过程。</td>
</tr>
</table>

阶段性检测

1.“中国搞火箭的专家，不光男人厉害，怎么连女人也都这么厉害？”这句出自美国专家的话语中涉及的两位女专家分别是谁？她们各有怎样的性格特点？

2. 阅读《护送升降平台》节选内容，回答问题。

十二辆摩托车兵分两路，率先开道；后面紧跟的是开道警察、清道车和指挥车；接下来是载有升降平台的大拖车；最后压阵的是十几辆工具车，风雪中，队伍小心翼翼，浩浩荡荡，颇有“壮士一去兮不复还”的悲壮气概。

成都至西昌，全程五百多公里。一路山势险峻，坡陡路窄，全是蛇形公路；且正值隆冬季节，天寒地冻，霜雪遍野，途中若有任何一点闪失，必将车毁人亡。

尤其是凉山境内的路段，因位于云贵高原和四川盆地之间的过渡地带，故山高谷深，水急路险，历史上曾被称为旅行的“禁区”。1943 年夏，燕京大学边区考察团来凉山时，在《考察记》中曾有这样一段记述：

我们手脚爬行，好像四脚的动物。每举一步，都要花上几分钟。出行三日，还不到七千米……

这一段的环境具有怎样的特点？在这个章节中起到怎样的作用？

◎ 进程三

任务推进

阅读规划	任务单	重点能力指向
范围：第6章至尾声。 时间：2天完成阅读。	1. 阅读“中国，敞开了汉唐的怀抱”部分内容，摘录发射场上不同人物的描写，任选一个，体会人物描写的作用。 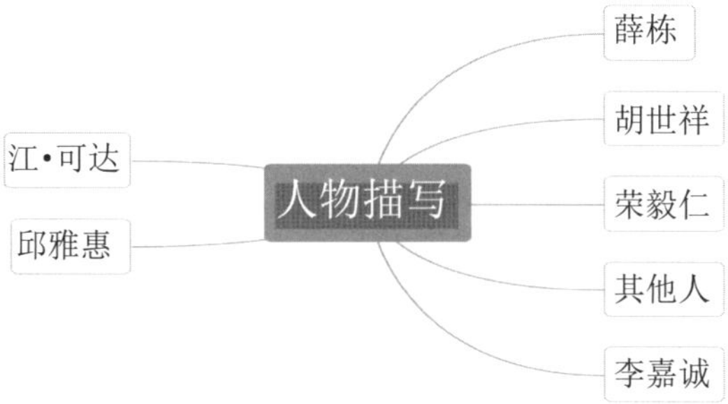 摘录：____________ 作用：____________ 2. 阅读“升起了，二十五亿人的卫星”部分，思考分镜头的描写方式有何作用。 ____________	以原有知识和能力为基础，提高不同人物之间的比较能力。对阅读材料在思想内容上有自己的理解。

阶段性检测

1. 精读《加注，加注》篇章，阅读下列三个语段，体会作用。

A. 此时正是3点40分，发射程序已进入最后四小时准备。液氧助推剂刚刚加注完毕，液氢燃烧剂正处于紧张的加注之中。不料发射场的上空，骤然乌云滚滚，电闪雷鸣，紧接着便下开了小雨。

B. 当发射程序进行到最后八十分钟时，老天更加肆无忌惮地撒起野来。团团乌云，铺天盖地；阵阵雷涛，滚滚而来。风声、雨声、雷声，声声震撼着人们的心弦！

C. 喧腾一时的发射场，顿时陷入一片沉静之中；唯有阵阵凶狠的雷鸣，伴着无情的雨水，还在天边隆隆滚动、滚动……

这三段环境描写在文中具有怎样的作用？

2. 此刻的发射场上，明灯高悬，如同白昼。墨绿色的发射架在风雨中巍然矗立；头顶“亚星”的“长征三号”火箭如同一条昂首欲飞的神龙，面对夜空闪射着迷人的光芒；箭体的中央，两面五星红旗和“中国航天”四个大字，经一阵风雨的洗刷后，显得更加鲜艳夺目。

请分析这段特写镜头背后的含义？

课程推进

◎ 阅读课规划

教学阶段	主要内容	阅读方式	设计意图
导读课	1. 借助作品目录，初步了解本书的主要内容。 2. 通过读序章，引导学生有计划地阅读本书。 3. 了解报告文学的特点，并学会从真实性的角度品读本书。	选择性阅读方法	1. 初步了解文本内容。 2. 明晰报告文学的特点，学会从真实性角度品析文本。
推进课	1. 利用图表，从身份、外貌、性格和主要经历等方面对作品中个性鲜明的航天人物做全方位的梳理。 2. 在阅读中关注细节，运用批注的方法，深入探究人物的内心世界，感受航天工作者们对祖国深沉热烈的情感。	选读批注	1. 用图表梳理人物形象。 2. 体会航天工作者的精神。
成果分享课	1. 制作思维导图来理清事件的来龙去脉，对我国的航天发展史形成认识。 2. 关注“亚洲一号”发射大事件的背景，整理出关键信息，体会成功发射外国卫星对中国航天的重大意义。 3. 仔细阅读卫星到达西昌后，中美双方人员协同努力、克服困难的过程，体会航天人的航天精神。	1. 图表 2. 选读批注	1. 关注“亚洲一号”发射大事件的背景和发展。 2. 在技术攻坚内容上梳理克服困难的过程，体会航天人的航天精神。

◎ 专题探究信息一览表

专题	探究指向	阅读策略	思维层次
命运多舛的通天之路	发射卫星的艰难	组织策略	分析、综合

◎ 阅读课设计

大鹏一日同风起，扶摇直上九万里

——《飞向太空港》导读课

【教学目标】

1. 借助作品目录，初步了解本书的主要内容；

2. 通过阅读序章，引导学生有计划地阅读本书；

3. 了解报告文学的文体特点，并学会从真实性角度品析本书。

【教学重点与难点】

了解报告文学的文体特点，并学会从真实性的角度品读本书。

【课时安排】

1 课时

【教学过程】

一、导入

我相信，人类飞天的梦想，一定是注视天空的结果。

——李鸣生

材料一：“远远的街灯明了，好像闪着无数的明星。天上的明星现了，好像点着无数的街灯。我想那缥缈的空中，定然有美丽的街市。街市上陈列的一些物品，定然是世上没有的珍奇……”

材料二：在敦煌西魏时代的壁画中，就有了飞天的艺术形象。

这种对未知世界的好奇心和求知欲，是人类探究世界的最强大动力。为了探寻太空中那“美丽的街市”的真实面貌，很久以前的人们就有了飞天的梦想。

人们不仅对浩瀚的宇宙充满了想象，也通过各种途径来探索和尝试如何才能克服地球的引力，直到60年前的1957年，苏联用一枚大型运载火箭，将人类第一颗人造卫星送入太空，人类的太空梦想终于迈出了突破性的一步。今天我们来看看中国的飞天梦——李鸣生的《飞向太空港》。

二、整体感知

（一）作者简介

李鸣生于1956年出生在四川，1974年入伍，毕业于解放军艺术学院文学系。他曾任中国报告文学学会副会长，是我国当代著名作家，还曾连续三次获得“鲁迅文学奖”。他被文学界称为“中国航天文学第一人”，其数百万言的“航天七部曲”在海内外有着广泛影响。

李鸣生曾经在西昌做过计算机技术员和宣传队创作员，亲眼见证了西昌航天事业的发展和进步，因此，他对航天事业的热爱，对航天人的理解，是十分深刻的。1990年，中国将在西昌卫星发射基地发射国外卫星的信息一经发布，李鸣生就进入了采访的准备状态。他快速赶往西昌，并立刻开始了闪电式采访。经过半年的努力，终于完成了这部长篇报告文学《飞向太空港》。

（二）探目录

目录是按次序编排以供查考的图书或篇章的名目，书刊上列出的篇章名目，多放在正文前。目录阅读的三种好处：

（1）目录是书中知识的高度提炼和浓缩，具有极强的概括性，通过阅读目录能提纲挈领地了解全书的主旨和各部分内容。

（2）阅读目录可以从整体上把握全书的结构布局，清楚地了解全书各章节之间的逻辑关系，进而能体察作者写作该书的思路和行文脉络。

（3）根据目录，可以了解到哪些章节是主要和重点部分，哪些是次要和粗略部分，读者可以根据自己的需要安排阅读次序。

1. 本书有几个章节，请给自己制订阅读进度。

〔示例〕本书有序章、尾声及六个章节。

阅读内容	规划阅读时间
序章、第一章和第二章	3天
第三、第四、第五章	3天
第六章和尾声	2天

2. 请在阅读之后结合目录概括本书的主要内容。

3. 明晰体裁。

请问本文的体裁是什么？

知识卡片

报告文学是散文的一种，介于新闻报道和小说之间，兼有新闻和文学的特点。报告文学是运用文学艺术，真实、及时地反映社会生活事件和人物活动的一种文学体裁。它的基本特征是新闻性、文学性，是用文学手段处理新闻题材的一种文体。

三、探究真实性

李鸣生的作品既是中国航天发射的大写真，也是在一个特殊的角度对中国社会历史与现实生活的文学审视和观照。他的成功固然与他选择了“航天”这个题材有关，但更重要的还在于作家具有一种明显的独立审视意识。李鸣生的思维是十分自由理性的，他不像有些作家那样摆不脱事件的约束，把作品完全等同于事件的自然过程。他既注重报告事件过程的完整性，又非常看重对人物不同性格、不同命运、不同科学精神和科学行为的表现。我们从中感到了作家对题材的超越，看到了作家个性化的表观。

——李炳银（评论家、中国报告文学学会常务副会长）

中国报告文学学会常务副会长李炳银评价李鸣生的作品“既是中国航天发射的大写真，也是从一个特殊的角度对中国社会历史与现实生活的文学审视和观照”，《飞向太空港》具有真实性。

1. 首先我们先来了解一下什么是消息和访谈录。

资料卡片：

消息即狭义的新闻，它是对新近发生的有社会意义并引起公众兴趣的事实的简短报道。因此，真实性、时效性及文字少、篇幅小成为消息的基本特征。

访谈录就是访问交谈记录，可以是文字记录，可以是录音，也可以是视频录像，根据访谈而写的访谈录要在访谈内容上做一番整理，把里面的精华部分摘录出来，做成一篇文章，如实反映采访的内容，并加入少许对访谈人物的描述。人物的数量通常是两个人，形式是一问一答。

从以上概念可以看出，不管是消息还是访谈，最主要的特征就是真实。

2. 我们通过以下表格来品析文本的真实性，请结合要点在文本中寻找真实点，请完成下列表格，初步了解卫星发射前的背景、外交斡旋的艰辛、航天人的科学精神……

章节	真实性摘录	分析
序章：参考消息	在作品开始之前，作者首先介绍了五则作者参考的真实新闻报道。分别是：法国《世界报》消息、苏联塔斯社消息、中东《金字塔报》消息、美国《商业日报》消息、北京新华社消息。	这五则消息是本书的序章，主要列举了美国和法国两个火箭发射技术成熟的国家发射失败的案例，说明了发射火箭所面临的巨大困难和挑战。同时，中国“长征三号”火箭即将升空的消息置于此背景下，展现了此次发射任务的非凡意义。本书是纪实性文学，以新闻作为参考资料和做序章，体现了纪实文学的真实性。
三、酒吧：一个中国人与三个美国人的对话	在《飞向太空港》中，就有记录作者李鸣生与外国友人的采访过程。酒吧：一个中国人和三个外国人的对话。 时间：1990 年 4 月 1 日晚（星期日）。 地点：西昌腾云楼宾馆小酒吧。 翻译：罗韬先生、袁红灵小姐。	引用了中国空间技术研究院刘传诗和吴之真两位副院长的对话，以及著名火箭控制专家梁思礼（梁启超之子）的话，体现了文章的真实性。
八、周游列国的中国专家们	在“周游列国的中国专家们”这一章节中，真实地记录了团长乌可力和上官世盘副团长到美国进行“中国商业卫星发射服务”的报告会遇到的故事。第二天，《纽约日报》《华盛顿日报》等，以头版头条位置推出一条新闻：《中国商业卫星发射服务代表团到美国游说，企图与美国争夺卫星发射市场！》	
十八、起飞，在新的地平线上	中国空间技术研究院的刘传诗和吴之真两位副院长，就是当年选调去的军政干部。三十年后，两位老人向我谈起那段历史时，你一言，我一段，显得特别激动…… 著名火箭控制专家、梁启超之子梁思礼回忆那段岁月时，同样情真意切。他说……	
三十九、升起了——二十五亿人的卫星	场面描写是指对人物（往往是众多人物）在一定时间和环境中的活动所构成的画面的描写，场面描写要做到有条不紊，主次明晰；既有全景的描述，也有细致的特写；要写出特定场合的气氛。例如： 镜头之一 指挥控制中心。 数百名中外来宾涌出大厅，匆匆登上楼顶；担任现场直播的各种摄像机，纷纷打开了镜头。 ……	
三十九、升起了——二十五亿人的卫星	亚洲卫星公司首席执行官薛栋说：…… 美国休斯公司负责人说：……	

三、课后思考

报告文学具有真实性和文学性的特征。请在文本中寻找让你感动的细节，进行批注和摘录，深入探究人物的内心世界，感受航天工作者们对祖国深沉热烈的情感。

阶段性检测

1.《飞向太空港》，作者是李鸣生，是______（文学体裁名），写的是中国“______”火箭首次在西昌发射场发射美国“______”卫星的故事。该作品被称为中国“______”的开山之作。

2. 下列不属于《飞向太空港》内容的一项是（　）

A. 美国“新娘”，入了中国“洞房”　B. 伦巴、探戈与辣椒、蒜苗

C. 接力棒传给了新星和超新星　　D. 欧亚大陆怪圈

3.《飞向太空港》的章节目录标题很有意思，比如“健力宝和《上甘岭》”这个题目中“健力宝”是知名饮料，《上甘岭》是中国一部著名的战争片，两者相提并论有怎样的内涵呢？

最美的人

——《飞向太空港》推进课

【教学目标】

1. 用图表形式，从身份、外貌、性格和主要经历等方面对作品中个性鲜明的航天人物做全方位的梳理。

2. 在阅读中关注细节，运用批注的方法，深入探究人物的内心世界，感受航天工作者们对祖国深沉热烈的情感。

【教学重点与难点】

在阅读中关注细节，运用批注的方法，深入探究人物的内心世界，感受航天工作者们对祖国深沉热烈的情感。

【课时安排】

1 课时

【教学过程】

一、导入

谨以此书，献给创造空间文明，寻找人类新家园的航天勇士们。

——题记

虽然是大主题，但作者不仅仰望星空，更注意脚踏实地，从细微入手，无论是写人、写事、写情、写景，都恰到好处；对人文环境的描述如身临其境，对人物的刻画栩栩如生，对感情的描写丝丝入扣、感人至深。

——胡世祥（中国载人航天工程副总指挥）

今天我们来看看创造了奇迹的航天勇士们。

二、文学性赏析

报告文学第一是“报告”，第二是“文学”。“报告”指内容的真实性，“文学”指表现手法的艺术性。

《飞向太空港》是关于卫星发射的报告文学，为了让更多大众了解事件，作者尽可能从文学的角度把内容写得浅显易懂，生动形象地刻画人物形象，通过细节和场面刻画，突出其非凡的意义。正是无数英雄默默付出，才促成中国航天迈出国门、走向世界的新征程。

1. 制作航天英雄人物卡片，从下面选项中选择一个人物，从身份、外貌、性格、相关情节等方面对作品中个性鲜明的主要人物做全方位的梳理。

A. 上官世盘 B. 胡世祥 C. 乌可力 D. 任新民 E. 谢光选 F. 王之任

人物	【身份】
	【外貌】
	【性格】
	【相关情节】

2. 在《飞向太空港》中，还有很多让人难以忘怀的群众，他们也是航天蓝图中浓墨重彩的一笔，作者用生动的人物描写刻画了令人动容的人们，让我们走向他们。请摘录文中让你感动的人物和场面片段，用批注的方式，写下你的感悟。

文学性	语句	感悟
富有特色的特写	没想到，当老百姓得知西昌要发射美国的卫星，有一个“洋机器”要路过当地场镇后，到了赶场这天，不但没有一个人去赶场，反而连原本要去赶场的人也放下了菜篮和背篓，拿起钢钎和锄头，纷纷跑去铺路架桥确保车辆顺利通过。 一个白发苍苍的老太太，这天听说车队要路过场镇，一大早就煮了一篮子本要去赶场卖掉的鸡蛋，然后背着小孙女守在路旁。当车队来到时，她用一双长满冻疮的手，把一个个的热鸡蛋硬是塞到车队每个人的手上。 而一位当年曾经护送过红军的老大爷，这天也捧着一瓦罐茶水早早就蹲在路口。当车队到来时，他一边送水，一边唠叨说：“咳！活了八十二岁，还从没听说过不准赶场。不过，没关系，只要你们能把卫星打上天，别说不让赶场，就是不让过年也行！”	这就是西昌的老百姓。当年，在长征途中，他们护送红军安全脱险；今天，在进军太空的路上，他们又护送航天大军平安闯关。他们的日子尽管至今依然贫困，可当国家一旦需要时，他们捧出的总是一颗热乎乎的心。
富有特色的特写	发射场。南山坡上。 夜幕下，冷风中，几十名衣服单薄的少先队员紧紧抱成一团，个个冻得瑟瑟发抖。但一双双天真好奇的眼睛，始终紧紧盯住发射场上那个庞然大物。	
	辽宁鞍山，一位曾在西昌卫星发射基地生活了8年的退伍女兵，正在家里目不转睛地在看着电视上的实况转播，她的身子不知不觉便从沙发上滑落下去，然后双膝跪在地上，直愣愣地望着电视屏幕……	

续表

文学性	语句	感悟
激动人心的场面描写	这时，漫山遍野，人群沸腾了！人们高高擎起的熊熊火把，如金蛇般狂舞起来：掌声、鞭炮声和欢呼声，汇成一股狂喜的热潮，在山谷久久回荡。 山坡上，数十名外国朋友相互搂抱着，一边在坡地上疯狂地跳起了迪斯科，一边挥动着双臂，对着夜空高声欢叫：OK，中国！中国，OK！ ……市民们，推开窗户打开家门，纷纷奔跑出去，向着夜空，高声呼喊："成功啦！成功啦！"……一边使劲地用手敲打着脸盆，一边忍不住"呜呜"地哭了起来…… 整个"月亮城"，沉浸在一片狂欢之中。 ——升起了，二十五亿人的卫星	
幽默风趣的故事	可达先生笑了："打赌？当然敢啰，我正想和他赌呢！"胡世祥还是一脸笑眯眯的样子："打赌？好啊。""不过，赌什么呢？"可达先生问。"就赌北京烤鸭怎么样？"上官世盘忘不了北京烤鸭。"好，就赌北京烤鸭，我同意。"胡世祥欢叫道。"不过"可达先生摊了摊手，"赌几只呢？"胡世祥笑了，"可达先生，您远涉重洋，不远万里来中国发射卫星，一路辛苦，破费不少，我看呀，咱俩就赌一只，如何？" ——打赌，一只烤鸭	
有趣的文化碰撞	据说，有一次中方一位指挥员因忘了带上翻译，但又有急事要同美方交涉，结果双方连比带说，反复折腾了好几遍，谁也搞不懂对方的意思，最后不得不亮出全世界都看得懂的篮球裁判手势——暂停。 在中国的火箭与美国的卫星的吊装对接过程中也是如此。有的岗位上没有翻译，或者翻译一时忙不过来，中美专家之间就无法用语言交流，双方只有靠打手势——用哑语配合。有的操作手势双方都能理解，靠手势还凑合。但有的操作手势重复打了好几次，对方也不明白。 因为中国人与美国人的手势表达的意思不同。比如，中方打手势要往上，美方却朝下；美方打手势让把速度放慢点，中方调装人员反而把速度加快了。结果，双方一番大叫大嚷后只好亮出裁判手势——暂停。 ——英语，沟通世界的桥梁	

生动的细节描写，刻画了一个个活灵活现的人物，他们的热切期盼跃然纸上，读来不禁让人潸然泪下，请在文中再找一些生动刻画人物的语句，仔细品读。

作者在写这些小人物时，同样是充满深情。细节的刻画，让我们仿佛亲临现场，画面再现；一个个小人物在当时的历史时刻，与日常生活体验非常贴近，以小见大，产生共情。身为读者的我们仿佛也是普通民众的一员，以此形成"大历史，我在看"的共情体验。

3. 我们在融入了一幅幅令人感动的画面，与之共情的同时，也不能忽略了文中生动的语言，请找出文中独特的比喻句，并品析。

比喻句	作用
最活跃的两个“赌徒”，一个是基地副司令员、发射“亚星”的副指挥长胡世祥，一个是亚洲卫星公司专门从加拿大聘请的高级顾问江·可达先生。而常常挑起两人打赌的“罪魁祸首”，则是上官世盘…… ——打赌，一只烤鸭	通过“赌徒”“罪魁祸首”说明打赌是每周一次的中外首脑协调会常用的一种玩笑方式。除了技术保密问题，气氛是友好的，很多事情是在一片谈笑声中，甚至在玩笑中，商定拍板的。
在机场的右侧，一个长十一点六米、宽四点一米、高三点九米、重二十四吨的庞然大物，高高矗立于阳光下；远远望去，好似一座小阁楼。 ——护送升降平台	

附件：“航天勇士之歌”

〔示例 1〕

上官世盘	【身份】中国卫星发射测控系统部副主任，有着数十年发射场的经验。
	【外貌】“身材不高，却显得仪表堂堂，脸上总是挂着些许不易被人觉察的微笑”，“宽宽的额头”“充满着东方男子汉智慧与胆略的眼睛”。
	【性格】思维敏捷，卓有远见，能说善辩，特能抗困，精明练达，善于在夹缝中求生存，善于审时度势。
	【相关情节】担任中国商业卫星发射服务代表团副团长时，在中国驻美大使发表关于“中国商业卫星发射服务”的报告；中国代表团赴美就卫星技术的安全问题和卫星发射的责任问题进行谈判时，接任主谈人，成功扭转局势；中外首脑协调会上，常有出其不意的表现，同时也经常“怂恿”胡世祥和江·可达两人打赌……

〔示例 2〕

乌可力	【身份】中国长城工业公司副总经理，最先建议利用“长征三号”运载火箭搞商业发射，为了把中国的火箭打入国际商业市场，足迹几乎踏遍全球。
	【外貌】“高大的个子，粗壮的腰板，宽阔的胸脯如同一堵厚实的墙”，“穿一件花格子短衬衫，满头白发，两眼有神，乍一望去，颇像一位来自欧洲的大商人”，“嘴唇上方那撮贺龙式小胡子，既潇洒漂亮，又显出几分刚毅与傲气”。
	【性格】天资聪明，胸怀大志。
	【相关情节】因父亲问题受到牵连，锒铛入狱，度过了四年的监狱生活；对中国和世界航天的局势做过透彻的分析和科学的预测；作为“航天开发十人小组”成员，参与中国空间技术走向世界的早期活动；在戴高乐机场附近的一家私人餐厅举行新闻发布会，宣布中国的“长征三号”火箭将投入国际商业发射市场；作为中国商业卫星发射服务代表团团长，前往美国进行有关卫星发射的商务接触。

〔示例 3〕

任新民	【身份】中国通信卫星工程五大系统的总设计师。
	【外貌】“瘦瘦的个子，中等的身材，脸上架着一副老花镜”，“习惯穿一身蓝色的工作服，简单质朴，甚至还有几分土气”。
	【性格】认真谦逊，诚恳直率，富有远见和胆略，无私无畏，不争名、不争利，严于律己、待人宽厚，充满了慈善与仁爱。
	【相关情节】在西昌卫星发射场，曾因忘带工作证而被门卫“扣”在门外；关于“长征三号”运载火箭的第三子级，是用常规发电机还是用氢氧发动机的问题，他在会议上明确地发表了自己的意见；氢氧发动机首次试验发生爆炸起火事故后，主管试验的一位领导听取了他的意见，改变了氢氧发动机的命运；他敢于“大出风头”，主动承担氢氧发动机试车的责任；无论刮风还是下雪，无论在家里还是在发射场，他都坚持每天散步。

阶段性检测

1.“亚洲一号”卫星准备发射期间，在发射基地最为繁忙的工作人员是（　　）

A. 胡世祥　B. 王永德　C. 沈荣骏　D. 翻译

2.“亚洲一号”卫星准备发射期间，困扰中外双方的最大的问题是（　　）

A. 技术保密　B. 饮食　C. 语言障碍　D. 通讯

3. 作品对人物的刻画也很传神，请朗读下面的外貌描写，判断人物。

A. 平头，“方方的脑袋，胖胖的脸，体格健壮，满面红光”。
B. “瘦瘦的个子，中等的身材，脸上架着一副老花镜”，“习惯穿一身蓝色的工作服，简单质朴，甚至还有几分土气”。
C. “高大的个子，粗壮的腰板，宽阔的胸脯如同一堵厚实的墙”，“穿一件花格子短衬衫，满头白发，两眼有神，乍一望去，颇像一位来自欧洲的大商人”，“嘴唇上方那撮贺龙式小胡子，既潇洒漂亮，又显出几分刚毅与傲气”。
D. 身穿一身灰布工作服，粗糙的面颊，花白的头发，岁月的牙齿已在她额头啃下道道沟壑。

A.______　B.______　C.______　D.______

4. 作品刻画了航天英雄们争雄世界的志向和临危不惧的高尚品质，请结合你的阅读，完成下列表格。

主要事迹	名字	身份	性格特征
最先建议利用“长征三号”运载火箭搞商业发射，为了把中国的火箭打入国际商业市场，足迹几乎踏遍全球；在戴高乐机场附近的一家私人餐厅举行新闻发布会，宣布中国的“长征三号”火箭将投入国际商业发射市场。	①	中国长城工业公司副总经理	天资聪明，胸怀大志。
在西昌卫星发射场，曾因忘带工作证而被门卫“扣”在门外；关于“长征三号”运载火箭的第三子级，是用常规发电机还是用氢氧发动机的问题，他在会议上明确地发表了自己的意见；无论刮风还是下雪，无论在家里还是在发射场，他都坚持每天散步。	任新民	中国通信卫星工程五大系统的总设计师	②

续表

年轻时作为兵工厂讲解员，一次“命令”来参观时在工厂吸烟的陈赓大将灭掉烟头；采纳朋友意见，大气地将“为社会主义祖国争光”的说法改为“为祖国争光”；把“为中国人民争气”的说法改为“为炎黄子孙争气”	谢光选	③	口齿伶俐，风趣幽默，爱笑，能说善讲，逻辑性强。
④	胡世祥	西昌卫星发射基地副司令员、发射“亚洲一号”卫星副指挥长	性格豪爽，风趣幽默，才思敏捷，有胆有谋，勇于负责，性情豪放。

命运多舛的通天之路

——《飞向太空港》成果分享课

【教学目标】

1. 制作思维导图或表格来理清事件的来龙去脉，对我国的航天发展史形成认识；

2. 关注“亚洲一号”发射大事件背后的背景和发展，整理出关键环节，体会成功发射外国卫星对中国航天的重大意义；

3. 仔细阅读卫星到达西昌后，中美双方人员协同努力、克服困难的过程，体会航天人的航天精神。

【教学重点与难点】

制作思维导图来理清事件的来龙去脉，对我国的航天发展史形成认识。

【课时安排】

1 课时

【教学过程】

一、创设情境，导入新课

作品以“亚洲一号”为织梭，牵引着千经万纬，流贯而出；不刻意于结构，却把一幅长卷的布局处理得自然顺畅，从容舒展，疏密相间，张弛有致。这充分表露了李鸣生吞吐与消化大吨位题材的气魄与潜能。

——朱向前（评论家、解放军艺术学院副院长）

活动一：探背景　明优势

中国商业卫星发射服务代表团与美国休斯卫星公司接触时，休斯公司的人与中国专家们见面握手，伸出的手既无力度，也无温度，更无诚意，完全是一种礼节性的表示而已；甚至个别美国人怀抱双臂，爱理不理，眼睛里透露出几丝轻蔑。对美国人动作和眼神的细节刻画，让读者深刻地感受到了中国发展航天的艰辛，世界航空界对中国火箭发射卫星的能力的质疑。

请阅读文本，从国际发射市场现状、西昌发射场地理优势、中国是火箭故乡等方面来探究中国为什么能发射“亚洲一号”卫星。

国际发射市场现状：

西昌发射场地理优势：

中国是火箭故乡：

活动二：知艰难　外交斡旋

1. 阅读“面对世界的挑战”中“厄运降临时”，归纳为何世界各国卫星公司承认中国无论是火箭的设计、研制水平，还是火箭的发射、测控技术都还不错，但是为何中国火箭承揽国际业务步履维艰呢？

2. 在这么艰难的背景之下，中国又是如何一步步打开外交市场的？

阅读《飞向太空港》这部宏观全景式结构的作品，一定要学会抓住主线，核心事件是“长征一号”火箭进入国际卫星发射市场，发射美国“亚洲一号”通信卫星。作品曾这样介绍乌可力：“五年来，为了把中国的火箭打入国际商业市场，乌可力的足迹几乎踏遍全球。从亚洲到美洲，从美洲到欧洲……连续一个星期，几乎全是在上万米的高空度过……”虽欠生动，仍可惊人。我们可以沿着时间脉络，用时间线罗列的方式来概括整个事件。

活动三：讲团结　技术攻坚

科技攻关不像外交斡旋那样富有戏剧性，报告文学也难于细究科学家属于科技领域的思维过程，可以描写的是科学家们争雄世界的志向和临难不乱的牺牲精神。我们阅读“苦恋：中国箭与美国星”部分，用表格的形式罗列中国火箭发射美国卫星遇到的困难。

《飞向太空港》不是拘于一隅的成就报告，它是对人类航天和中国航天的悲壮历程所能容涵的丰富而深刻的社会历史的一次顿悟。

【附件】

活动一：

〔示例 1〕国际发射市场现状

1986 年世界航天史上的“大灾年”	分析
① 1986 年 1 月 28 日，在美国肯尼迪航天发射中心发射的美国“挑战者号”航天飞机发生大爆炸。	1986 年的航天形势，对中国的火箭打入国际商业市场十分有利。 1986 年底，中国与美国西联卫星公司签订了用“长征三号”火箭发射“西联六号”卫星的发射订座协议。
② 1986 年 4 月 18 日，美国“大力神”火箭在美国范登堡空军基地携带一颗价值五千万美元的军事侦察卫星发射升空，几秒钟后爆炸。	
③ 1986 年 5 月 3 日，美国用“德尔塔”火箭发射一颗气象卫星，因火箭发动机的故障而失去控制，升空后仅 91 秒便被地面指令摧毁。	
④ 1986 年 5 月 31 日，法国“阿里亚娜”火箭继 1985 年第十五次飞行爆炸后，在第十八次飞行中又不幸惨遭爆炸，发射被迫停止 16 个月。	

〔示例 2〕

结合“序章”，探讨发射前国际发射市场现状
消息一：法属“阿丽亚娜—4”火箭爆炸。
消息二：美国“亚特兰蒂斯”航天飞机空中解体。
消息三：美国“大力神—3”运载火箭发射失败。
消息四：期待中国将“亚洲一号”卫星送入太空。
消息五：中国将用“长征三号”发射“亚洲一号”。

〔示例 3〕

中国是火箭的故乡
中国最早发明了火药。
在一千多年前的唐朝，便发明了火药喷射火箭，并很快成为军队和远洋商船的必备武器。
明代初期，万虎用火箭勇敢做了一次飞行试验。
明代，中国有专业火箭部队，研制出了多级火箭，是人类火箭史上的一次重大技术突破。
从南宋到明代，中国的火箭技术一直引领世界潮流。

〔示例 4〕

火箭今生
1955 年，钱学森回国。第二年初，他向周恩来呈上报告——《建立国防工业意见书》，最早为中国火箭和导弹技术的发展提出重要实施方案。
1956 年 10 月 8 日，中国第一个导弹研究机构——国防部五院正式成立，钱学森任院长。
1960 年，赫鲁晓夫下令撤走在华全部苏联专家；撤走 17 天后，中国第一次在自己的国土上成功发射一枚苏制 P—2 导弹。
1962 年 3 月 21 日，中国第一枚自己设计的火箭高高竖在了发射塔上。
1964 年 6 月 29 日，中国第一枚自行设计的中近程火箭终于发射成功，中国开始了独立研制火箭的历程。
1966 年，一枚头顶着真正的原子弹头的火箭在西北戈壁滩发射成功。
1970 年 4 月 24 日，一枚三级运载火箭把“东方红一号”卫星成功送上了太空。中国成为除苏联、美国、法国、日本外，第五个能用自己的火箭把卫星送上天的国家。
1984 年 1 月 29 日，第一颗卫星从西昌升起。

〔示例 5〕

西昌发射场地理位置优势
地处横断山脉南段的西缘，纬度较低，离赤道较近，地理位置十分优越。发射卫星时，可利用其独特的地理优势，提高火箭的运载能力，有利于把同步通信卫星送入三万六千公里高的赤道上空。
火箭发射起飞后，按设计的航向飞行，整个航程可以避开大中城市，不会危及沿途人民的生命和财产安全。

活动二：

中国火箭承揽国际业务步履维艰
原因一：中国火箭发射次数太少。
原因二：中国西昌发射场尚未达到国际标准。
原因三：国际保险界对中国火箭缺乏信任。
原因四：金融界不愿贷款。
原因五：美国卫星出境困难。
原因六：西欧某些国家在暗中进行抵制、阻扰。

中国火箭打入国际卫星发射市场
1984 年 4 月 8 日，中国第一颗同步通信卫星在西昌成功发射。
1984 年 4 月，成立了以乌可力、陈寿椿、黄作义为首的“航天开发十人小组”，开始了中国空间技术走向世界的早期活动。
1985 年 4 月 2 日，召开关于“长征三号”运载火箭发射外国卫星可行性的论证会。
1985 年 6 月，国际航空航天展览会在巴黎举行：中国有史以来第一次将自己的火箭、卫星等高科技产品送到国际航展上。法国各家报纸纷纷报道这一消息，在国家领导人的关心下，中国航展地盘由 18 平方米变成 81 平方米。这拉开了中国空间技术走向世界的序幕。
1985 年 10 月，又一次将一颗科学探测卫星和技术试验卫星发射成功。
1985 年 10 月 27 日，正式向世界宣布，“长征二号”和“长征三号”运载火箭投入国际市场。
1988 年 3 月 7 日，“长征三号”火箭又将一颗通信卫星成功送入太空，世界的目光再次转向中国。
1988 年 9 月 9 日，美国国务院批准一项用中国火箭发射三颗美国通信卫星的计划。这是有史以来美国政府第一次批准由一个社会主义国家发射美国卫星的计划。
1989 年 1 月 23 日，签署了关于用中国“长征三号”运载火箭发射“亚洲一号”卫星的正式合同。
1989 年 12 月 16 日，布什总统批准了“亚洲一号”卫星（及其他两颗卫星）的出口许可证。

活动三：

阅读“苦恋：中国箭与美国星”，罗列中国火箭发射美国卫星遇到的困难		
过渡锥和包带	第一次技术谈判时，美国人才知道，中国“长征三号”火箭与卫星的接口，原来并不是按国际标准设计的。休斯公司提出，中国必须重新按国际标准设计过渡锥和包带。	刘素云负责过渡锥的结构设计，并负责具体的图纸设计；曹丽君负责过渡锥的总装设计。两人仅用了半个月时间，便设计出了中国第一个国际标准的星箭过渡锥。
卫星起旋	关于卫星起旋的问题，中国发射的卫星都是靠卫星自动起旋的；美国的火箭上安有一个回转盘结构装置，靠火箭起旋来确定卫星飞行的方向。	经总师们反复研究讨论，决定采用第三级火箭和卫星同时旋转后，再让卫星和火箭分离的方案。这个方案在国际上无先例。

续表

环境	卫星在同火箭分离前和分离过程中，表面污染的尘埃每立方不能超过二毫克。	改动了爆炸螺栓。
空调设备	卫星起飞前要有空调设备。	
操作	光硬件的改动就有二十多处。中方还决定在火箭原起飞推力二百八十吨的基础上，一级发动机再增加四点八吨的推力。	
逃逸设备		

阶段性检测

1. 下面选项中不是评价《飞向太空港》的一项（　　）

A. 视野宏阔，人物塑造生动，和国家的历史发展相呼，应具有感人至深的艺术魅力。他的作品可称为中国航天事业形象的编年史，展示了一个作家强烈的责任感和使命感。

B. 作品以“亚洲一号”为织梭，牵引着千经万纬，流贯而出；不刻意于结构，却把一幅长卷的布局处理得自然顺畅、从容舒展、疏密相间、张弛有致。

C. 用陈述故事的方式把历代天文学家创造“量天尺”的过程放到科学原理的叙述中，这样既介绍了科学知识，又饶有兴味地衬托出历史人物和背景。

D. 他既注重报告事件过程的完整性，又非常看重对人物不同性格、不同命运、不同科学精神和科学行为的表现。

2. 玛格丽特小姐豪爽地笑了：“对对对，中国火箭和美国卫星今晚在太空联姻。”联姻的时间是（　　）

A. 1990 年 4 月 7 日　　B. 1964 年 6 月 29 日

C. 1984 年 1 月 29 日　　D. 1989 年 1 月 23 日

3. 火箭在我们中国有着悠久的历史。请看下面的材料。

唐朝，发明火药喷射火箭，成为军队和远洋商船的必备武器；明代，研制多级火箭，万虎勇敢地做了飞行试验，中国火箭引领世界潮流；康熙王朝初期，对火箭还是相当重视的，到康熙王朝中期，火箭技术被用作娱乐表演；1850 年，在广西桂林成功地研制了由金属火箭构成的近代火箭，接近国际先进水平；洋务运动期间，1867 年，在陈家港，设立火箭分厂，开始生产“康格里夫”型火箭；1870 年建火箭分局，最终，火箭伴着整个民族命运，躺倒在百年昏睡的长梦里。

我们通过阅读《飞向太空港》，了解中国在航天事业方面的飞速发展。请查找相关材料，说说当今社会我们航天事业有哪些新的发展。

4.《飞向太空港》，实际上是作者的一次探寻航天人精神之旅。根据你的阅读感悟，在下列表格内填写上恰当的内容。

名著	作者探寻到的奥秘	举例阐述
《飞向太空港》		在即将发射卫星的那日凌晨，暴发了一场百年不遇的泥石流。人员伤亡惨重，泥石流持续了整整一个星期，“亚洲一号”卫星的准备工作被迫中断。面对大自然的这一挑战，卫星中心的全体将士并未退缩半步。全体将士和家属凭着顽强不屈的精神，迅速恢复了卫星发射的准备工作。

中考链接

真题 1

原题呈现（2020 年浙江台州卷）

1. 下列关于《飞向太空港》一书，表述正确的一项是（　　）

A. 这部小说中，作者以全景式的书写完整再现了此次卫星发射的全过程。

B. 在本书中，中国航天人成功地用“长征三号”火箭将美国的“亚洲一号”送入太空，这虽不是我国首次发射外国商业火箭，但它的成功震撼了世界。

C. 这部作品的作者是李鸣生，他展开丰富的想象，设计了曲折的情节，塑造了鲜明的人物形象。

D. 本书记叙了中国航天事业从无到有，由弱变强，沿着自力更生、自主创新道路不断发展的历程。

思维层次：低阶思维，考查名著识记为主

阅读能力：此题考查的是对名著内容主旨的识记程度。

命题特点及解题策略：将本部名著的内容或主旨进行表述，学生需要对选项进行判断和辨析，最终可以判断出表述有误的是选项 D。选项 A 中文体错误，《飞向太空港》是报告文学，不是小说；选项 B，这是中国首次发射外国火箭；选项 C，李鸣生对发射卫星的全过程做“闪电式、跟踪式、综合式”的采访记录，忠于事实。没有曲折的故事情节，塑造了群体性的英雄故事，展现了不屈不挠、勇敢无畏、力担重任、自强不息的航天精神。

参考答案：

D

真题 2

原题呈现（2020 年天津市卷）

1. ______________写的《飞向太空港》是一部优秀的报告文学，全景式地描绘了 20 世纪 90 年代，在西昌卫星发射场，中国航天人风雨同舟，众志成城，成功地用“______________”火箭将美国“____________”卫星送入太空的全过程。

思维层次：低阶思维，考查名著识记为主

阅读能力：此题考查的是对名著内容的识记程度。

命题特点及解题策略：此题考查的是学生对名著《飞向太空港》的相关常识及其重要内容的了解情况。通过阅读可知，李鸣生写的《飞向太空港》是一部优秀的报告文学，全景式地描绘了20世纪90年代，在西昌卫星发射场，中国航天人风雨同舟，众志成城，成功地用“长征三号”火箭将美国“亚洲一号”卫星送入太空的全过程。

参考答案：

李鸣生　长征三号　亚洲一号

真题❸

原题呈现（2019年浙江衢州卷）

将下面引文中的空缺填写完整，并根据要求写作。

1.《论语》说：“士不可以不弘毅，任重而道远。”《孟子》说：“故天将降大任于斯人也，必先苦其心志，劳其筋骨，饿其体肤，空乏其身，行拂乱其所为，所以________________，____________________。”

2.请以下列名著中的人物故事为例，写一段文字，阐述你对“任”的理解，200字左右。

备选名著：《红星照耀中国》《钢铁是怎样炼成的》《飞向太空港》《红岩》

思维层次：高阶思维，对作品内容的分析、综合、理解

阅读能力：此题考查的是对文中人物形象的理解，筛选并整合文中信息，启发、思考、感悟的能力。

命题特点及解题策略：①本题考查诗文名句的背诵和默写。答题时应注意，默写题都是以记忆、积累为根本的，然后在此基础上加以理解、应用和赏析，关注诗句意义和名著的关联。学习和复习的过程中要注意背完整，记清楚，写正确。

②本题考查评价分析人物。答题时应注意，分析人物形象应抓住故事情节、社会环境等描写，通过人物的言行、心理等具体描写，进行多层面的分析，同时注意其思想性格的多重性人物形象常用的评价方法：首先总体评价，然后从不同侧面分别说明人物所具有的性格特征。

参考答案：

1. 动心忍性　　曾益其所不能

2.《红星照耀中国》向全世界真实报道了中国共产党和中国工农红军，以及许多红军领袖、红军将领的情况。毛泽东、周恩来和朱德是斯诺笔下最具代表性的人物形象。比如毛泽东，健康、质朴、纯真，有幽默感、精明、精力过人，是一个颇有天赋的军事和政治战略家，他的“任”就是领导红军长征胜利，带领军民革命，改变中国和民众的命运。

《钢铁是怎样炼成的》中的保尔，热爱祖国，热爱全人类；珍惜人生，珍惜爱情、亲情和友谊；坚强勇敢，无私无畏；言行一致，说到做到，果断、利落；乐观向上，坚韧不拔，为人类的解放事业做出奉献，直到生命最后一息，是一个真正的钢铁英雄汉。他的“任”就是鼓励一代革命青年不怕困难、艰苦奋斗、具有勇于胜利的大无畏精神，鼓舞了一代又一代有志青年去实现自己的理想。

真题❹

原题呈现（2020年江苏扬州卷）

请从《长征》《寂静的春天》《飞向太空港》《星星离我们有多远》四部名著中任选一部，从作者姓名、作品内容和阅读价值三方面写一段推荐语。

思维层次：高阶思维，对作品内容的分析、整合、理解

阅读能力：此题考查的是筛选并整合文中信息，思考感悟的能力。

命题特点及解题策略：名著推荐主要考查对作品主题与内容的理解能力，对作品内容有一个宏观的认识方能组织推荐的语言。阅读名著要注意积累的广泛性，既要注意名著表面的知识，如作者、背景、特色、涉及人物及故事，还要注意把握作品主旨与情节内容，并且及时做笔记，逐步深化印象。

参考答案：

［示例1］我推荐《飞向太空港》。李鸣生著的《飞向太空港》记录了中国西昌卫星发射中心以“长征三号”运载火箭成功发射外国卫星——美国“亚洲一号”的故事，其中既有中美专家在大凉山深处的合作与友情，也有东西方文明在现代卫星发射场上交汇时的碰撞与冲突。整部作品节奏紧凑、张弛有度，以全景式的书写完整再现了中国自主研发的运载火箭首次成功发射外国卫星的全过程，展现了中华民族勇于进取、不断攻坚克难的智慧与决心，也以地球人的眼光和气魄俯仰天地、穿越古今，展现出人类探索宇宙、憧憬未来的博大胸襟。

［示例2］我推荐《寂静的春天》，在这本书中，美国科普作家蕾切尔·卡森以生动而严肃的笔触，描写因过度使用化学药品和肥料而导致环境污染、生态破坏，最终给人类带来不堪重负的灾难，阐述了农药对环境的污染，用生态学的原理分析了这些化学杀虫剂对人类赖以生存的生态系统带来的危害，指出人类用自己制造的毒药来提高农业产量，无异于饮鸩止渴，人类应该走“另外的路”。

［示例3］我推荐的书目是王树增写的《长征》。这部作品记录了分散在不同地域的红军转战大半个中国，历尽艰险，胜利会师的过程，不仅向我们展示了波澜壮阔的历史，更让我们体会到个人与民族命运融为一体的生命荣光。

［示例4］我推荐的书目是卞毓麟写的《星星离我们有多远》。这本书按照天文学发展历史，一步步揭示了人类探索宇宙、发现天体奥秘的过程，不仅能让我们了解很多天文知识，还能启迪我们的思维，培养我们学科学、爱科学的精神。

真题⑤

原题呈现（2019年浙江杭州卷）

有人说：“每一本书都可能是一扇窗户，改变着我们对世界观望的方向。”请你从下列名著中任选一部，结合该书中涉及的人物及相关事件对上述话语进行阐述。

A.《飞向太空港》　B.《红星照耀中国》　C.《寂静的春天》

思维层次：高阶思维，对作品内容的分析、整合、理解

阅读能力：此题考查的是人物赏析及思考感悟的能力。

命题特点及解题策略：本题考查学生对名著故事情节的把握能力。解答此题要依据名著内容，熟练掌握名著中的重要故事情节，还要在平时与同学交流时，多关注名著中易记错的故事情节，只要认真、仔细识记，就不会出错。同时此题对故事的讲述要围绕

“改变着我们对世界观望的方向”来进行。

参考答案：

[示例 1] 透过书籍，我们可以了解许多未知的事物，拓展自己的知识领域，使眼界更加开阔。《飞向太空港》全景式地描绘了我国“长征三号”火箭将美国“亚洲一号”卫星送入太空的全过程，书中所刻画的一群默默耕耘的航天人形象深深地震撼了我。如中国卫星发射测控系统部副主任上官世盘既有学者的派头，又有外交家的风度，他加班熬夜，特能抗困，让我深刻体会到了中国航天人锐意创新、攻坚克难、团结协作、无私奉献的航天精神。这部书让我爱上理科，迷上科学，坚定了我将来成为科学家的理想。

[示例 2] 透过书籍，我们可以了解许多未知的事物，拓展自己的知识领域，使眼界更加开阔。如《寂静的春天》这部作品，讲述的是农药对人类环境的危害。它描述了人类可能将面临一个没有鸟、蜜蜂和蝴蝶的世界。正是这本不寻常的书，在世界范围内引起人们对野生动物的关注，唤起了人们的环境保护意识，引发了公众对环境问题的注意，将环境保护问题提到了各国政府面前。

真题⑥

原题呈现（2021 年浙江宁波卷）

文学可以陶冶性情，滋润心灵。让我们共赴一场文学之约。

团队往往面临来自内部或外部的冲突；解决冲突的过程，体现了团队的合作精神。请从《西游记》《哈利·波特与死亡圣器》《飞向太空港》中任选一部，结合作品内容，做出阐释。

思维层次：高阶思维，对作品内容的分析、整合、理解

阅读能力：此题考查的是对文本内容的理解并整合感悟的能力。

命题特点及解题策略：本题考查学生对名著故事情节的把握能力。解答此题要依据名著内容，熟练掌握名著中的重要故事情节，还要在平时与同学交流时，多关注名著中易记错的故事情节，只要认真、仔细识记，就不会出错。

参考答案：

[示例 1]《西游记》中，悟空三打白骨精，唐僧以为其滥杀无辜，怒而逐之。后来唐僧遭难，八戒用激将法请回悟空，徒弟们合力救下师傅，唐僧和悟空也重归于好。

[示例 2]《哈利·波特与死亡圣器》中，罗恩因魂器影响和队员发生激烈冲突后离队。回归后的罗恩，救下了被魂器伤害的哈利，并在团队成员鼓励下，战胜恐惧，最终摧毁魂器。

[示例 3]《飞向太空港》中，中美两国技术团队在文化、生活等问题上产生冲突。最终双方增进认识，彼此尊重，中方增添设施，丰富文化生活，美方入乡随俗，相处融洽。（4 分。冲突 2 分，解决过程 2 分，其他符合题意的内容亦可）

参考文献

[1] 冯立三 . 壮哉！中国的航天画卷——评报告文学《飞向太空港》[J]. 当代，1991（4）.

[2] 陈静 . 李鸣生《飞向太空港》的叙述研究 [J]. 文学教育（上），2020（10）：126-127.

《星星离我们有多远》

推荐版本

作者：卞毓麟著

出版社：北京日报出版社

出版时间：2019 年 8 月

作品梗概

作者以陈述故事的方式把历代天文学家创造“量天尺”的过程娓娓道来，介绍了从近处的月亮到极远处的类星体的距离的量、估，包含了大量的天文知识和历史知识。

全书围绕星星离我们有多远这一主线，把读者引向了繁星闪烁却又遥不可及的天空。该书先从关注我们所处的地球出发，第一次丈量子午线，到雷达测月、激光测月；从视差的原理测距离走向用三角视差法测量第一批不超过 300 光年远的天体；再把“接力棒”传给分光视差法，利用恒星的光谱差别求距离，使测距达到 30 万光年左右；然后是造父变星的周光关系接棒，可以求得远达 1500 万光年之遥的星系距离。当因找不到造父变星而无能为力的时候，新星和超新星以其突变的巨大光度让天文学家测量的距离达到了 50 亿光年左右；对于那些深空中的星系中的无法辨认的个别恒星，连超新星也不可单独分离时，这时只有靠星系的视大小和累积星等来判知距离；当天文学家对无涯的宇宙束手无策的时候，星系的普遍红移又送来了一把巨尺，测距范围扩展到 100 亿光年的地方。最后作者还将类星体的距离之谜展现在读者面前，这是一个尚未解决的问题，给读者留下思考的余地。

思维导图

三角视差法（不超过 300 光年）
- （1）大地测量学法。
- （2）重力测量法。
- （3）地球动力学测地法。
- （1）三角法测量。
- （2）雷达测月。
- （3）激光测月。
- （1）“金星凌日”测定太阳视差。
- （2）利用“小行星”测定太阳视差。

大地的尺寸
- （1）公元前 240 年前后，埃及，埃拉托塞尼。
- （2）唐，僧一行，第一次丈量子午线。

明月何处有
- （1）古希腊，伊巴谷，“天文学之父”。
- （2）1752 年，法国，拉卡伊及其学生拉朗德，首先用三角法测定月球距离。

太阳离我们多远
- （1）德国，开普勒，“开普勒三大定律”。
- （2）1672 年，法国，卡西尼，测出火星视差，综合里奇观测结果，推算太阳的地心视差为 9.5′。
- （3）英国，哈雷，提出利用“金星凌日”测定太阳视差。
- （4）德国，加勒，最初提出利用“小行星”测定太阳视差。

地球中心说 —— **日心地动说**

地球中心说：古希腊，托勒玫，《天文学大成》。

日心地动说：
- （1）16 世纪，波兰，尼古拉·哥白尼，近代天文学的奠基人，《天体运行论》。
- （2）意大利，齐达诺·布鲁诺。
- （3）1609 年，意大利，伽利略，人类历史第一批望远镜指向天空。

测定近星的距离
- （1）英国，布拉德雷，发现“光行差”。
- （2）德国，布赛尔，发现天鹅 61 星的视差。

通向遥远恒星的第一级阶梯 → 分光视差法（测距达到 30 万光年左右）
- （1）1856 年，英国，伯格森，定出亮度“标尺”。
- （2）德国，大浪禾费，最先观测恒星光谱。
- （3）美国，皮克林团队，坎农女士，“哈佛分类法”。
- （4）丹麦，赫兹普隆，美国，罗素，“赫罗图”。

银河系 —— **岛宇宙**

银河系：德国，威廉·赫歇尔，第一个真正发现了银河系的人，“恒星天文学之父”。

岛宇宙：麦哲伦环球航行的船员们，“大麦云”，“小麦云”，“岛宇宙”即“河外星系”。

通向遥远恒星的第二级阶梯 → 造父变星的周光关系（远达 1500 万光年）
- （1）1596 年，德国，法布里修斯，明确地认识了第一颗“变星”。
- （2）1924 年，美国，哈勃，找到“量天尺”——造文度星，“星系天文学之父”。

欲穷千里目，更上一层楼 → 超新星（达 50 亿光年左右）；依靠星系的视大小和累积量等判知距离；星系的普遍红移。

作者介绍

本书作者卞毓麟是中国科学院北京天文台的教授，中国天文学会常务理事，也是中国著名的天文科普作家。中国科普作家协会表彰他为“新中国成立以来，特别是科普作协成立以来成绩突出的科普作家”。

《星星离我们有多远》最初是卞毓麟先生在1976年10月十年“文革”告终之时，本着“知识就是力量”的理念，以及1977年初应《科学实验》杂志编辑文开方之约，写下的一篇2万多字的科普长文。1979年11月增订成10万字左右的书稿；1980年12月，《星星离我们有多远》正式出版。多年来，根据天文学的发展，作者也对本书做出了多次与时俱进的修改。

卞毓麟先生非常喜爱苏联作家伊琳和美国科普作家阿西莫夫。两人风格差异很大，但他总结了两人作品的共性，认为他们的作品都是以知识为本，且将人类今天掌握的科学知识融于科学认知和科学实践的历史进程之中，做到了“历史的”和“逻辑的”相统一；同时在作品中既讲清结果，更阐明方法。在他们的影响下，卞毓麟效仿他们的作品共性，进行了一次科普创作的实践，即创作了《星星离我们有多远》一书。

文学地位

作者从1977年初应《科学实验》杂志编辑之约写下一篇2万多字的科普长文《星星离我们有多远》至今，多次修订，与时俱进，酌增了近几年来与本书主题密切相关的天文新进展，为我们呈现了一本高质量的天文科普作品。1987年，该书荣获中国科学技术协会、新闻出版总署、广播电视电影部、中国科普创作协会共同主办的“第二届全国优秀科普作品奖”（图书二等奖）；2016年被列为“教育部统编教材语文教材自主阅读推荐书目”。中国科学院院士、北京天文台原台长王绶琯先生曾评价该书为“作品立意清新，铺叙合理，文笔流畅，是近年来天文科普中一本值得向广大读者推荐的佳作”。天文史家、科普作家刘金沂先生也曾有相似的评价，认为“该书语言生动、深入浅出、条理清晰、趣味盎然，是近年来天文科普作品中的佳作”。

核心价值

◎ 核心知识

（一）天文科普作品

科普作品是一种以向大众普及科学知识为主要目的的作品，主要功能是宣传普及科学知识。本书主要给我们介绍了人类历代天文学家创造“量天尺”，进行从近处的月亮到极远处的类星体的距离的量、估，包含了大量的天文知识和天文相关的历史故事，隶属于科学中的天文领域，故而属于天文科普作品。同时，为了面向大众，普及科学知识，本书除了一些必要的天文科学技术方面的专用词语以外，作者将趣味性寄寓于知识之中，用通俗流畅的语言、生动形象的插图，既讲清结果，更阐明方法，以达科普之效用。

（二）“历史的”与“逻辑的”的巧妙统一

作者把历代天文学家创造“量天尺”的过程及科学原理的叙述，以陈述故事的形式展现，这样既介绍了科学知识，又饶有兴味地衬托出历史人物和背景。

作者由近及远，从测量地球大小这个入门级知识开始，一步步引领我们走向更遥远的太空，既蕴含着丰富的科学知识，又穿插介绍了历史人物和背景，用一个个真实而感人的历史故事，带读者走进了人类对太空的探索历程，编写了一部人类认识宇宙的历史。同时，作者在叙述每种测距方法的时候，伴之以发展过程，显示出天文学家解决问题时的思路，这种“与其告诉结果，不如告诉方法”的手法会使读者受益更多，有利于培养读者的逻辑思维能力，提高读者的科学素养。而且，这本书并不回避人类对宇宙认识的局限，还有很多宇宙之谜需要继续探究，把这些问题客观地摆出来，既体现了实事求是的科研态度，又吸引读者思考，引起读者探讨的兴趣。

（三）材料安排合理，结构得当，层层推开

作者在安排内容上结构清晰合理。从全书的结构看，作者的说明顺序安排巧妙。主要体现在以下三个方面：（1）由近到远。从地球到月球，再到太阳，再到银河系及河外星系，一步步引导读者走进宇宙深处。（2）由古至今。在介绍天文测量的同时，作者按照人类历史的发展进程，以一张时间的进程表来展开，穿插了天文学家的趣闻轶事、发明史话。（3）由浅入深。先介绍简单的测距方法，再到深奥的，既避免读者一开始就“望而却步”，又让读者清晰地了解天文学的发展脉络，更是一张知识积累的进程表。

◎ 核心能力

（一）信息的提取、梳理、整合

作为一本科普类的作品，作者当然希望非本领域专业的读者可以通过阅读科普作品，了解该领域的科学知识，从而达到科学普及的效果。但是科学类的作品往往逃不过有比较专业的术语呈现和思维方式，那么如何通过作者对科学专业领域深入浅出的解读来掌握该领域的科学知识，就需要学生具备对一个问题进行跟踪，以及信息提取、梳理、整合，从而解决问题的能力。学生可以通过绘制思维导图、绘制相关表格、阅读过程中圈划重点句段、同伴之间进行交流等方式来完成对信息的提取、梳理、整合。

（二）科普作品说明方法的把握

天文史家、科普作家刘金沂先生曾评价，认为“该书语言生动、深入浅出、条理清晰、趣味盎然，是近年来天文科普作品中的佳作”。“作者以洒练的笔墨叙述了测量天体距离的各种方法。”该科普作品的语言生动有趣，深入浅出，肯定离不开说明方法的运用，包括列数字、作比较、打比方、分类别、作假设、举例子、引用等。在阅读中，记录下那些生动形象、富有感染力的语句，也有助于提升自己说明类写作的技巧。

（三）图文结合的阅读能力

图文结合的阅读能力指的是在阅读文字的同时，能够结合所给出的图表，进行提取信息的阅读能力。在《星星离我们有多远》这本书中，总共有 107 幅插图，量之大，随手一翻都可以看到。这些插图也是作者从 1980 年版本到 1999 年版本，再到如今版本，谨慎统筹考虑之后，或增减或重绘的用心之作。如果忽视了这些插图，也就失去了阅读该作品很大一部分的内容。通过阅读，我们会发现，这些插图主要分为以下几类：人物或物件的展示图、计算原理或事物现象的示意图、生动有趣的插绘图（比如孙悟空感叹地球到太阳远的插图）等。除此之外，书中还有很多的表格类插图，通过表格的形式给我们呈现事物的现象，也不容易被忽视。这些图表，在书中有不同的价值和作用，充分利用起来，定然会促进我们对本书的阅读和对天文测量的理解。

◎ 核心策略

（一）分析阅读和理解监控

分析阅读指的是在阅读过程中，通过对作品提出问题，并在阅读过程中通过分析寻找答案、解决问题的阅读方式。阅读理解监控是指把自己正在进行的阅读理解活动作为意识对象，不断进行积极、自觉地监督、控制和调节的过程。我们需要运用分析阅读，在阅读过程中，分析内容、提出问题、解决问题，以此来帮助我们对阅读进行监控。在阅读《星星离我们有多远》的时候，其实书名就是一个很好的问题，带着这个问题去分析书中的内容，解剖内容，深入读本，而这个过程也就是在监控我们的阅读，有主题、有目标。

（二）外化策略

作为一本科普类读物，最好的价值在于对科学知识的普及。而对科学知识的普及，不仅仅限于对该本书的阅读，也可以通过以阅读人自己阅读、理解、消化，再外化给身边人的方式。因而，可以通过类似天文讲座、社区天文普及、介绍或推荐该书等活动的开展，让学生能有一个情境化的外化输出，以达到学以致用的效果。

（三）逆向化解读

本书除了作品内容本身以外，还给我们附了《作者的话》、王绶琯《评〈星星离我们多远〉》、刘金沂《知识筑成了通向遥远距离的阶梯——读〈星星离我们多远〉》等相关资料。《作者的话》相当于自序，从作者的角度给我们讲述了这本书写作的想法、过程；而后面两篇则是以专业读者的身份，给我们分享了阅读感受，以及评价了该书的特点。这些相关资料，给我们透露了很多阅读该书的线索。我们可以借助这些作者视角和专业读者视角留给我们的作品特点和评价，去阅读作品，在阅读过程中佐证这些观点。这种由本质到现象的逆向化解读，可以让我们的阅读旅程不迷失方向。

◎ 精神文化

（一）天文人的精神

中国天文史家、著名科普作家刘金沂先生读完此书后曾发出这样的感慨：“读完这本书，使你感到，天文学家凭着不懈的努力，借助天体送来的微弱的光芒，征服了百亿光年的巨大空间，真是比一根头发丝上雕刻出雄壮场面的画卷有过之而无不及。然而他们毕竟胜利了，这是人类无穷智慧的象征。”没有什么可以阻挡他们探求天文奥秘的执着，坚守实事求是、求真务实的科学精神，让我们的目光投向更远的远方。除此之外，本书的作者亦是继承了这份兢兢业业的精神。本书从 1977 年的 2 万字，不断扩充到现在厚厚的一本书，里面的插图几次增减，内容上也是与时俱进地进行修改增加。不管是书中出现的历史上的人物，还是作者，他们身上不畏艰难、勇于探索、为天文事业兢兢业业的精神都值得我们敬佩。

（二）人类强大的求知欲

书中给我们展现了古今中外天文学家们的种种，如艰苦条件下的刻苦、前辈对后辈的无私、为真理不惜牺牲生命的伟大、投身于科学事业的执着等，他们让我们看到了生存在地球上的人类对外界宇宙认知的渴求，也看到了人类认知能力的伟大和人类的聪明才智。书中所展现的科学精神，是如此之崇高和不朽，如同天上最闪亮的恒星，在人类探求自然科学的道路上熠熠生辉。

自主初读

◎ 阅读规划

阅读进程	阅读章节	阅读时间	阅读该部分感受最深的一点	阅读该部分最大的疑惑	自我评价（优、中、一般）	教师评价（优、中、一般）
进程一						
进程二						

任务伴读

◎ 进程一

任务推进

<table>
<tr><th>阅读规划</th><th>任务单</th><th>重点能力指向</th></tr>
<tr>
<td>范围:《序曲》至《间奏：关于两大宇宙体系》，以及《自序》和《附录》。
时间：7 天阅读完毕。</td>
<td>1. 阅读单：读前、读中、读后
<table>
<tr><td>阅读章节</td><td>读前：阅读目录，关于它们，你想知道什么？</td><td>读中：你知道了什么？</td><td>读后：对这方面的问题，你还有什么疑问？</td></tr>
<tr><td>大地的尺寸</td><td></td><td></td><td></td></tr>
<tr><td>明月何处有</td><td></td><td></td><td></td></tr>
<tr><td>太阳离我们有多远</td><td></td><td></td><td></td></tr>
<tr><td>测定近星距离的艰难历程</td><td></td><td></td><td></td></tr>
<tr><td>间奏：关于两大宇宙体系</td><td></td><td></td><td></td></tr>
<tr><td>……</td><td></td><td></td><td></td></tr>
</table>
操作说明：（1）以上三列按读前、读中、读后三个时间段填写，该表填写应贯穿整个阅读过程。（2）阅读知识性文本应注意探索、总结信息内容；梳理、提炼重要信息，获取自己需要的信息。（3）相关的知识和疑问，请逐条概括，并编上序号。
2.《星星离我们有多远》阅读单：
<table>
<tr><th>活动项目</th><th>活动要求</th></tr>
<tr><td>比较与整合</td><td>完成“任务单 1”，与同伴对照、比较、补充、完善。</td></tr>
<tr><td>策略分享</td><td>（1）我是如何查找的？
（2）我在哪里找到信息？</td></tr>
</table>
操作说明：基于自读，同伴助读，利用以上任务单对信息进行比较、分析、统整、归类、重构，形成属于自己的知识网。
</td>
<td>通过提问、检索、比较、归纳、讨论等方式获取文本已经说明和尚未说明的信息，从而提高筛选信息、处理信息的能力。</td>
</tr>
</table>

阶段性检测

1.《星星离我们有多远》是一部优秀的科普作品，作者是我国著名科普作家_______。从关注我们所处的地球出发，第一次由________测量了子午线；后来天文学家利用_______法测得了第一批不超过 300 光年远的天体；再把“接力棒”传给_____法，利用恒星的光谱差别求距离，使测距达到 30 万光年左右；然后是________造父变星的周光关系接棒，可以求得远达 1500 万光年之遥的星系距离；后来，_____和超新星以其突变的巨大光度让天文学家测量的距离达到了 50 亿光年左右；对于那些深空中的星系中的无法辨认的个别恒星，连超新星也不可单独分离时，这时只有靠星系的_______和累积星等来判知距离；当天文学家对无涯的宇宙束手无策的时候，________又送来了一把巨尺，测距范围扩展到 100 亿光年的地方。最后作者还将类星体的距离之谜展现在读者面前，这是一个尚未解决的问题，给读者留下思考的余地。

2. 请把下列人名编号，填入相应的事迹中。

（1）德国天才光学家，他发表的太阳光谱，暗线已有500余条，是最先测恒星光谱的人。（　　）

（2）在前人和自己的大量天文观测的基础上，首先系统地提出了宇宙体系的“日心地动说”。（　　）

（3）法国天文学家，1672年，测出了火星的视差。（　　）

（4）意大利科学家，他将自制的人类历史上的第一批天文望远镜指向了天空。（　　）

A. 伽利略　　B. 哥白尼　　C. 夫琅禾费　　D. 卡西尼

◎ 进程二

任务推进

<table>
<tr><th>阅读规划</th><th>任务单</th><th>重点能力指向</th></tr>
<tr><td rowspan="2">范围:《测定近星距离的艰难历程》至《尾声》。
时间:7天阅读完毕。</td><td>卞毓麟先生推崇科普巨擘伊林、阿西莫夫的作品，认为好的科普作品应具备共性。请你选读《星星离我们有多远》相应篇目，从以下四个维度对这些篇目进行评点批注。</td><td rowspan="2">学习科学思维方法，掌握科普写作的方法，以及综合运用阅读所得与学习生活经验，应对情境任务。</td></tr>
<tr><td>篇目推荐:《测定近星距离的艰难历程》《通向恒星的第一阶梯》《一根新的测量标杆》《巡天遥测十亿岛》
任务单1：
选择性阅读评价单
<table>
<tr><th>维 度</th><th>细化指标</th></tr>
<tr><td>知识性</td><td>以知识为本，将趣味性寄寓于知识性之中。</td></tr>
<tr><td>逻辑性</td><td>将人类今天掌握的科学知识融于科学认知和科学实践的历史进程之中，巧妙地做到了“历史的”和“逻辑的”相统一。</td></tr>
<tr><td>方法论</td><td>既讲清结果，更阐明方法，使读者不但知其然，更知其所以然。</td></tr>
<tr><td>表达力</td><td>文字规范、流畅而生动，决不盲目追求艳丽和堆砌辞藻。</td></tr>
</table>
任务单2：天文社活动分工任务单
驱动性任务：回读目录，选择小组最感兴趣的一个话题，开展一个天文社微讲座。
<table>
<tr><th colspan="2">小组分工安排</th></tr>
<tr><td>组　长</td><td>组织协调、撰写发言稿、安排发言汇报。</td></tr>
<tr><td>记录者</td><td>记录小组发言主题、撰写解说初稿。</td></tr>
<tr><td>搜集员</td><td>负责相关资料查询、资料筛选与整理。</td></tr>
<tr><td>调研员</td><td>了解其他小组的进程、设计。</td></tr>
</table>
操作说明：
1. 组员自主组队，进行合作与分工。
2. 结合作品，向七年级同学介绍天文知识。
活动建议：微讲座除了口头解说外，可画出相关的示意图，并标识数据；文中提到的测量方式等不易理解，可制作模型或用手势演示。</td></tr>
</table>

阶段性检测

亲爱的同学，请你在完成初读任务后，完成以下情境写作任务：

为了培养少年儿童从小热爱科学，湖北少年儿童出版社和中国科普作家协会联袂选编了这套《少儿科普名人名著书系》。入选这套丛书的作品，不论中外，必须具备三个条件：

一是“佳作”，即不论是就选题、内容还是文笔而言，都是上乘之作。

二是“科普”，即起着科学启蒙、科学普及的作用，那些不含科学内容的玄幻、魔幻小说，即便像《哈利·波特》那样广有影响的作品也不选入。

三是“少年儿童”，即必须适合少年儿童阅读，即便是霍金的《时间简史》、盖莫夫的《物理世界奇遇记》那样优秀的科普读物，由于读者对象是具有大学文化水平的人，而对于少年儿童来说过于艰深，未能收入。

另外，《少儿科普名人名著书系》注意选入各门学科的代表性图书，使少年儿童读者能够涉猎方方面面的科学知识。除了以科普读物为主体之外，《少儿科普名人名著书系》还选入科学幻想小说、科学童话等科学文艺作品。这样，使这套图书具有内容与体裁的多样性。

——叶永烈《少儿科普名人名著书系总序》（节选）

请你对照《少儿科普名人名著书系》的三大条件，给出版社及科普作家协会写一封信，推荐《星星离我们有多远》一书（400字左右）。

课型推进

◎ 阅读课规划

教学阶段	主要内容	教学资源	设计意图
导读课	科普作品设计推荐文案。	整本书	通过设计推荐文案，使学生对科普类作品阅读的内化有效输出，从而达到对作品信息的筛选、提炼和整合。
推进课	说明文的读写结合。	评价量表	通过读写结合，掌握说明文本身的写作特点和文体特点。
成果分享课	学校天文社微讲座。	讲座场地、评价量表	1. 对科普作品信息的删选、重构和输出的能力。 2. 认识到作者在书中把科学认知和科学实践的历史相统一，实现“历史的”和“逻辑的”相统一的特点；学习图形结合的阅读方式。 3. 感受科学工作者身上兢兢业业、求真务实的科学态度。

◎ 专题探究信息一览表

专题	探究指向	阅读策略	思维层次
感受科普作品表达之美	体味科普说明文语言表达的严谨与生动	比较阅读、联结策略	分析、拓展

◎ 阅读课设计

设计我们的作品导读方案

——《星星离我们有多远》导读课

【教学目标】

1. 分析情境任务，设计评价表单，结合该科普类作品特点，明确推荐文案的评价指标；

2. 通过讨论，基于导读目的，设计任务方案，筛选、提炼、整合作品的相关重要信息；

3. 小组展示，提问答辩，优化设计方案，理解科普类作品阅读方法和导读策略。

【教学重点】

根据活动任务，筛选、提炼、整合作品的相关重要信息。

【教学难点】

优化设计方案，理解科普类作品核心价值、阅读方法、导读策略。

【课时安排】

2 课时

【教学过程】

项目驱动性任务

《星星离我们有多远》科普作品推荐
请在阅读《星星离我们有多远》一书后，小组合作设计一个推荐文在班级读书公众号上向未读过这本书的同学推荐该作品。 要求：优质的推荐文案能凸显作品价值与意义，激发读者的阅读兴趣。

一、合作交流，设计评价

话题一：为《星星离我们有多远》这部科普作品设计推荐文案，我们可以做哪些准备？

〔示例〕作家、作品知识；作品的介绍对象及其主要科学价值；关注序言、目录、附录等重要信息，为读者提供阅读提示；关注图文并茂，跨界整合，帮助读者理解文本，激发其阅读兴趣等。

教师提供《昆虫记》的阅读推荐文（《昆虫记》：一个人耗费一生的光阴，只为你）。

话题二：如何评价该科普类作品的推荐文案？

活动方式：（1）班级分小组进行讨论，形成小组内的评价量表；（2）小组代表向全班同学分享评价量表；（3）综合讨论成果，形成班级评价单。

〔示例〕《星星离我们有多远》推荐文案评价单

维度	一级指标	二级指标	得分 1—10 分
内容	丰富	交代作家、作品基本概况；按需呈现书评、目录等内容。	
	精要	提炼该部科普作品的阅读价值、特色。	
	独到	呈现推荐者个性化阅读视角、收获；联结当下新闻等。	
形式	图文并茂	精选有代表性的图片；图片契合对应的文字。	
	学科跨界	学以致用，融通数学、科学等学科。	
语言	精练性	要点明晰，不冗长。	
	准确性	准确介绍，无错误。	
	生动性	语言活泼，有趣味。	

二、任务驱动，合作撰写

小组讨论形成初步构想，设计专题任务单、资源选用单，并进行小组分工。

〔示例 1〕

专题任务一：科学与人文的巧妙结合	
以知识为本	
“历史的”与“逻辑的”相统一	
既讲清结果，更阐明方法	

〔示例 2〕

专题任务二：对天文学的执着与热爱		
人物	地位	对天文学的贡献
僧一行	唐代天文学家、密宗五祖之一	发起并领导全国性天文大地测量，实现世界史上第一次子午线实测。
……	……	……

〔示例 3〕

素材选录单		
选录项目	摘抄	选录理由、呈现方式
作家信息	卞毓麟，江苏泰州人，我国天文学家、著名科普作家。代表作品有《星星离我们有多远》《宇宙风采》《群星灿烂》《梦天集》等。	重要的作家作品信息，可以配合卞教授的照片、相关作品的照片配合呈现。
专家选题	知识筑成了通向遥远距离的阶梯。	呈现了贯穿全文的主线，可以配合全书目录呈现。
插图选录	第三章　三角法测量月亮	做图说明，清楚易懂。其中相关数学知识，同学们学习过程中已经有所涉及，有亲切感，且能促进学以致用。
……	……	……

操作说明：小组分工合作，组内探究专题任务，搜集素材，合作完成《星星离我们有多远》推送文案设计。

三、活动展示，评价提升

在形成文案的基础上，各小组准备《星星离我们有多远》文案发布会，相关流程如下：

《星星离我们有多远》文案发布会活动流程	
组内评价	各小组完成文案设计后，组员代表进行模拟解说；根据评价表单进行组内修改、优化。
展示评价	班级开展小组展评活动： 每小组有5分钟时间介绍作品推荐文案评价小组进行打分和提问；评出优秀文案，借助校级平台推送展出。
成果发布	各组修改，推送文案至班级语文公众号或校园展板、班级黑板处进行展示。

四、课堂小结

本次设计推荐文案的项目活动，是一次导读实践活动，作为作品的阅读者，我们推荐设计导读的过程，也是基于读者意识、文体意识对这部科普作品价值的再提炼；我们组织讨论、设计、展评、反思，在这个过程中提升了自身的信息素养、写作能力。

【配套练习】

（1）卞毓麟教授在《星星离我们有多远》自序中写道：“科普作家刘鑫沂对此书的评价，书评的标题正好就是我力图贯穿全书的那条主线：‘知识筑成了通向遥远距离的阶梯’。”请结合作品前四章，说说你对这段文字的理解。

（2）以下文字选自《星星离我们有多远》一文的自序，如果你是小记者，去参访卞毓麟教授，就这次审定修订需设计两个采访问题，请完成下列采访提问设计单。

〔自序节选〕

2016年岁末，忽闻《星星离我们有多远》已被列入“教育部新编初中语文教材自主阅读推荐书目”，这实在是始料未及的好事。于是，我对原书再行审定修订，酌增插图。这一次，除与时俱进地继续更新部分数据资料外，更具实质性的变动有如下几点：

第一，增设了一节“膨胀的宇宙”。发现我们的宇宙正在整体膨胀，是20世纪科学中最深远的杰出成就，它从根本上动摇了宇宙静止不变的陈旧见解，深深改变了人类的宇宙观念。而在天文学史上，导致这一伟大发现的源头之一，正在于测定天体距离的不断进步。

第二，将原先的“类星体距离之谜”一节改写更新，标题改为“类星体之谜”，使之更能反映天文学家现时对此问题的认识。

第三，在“飞出太阳系”一节中，扼要增补了中国的探月计划“嫦娥工程”，并说明中国的火星探测也已在积极酝酿之中。

〔设计表单〕

采访设计单	
参访主题	
参访对象	
时间地点	
资料搜集	（作者、作品资料，增改处的相关资料）
问题设计	（1） （2）
设计缘由	

提问评价单	
需努力	提问脱离主题，指向不明确；脱离作品，表意不清；无称呼，欠礼貌。
合　格	提问基本符合主题，有谈到作品但表达欠清楚。
良　好	提问符合主题，能结合作品，有一定的针对性；表达清楚，有礼貌。
优　秀	提问契合主题，能结合作品及搜索资料；有针对性、独创性；表达顺畅，热情有礼。

（3）本次科普作品推荐项目学习已经告一段落，你和你的组员们有什么收获和反思？请你认真填写以下活动总结清单并进行组内分享。

总结清单 注：可以从阅读策略、写作方法、口语表达、合作方式等多角度进行阐发。	
我的收获	
我的反思	

书写我眼中的星星

——《星星离我们有多远》推进课

【教学目标】

1. 在阅读的基础上，具体任务的驱动下，可以对所读内容有针对性地分析、理解、重构，学习科学的思维方式；

2. 通过读写结合，掌握说明文本身的写作特点和说明文本身的文体特点。

【教学重点】

通过读写结合，掌握说明文本身的写作特点和说明文本身的文体特点。

【教学难点】

对所读内容有针对性地分析、理解、重构，学习科学的思维方式。

【课时安排】

1 课时

【教学过程】

一、导入

卞毓麟老先生给我们带来的天文科普读物——《星星离我们有多远》，虽然书不厚，却给我们打开了一个全新的世界，让我们的眼光望到了地球以外、太阳系以外的浩瀚宇宙。读完了这本书，你大概收获了满满的天文知识。书本里描绘的神奇宇宙，大概就在你的咽喉翻涌，而你也想一吐为快吧。今天，我们不如就给大家一个分享交流的机会。

二、课堂活动

活动一：明确任务

1. 写作任务："我"在学校的告示栏里看到了以下这则征集稿，想到自己刚读完卞毓麟先生的天文科普读物《星星离我们有多远》。在这本书里，"我"收获了很多天文知识，内心跃跃欲试。请以"我"的身份，完成一份投稿稿件。

> 学校的星辰天文社打算在12月中旬开展一次有关天文知识的微讲座，目的是给对天文感兴趣的同学搭建一个交流、普及天文知识的平台。现向全校同学征集有关天文知识方面的微型讲座稿，时间控制在15分钟左右。

2. 完成任务清单，明确写作任务：

任务清单	
任务（做什么事）	
作者（谁写的）	
读者（写给谁）	
目的（为什么写）	
文体选择（怎么写）	

本表格设计目的：通过作者意识、读者意识、写作目的等，让学生明确自己的任务。

〔示例〕

任务清单	
任务（做什么事）	给学校天文社投稿，有关于天文方面的卫星讲座稿。
作者（谁写的）	"我"
读者（写给谁）	面对本校学生，初中生
目的（为什么写）	想和同学分享自己看了《星星离我们有多远》的书后的收获
文体选择（怎么写）	说明文

活动二：科普交流稿写作指南

当我们明确了任务后，我们发现，需要做的就是在《星星离我们有多远》

里，选取一个感兴趣的点，通过自身对内容的分析、理解、重构，外化成属于我们自己的讲座稿。该如何具体来完成该任务的写作呢？在动笔之前，请先阅读以下的写作指南。

明确说明对象（内容）： 地、月、日的测量；“地心说”与“日心说”之争论；测定星体距离；银河系与河外星系……	你会选择什么来介绍？或者你会选择哪些方面介绍？重点放在哪些部分？
听众接受程度： 说明文是一种以传递相对客观、准确的信息帮助他们答疑解惑为目的的文体。如果是老师和同伴分别做评委，你的介绍能一样吗？	你选择的是哪一种听众？
安排说明顺序： 总分；分总；总分总；从概括到具体；从整体到局部；从现象到原因；从一般到特殊……	为了引起大家对你们小组作品的兴趣，你将采用哪几种说明顺序？
确定语言风格： 1. 在准确、简洁的基础上，要与说明特征相匹配。 2. 使听众易于接受和理解，建议运用举例子、作比较、打比方、列数字、作引用等说明方法。 3. 最好使用一些标志性的词句，提示逻辑顺序。	左边的三个标准，请先自己朗读一遍，再进行选择考虑。

根据以上的写作指南，请对自己即将动工的讲座稿做一个明确的写作规划。

讲座稿写作规划	
听众	
说明对象（内容）	
安排说明顺序	
语言风格	

活动三：量表评价，精挑细选

如果你是学校星辰天文社的成员，现收到了来自全校天文爱好者的微型讲座稿件，需要进行筛选，那么请设计一个评价量表，并进行小组内的交流、探讨，完善评价量表，并对组内同学的讲座稿件做出评价。

〔示例〕

科普讲座稿评价量表

项目	细　则	得分
讲座内容（30 分）	1. 讲座内容符合主题。（10 分） 2. 讲座内容明确，有针对性。（10 分） 3. 讲座内容充实丰满，不单调。（10 分）	
听众接受程度（20 分）	1. 符合初中生的接受范围。（10 分） 2. 语言、形式等具有听众意识。（10 分）	
条理清晰度（20 分）	1. 有合理运用一定的说明顺序。（10 分） 2. 逻辑严密，层次分明。（10 分）	

续表

科普讲座稿评价量表		
语言表达（30分）	1. 语言表达清晰流畅。（10分） 2. 符合讲座场合，语言简洁、多用口语化。（10分） 3. 合理、恰当地运用说明方式，使语言形象生动，把天文知识讲得通俗易懂。（10分）	

三、课堂小结

一个苹果与人分享，两个人都得不到一个完整的苹果，但是一份知识与人分享，两个人都收获一份知识。当我们看了卞毓麟先生给我们分享的天文知识《星星离我们有多远》后，我们该如何分享给身边的人呢？本节课，我们亲历读写结合的过程，把在阅读过程中学到的知识进行有针对性的再建构后，通过我们的嘴、我们的笔，输出给身边的人，这是一个奇妙的过程！

四、课后作业活动

请根据小组交流后的评价量表，对自己的讲座稿进行针对性的修改。

【配套练习】

以下是一位同学的讲座稿，请在以上推进课的基础上，对其做出合适的评价。

我们与明月的距离

我是一个数学白痴，特别是几何，真的把我绕得七荤八素，最近的三角形边边角角，也是怎么也算不清楚。但我又是天文爱好者，恰恰在我被三角形围困的时候，我发现，原来我们与明月的距离，只差一个“三角形”的距离。为什么这么说呢？因为最近我读了一本天文方面的科普读物——《星星离我们有多远》。这是一位来自中国非常著名的科普作家卞毓麟先生的作品。他在这本书里就给我们介绍了人类对地球到宇宙其他星球的距离的测量。今天我就想和大家分享一下自己读到的关于地球到月亮的距离的知识。

为什么我会说我们与明月的距离，只差一个“三角形”的距离？大家请看下面的一个图形，是不是觉得似曾相识，多么像我们数学题目里有关三角形的几何体！

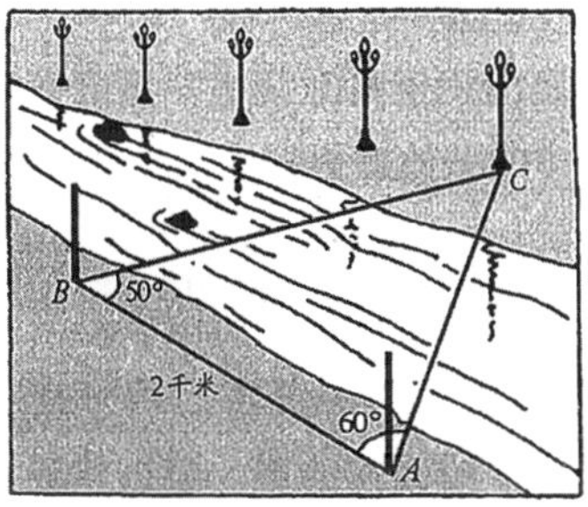

（甲）

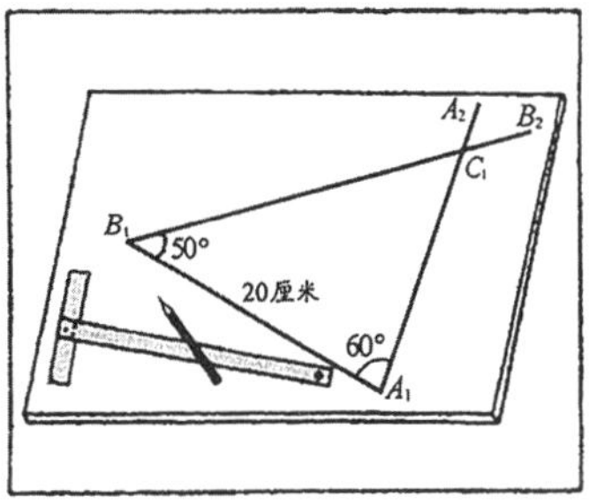

（乙）

这张图就来自于《星星离我们有多远》。讲的是在一条滔滔奔腾的大河对岸有一排街灯，我们不用渡河，便可以知道这些灯有多远。就像我们站在A处要测量C处这盏灯的距离。这个题目，我也是跟着这本书里的解题步骤琢磨了半天才明白，但是我知道我们这里有很多学霸，解起这样的题目来，会觉得那么轻而易举。可是，我想你们心里一定冒出了这样的问题：这个会算，和月亮离多远有什么关系？请再看下面一张图：

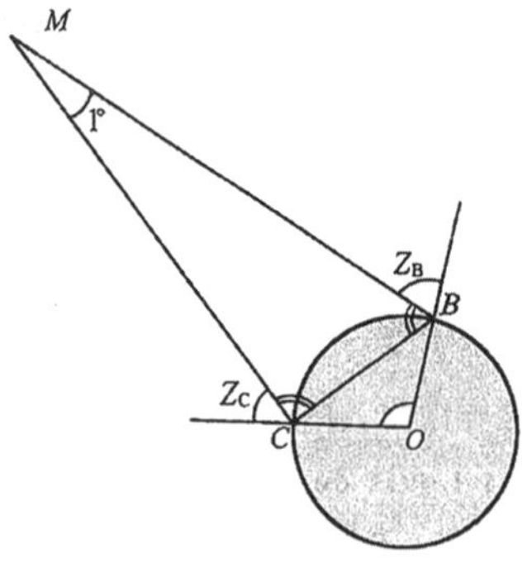

在这幅图片里面，其中B点是在柏林，C点是在好望角。在250多年前，有一个叫拉朗德的19岁少年和他的老师拉卡伊在两个差不多处在同一经度圈上，纬度则相差90°有余的位置——好望角和柏林同时观测。他们就用了类似上面我们测量大河对面街灯一样的方法，叫作三角测量法。当然这个的难度比上面的难度更高一点。当时，夜幕降临后，月亮从地平线上越升越高，当它到达最高点时，就是M点的位置。这时，容易在B点测量出月亮M的天顶距，也就是离开头顶方向的角度，就用了Z_B表示，同样容易在C点测出月亮M的天顶距Z_C。圆弧BC的度数是知道的，正是柏林与好望角两地之间的纬度差，这个数值也正好是∠BOC的大小。OB、OC是地球的半径，它的长度，我们已经知道。于是，在△BOC中已知两条边和它们的夹角∠BOC，就立即可以算出BC的长度和另外两个角∠OBC和∠OCB的大小。根据这两个角和Z_B、Z_C，就可以知道△MBC中的两个角∠MBC和∠MCB之值了。最后就会发现，月球的距离也唾手可得了。当年，他们计算出来的结果和现代测定的数值很相近，月球和地球之间的平均距离大约为地球半径的60倍，距离为384400千米。

我也为自己一个数学白痴居然能讲明白这样的题目而感到震惊。我想这就是我对天文的热爱激发了我在数学几何上的求生欲。所以兴趣是最好的老师，说得真的没有错。所以我也建议大家平时可以多读一些各个领域的书，也许会激发出不一样的自己来。

讲述星星的故事

——《星星离我们有多远》成果分享课

【教学目标】

1. 通过天文社微型小讲座选拔的形式，学会对科普作品信息的删选、重构和输出的能力；

2. 认识到作者在书中把科学认知和科学实践的历史相统一，实现“历史的”和“逻辑的”相统一的特点，学习图形结合的阅读方式；

3. 感受科学工作者身上兢兢业业、求真务实的科学态度。

【教学重点与难点】

学会对科普作品信息的删选、重构和输出的能力。

【课时安排】

2 课时

【教学过程】

一、导入

通过一段时间对《星星离我们有多远》的阅读，我们也有了自己在天文学方面的收获。今天，我们将有四个小组展示他们阅读完《星星离我们有多远》一书后的阅读成果，这也是他们向学校星辰天文社投稿的稿件。

二、课堂活动

活动一：小组展示

1. 四个小组分别进行微型讲座展示。

组一：《拨开迷雾的那些人——书中的科学家》

组二：《人类之所及的星空——人类测量星辰的进程》

组三：《丈量子午线》

组四：《那些图，你看懂了吗？》

2. 每一个小组分享完自己的微型讲座后，请一名组员谈一谈本组选择这个话题的缘由。

〔示例〕

组一：科学的发展离不开我们一代代科学家呕心沥血的付出，这本书在介绍天文科学知识的同时，也给我们介绍了很多天文学家的故事，我们组觉得很有必要拿出来和大家分享。从中可以感受到在这个历史的进程中，是哪些人在推动着历史和科学的前行，也许步履维艰，但是不能否认他们兢兢业业、求真务实的科学探索精神。

组二：我们组选取的话题是“人类对星辰测量的进程”。《星星离我们有多远》整本书，就是从人类探求地球本身，到月球、太阳，再到更远的浩瀚的太空。我们小组给大家介绍了这个过程，以及聪明的人类在这个过程中所用的测量方法。确实，人类在浩瀚的宇宙中，是那么渺小，渺小如尘埃，但是人类又是那么伟大，因为他们的探索精神。

组三：我们小组非常惊叹于中国唐代的一位僧人，不，应该是天文学家僧一行，原名张遂。所以我们小组的话题是一行大师对子午线的丈量。这也是世界上第一次子午线的实测。他让我们知道，天文的领域不仅仅是西方科学界的专利，我们中国也很厉害。作为中国人很自豪。

组四：我们组在阅读这本书的时候，对这本书里面的插图很感兴趣。书中各种图片共计 72 幅。通过我们小组的研读，把这 72 幅图分成了 3 种类型的用途。同时，作者卞毓麟先生在自序中也提到，在不断地改版中，他对图片也与时俱进，多次统筹考虑，进行了增减更换。这让我们由衷地敬佩卞毓麟先生对科学的敬畏精神。

活动二：选拔环节

1. 评分环节：

四个小组关于天文方面的微型讲座已经展示完毕，现请每位同学根据下面的评分细则，给每一组的展示进行打分，最终选拔出参加学校星辰天文社微型讲座活动的一组。

科普讲座评价量表		
项目	细　则	得分
讲座内容（20 分）	1. 讲座内容符合主题。（10 分） 2. 讲座内容明确，有针对性，充实丰满，不单调。（10 分）	
听众接受程度（20 分）	1. 符合初中生的接受范围。（10 分） 2. 语言、形式等具有听众意识。（10 分）	
条理清晰度（20 分）	1. 有合理运用一定的说明顺序。（10 分） 2. 逻辑严密，层次分明。（10 分）	
语言表达（20 分）	1. 语言表达清晰流畅，符合讲座场合，语言简洁、多用口语化。（10 分） 2. 合理、恰当地运用说明方式，使语言形象生动，把天文知识讲得通俗易懂。（10 分）	
讲座效果（20 分）	1. 讲座者仪态落落大方，自然亲切。（10 分） 2. 观众反应良好，有相关知识获得。（10 分）	

2. 质疑环节：

小组之间可以提出对对方讲座的质疑，以此来进行思维的碰撞和作品的完善。

〔示例〕

第一小组的《拨开迷雾的那些人——书中的科学家》讲述天文学家的故事，是否符合天文社的讲座？我认为天文社的讲座应该更多的是普及天文学方面的知识。

第四小组的《那些图，你看懂了吗?》好像是侧重教我们如何解读科普作品中的图片的用意，跟天文社的讲座要求相符吗?

三、小结

通过四个小组的分享，我们发现原来一本科普读物可以从那么多的角度进行解读，真的觉得你们很了不起。在你们身上，也看到了科学家们身上那种对待问题求真务实、刻苦专业又不断创新的精神。

【配套练习】

在阅读了《星星离我们有多远》后，请从下面选取一个角度，或自主立一个角度，题目自拟，文体不限，写一篇不少于600字的文章。

1. 这是一本启迪思维的书。

2. 笔墨流畅生动，又不失洗练。

3. 材料丰富，却裁剪恰当。

中考链接

模拟题 1

名著可以多部联读。班级学习小组准备组织名著联读的探究性学习活动，找到以下作品，并确定探究点。请从以下两组中任选一组，结合名著内容谈谈你的理解。(4分)

联读名著	探究点	我的理解
第一组:《昆虫记》和《星星离我们有多远》	探究科学精神	我选择第____组。 我的理解:________________ ________________ ________________
第二组:《儒林外史》和《格列佛游记》	欣赏夸张笔法	

思维层次:不仅需要对一部作品内容进行梳理，还能够对同一类作品进行比较阅读，能够在阅读的过程中，具有“异中求同”“同中寻异”的思维。思维层次较高。

阅读能力:在阅读的过程中学会对同一类作品做相关的勾连，而不是对每一部作品孤立地阅读。

命题特点及解题策略:本题的命制既有班级学习小组的情境化特点，还能够通过表格引领学生不孤立地阅读一本作品，而是需要有作品联读的意识。本题在设置上也为学生提供了探索的支架，给出了“探究点”。因而，在解题时，需要紧扣“探究点”给出的提示方向，结合作品相关内容做具体分析。

参考答案:

[示例1]我选第一组。《昆虫记》中，为了揭开昆虫的奥秘，法布尔对昆虫坚持实地观察，反复实验，例如为研究蚂蚁究竟是靠什么来记忆回家的路，他做了扫地、用水冲洗、铺黄沙、用薄荷掩盖气味等多种实验。《星星离我们有多远》向读者介绍测量天体距离的办法时，追求的是得到结果的试验过

程，展示的是解决问题的思维方式，推理严谨。例如，作者在介绍“利用三角法测定月球距离”时，举“测量河对岸街灯距离”的例子，一步一步地告诉读者测量的步骤。由此可见，这两本书都体现了一种积极探索、严谨务实的科学精神。

［示例2］我选第二组。《儒林外史》中，范进因得知自己中举而发疯，作者将其发疯后披头散发的丑态做了极为夸张的描写，看似引人发笑，实则借此讽刺封建科举制度对读书人的迫害。《格列佛游记》中，主人公在“小人国”用撒尿的方式救了皇宫的火灾，在夸张而荒诞不经的漫游经历中，讽刺了人间真相。两本书都在夸张变形的描写中曲折地揭示现实的矛盾。

原创题 1

娜娜最近一直在读卞毓麟先生的《星星离我们有多远》一书，她跟自己的同桌小强抱怨说：“作为一个理科小白，这本书我根本看不懂，真不知道怎么会放在语文的名著阅读里面。我该怎么看这样的作品啊？”如果你是小强，请结合自己的阅读经验，分享给娜娜自己的阅读策略。

思维层次：需要结合自己的阅读经验来归纳总结科普作品在语文学科角度的阅读策略，需要学生有归纳、迁移、评价的思维能力。

阅读能力：在阅读的过程中，具有同类作品阅读方法的勾连能力；有“语文意识”的阅读科普作品的能力。

命题特点及解题策略：从学生实际情况中去关注科普作品的阅读方法。八年级上册中有同类作品《昆虫记》的阅读方法的介绍，可以给我们很多阅读此类作品的参考意见。解题过程中，可参考八年级上册《昆虫记》科普作品的阅读。

参考答案：

［示例］科普作品的写作方法虽然千差万别，但有一点是共同的，即都力求深入浅出，用通俗的语言说明复杂、抽象的事理，以利于科学知识的传播。因而，第一点，我们可以借助前言、后记或附录中有关作家作品的介绍，了解作家的生平事迹，来帮助阅读；第二点，在阅读中，遇到一些专业性较强的概念、术语，要查找工具书或相关资料，会帮助你更好地理解内容；第三点，除了读科学内容，我们也要关注科普作品蕴含的科学思维、科学理念和科学精神；第四点，关注科普作品的艺术趣味，科普作品或多或少地运用了文学手段来介绍科学知识，在阅读过程中，我们可以获得真知，也可以得到善的感染和美的熏陶。

原创题 2

原题呈现：阅读下列名著的目录，完成填空。

目录

太阳离我们多远
间奏：关于两大宇宙体系
测定近星距离的艰难历程
通向遥远恒星的第一级阶梯
再来一段插曲：银河系和岛宇宙
通向遥远恒星的第二级阶梯
欲穷千里目 更上一层楼
尾声

①以上目录选自于《____________》，这是一本科普类作品，作者是______________。

②从该书的目录中，可以看出作者采用了由__________到__________的介绍顺序。

思维层次：通过名著目录，得知名著知识，以识记、了解为主，思维层次较低。

阅读能力：阅读名著作品的时候，也要关注作品的目录，作品目录也会给我们了解作品的内容和结构。

命题特点及解题策略：通过对目录的了解，推断名著书名和作者。因而在平时的阅读过程中，也要关注作品的目录。

参考答案：

①星星离我们有多远 卞毓麟 ②近 远

原创题❸

请根据下列表格完成相应题目。

作品	作者	作品类型	内容简介
《星星离我们有多远》	卞毓麟	A	介绍了从近处的月亮到极远处的类星体的距离的量、估。
《飞向太空港》	李鸣生	报告文学	B

①请按照要求补全上面表格。

A____________________________________

B____________________________________

②《星星离我们有多远》和《飞向太空港》是两部不同体裁、不同内容的作品，但是这两部作品都让我们的目光伸向了遥远而浩瀚的宇宙，展现了在探索宇宙之路上，人类的伟大精神。请试举例分析。

思维层次：对作品体裁和内容需要识记和了解，对于作品中蕴含的人类精神需要评价、分析的能力。

阅读能力：阅读作品的时候，要与相关体裁、相关内容等作品之间学会关联阅读的能力。

命题特点及解题策略：这两本书都是八年级上册的自主阅读推荐书目，由于都和太空、宇宙有关，学生容易搞混内容，因而可以从作品类型、作品内容上去做区分。虽然这两部作品各方面相差甚远，但是这两部作品中所展现出来的人类探索自然、克服困难的精神是相通的。因而可以找到相通的精神，并通过作品内容加以佐证。

参考答案：

① A. 科普类作品　B. 全景式地描绘了中国“长征三号”火箭将美国“亚洲一号”卫星送入太空的全过程。

②两部作品都给我们展现了人类在无比严酷的困难面前，勇于克服，不畏艰辛，默默耕耘的精神。在《星星离我们有多远》里面，威廉·赫歇尔为了制造合适的望远镜，废寝忘食，磨镜让他放不开双手。他妹妹就一口一口喂年长的哥哥。妹妹为了协助哥哥，一辈子不嫁，详尽而从不间断地记录威廉的工作。让我们看到了一个兢兢业业、不惧艰辛的哥哥和一个默默付出的妹妹。在《飞向太空港》中，南昌发射站的中国科学家们用难以想象的艰苦完成让世界惊叹的任务。他们的住房简陋、饭也是有一顿没一顿地吃……可是，即便是在这样的条件下，她们依然千辛万苦，白天黑夜，齐心协力，同大自然展开了一场你死我活的大搏斗。

原创题 ❹

比较阅读《大地的尺寸》与《星星离我们有多远》中《地球大小的测定》部分，探究该科普类作品的特点。

选文一：

地球大小的测定

①欲知任何一个球体的体积和面积，首先要确定它的半径。地球是个近似的圆球体。目前钻井仅能深入地表 11 公里。因此由地表到地心这一半径的长度是无法直接测量的。测量地球的半径只能用间接的方法。如先测定一条经线圈的周长，再从已知圆周长度来推算出半径之值。测量经线圈的周长，只要知道经线圈上一度的弧长，就可以推算出整个圆周的长度了。

②最早实测地球大小的是希腊天文学家埃拉托色尼斯。公元前两百多年，他认定地球为正球体，在埃及选择了差不多同一条经线上的两个城市（图 1）。六月二十二日夏至那天正午，阳光垂直照射赛恩（Syene，今阿斯旺城附近）（B），而同一时刻在亚历山大城（A），阳光与铅垂线成 7.2° 的角度。不难看出，这一角度就是两城之间的纬度差 $\triangle\phi$。当时又测知两城的距离为 5000 埃及里。这样便可推算经度一度的弧长，从而求得整个经线圈的长度。经线圈长度除以 2π，便可获得地球 R 的长度，即

$$R=[(5000\div7.2)\times360]\div2\pi$$

③当时测得地球的半径约合 6200~7300 千米。这一数值与现代实测结果相比，是较为接近的。

④我国在唐开元十一年（公元 723 年），南宫说与僧一行（张遂）合作，在今河南省内进行了历史上最早的大规模弧度测量。测得经线一度的弧长约合 132.2 千米。这一

数值虽然比现代所测数值大了20%，但也足以说明我国古代在天文、大地测量方面已具有很高的水平。虽然当时没有进一步推算出地球的半径，但实际上是完成了地球大小的测量工作。

⑤近代大地测量中应用的原理和上述方法一样，只是用测恒星代替测太阳的方法来表示两地的纬度差。即在同一经线上相距很远的两地A和B，同时测同一恒星和该两地铅垂线间的夹角，即恒星的天顶距 Z_A 和 Z_B（图2）。两个天顶距的差值 Z_A-Z_B 就是该两地的纬度差△ϕ。

⑥A、B两地的距离可用三角测量法测出。这样的方法所测的结果显然比古代的精度提高了。但实际应用上，测量和计算都很复杂，这里就不作介绍了。

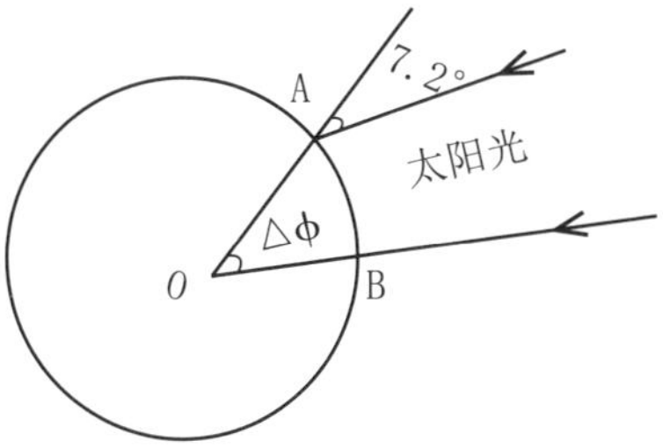

图1　地球大小的最早测量

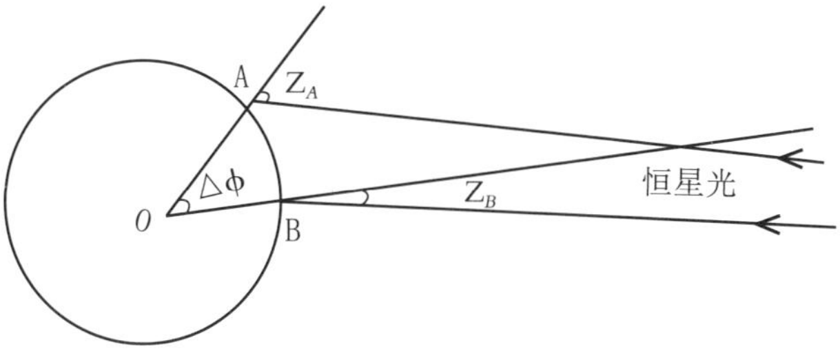

图2　测量恒星的天顶距定地球的大小

《星星离我们有多远》目录节选：

任务一：同时介绍测定地球的大小，请你分析两篇文章行文结构的异同。

任务二：比较《第一次丈量子午线》一篇与甲文第四自然段，你认为作者添加郭守敬领导天文大地测量的事件是否必要？

思维层次：分析、比较、评价的能力

阅读能力：考查学生对信息进行比较、分析的能力，体会该科普作品"历史的"与"逻辑的"相统一的特点，体会本文说明顺序安排、说明方法运用的匠心。

命题特点及解题策略：通过比较分析，考查对《星星离我们有多远》这一篇科普作品说明方法、顺序的理解，这就需要首先善于借助目录回忆相应篇目内容，然后通过比读分析，结合具体内容阐释对说明顺序安排、说明方法运用的理解。

参考答案：

任务一：相同点在于两文都以时间顺序介绍测定地球大小技术演进过程；不同点在于《大地的尺寸》这一部分划分为三个板块，先把每一部分的问题介绍清楚，又巧妙贯穿，使得文章脉络分明，介绍详尽细致。

任务二：［示例 1］有必要，因为这样更巧妙地做到了“历史的”和“逻辑的”相统一，将第一次丈量子午线这个科学实践更充分地融于子午线实测的历史进程中，多个实例充分表现了我国古代科学家勇于探索、实干求真的精神，凸显了其深远影响，体现了我国科学家的智慧与才能。

［示例 2］没有必要，因为从标题看，主要是介绍第一次丈量子午线的情况，无须介绍郭守敬天文实践的事迹。

参考文献

[1] 王云峰 . 阅读教学过程中的学习评价框架设计 [J]. 语文建设，2020.
[2] 蒋军晶，刘双双 . 如何设计阅读单 [M]. 北京：中国人民大学出版社，2019.

《寂静的春天》

推荐版本

版本一

作者：[美]蕾切尔·卡森著，韩正译

出版社：人民教育出版社

出版时间：2017 年 9 月

版本二

作者：[美]蕾切尔·卡森著，辛红娟译

出版社：译林出版社

出版时间：2018 年 6 月

作品梗概

春天是百花齐放、百鸟争鸣的季节，不应该是寂静、死气沉沉的，可是不知道从什么时候开始，庭院里听不到鸟鸣，花丛中没有了蜜蜂，小溪里也看不到鱼儿，田野里变得寂静无声了……这样“寂静的春天”是多么可怕啊！

《寂静的春天》一书向我们描绘了一个美丽村庄的突变——因滥用化学杀虫剂而走向衰败。作品以此为开头，强调了曾经被人们放心大胆使用的杀虫剂一旦滥用，在杀灭害虫的同时不仅会使动植物死亡，更会对人类的健康产生重大威胁。

书的前半部分，对土壤、植物、动物、水源等相互联系的生态网络的介绍，说明了化学药剂对大自然产生的毒害；后半部分则针对人类生活所接触的化学药物毒害问题，提出严重的警告。作者以详尽的阐释和独到的分析，细致地讲述了以 DDT 为代表的杀虫剂的广泛使用给人们的生存环境所造成的难以逆转的危害——人类不断想控制自然，结果却使生态破坏殆尽，也在不知不觉间累积毒物于自身，甚至遗祸子孙。

思维导图

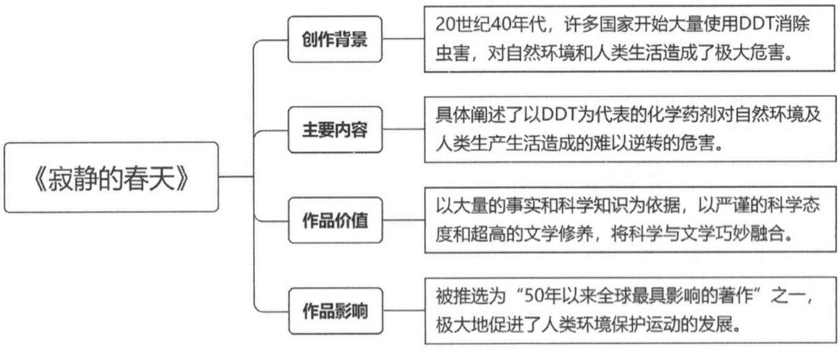

作者介绍

蕾切尔·卡森（Rachel Carson，1907—1964），美国海洋生物学家。1929 年，她从宾夕法尼亚女子学院毕业，进入伍兹霍尔海洋生物实验室学习，后获得动物学硕士学位。1941 年出版第一部著作《海风的下面》，受到科学家和文学评论家的好评。1948 年，撰写了一部关于海洋自然科学发展的专著《我们周围的海洋》。1955 年完成第三部作品《海洋的边缘》。

20 世纪 40 年代，许多国家开始大量使用 DDT 等剧毒杀虫剂，给生态环境造成了极大的危害，一个名叫奥尔加·哈金丝的妇女给她写了一封信，希望蕾切尔·卡森能利用她的威望影响政府官员去调查杀虫剂的使用问题。从此，卡森开始致力于以 DDT 为代表的化学药剂的调查研究，历经 4 年写出《寂静的春天》，这是一本具有划时代意义的著作，它第一次严肃地质疑了人类征服自然、改造自然的观念，并促使环境保护事业在美国和全世界迅速发展。

美国《时代周刊》评选蕾切尔·卡森为 20 世纪最有影响的 100 个人物之一，《匹兹堡》杂志评选其为“世纪匹兹堡人”之一，认为她是现代环境运动之母。她对公众和政府加强对环境的关注和爱护的呼吁，促进了美国国家环境保护局的建立和“世界地球日”的设立。蕾切尔·卡森逝世后，美国政府追授她“总统自由勋章”。

文学地位

《寂静的春天》的出版是当代环境保护运动的起始点。在19世纪60年代之前，人们意识中根深蒂固的观念是“征服大自然”。蕾切尔·卡森第一次对这一人类意识的绝对正确性提出了质疑，唤醒了人们的环境意识，促使环境问题被摆到各国政府面前。联合国于1972年6月12日在斯德哥尔摩召开“人类环境大会”，并由各国签署“人类环境宣言”。美国前副总统、诺贝尔和平奖获得者阿尔·戈尔评价：“如果没有这本书，环境运动也许会被延误很长时间，或者现在还没有开始。”“《寂静的春天》播下了新行动主义的种子，并且已经深深植根于广大人民群众中。她的声音永远不会寂静。她惊醒的不仅是我们国家，甚至是整个世界。”美国著名评论家保罗·布鲁克斯评价道：“在出版25年后，《寂静的春天》依然不止具有历史意义。这样的书，在所谓的两种文化的鸿沟上架起了桥梁。”

《寂静的春天》也是一部文笔优美的自然文学著作。中国作家余凤高评价该书：“通俗浅显的专业表述，抒情散文的笔调，文学作品的引用，使本书读来趣味盎然。”在纽约大学新闻学院评选的20世纪100篇最佳新闻作品中，《寂静的春天》名列第二。1992年，在卡森逝世后的第28年，《寂静的春天》被推选为世界上最具影响力的图书之一，被誉为“世界环境保护运动的里程碑”。2020年4月，《寂静的春天》被列入《教育部基础教育课程教材发展中心中小学生阅读指导目录（2020年版）》。

核心价值

◎ 核心知识

（一）科普作品

科普作品，又称“科普著作”，它是一种以向大众普及科学知识为主要目的的作品。作品传统上以文字或图画为基本载体，现今也常以视频媒体等其他形式出现。科普作品所述的内容具有一定的学科专业性，在叙述内容上要求通俗易懂、深入浅出，能引起读者的兴趣。科普作品在陈述专业科学知识时，要求把握一定程度的严谨性，允许适当地虚构作品情节、人物、环境等等，以增加可读性。作者强调，这个城镇是虚构的，但世界上有很多这个城镇的翻版。读《寂静的春天》，我们会发现，原来科学探索并不枯燥，在这本书中，卡森以生动而严肃的笔触，描写因过度使用化学药品而导致环境污染、生态破坏，最终给人类带来不堪重负的灾难，普及科学知识的同时，更能震撼人心。

（二）对比论证

对比论证是把具有明显差异、矛盾和对立的双方安排在一起进行对照比较，用正反对比的方法分辨出彼此差异的说理方法。一般包括横向对比说理和纵向对比说理。横向对比说理法，记述不同人物做一件事，行为不同，结果也不同，通过二者对比来说理。

纵向对比说理法，记述同一事物的不同阶段，采用不同的方法，取得不同的结果。运用对比论证方法有助于突出被表现事物的本质特征，加强文章的艺术效果和感染力。《寂静的春天》中，对比说理法随处可见，如开篇《未来的寓言》就采用了纵向对比说理法，同一个村庄，原先是鸟语花香、生机勃勃，后来死气沉沉、阴云密布，作者以此引发读者对环境问题的关注，引导人们意识到环保问题的重要性。

（三）科学与文学交织的魅力

《寂静的春天》是一部科学与文学完美结合的著作。称其为科普作品，因其基于科学调查、数据分析，逻辑严密、说理透彻；称其为文学作品，因其运用了贴近生活的散文化文字而非晦涩难懂的专业术语进行描述，用文学化语言描绘科学现象，说理巧妙，生趣盎然。作者擅长引用神话传说、童话故事等说明事理，逻辑严密，兼有理趣和情趣。作品中富有诗情画意的语句，比喻、反问等修辞随处可见，如散文般灵动自如，趣味横生。如称化学药剂是“死神的致命药剂”，植物是地球的“绿披风”，被药物污染过的河流是“死亡之河”……这样生动恰当的比喻比比皆是，展现了作者满怀生态责任的思想，以及深切的担忧与焦虑。

◎ 核心能力

（一）阅读科普作品，提取显性信息

科普作品一般是以通俗的语言向读者介绍某种事物或现象，说明它的形态、特征、性质、意义、成因及其功能和作用等。阅读《寂静的春天》这部科普作品，首先要弄清作品的基本内容，在阅读过程中，要善于借助语言标志，抓住关键性词句，如关联词语、表示时间顺序的词语、指代性词语、插入语、首括句、总结句、过渡句等，能更快把握作品内容。其次要理解作品中介绍的某种事物和现象的联系及其对人类的影响，如阅读《寂静的春天》，我们要理解以 DDT 为代表的杀虫剂给昆虫、鸟类、植物、鱼类、水域、人类等带来的巨大危害，可以用思维导图的形式梳理组合这些重要内容，呈现自己的理解。

（二）发展严谨求实的科学思维

科学思维，也叫科学逻辑，即形成并运用于科学认识活动，对感性认识材料进行加工处理的方式与途径的理论体系；它是真理在认识的统一过程中，对各种科学的思维方法的有机整合，是人类实践活动的产物。《寂静的春天》作为一部科普性的生态学著作，始终贯穿着严谨求实的科学思维。作者尽量客观分析有关科研成果，以防止出现任何违背科学的表述，核对作品中的每一段话、每一个事例、每一组数字，还按照章节和页码的顺序，将主要资料来源附在最后。阅读作品，关注文章科学的表达，发展严谨求实的科学思维，对学生的终身学习大有裨益。

◎ 核心策略

（一）抽取要点

抽取要点是指从海量信息中快速、准确获取重要信息。《寂静的春天》是一本科普读物，学生很难将注意力集中在每一章、每一个文字上，需引导学生关注作品的关键信息。比如，阅读时可以借助前言、后记及附录中有关作家作品的介绍，了解其生平事迹、科学成就和全书的大致内容，为阅读整本书做准备。《寂静的春天》的“序”中有卡森的生平简介、环境保护的奋斗历程、创作此书的缘起，更有她面对因此书带来的谩骂非议却毫不动摇地进行科学调查的心酸……阅读这些，能大致了解本书内容、特点，为整本书的阅读打下良好的基础，也能使学生有选择地关注重点内容。

（二）批注策略

批注式阅读是指在自主阅读时，对文章的内容、层次、思想感情、表现手法、语言特色、精彩片段、重点语句进行感知，在思考、分析、比较、归纳的基础上，用线条、符号或简洁的文字加以标注的读书方法。批注可以分为赏析式批注、质疑式批注、阐释型批注、感受式批注等。《寂静的春天》中，作者用优美形象的书写方式，将琐碎沉闷的科学调查材料转变成对生态世界栩栩如生的描述。生动的比喻、有力的反问，体现了作者对大自然和生命毫不吝啬的赞美，同时对人类肆意征服、利用自然的行为感到深重忧虑，这样的书写方式使文本既优美又通俗易懂，增添了文本的可读性和感染力。在阅读时，可以灵活运用多种批注方式进行阅读，进入作者所描绘的世界，体会文字之美，这样既可获得真知，也可汲取文学养料。

（三）跨界阅读

跨界阅读既可指突破学科边界的学科互涉阅读，亦可指突破纸质媒介的综合阅读。有些书的阅读需要打开学科的界限，综合利用历史、地理、政治等学科的知识获得更深刻的理解；有些书需要打开不同艺术形式的边界，借助戏剧、电影、评书、连环画等表现形式帮助学生对比细节，发现差异。可以引导学生在阅读《寂静的春天》时使用跨界阅读策略，打通生态学、化学、生物学等领域，引导学生关注化学制剂对生态环境造成的巨大危害，同时也可以打通不同艺术形式之间的壁垒，进行如手抄报、剧本、微视频等作品的创作。

（四）比较阅读

比较阅读法，是把两种或两种以上同类或者有一定联系的文章放在一起比较分析其共同性和特殊性。比较的方式可以是同类相比，同中求异。如《寂静的春天》和《昆虫记》同属于科普作品。在阅读过程中，学生可以精读蕾切尔·卡森观察和描述昆虫生存状态的文字，对比阅读《昆虫记》中法布尔对昆虫生活状态的描写，抓住写作侧重点和语言风格等方面进行对比，寻找异同，使阅读走向深入。

（五）组织策略

组织就是读者将所阅读的信息加以组织结构化，以有效保持信息的阅读策略。本书运用的具体组织信息的方式是绘制各式思维导图。思维导图可根据作品思路，将其分解并串联成若干部分，清晰呈现阅读的框架。《寂静的春天》不仅通过水循环圈、土壤系统、植被系统等方面呈现农药的危害，还详细介绍了农药在生物体内层层积累的过程，以及不同化学制剂的农药对人体不同机能产生的危害。在阅读过程中，可以引导学生用绘制思维导图的方式，对相应主题进行梳理。比如各大循环系统、农药层层积累的思维导图等，不仅能帮助学生梳理作品思路，更为专题学习提供了探究方向。

◎ 精神文化

（一）形成生态思想

当人类仍沉浸在“征服自然”的妄自尊大和盲目乐观中时，蕾切尔·卡森出于一名科学家的良知，树起“非人类中心主义”的大旗，体现出生态整体主义的思想，她认为自然是相互联系、相互依存的生命体所构建的生命之网。作者在《寂静的春天》一书中发出了“是谁做了这个决定”的诘问，“是谁在天平的一端堆满甲虫的食物树叶，而在另一端放满色彩斑斓的羽毛——来自因杀虫剂而亡的鸟类的尸体？”……作者用大量的科学事实，向读者展现了一个美丽村庄在化学用品的摧残下，水资源、大气资源、土壤资源以及动植物和人类突变的现状，表现了其生态思想，倡导人类学会尊重生命之网的每个节点。

（二）树立环保意识

《寂静的春天》出版已有半个多世纪，DDT 虽被禁止，但各种农药和化学制剂依然在当下的农业生产中大行其道，卡森具有前瞻性的呐喊言犹在耳。化学药剂的滥用、工业废物的肆意排放，都给春天原有的绿色抹上一层黑，给春天原有的生机盖上一片死寂，让每个身处其中的人与其他生物深受其害。阅读时可联系现实中的生态困境，如气候变暖、干旱、沙尘暴等现象，思考这些现象是因何产生，它们给我们的生存带来哪些危害？我们可以通过哪些办法阻止、减少它们的发生？冷静而客观的现实思考之余，就会更加理解作者的执着，树立起环保意识，并且更懂得应该同舟共济、齐心协力保护生态环境，保护我们共有的且是唯一的家园。

自主初读

◎ 阅读规划

阅读进程	阅读章节	阅读时间	阅读该部分感受最深的一点	阅读该部分最大的疑惑	自我评价（优、中、一般）	教师评价（优、中、一般）
进程一						
进程二						

续表

阅读进程	阅读章节	阅读时间	阅读该部分感受最深的一点	阅读该部分最大的疑惑	自我评价（优、中、一般）	教师评价（优、中、一般）
进程三						
进程四						
进程五						
进程六						

任务伴读

◎ 进程一

任务推进

<table>
<tr><th>阅读规划</th><th>任务单</th><th>重点能力指向</th></tr>
<tr><td>范围：第1—6章。
时间：3天阅读完毕。</td><td>1. 在第三章“死神的致命药剂”中，蕾切尔·卡森运用翔实的案例，列举了大量的科学报告，具体阐述了化学杀虫剂的作用原理，阐明了它们的危害和不良影响。请阅读该章节，完成下列信息表。
<table>
<tr><th>化学品门类</th><th>代表性杀虫剂</th><th>特性及危害</th></tr>
<tr><td rowspan="3">氢化烃杀虫剂（DDT为代表）</td><td>DDT</td><td>（1）不能被皮肤良好吸收，会在消化道中被慢慢吸收，也能由肺部吸收，小到无法察觉，慢慢积累到一定水平；
（2）______________________</td></tr>
<tr><td>______________</td><td>残留物可以长久留存，可以被皮肤吸收，可以以喷雾、粉屑形式被消化道吸收，在人体慢慢积累。在脂肪内贮存，能转换成另外一种物质。</td></tr>
<tr><td>氯化萘（狄氏剂、艾氏剂、安德萘）</td><td>是所有烃类药物中毒性最强的，使接触人饱受肝炎折磨，几乎无法治愈，导致牛畜患上致命疾病。</td></tr>
<tr><td rowspan="2">有机磷类杀虫剂（全世界毒性最高的化学品之一）</td><td>______________</td><td>有机磷类化学农药中毒性最低的一种，但与其他有机磷农药同时作用会产生剧烈的中毒反应。</td></tr>
<tr><td>对硫磷</td><td>______________________</td></tr>
</table>
2. 跳读第四至第六章，运用思维导图法，分别从水循环圈、土壤系统、植被系统等三个方面呈现农药的危害。</td><td>抓住关键性的词句，利用表格绘制的形式，理清、理解作品中介绍的某种事物和现象的联系，以及其对人类的影响，把握作品内容。提升提取信息的能力和赏读评析的能力。</td></tr>
</table>

阶段性检测

1. 氢化烃杀虫剂和有机磷类杀虫剂的主要成分都是 ____________。

2. 下列关于杀虫剂的表述正确的一项是（　　）

A.DDT 及其同类化学药物一个最危险的特征是会大量聚集在富含脂肪的器官内。

B. 狄氏剂是用一位德国化学家狄尔斯的名字命名的。

C. 在所有氯化烃药物中，艾氏剂的毒性是最强的。

D. 多数内吸杀虫剂使用的是有机磷，因为它的药物残留几乎没有。

3. “要控制各种多余植物，可以先从研究各种食草昆虫着手。”请结合第六章内容和生活实际，举三个例子具体直观地证明这一观点。

◎ 进程二

任务推进

阅读规划	任务单	重点能力指向
范围： 第 7–11 章 时间： 3 天阅读完毕。	1. 对于科普作品而言，好的插图能准确有效地传递科学内容，能激发读者的好奇心和求知欲。下面是出自作品《寂静的春天》中的两张插图，请比较两张插图，结合具体的章节内容，谈一谈作品里加入插图的好处。 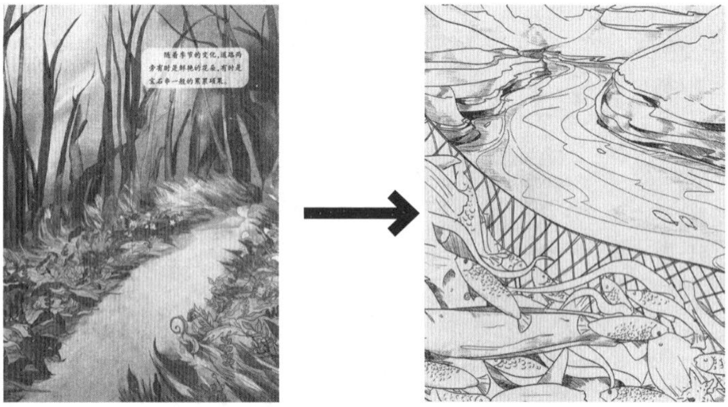 2. 蕾切尔·卡森的文字生动优美且充满温情，传达着深重的生态忧患。请仿照示例，摘录精妙的语句，进行赏析式评注。（至少两处） 〔示例〕 摘录：强力的喷药枪对准树木喷射出一条条剧毒的水龙，它不仅直接杀死了既定目标——榆树皮甲虫，也杀死了其他昆虫，包括授粉的昆虫，以及蜘蛛、甲虫等捕食性昆虫。 批注：这句话运用了比喻的修辞手法，将喷出的农药比作剧毒的水龙，生动形象地写出了农药对昆虫的毒害，表达了作者的悲愤之情，引起读者情感上的共鸣，以及对人与自然如何和谐相处的深思。 摘录 1： ____ ____	跨界阅读，插图与文字双管齐下，使读者进一步了解化学制剂对生态环境造成的巨大危害，品读作者文学化的语言，感受字里行间所传递的对自然的关切与忧虑。

续表

阅读规划	任务单	重点能力指向
	批注 1: ______ ______ 摘录 2: ______ ______ 批注 2: ______ ______	

阶段性检测

1. 下列描述中，哪一个不能说明化学药剂不是“杀虫剂”而是“杀生剂”？（　　）

A. 鸟儿不再歌唱

B. 鱼儿踪迹全无

C. 叶片覆盖上了一层具有致命危害的毒膜

D. 有害昆虫大量减少

2. 蕾切尔·卡森创作时，非常注重内容的科学性与真实性，无论是事例的引用、数据的使用，还是语言的表述都极为严谨。请根据括号内的提示，分析下列句子在表达上的作用。

（1）一场雨过后，地面上随处可见死去的蚯蚓，知更鸟很可能是吃了这些有毒的蚯蚓才遭殃的。（句子中“很可能”三个字能否去掉，为什么？）

（2）在设立禁猎区的初期，即 1935 年至 1939 年，大约有 40% 的鹰是 1 岁大的，这一点，从它们的暗色羽毛就能轻易辨认出来。但最近几年，这些 1 岁大的鹰相当罕见。1955 至 1959 年，这些未成年鹰在鹰的总数量中仅占 20%；而在 1957 年一年中，每 32 只鹰里仅有幼鹰 1 只。（作者罗列几年间有关 1 岁大幼鹰的数据有何作用？）

◎ 进程三

任务推进

阅读规划	任务单	重点能力指向
范围： 第 12-17 章 时间： 3 天阅读完毕。	1.“现在，我们的整个世界遍及污染，难道人类能逃脱吗？”杀虫剂对人类自身有着怎样的影响？请根据第十二至十四章的内容进行梳理，分点概括。 2. 作者善用对比进行巧妙的说理，把两种事物或现象进行比较，有利于突出被表现事物的特征，使文章更有说服力和感染力。请在第十二至十七章中，至少列举一个运用对比论证的例子，并分析其作用。	阅读、梳理杀虫剂给人类带来的危害，提高信息提取概括的能力；体会作者运用对比论证进行说理的好处。

阶段性检测

1. 在第十四章《1/4 的概率》中，1/4 的概率指的是在现代社会中有 1/4 的人口有患上________（疾病）的风险，引发这一疾病的主要诱因是辐射和________。

2. 神志不清、出现幻觉、记忆衰退、狂躁不安，这些使用化学药剂后在人类身上出现的现象表明化学药品会损伤人类的什么系统？（　）

A. 神经系统

B. 消化系统

C. 生殖系统

D. 呼吸系统

3. 对比说理的运用是作品的一大特色，请你再从文章中找出两三处，并结合上下文谈谈对比说理的表达效果。

对比点	原句	分析

课型推进

◎ 阅读课规划

教学阶段	主要内容	教学资源	设计意图
导读课	1. 交流分享，了解作者、科普作品、创作背景等相关信息。 2. 阅读作品前言、相关评论，了解作品内容、创作初衷，感受作者的生态理念。 3. 制订小组阅读计划，明确科普作品的阅读方法。	1.《寂静的春天》相关评论。 2. 知人论世法。	1. 了解蕾切尔·卡森、科普作品、创作背景等信息。 2. 把握作品主要内容。 3. 明确科普作品的阅读方法，开展高效阅读。
推进课	1. 通过小组探究、班级交流，学会运用提炼概括与精读批注相结合的方法深入阅读。 2. 赏析作品语言特色，学会不同的批注方法。 3. 比较阅读《寂静的春天》与《昆虫记》，把握两者在创作重点和语言风格上的异同。	1. 学生阅读笔记，批注法。 2. 比较阅读法。 3. 自主合作探究学习法。	1. 梳理作品主要内容，品味独特的话语风格。 2. 通过比较阅读《寂静的春天》与《昆虫记》，把握两者在创作重点和语言风格上的异同。
成果分享课	1. 开展“但愿春天不寂静”的名著展示课。 2. 开展“化学药剂我来说、农药使用我来辩、环保视频我来拍”等活动成果展示。	学生课前分工准备的素材、成果。	1. 通过活动探究，以小组分工合作的形式加深对作品的阅读和理解。 2. 通过展示阅读成果，多角度呈现对作品主题的把握，培养正确的价值观。

◎ 专题探究信息一览表

专题	探究指向	阅读策略	思维层次
品味独特的话语风格	赏析《寂静的春天》的语言特色，学会不同的批注方法。 比较阅读《寂静的春天》与《昆虫记》。	批注策略 比较阅读	感受、理解作品的语言特色，分析《寂静的春天》与《昆虫记》在创作重点和语言风格上的异同。

走进《寂静的春天》

——《寂静的春天》导读课

【教学目标】

1. 通过交流分享，了解蕾切尔·卡森、科普作品、创作背景等相关信息；

2. 通过阅读作品前言、相关评论等，了解作品内容、创作初衷，感受作者的生态理念；

3. 通过班级讨论、制订小组阅读计划，明确科普作品的阅读方法，开展高效阅读。

【教学重点】

了解作家、作品及其生态理念；制订小组阅读计划，明确科普作品的阅读方法。

【教学难点】

制订小组阅读计划，明确科普作品的阅读方法，开展高效阅读。

【课时安排】

1 课时

【教学过程】

一、导入

图片呈现，你觉得什么能给社会带来一次变革？一项发明、一次运动、一本书？说说你的看法和理由。

与一次战争、一场疾风暴雨般的政治运动甚至一次骚乱相比，书籍一般都

难以产生那么大的作用。但是有的时候，一本书确实能够掀起一场运动，引起社会的变革，甚至是重大的改革。

——中国作家协会会员余凤高

二、读“评论”，猜“内容”

阅读以下评论，猜猜《寂静的春天》是一部怎样的作品。

1992年，一个由杰出美国人组成的小组推选《寂静的春天》为近50年来最具有影响力的书。经历了这些年来的风雨和政治论争，这本书仍是一个不断打破自满情绪的理智的声音。这本书不仅将环境问题带到了工业界和政府的面前，而且唤起了民众的注意，它也赋予我们的民主体制本身以拯救地球的责任。

——诺贝尔和平奖得主、美国前副总统戈尔

做新闻的人，多多少少都知道《寂静的春天》，这本书被认为是20世纪100篇最佳新闻作品之一，在20世纪60年代，引发了美国甚至全世界的环境运动。我国停用DDT，也可以说源头来自这儿。美国的前副总统戈尔，把Rachel Carson的照片和那些总统、总理们的照片一块悬挂在他办公室的墙上。他说“她对我的影响与他们一样，甚至超过他们，超过他们的总和！”

——媒体人柴静

三、读“作者”，明初衷

（一）课前寻找作者相关信息，课堂交流分享

蕾切尔·卡森（Rachel Caron 1907—1964）美国海洋生物学家，主要研究鱼类和野生资源。

1929年毕业于宾夕法尼亚女子学院，三年后获得霍普金斯大学的动物学硕士学位。1941年第一部关于海洋生物的著作《海风的下面》出版，而后《我们周围的海洋》《海洋的边缘》相继出版。

（二）说说你对作者的印象和看法，以及她创作《寂静的春天》的初衷

1. 起源：一封信

2. 什么是DDT？

DDT又叫滴滴涕、二二三，化学名为双对氯苯基三氯乙烷，中文名称从英文缩写DDT而来，为白色晶体，不溶于水，溶于煤油，可制成乳剂，是有效的杀虫剂。

该产品几乎对所有的昆虫都非常有效。第二次世界大战期间，DDT的使用范围迅速扩大，而且在疟疾、痢疾等疾病的治疗方面大显身手，救治了很多生命，而且还带来了农作物的增产。DDT使用20年来，在全世界范围内至少拯救了5亿人的生命。瑞士化学家穆勒因而获得了1948年诺贝尔生理与医学奖。

（三）带着“理性”去阅读

如果你是蕾切尔·卡森那个年代的人（化工公司老总、农场主、科学家、普通民众……），你会怎么看待蕾切尔·卡森和她的《寂静的春天》？请选择一位角色说说你的观点。

四、读“前言”，知意义

（一）找到作品“前言”，快速阅读，感受卡森的人格魅力

大多数化工公司企图禁止《寂静的春天》的发行。当它的片段在《纽约人》中出现时，马上有一群人指责书的作者卡森是歇斯底里的、极端的。即使现在，当向那些以环境为代价获取经济利益的人问起此类问题时，你依然能够听见这种谩骂……当这本书开始广为传诵时，反抗的力量曾是很可怕的。

对蕾切尔·卡森的攻击绝对比得上当年出版《物种起源》时对达尔文的攻击。况且，卡森是一位妇女，很多冷嘲热讽直接指向了她的性别，把她称作“歇斯底里的”，《时代》杂志甚至还指责她“煽情”。她被当作“大自然的女祭司”而摒弃了，她作为科学家的荣誉也被攻击，而对手们资助了那些预料会否定她的研究工作的宣传品。

——《寂静的春天》原著前言

（二）带着“敬畏”去阅读

在这场论战中，蕾切尔·卡森具有两个决定性的力量：尊重事实和非凡的个人勇气。

1964 年 4 月 14 日，年仅 56 岁的蕾切尔·卡森因癌症和遭受空前的诋毁、攻击而与世长辞。

DDT 在减轻疟疾、伤寒等蚊蝇传播疾病方面起到了不小的作用。但由于其在环境中难降解，污染过于严重，目前大多数国家和地区已经禁止使用。蕾切尔唤醒的不是一国一土，而是整个人类。

五、寻方法，促阅读

（一）请结合阅读经验（如《昆虫记》《星星离我们有多远》等），讨论科普作品的阅读方法和阅读重点

如：

1. 借助作品的中文版序、引言、作者的话、献辞、目录、译者后记等。

2. 一些专业性较强的概念、术语，可以查找工具书或相关资料。

3. 关注作品的语言魅力，关注科学思维、科学理念和科学精神。

（二）根据目录，制订阅读计划

第一章 未来的寓言
第二章 忍耐，但必须知晓义务
第三章 死神的致命药剂
第四章 地表水和地下水的海洋
第五章 土壤的世界
第六章 地球的绿披风
第七章 飞来横祸
第八章 鸟儿的歌声消失了
第九章 死亡之河
第十章 灾难从天而降
第十一章 超乎博尔吉亚家族的想象
第十二章 人类付出的代价
第十三章 透过狭小之窗
第十四章 1/4的概率
第十五章 大自然的反抗
第十六章 大雪崩的轰隆声
第十七章 另外的道路

小组讨论，制订本小组阅读计划，安排进度及关注点、阅读方法。

如：

<table>
<tr><th>阶段</th><th>阅读进度</th><th>关注点</th><th>阅读方法</th></tr>
<tr><td>第一阶段</td><td>《未来的寓言》
《忍耐，但必须知晓义务》
《死神的致命药剂》
《地表水和地下水的海洋》
《土壤的世界》
《大自然的反抗》
《地球的绿披风》</td><td rowspan="3">① 知识内容
② 科学精神与人文关怀
③ 作品的艺术趣味</td><td rowspan="3">① 遇到一些专业性较强的概念、术语，查找工具书或相关资料，把握其含义。
② 摘抄并赏析精妙词句、段落。
③ 概括每篇内容，制作思维导图。
随时记录心得或疑问，讨论交流。</td></tr>
<tr><td>第二阶段</td><td>《飞来横祸》
《鸟儿的歌声消失了》
《死亡之河》
《灾难从天而降》
《超乎博尔吉亚家族的想象》</td></tr>
<tr><td>第三阶段</td><td>《人类付出的代价》
《透过狭小之窗》
《1/4 的概率》
《大自然的反抗》
《大雪崩的轰隆声》
《另外的道路》</td></tr>
</table>

【教学小结】

这本书一开头把春天的美好从人们的脑中抹去了，只留下了一片死寂。是什么导致春天变成这个样子？不是魔法、不是战争，是无知的人们咎由自取，杀虫剂的使用彻底打破了自然的运行法则。

事实上，大多数人一开始并不清楚杀虫剂的危害，正如作者所说，“我所争论的是我们把有毒的和对生物有效力的化学药品不加区分地、大量地、完全地交到人们手中，而对它潜在的危害却全然不知”。感谢卡森，以一名环境卫士的良知向民众发出呐喊。

制订并遵照阅读计划开展你的阅读，阅读需要方法，更需要用心。

【配套练习】

1. 关于《寂静的春天》一书，内容表述正确的一项是（　　）

A. 就地球存在的全部时间而言，生物对环境的反作用越来越强，具有改造周围环境的强大力量。

B. 使用大量化学药品的方法仅仅取得了有限的胜利，但给试图改善这种状况带来了更大的威胁。

C. 线粒体内永不停歇的氧化作用是为了释放出人体所需要的能量。

D.DDT 及同类化学药物的一个特征是：它们无法通过食物链从一个有机体传到另一个有机体。

2. 下列关于以 DDT 为代表的化学杀虫剂的表述，说法错误的一项是（　）

A. 大多数药剂归为以 DDT 为代表的“氯化烃”和含有各种有机磷的杀虫剂。

B. 这类杀虫剂的主要成分都是碳原子。

C. 杀虫剂中的碳原子无法任意与其他结构组合成链状、环状或其他别的构形。

D.DDT 在人体的贮藏量是从它可理解的最小摄入量开始的（残留于大多数食物中），直到达到一个相当高的水平。

3.《寂静的春天》向人类吹响了环保的号角，在世界环境日到来之际，我校准备举行一系列宣传环保的活动，请拟写几则环保标语，要求对仗工整、朗朗上口。

4. 请根据链接材料和《寂静的春天》的相关内容，说说再也见不到鸟、鱼儿的原因。

链接材料：

1958 年，蕾切尔·卡森接到一封来自马萨诸塞州杜可斯波里的一个名叫奥尔加·哈金丝的妇女的来信，信中说到一架为消灭蚊子而喷洒 DDT 的飞机飞过他们的私人禽鸟保护区上空，不久之后，保护区的禽鸟就大量死亡。

“道路两旁一度是令人赏心悦目的所在，现在仿佛经历了重大灾难一般，满眼都是焦黄的、枯萎的植物。这些地方仿佛被生命抛弃了，寂静一片。甚至连小溪也是如此：钓鱼的人不再来拜访它，因为所有的鱼都死亡殆尽。”

——《寂静的春天》

5. 请借助课堂所学方法用心阅读《寂静的春天》第一章《未来的寓言》，谈谈阅读收获。

> 小贴士
>
> 可从知识内容、语言风格、科学思维、科学精神等方面入手。

解码《寂静的春天》

——《寂静的春天》推进课

【教学目标】

1. 通过小组探究、班级交流，学会运用提炼概括与精读批注相结合的方法进行深入阅读，梳理作品的主要内容，品味独特的话语风格；

2. 比较阅读《寂静的春天》与《昆虫记》，把握两者在创作重点及语言风格上的异同。

【教学重点】

学会运用提炼概括与精读批注相结合等方法进行深入阅读，梳理作品的主要内容，品味独特的话语风格。

【教学难点】

比较阅读，把握两部作品在创作重点及语言风格上的异同。

【课时安排】

1 课时

【教学过程】

一、导入

根据上堂课小组制订的阅读计划，安排进度及关注点、阅读方法，交流阅读收获。

摘录个别小组展示：

<table>
<tr><th>阅读内容</th><th colspan="2">关注点</th><th>摘录及分析</th></tr>
<tr><td rowspan="3">第十二章《人类付出的代价》</td><td colspan="2">知识内容</td><td>本章讲述了各种杀虫剂的特性和药力，以及使用后对我们的生活造成的影响。</td></tr>
<tr><td rowspan="2">语言特点</td><td>科学性</td><td>“一位医生预计，1/3 或更多的人会出现过敏反应，而且这些人的数量还在逐步增长。”“预计”体现了语言的严谨性，“1/3 或更多的人”“逐步增长”体现有过敏反应的人数在不断增长，这不得不让人警惕，同时也让读者对不同个体对杀虫剂产生的过敏反应、严重后果产生了忧虑。</td></tr>
<tr><td>文学性</td><td>“如果肝脏失去了正常功能，人体就相当于被解除了全部武装——无法对抗不断入侵的各种毒素。”肝脏对人体有着至关重要的作用，通过“被解除了全部武装”这样的说法生动表现出作者对人体肝脏失去正常功能而被毒素入侵的担忧。</td></tr>
</table>

二、阅读方法升级——提炼概括与精读批注结合

1. 提炼概括——把握作品主要内容。

用简短的文字概括每个章节的主要内容，并且学会梳理章节中的例子。

摘录同学的展示：

章节	主要内容	示例 1	示例 2	示例 3
人类的代价	杀虫剂对人类的严重危害	毒素逐渐累积在人体脂肪中，阻碍功能发挥	对人类肝脏的危害	对大脑、神经系统的影响

——表格式的思维导图

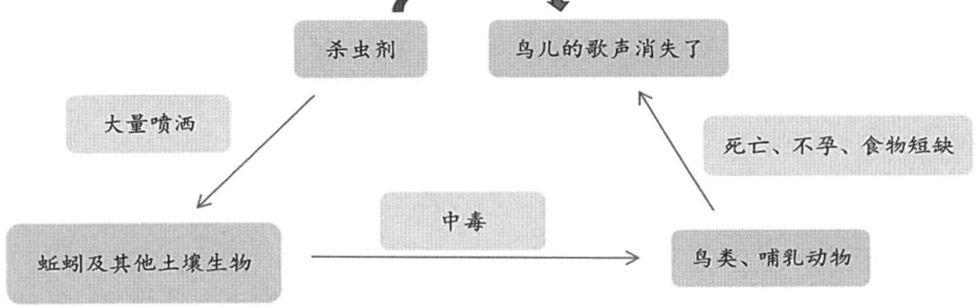

——箭头式思维导图

2. 精读批注——品味独特的话语风格

选择自己喜欢的语段或者对之前“阅读计划单”中的语句进行批注完善。

批注的主要类型：

（1）赏析式批注：着重解决读懂“怎么写”的问题。包括词句、段落、篇章等方面的精妙之处。

（2）质疑式批注：针对文本不理解的地方或质疑的地方，以批注的方式写出来。如内容有没有漏洞？遣词造句是否准确？有没有更好的表达？

（3）阐释型批注：用来阐释文章的语言文字和思想内容，着重解决读懂“写什么”的问题。包括对词语、句子、段落、主题的进一步阐释和把握。

（4）感受式批注：记下读文章时的理解感受、困惑迷茫或者收集相关资料得来的收获。

摘录同学的展示：

（1）“这个小镇位于像棋盘般整齐排列的繁荣的农场中心，它的四周被庄稼地环绕，小山下是一片果园，树木葱茏。春天，绿色的原野上点缀着点点白花，像白色的云朵；秋天，透过松林的屏障，橡树、枫树和白桦树火焰般的彩色光辉时不时地闪射着人们的眼睛。”

赏析式批注：这句话运用了比喻的修辞手法，“棋盘”“白色的云朵”“火焰”生动形象地描绘了小镇的美丽，与下文小镇的死寂荒芜形成对比，激发读者的阅读兴趣。

（2）“在地球表面覆上一层毒药，谁能相信它不会给所有生物带来危害呢？它们真正的名字不是‘杀虫剂’，而是‘杀生剂’。”

感受式批注：“在地球表面覆上一层毒药”，这哪里是杀虫啊，简直杀的是整个生物界，令人心惊胆战。

（3）“单一农作物的大面积耕种并不符合自然的发展规律。大自然孕育了千千万万的物种，然而人们却热心于将它们简化。因此，自然界内在的制约和平衡系统被人类打破，而大自然就是以这种方式制约各个物种。”

阐释型批注：单一物种进行大面积的种植是不符合自然界的运行规律，这将会打破自然界内在的制约和平衡系统，出现意想不到的问题。

（4）“在消灭不需要的植物方面，生态控制法获得了惊人成就。大自然本身也遇到了一些困扰人类的问题，但它通常能用自己的方法成功解决。如果聪明的人类善于观察和效仿大自然，那么他也一定会取得成功。”

质疑式批注：书中的确列举了很多利用生物控制法的成功案例，但作者认为只要“人类善于观察和效仿大自然”，就“一定会取得成功”，这样的论断是否过于绝对？贸然引进一种生物以控制另一种生物，是否有可能造成“生物入侵”这样的可怕后果？

三、比较阅读《寂静的春天》与《昆虫记》

精读蕾切尔·卡森观察和描述昆虫生存状态的文字，对比阅读《昆虫记》中法布尔对昆虫生活状态的描写，你发现他们在写作侧重点和语言风格上有何异同？组内交流、班级分享。

摘录同学的展示：

《昆虫记》里写蟑螂是描写它生物进化的状态，《寂静的春天里》写蟑螂是为了表现它顽强的生命力。

《寂静的春天》：它（蜻蜓）目光锐利地在空中飞来飞去，用它们那形如篮子的几条腿兜捕蚊虫。蜻蜓的幼虫生活在水中，因此又被称为“水中仙女”，它们以捕食生活于水中的蚊子幼虫——孑孓及其他昆虫为生。一只草蜻蛉在那儿的一片树叶前悄悄地停留，它那绿纱般的翅膀和金色的眼睛不时躲闪着，仿佛害羞了一般。

《昆虫记》：居住在草地里的蟋蟀，几乎和蝉一样有名气。它的出名主要是因为它出色的歌唱才华和建筑才华，它的住所堪称别墅。在建造巢穴方面，蟋蟀聪明，超群出众。它总是非常慎重地选择那些排水条件优良，并且拥有充足而温暖的阳光照射的地方，有安全保障，并且是自己亲手挖掘而成的洞穴。从它的大厅一直到卧室，无一例外，它拥有安全可靠的躲避隐藏的场所，拥有享受不尽的舒适感。每当四周很宁静的时候，蟋蟀们就会悠闲自在地聚集在这里，开始弹琴歌唱。

同：与《昆虫记》类似，《寂静的春天》也兼有严谨务实的科学精神与敬畏自然的人文关怀，是一本文质兼美的科普著作。作者用散文的笔调串联起通俗浅显的术语，用拟人化的手法展现了灵动的昆虫世界，充满对生命的关爱之情。

异：《昆虫记》主要介绍有关昆虫的知识。《寂静的春天》通过展现昆虫的美丽、生命的可贵，倡议保护自然，不应用 DDT 化学药剂危害它们。

【教学小结】

科学与现实都很复杂，卡森在《寂静的春天》中极力证明DDT这些化学药剂给环境、生物带来了巨大伤害，但不可否认的是，在科技尚未如此发达的过去，这些杀虫剂的确挽救了许多生命。对于杀虫剂使用的利弊，你有怎样的看法？请带着思考继续阅读，并查阅相关资料，让你的阅读更深入。

【配套练习】

1. 请根据文本内容，说说哪一项不是肝的功能。（　　）

A. 产生消化脂肪的胆汁

B. 直接从消化道获取血液

C. 维持人体正常的血糖水平

D. 产生有益的黏液性激素

2. 人体出现以下症状，可能是机体的哪个部分受到了损害？

（1）人体无法对抗不断入侵的各种毒素。（　　）

（2）明显地感到困倦、疲劳、四肢疼痛。（　　）

3. 阅读下面选段，完成相应练习。

看起来，胚胎学实验室与苹果树之间没有什么联系。可是，苹果树上的知更鸟鸟窝里的那些蓝绿色鸟蛋，它们的生命之火仅仅燃烧了几天就熄灭了；高耸的佛罗里达松树顶部的鸟窝里，三枚白色的蛋也是冰凉而无生命的。【A】知更鸟和鹰怎么不去孵蛋呢？这些鸟蛋是不是跟那些实验室中的青蛙卵一样，因为缺少产生能量的ATP分子而发育中断了呢？ATP缺乏是否是因为成鸟体内和鸟蛋中已经积累了一定量的农药，所以产生能量的氧化作用的轮子停止转动了？

……

此外，两三种不同的致癌物联合作用也可以使人类产生恶性病变。比如，当一个人正在接触DDT时，他几乎同时也接触了烃类，因为烃类常作为溶剂、脱漆剂、脱脂剂、干洗剂和麻醉剂而存在着。【B】在这种情况下，DDT所谓的“安全剂量”意义何在呢？

《寂静的春天》充满蕾切尔·卡森深沉而有力的呐喊，请在【A】【B】两处，选择一处设计朗读脚本，并说明理由。

4. 夏天的蚊虫特别烦人，每天晚上小语奶奶都要点上蚊香。这几天，小语正好看了《寂静的春天》，她想用书中的知识劝说奶奶，请你帮帮她吧。

5. 除了作品中提到的滥用以DDT为代表的化学药物这一因素外，还有哪些因素可能使地球上出现“寂静的春天”？我们在日常生活中要怎样做才能让春天不再“寂静”？

但愿春天不寂静

——《寂静的春天》成果分享课

【教学目标】

1. 通过活动探究，以小组分工合作的形式加深对作者生态思想的理解和思考；

2. 通过展示阅读成果，联系生活，多角度呈现对作品主题的把握。

【教学重点】

分组合作探究，多角度呈现对作品主题的把握，加深对作者生态思想的理解和思考。

【教学难点】

内化输出，对小说主题进行个性化理解，提升独立思考能力。

【课时安排】

1课时

【教学过程】

一、明确任务、分工合作、实践体验

学生以小组为单位进行任务分工，共分四个小组，一周时间准备。

任务分工：

1. 化学药剂我来说：第一小组制作展板/PPT，介绍、展示生活中使用化学药剂的利弊。

2. 农药使用我来辩：第二、第三小组以“化学药剂是否应退出历史舞台”为辩题，确定正反方、辩手，分工合作，查找资料，准备辩论材料，开展课堂辩论赛。

3. 环保视频我来拍：第四小组构思、设计环保公益视频的脚本，进行人员分工，各司其职，拍摄视频，课堂欣赏。

组别	化学药剂我来说	农药使用我来辩	环保视频我来拍
第一小组			
第二小组			
第三小组			
第四小组			

二、成果展示、交流分享、深化阅读

导入：燕子飞回来了，在屋檐下，在树杈上筑起了家；春雨“淅淅沥沥”地下起来了，土壤里、石头下的蚯蚓、小虫子冒出了头。春天不该是寂静的，人类有责任守护共同的家园，但愿春天生机永在。

活动一：化学药剂我来说

生活中，不难发现化学药剂的身影，它们有怎么样的作用，又曾造成过怎样的可怕局面呢？

第一小组展示交流：

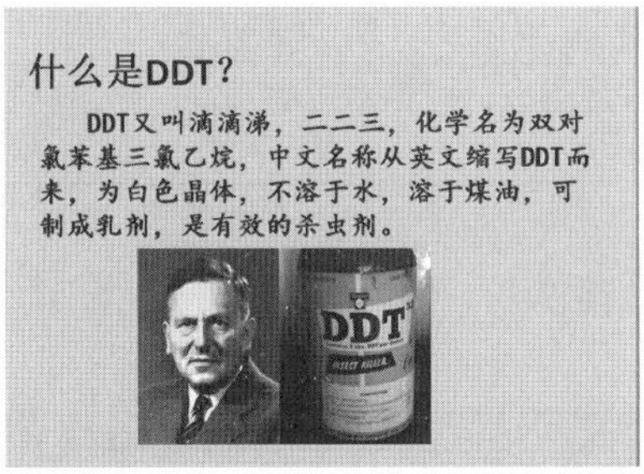

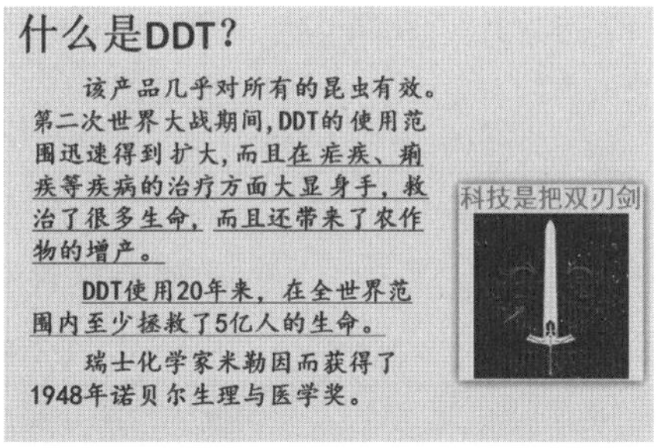

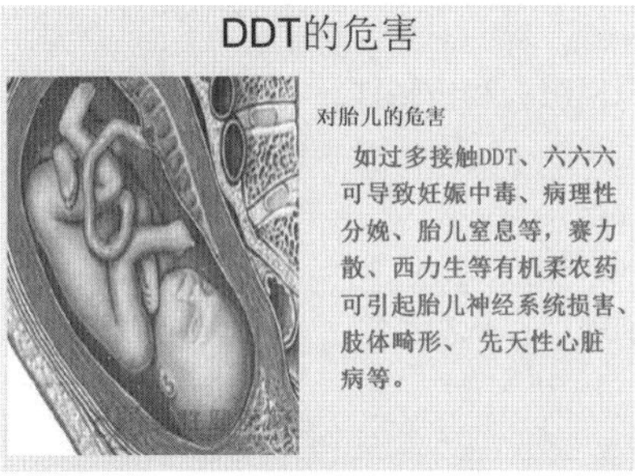

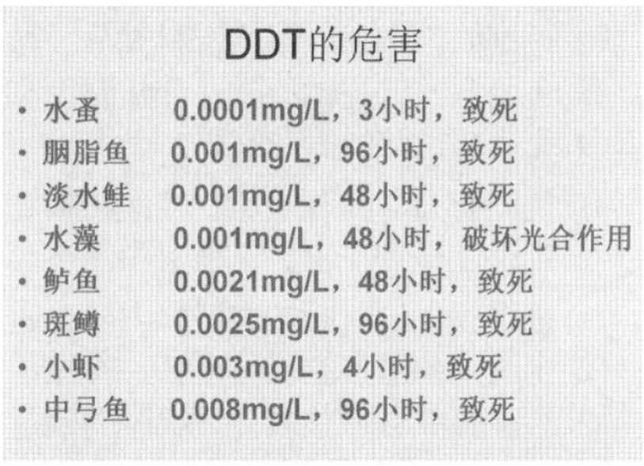

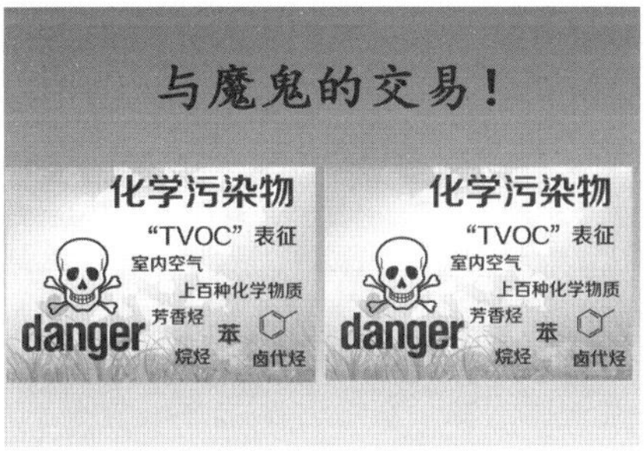

活动二：农药使用我来辩

DDT、氯丹、有机磷盐酸……听到这些名字就令人胆战心惊。随着这些剧毒农药的使用，自然与人类付出了太大的代价，这些化学药剂是否应该禁用呢？听听第二、第三两个小组的成员们怎么说。

（一）辩题："化学药剂是否应退出历史舞台"

（二）辩论赛展示流程及说明：

辩论阶段	规　则
立　论	双方一辩完成，正确阐述己方立场。由正方先开始。（各 3 分钟）
驳立论	双方二辩完成，针对对方立论环节的发言进行回驳和补充己方的立论观点，也可以扩展本方的立论方向、巩固己方立场。由反方先开始。（各 2 分钟）
质　辩	双方三辩完成，针对对方的观点和本方的立场设计三个问题，提问对方一辩、二辩、四辩各一个问题，被问方必须回答。由正方开始。（提问各 15 秒，三个问题累计回答时间各 1 分 30 秒） 质辩结束后，由双方的三辩针对对方的回答进行质辩小节。由正方开始。（各 1 分 30 秒）
自由辩论	正反双方八位辩手都要参加，辩论双方交替发言。由正方开始。（8 分钟）
总结陈词	双方四辩完成，针对对方的观点，从己方的立场出发，总结本方的观点，阐述最后的立场。由反方开始。（各 3 分钟）

辩论赛评分表（团队）

（100 分）

辩论阶段	评分要点	正方	反方
立　论（15 分）	1. 观点鲜明，论据充分，引证恰当。 2. 论据内容丰富，引用资料充分、恰当、准确，推理清晰、到位。 3. 言简意赅，逻辑清晰，分析角度和层次有说服力和逻辑性。 4. 语言表达流畅、有文采。		
驳立论（15 分）	1. 提问有力，回答干脆。表达清晰、论证合理。 2. 推论过程合乎逻辑，事实引用得当，陈词流畅。		
质　辩（20 分）	1. 根据驳立论阶段的态势和内容，进一步阐述己方观点。 2. 全面归纳对方的矛盾差错，并做系统的反驳和攻击。 3. 辩护有理有据及有力，说服力强。		
自由辩论（25 分）	1. 提问直接，攻防转换有序，把握论辩主动权。 2. 回答中肯有力，针对对方的论点、论据进行有力反驳。 3. 反应机敏，配合有序；语言表达清晰流畅，事实引用得当。		
总结陈词（15 分）	1. 全面总结本方立场、论证，系统反驳对方进攻，整体明了，总结有力。 2. 首尾呼应，语言表达具有说服力和逻辑性，有感召力。		
团队配合及临场应变（10 分）	1. 辩风良好、语言运用得体、临场应变能力强。 2. 有团队精神，论辩衔接流畅。		
团体总分			

辩论赛评分表（个人）

（100 分）

项　目	评分标准	正　方				反　方			
		一辩	二辩	三辩	四辩	一辩	二辩	三辩	四辩
语言表达（20 分）	1. 发音准确、语速适中。 2. 表情丰富，口头、肢体、语言和谐。 3. 表达流畅、说理透彻。								

续表

逻辑推理（20分）	1. 逻辑严密，推理过程清晰。 2. 观点鲜明，论据充分，引证恰当。								
辩驳能力（20分）	1. 提问简明扼要，设问针对性强。 2. 回答中肯精准，处理问题有技巧。 3. 反驳有理有据，切中要害。								
临场反应（20分）	1. 反应灵敏，多元得当。 2. 团队配合默契。								
综合印象（20分）	1. 仪态、着装大方得体。 2. 台风与辩风良好，有风度及幽默感。 3. 尊重对方辩友、评委和观众。								
个人总分									

活动三：环保视频我来拍

影像记录生活，传播生活。让我们以此为媒介，把环保意识植根于更多人的脑海之中。

第四组小组展示设计脚本：

《给我振翅的力量》脚本

作品名称：《给我振翅的力量》

作品类型：公益短片

估计时长：3分钟

创作主题：我们以小见大，以一只麻雀的经历来表现环境污染这一主题，通过该公益广告呼吁大家爱护环境，从小事做起，给自己及其他生灵留下美好的生活环境。

作品创意：作品以悲惨的环境污染为大背景画面，聚焦一只跌落在黏稠、漆黑的水沟的麻雀，特写它不断挣扎、不断振翅却无法脱离泥潭的过程，这个过程以悲恸的音乐为背景音乐，让人们意识到环境污染的可怕性与自然生灵现状的悲惨。结尾一个拾荒男孩，双手捧起麻雀，用衣服擦拭鸟儿身上的污秽，鸟儿得以振翅，飞向灰蒙蒙的天空。最后显示文字：谁能给我振翅的力量，还我一片晴空？

小组人员分工：

导演	编剧	文字	剧务	配音	后期制作

第四组小组展示环保视频《给我振翅的力量》

小结："人体从诞生至死亡都会接触危害性的化学药物，我们与它们'亲密无间’——食物、饮品，甚至骨骼里都有它们。”蕾切尔·卡森用《寂静的春天》告诉我们，人与自然是祸福相依的。人只是自然的一部分，自然界中的任何生物与人类都是平等的。因而我们要竭尽全力保护自然，善待、尊重每一个生命。同学们，让我们用自己的所学为自然发声：撰写主题为“让春天不再寂静”的演讲稿，向大家宣传环保理念。

【配套练习】

1. 与《寂静的春天》体裁相同的一部作品是（　　）

A.《朝花夕拾》 B.《西游记》 C.《昆虫记》 D.《红星照耀中国》

2. 下列关于《寂静的春天》的相关信息，说法不正确的一项是（　　）

A.《寂静的春天》是一部严谨的科学著作，其结论是在当时的科研条件下得出的，因而它的科学性需要随后的科学研究加以证实。

B. 蕾切尔·卡森虽然只是一名作家，不是科研人员，但是她的写作态度却是十分科学严谨的，常常用翔实的数据证明她的推断。

C. 阅读《寂静的春天》，我们可以看到作者并不是反对使用杀虫剂，而是反对盲目地、过量地、不加选择、不计后果地使用杀虫剂。

D. 在作者看来，生物防治是人类对付“害虫”的最为理想的方法，她也为我们描绘了生物防治的美好前景。

3. 根据你对以下几部名著的了解，任选一部，仿照示例，写一句评论。

〔示例〕《朝花夕拾》——温馨的回忆与理性的批判

《傅雷家书》——苦心孤诣的教子篇

《寂静的春天》——____________

4. 把下面生物控制方法和它相对应的原理用线连起来。

雄性绝育技术	干扰昆虫正常的求偶交配
引诱剂技术	利用超声波引诱、杀死昆虫
电子学技术	引进昆虫天敌控制昆虫数量
微生物控制	利用射线控制昆虫后代的繁衍
捕食性昆虫控制	将疾病引入昆虫的生存环境

5. “人定胜天”“征服自然”，曾是人们津津乐道的口号，而在《寂静的春天》这部作品里，作者认为“‘控制大自然’这一短语是在骄傲自大的心态中构思出来的”。你更同意哪一种观点呢？请结合作品内容，查阅相关资料，谈谈自己的看法和理由。

中考链接

真题 1

原题呈现（2020年浙江衢州卷）

九（1）班进行了名著阅读问卷调查，发现喜欢非文学作品的人数较少。为吸引更多的同学去阅读，请从下列作品中任选一部，写一则简短的推荐语。

A.《傅雷家书》　　B.《给青年的十二封信》

C.《昆虫记》　　D.《寂静的春天》

思维层次：高阶思维，考查学生对作品的整体把握和评价能力

阅读能力：理解、评价能力。

命题特点及解题策略：此题既考查名著的内容，又考查名著的特点。给名著写推荐语，一般从内容、作品特色及阅读收获等方面入手，因而要对作品有充分的了解与把握。

参考答案：

[示例1]我推荐《傅雷家书》。两地书，父子情。傅雷通过书信的形式关心在外求学儿子的生活、事业，与儿子谈做人、文学、艺术等话题，指导、激励儿子做德艺俱备、人格卓越的艺术家。阅读这本书，我们能获得思想的启迪、艺术的熏陶、做人的道理，还可以学习如何和父母沟通相处。

[示例2]我推荐《给青年的十二封信》。这本书与青年人谈人生修养，谈文学、谈艺术、谈学习生活等，亲切平等的对话方式、优美的散文笔调、生动的比喻说理，把深刻的人生道理讲得有理有趣，给我们指明人生的方向，解决生活中的难题。

[示例3]我推荐《昆虫记》。这本书会带你进入一个有趣的昆虫世界，文中有会心理战的螳螂、被称为“吝啬鬼”的杨柳天牛、做苦工的蝉等有趣的昆虫。阅读这本书，能让你在紧张的学习之余获得片刻放松，还可以学到科学知识，又可以跟法布尔学写作。

[示例4]我推荐《寂静的春天》。明天的寓言、死神之药、消失的歌声……你一定会被书中描述的现象所震惊。本书用众多的真实案例、数据分析论证了农药对自然及人类自身的危害，对人类提出警告。作者研究的方式、分析的方法有益于培养我们的实证精神，也让我们对化学药品的使用更谨慎。

（关注推荐对象、目的，从内容、写法、阅读体会等角度写出推荐理由即可）

真题 2

原题呈现（2021年浙江宁波卷）

下面是班级“科普作品·智慧之光”小组阅读成果分享现场。请你参与其中，从《昆虫记》《寂静的春天》中任选一部，结合作品内容，补充丙同学的发言。

甲：科普作品中呈现的科学研究方法闪耀着智慧之光，尤其是“先假设后求证”的研究方法，同学们在阅读中感受最深，让我们一起来分享。

乙：好。我发现，科学工作者往往循着“提出假设——用实验或数据分析等推理求证——得出结论”的路径进行研究。下面，我们请丙同学说一个具体的例子。

丙：____。

甲：说得真好，这样的研究方法充满智慧。让我们在阅读中获得真知，让科学的光芒照亮自己。

思维层次：高阶思维，考查学生对作品整体内容的把握与运用

阅读能力：理解、运用能力。

命题特点及解题策略：此题既考查名著的内容，又考查对作品中展现的科学精神的理解。根据已知条件，把符合条件的内容提炼、整合、概括出来，便能解答此题。

参考答案：

［示例 1］《昆虫记》中，法布尔提出了蝉的歌唱与爱情无关这一假设。之后他多次实验，发出各种声音，但雌蝉都没有任何反应，得出蝉的听觉很迟钝，蝉的歌唱只是表达生命乐趣的手段，与爱情无关这一结论。

［示例 2］《昆虫记》中，法布尔提出大头黑步甲会因地表环境改变而采取假死之外逃生方式的假设。之后他多次实验，把大头黑步甲放在木头上、玻璃上、沙土上，还有松软的泥土地上，发现它始终采取假死的方式，于是得出假设不成立的结论。

［示例 3］《寂静的春天》中，卡森提出了滥用杀虫剂将导致出现“寂静的春天”这一假设。之后她深入搜集和整理化学杀虫剂危害环境的证据和有关研究的文献，使用了大量翔实的数据，经过分析整合后，最终证实杀虫剂残留的确会造成诸多危害，假设成立。

原创题 1

环境问题始终是当今社会的热门话题，在《寂静的春天》百度贴吧，许多网友针对这部环保著作提出了自己的看法。请结合书本相关内容，谈谈你的看法。

网友@环保卫士：蕾切尔·卡森对环保有着十分独到的见解，但是她所描绘的大自然太可怕太夸张了，对于部分农药的危害也有夸大的成分，不够写实真实，缺乏科学精神。

网友我是一名小粉丝：楼上那位网友的看法，我不认同。卡森的作品既有严谨求实的科学精神，还充满敬畏生命、敬畏自然的人文情怀，这一点可以跟法布尔媲美。

你的跟帖：

____

____

____

____

思维层次：高阶思维，考查学生对名著阅读内容的把握，联系生活与名著阅读内容，深入理解、评价作品的能力

阅读能力：解答该题，要将自己的阅读感受与名著中相关内容结合起来，深入思考，畅谈自己的理解，准确认识作品的价值。

命题特点及解题策略：此题考查读者对作品及作者写作的正确认识，结合作品内容，

组织语言进行评价。

参考答案：

[示例]赞同二楼观点。我再来补充点。1958 年 1 月，作者收到朋友来信，信中说她家后院喂养的野鸟都死了，可能与一年前飞机在那个地区喷洒过农药有关。这引起了作者的高度关注，她开始搜集杀虫剂危害环境的证据，研读了数以千计的各类论著，于 1962 年出版了《寂静的春天》一书。其内容是经过了科学的考察研究论证得来的，加以语言的润色，十分具有说服力和科学性，并且还在书本的末尾附录增加了部分文字引用的说明，更加真实。整部作品充满着作者对生命的怜悯与敬畏，对环境保护的呼吁。

原创题❷

八年级新生面对本学期需要阅读的名著书目时犯了难，不是纪实作品就是科普作品，作为九年级毕业生的你，从下列名著中挑选一部，给学弟学妹们具体介绍这类名著的阅读方法。（4 分）

A. 埃德加·斯诺《红星照耀中国》（纪实作品）　B. 蕾切尔·卡森《寂静的春天》（科普作品）

思维层次：高阶思维，考查学生运用恰当的方法阅读名著

阅读能力：能结合名著，采用适宜的阅读方法。

命题特点及解题策略：该题既考查对名著内容的了解，又是查考阅读方法的运用。解答该题，需了解适合该文体、该作品的阅读方法，利用给出的目录，结合具体内容，分点阐述即可。

参考答案：

A［示例］阅读纪实作品《红星照耀中国》：通过阅读序言、浏览目录、跳读正文等，可发现作品是按照“探寻红色中国”的时间顺序来记录见闻；边读边注意梳理作品中事实的前因后果、发展线索，可以边读边做摘记、写提要；明白作者想用“事实”说什么话，斯诺预言“红色中国”最后一定会获得胜利；从作品中获得启迪，指导自己的学习与生活，从共产党人和红军身上汲取精神营养，学习作者的敬业与勇气等。

B［示例］阅读科普作品《寂静的春天》：阅读封面和封底，对作者蕾切尔·卡森及书本内容有大致的了解；阅读目录，了解整本书的主旨和各部分的内容，了解章节主次；根据自己的需要和兴趣安排阅读次序；对精彩部分进行批注，体会科普作品的科学性和文学性。

原创题❸

翻开《寂静的春天》，你会发现目录中每一个章节的小标题都独具匠心，饶有趣味。请从下面挑选最喜欢的一个，结合章节内容具体说说喜欢的理由。

A. 地球的绿披风　　B. 死神的致命药剂　　C. 死亡之河

思维层次：高阶思维，分析、评价

阅读能力：语言品析、分析、表述的能力。

命题特点及解题策略：该题考查作品语言表达上的特点与好处，解答该题需品析小标题语言表达上的特点，并结合章节内容，阐述这样表达的好处。

参考答案：

［示例］A 这个小标题将植物比作地球的披风，生动形象地写出了植物对地球的保护作用。但是，人类为了自身的利益，利用除草剂对植物进行了铲除，破坏了生态平衡。这个标题能让我们进一步认识到：大自然经过漫长的演化，为每一种生物提供了生命延续的机会，人与其他物种之间是互相依存、密不可分的。（能结合章节内容品析标题的表达效果即可）

参考文献

[1] 吴欣歆，许艳 . 书册阅读教学现场 [M]. 北京：教育科学出版社，2016：352-353.

《傅雷家书》

推荐版本

作者：傅雷，朱梅馥，傅聪著

出版社：译林出版社

出版时间：2018 年 3 月

作品梗概

《傅雷家书》是我国文学艺术家、翻译家傅雷及其夫人写给孩子傅聪、傅敏的家信，书中主要摘编了他们 1954 年至 1966 年 6 月的 186 封书信。

1954 年，傅聪离开上海，远赴波兰留学，从此与父母聚少离多。傅雷夫妇挂念儿子的身体与学业，便通过写信的方式与傅聪沟通。1958 年，傅聪移居伦敦，此后他以职业钢琴家的身份，经常在世界各地巡回演出，傅雷夫妇通过书信的方式关心傅聪的事业，也为儿子的生活排解苦闷。

《傅雷家书》中信件内容丰富，有作为父亲的叮咛和嘱咐，如到别人家里，进了屋子要把"围巾必须和大衣一同脱在衣帽间，不穿大衣时，也要除去围巾"；有像朋友一样亲切的交谈，如"我高兴的是我又多了一个朋友，儿子变成了朋友，世界上有什么可以和这种幸福相比"；还有像老师一样的谆谆教导，如"你身在国外，见闻既广，自己在那里不断进步，定有不少东西可以告诉我们。同时一个人的思想是一边写一边读出来的，借此可以刺激头脑的敏捷性，也可以训练写作的能力与速度"。

《傅雷家书》始于傅聪离开上海，终于傅雷夫妇逝世前夕，贯穿着傅聪出国学习、巡回演奏到结婚生子的成长经历，也映照着傅雷的翻译工作、朋友交往及傅雷一家的命运起伏。

思维导图

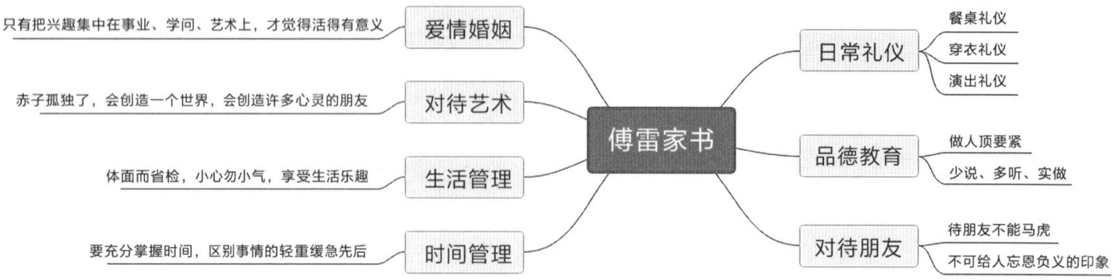

作者简介

傅雷（1908—1966），字怒安，号怒庵，我国著名文学翻译家、文艺评论家。傅雷毕生致力于对法国文学的翻译与介绍工作，共翻译了 34 部外国文学、艺术名著，译作逾 500 万字。由他翻译的罗曼·罗兰的长篇巨著《约翰·克里斯朵夫》影响和激励了几代中国人。他对法国批判现实主义巨匠巴尔扎克的作品潜心钻研，译有《高老头》《欧也妮·葛朗台》等 10 多部作品。因在翻译巴尔扎克作品方面的卓越贡献，傅雷被法国巴尔扎克研究会吸收为会员。

《傅雷家书》展现了一个平凡又典型的近代中国知识分子形象：严谨、认真、对亲人（特别是两个儿子）和国家有着无私的爱，有良知，正直，为人坦荡，秉性刚毅。1957 年 3 月，傅雷被划为“右派”，在“文化大革命”中遭残酷的迫害。1966 年 8 月，傅雷遭到红卫兵抄家，受到连续四天三夜批斗、罚跪、戴高帽等各种形式的凌辱。9 月 3 日凌晨，傅雷夫妇因不堪凌辱愤而离世，悲壮地走完了人生。

文学地位

《傅雷家书》最早出版于 1981 年，它的出版是当时轰动性的文化事件，30 多年来一直畅销不衰，是 20 世纪最有影响的家书，曾获“全国首届优秀青年读物”的称号。

《傅雷家书》已经不再是普通的家信，而是很好的教育范本。书里深邃的思想、优美的文字赋予了它极高的文学价值。哲学家可以从《傅雷家书》中研究傅雷的思想、哲理；教育家可以从中研究教育子女的方法；人才学家从中研究人才培养的规律；文学家从中研究散文笔法；艺术家从中汲取音乐、美术的营养；历史学家从中探索 20 世纪 50 至 60 年代中国知识分子的心灵；读者还可以把它作为一本优秀的青年思想修养读物。正如金庸所言：“傅雷先生的家书，是一位中国君子教他的孩子如何做一个真正的中国君子。”

核心价值

◎ 核心知识

（一）书信体

书信体是指用书信形式写的作品，或其本身就是书信（包括信、函、简、牍、札、帖等）。《傅雷家书》就是父亲傅雷（母亲朱梅馥）与儿子傅聪往来的家书，因此具有书信的基本形式：称呼、问候、正文、结尾语、署名、日期等等。《傅雷家书》中有几封信中写到的“又及”，是书信中附带再提一下的形式。

书信体作品既有思想情感交流、社会交际的作用，又具有文学价值。其内容广泛，天下大事、个人私事、思想火花、问题讨论皆可包括；叙事、说理、言情、状物无一不可。

（二）家书

家书大约是从文字产生的时候就孕育出的一种艺术形式，一般是指漂泊在外的人与家人相互往来的信，是维系家人情感的一种联系方式，其间蕴含着浓浓的亲情。

《傅雷家书》中，傅雷不仅谈生活、恋爱，还谈做人，谈艺术学习，谈修养，甚至于儿子写错字，父亲也会郑重地指出并耐心分析、纠正。因此，《傅雷家书》已经超越了一般的情感沟通的家书，也是将“家训”融入其中，更是两位艺术家在专业领域的沟通与切磋。《傅雷家书》赋予了家书更丰富的内涵和意义。

◎ 核心能力

（一）根据阅读兴趣及目的，学会选择性阅读

选择性阅读是一种理性的、目的性很强的阅读方式，它往往和阅读者的兴趣、思考、关注点密不可分。

《傅雷家书》没有完整的故事情节，没有形形色色的鲜明人物，它是由100多封书信组合而成的一本书。阅读时可以先通过一些前置性学习让学生确定自己的兴趣点，进而根据兴趣有选择地读。例如，对音乐、绘画、雕塑等艺术有一定修养或比较熟悉的人，会对《傅雷家书》中有关艺术的论述产生兴趣，会认真去读；相反，如果是对这些艺术很陌生的人，对“谈艺”的部分可以略读或浏览。

此外，根据不同的读书目的，可以选择不同的阅读内容和阅读方法。例如，如果是为了写读后感，就关注感受最多、体会最深的内容；如果为了质疑批判，就关注你认为可以指瑕、商讨的地方。具体的阅读过程中，需要根据实际情况选择跳读、浏览、精读等方法去阅读自己选择的阅读内容。

（二）巧用分门梳理，加强阅读内容整合

无论是博览群书，还是读一部书，经常会有一个关注的焦点，可以关注、思考与

自己的问题有关的内容，抛弃那些无关紧要的东西。梳理整合阅读内容就是把所有阅读的内容归类，即分门别类地整合，而有些内容分类整理后是可以合并在一起的，这就是整合。

例如，针对《傅雷家书》中有关涉及道德、文化、艺术、历史等话题，在阅读时，可以分门别类地进行梳理，也可以对傅雷的观点进行归纳概括，使自己的认识更加清晰、深刻。又如，《傅雷家书》中的教子之道方面的内容，可以从生活细节、人际交往、读书求学、感情处理等方面来梳理整合，进而探寻品析，也可以边读边分类梳理出一些家训智慧，再摘抄书中的名言警句，使我们在阅读中获得身心的教益。

《傅雷家书》涉及的内容繁杂，同一话题的内容也分布较散，分门别类梳理整合阅读的内容，能够集中地把握作者对艺术、对如何教育孩子等方面系统的思想观点。

◎ 核心策略

（一）选择性阅读策略

部编教材把阅读经典作为语文学习的重中之重，并对每一部名著都给出了阅读方法方面的指导，比如阅读《傅雷家书》就是用选择性阅读的方法。

选择性阅读是一种理性的、目的性很强的阅读方式，它往往和阅读者的兴趣、思考、关注点密不可分。阅读《傅雷家书》时，可以借助以下两种支架实施选择性阅读。

第一借助表格。为了便于学生梳理《傅雷家书》的主要内容，教师可引导学生使用表格读书，列表整理，快速把握内容重点。例如，在初读过程中用表格记录自己的阅读进度、感触最深、有疑惑处；在任务伴读阶段利用表格摘录相应话题原句并加以整合等。

第二借助图形。利用图形的组织策略包括思维导图、流程图、模式图、网络关系图等，本书的阅读主要学习利用思维导图组织信息的策略，借助思维导图厘清思路，供自己或他人回顾整个阅读过程，加深理解，强化记忆。例如，针对《傅雷家书》中作者对中西方文化差异的论述，可通过绘制思维导图来梳理观点。

以上学习项目的制订，可以帮助学生学习如何运用选择性阅读。

（二）读写结合策略

阅读是写作的基础，写作是阅读的深化。读写结合一直以来是语文阅读中常用的策略。写，不仅仅包括写文章，还包括摘抄、做笔记（包括写提要和心得）。在阅读《傅雷家书》时，可以摘抄富有人生启迪意义的语句，并撰写相关心得体会。《傅雷家书》阅读过程中，可以在选择性阅读策略基础上，选择自己感兴趣的领域全面梳理傅雷的观点，也可以就某一观点与傅雷进行探讨。可以尝试用书信体的形式来给傅雷写一封回信，谈谈自己的见解。

◎ 精神文化

一、家国之情

傅雷希望和儿子建立融洽的、没有隔膜的朋友般的父子关系，他认为在两代人的相处中，青年人应该理解长辈的情感，尊重老人的意见；而长辈应该克服落伍、迂腐、不够耐心、不太讲究说话技巧等弱点。作为父亲，他很关心儿子的生活和成长，儿子日常生活中可能遇到的种种问题，他都在信中多次谈及，并提出意见和建议。理解和分析傅雷与傅聪这对父子的感情对学生正确理解自己的父辈，处理好与长辈的关系会有很大的启发。

《傅雷家书》中，傅雷把教导人立身行事、爱国成才，把中华民族的优秀道德、传统文化潜移默化地融入对子女的谆谆教诲中。由这些信件汇集而成的《傅雷家书》，是一部教导孩子如何做人做事的优秀作品，渗透着傅雷深厚的家国情怀，体现了中华民族强大的文化自信，它将滋润读者爱国之心，也让阅读者充分感受到中华文化的博大精深与家庭道德教育的力量。

二、人生之慧

《傅雷家书》浸透着丰厚的家训智慧，傅雷终身贯彻的家训信条是："做人第一，其次才是做艺术家，再其次才是做音乐家，最后才是做钢琴家。"因此，他在书信中就做人、艺术、哲学、爱情、婚姻、家庭生活细节等方面对傅聪做了全方位的培养和教导，处处都有堪为旗帜的家训智慧。傅雷用自己的经历现身说法，教导儿子待人要谦虚，做事要严谨，礼仪要得体；遇困境不气馁，获大奖不骄傲；要有国家和民族的荣誉感，要有艺术、人格的尊严，做一个"德艺兼备、人格卓越"的艺术家。这些丰厚的家训不但成就了他的两个儿子，也为现当代的学生、家长和教师带来有益的启示。

自主初读

◎ 阅读规划

阅读进程	阅读章节	阅读时间	阅读该部分感受最深的一点	阅读该部分最大的疑惑	自我评价（优、中、一般）	教师评价（优、中、一般）
进程一						
进程二						
进程三						
进程四						

任务伴读

◎ 进程一

任务推进

<table>
<tr><th>阅读规划</th><th>任务单</th><th>重点能力指向</th></tr>
<tr>
<td>范围：
1954 年 1 月 18 日—1955 年 12 月 9 日（共 63 通）。
时间：3 天阅读完毕。</td>
<td>1. 利用圈点勾画的方法，摘录信中充满父爱的句子，说说傅雷留给你的初步印象。
<table>
<tr><td>摘录内容</td><td></td></tr>
<tr><td>初识傅雷</td><td></td></tr>
</table>
2.1954 年傅聪远赴波兰参加“第五届肖邦国际钢琴比赛”并留学波兰，自此，傅雷通过书信对儿子进行方方面面的指导，请你分类整理傅雷的教子之道。
<table>
<tr><th>类别</th><th>教子之道</th></tr>
<tr><td>谈论音乐</td><td></td></tr>
<tr><td>生活细节</td><td></td></tr>
<tr><td>人际交往</td><td></td></tr>
<tr><td>读书求学</td><td></td></tr>
<tr><td>________</td><td></td></tr>
</table>
</td>
<td>圈点勾画出关键句子，概括人物形象。围绕主题，分类整理相关语句，读通文本。</td>
</tr>
</table>

阶段性检测

1. 在 1954 年 3 月 24 日的一封家书中，傅雷表明自己的生活准则，即________第一；________第一；________第一；________第二。

2. 在 1954 年 8 月 11 日的那封家书中，傅雷嘱咐儿子既要将别人的赞美告诉他们，又要时时检讨自己的______。傅雷谈到傅聪的特长之一是________，但却不能________，不能__________。

3. 阅读全文，对文章理解不正确的一项是（　　）

A.1954 年 4 月 7 日的信件中，傅雷通过对儿子俄文学习的分析和指导，并现身说法，从中体现出了傅雷深深的爱子之情。

B. 傅雷亲身说教，让傅聪在感情问题上要慎重，不能因为感情而耽误了学业。

C. 傅聪出国所遇到的最大困难，是对所在国的语言认识程度太浅。

D. 弹琴要徒恃 sensation［感觉］、sensibility［感受，敏感］，这样才能真正表达演奏者最真实的内心。

4. 在 1954 年 9 月 4 日书信的开头，傅雷一连用了好几个问句询问关于儿子的近况。下列选项对文章分析正确的一项是（　　）

A. 傅聪已好长时间未给傅雷写信，一连串的提问，表达了傅雷急切的心情。

B. 傅雷在其他的书信中忘记询问关于这些方面的事情，现在才突然想起来。

C. 无论是学业上的问题，还是关于生活中的琐事，傅雷对儿子都是无微不至的关心。

D. 傅雷不希望自己把时间浪费在一些没用的事情上，这里的提问有警告的意味，希望傅聪可以把更多的时间用在练习钢琴上。

5. 傅雷认为，要成为一个音乐家必须要有广博的知识修养，他说：“为学最重要的是‘通’，通才能不拘泥，不迂腐，不酸，不八股；‘通’才能培养气节、胸襟、目光；‘通’才能成为‘大’，不大不博，便有坐井观天的危险。”所以傅雷的家书中广泛提及了诗词、绘画、戏剧、建筑、雕刻等艺术领域，请你结合书信内容，阐述其他某一领域与音乐的相通之处。

◎ 进程二

任务推进

<table>
<tr><th>阅读规划</th><th>任务单</th><th>重点能力指向</th></tr>
<tr>
<td>范围：1955 年 12 月 11 日—1959 年 10 月 1 日(共 47 通)。
时间：2 天阅读完毕。</td>
<td>1. 这两年中傅雷和傅聪的主要经历有哪些？边读边概括、罗列，并参考任务单下面的二则资料，填写表格。
<table>
<tr><th>年份</th><th>傅雷的主要经历</th><th>傅聪的主要经历</th></tr>
<tr><td>1955 年</td><td rowspan="2">1955 年至 1956 年间，傅雷夫妇的心境一度是极其愉快的，倚笔而书，无不激情洋溢、乐观自信。1956 年，毛泽东在中共中央政治局扩大会议上说，艺术问题上的“百花齐放”，学术问题上的“百家争鸣”，应该成为我国发展科学、繁荣文学艺术的方针。这一时期民主气氛热烈，政策相对宽松，知识分子也积极发表个人意见，可谓黄金时期。</td><td></td></tr>
<tr><td>1956 年</td><td>1956 年 8 月 —10 月，傅聪返回中国休假，在北京举行了个人独奏会，在上海与上海交响乐团合作，举行了莫扎特协奏曲音乐会。</td></tr>
<tr><td>1957 年</td><td></td><td>在波兰留学</td></tr>
<tr><td>1958 年</td><td></td><td></td></tr>
<tr><td>1959 年</td><td></td><td>英国伦敦求学</td></tr>
</table>
2. 家书作为傅聪了解国情的一个重要途径，傅雷在家书中谈国情民情、时事评论、自我感悟、思想觉悟等，将自己的爱国情怀潜移默化地传递给傅聪，使之成为一个信赖祖国、热爱祖国的艺术家。请选择性阅读，摘录傅雷在谈国情民情、时事评论、自我感悟、思想觉悟等方面的主要观点。
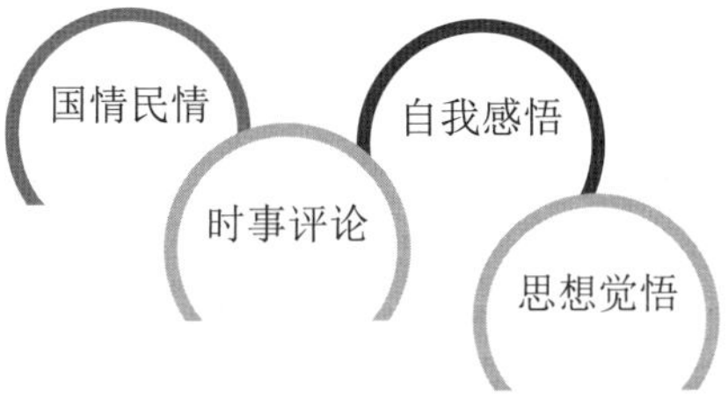

</td>
<td>运用略读方法，借助表格填写，培养概括能力；运用选择性阅读方法，培养提取关键信息的能力。</td>
</tr>
</table>

资料一：

1949 年新中国成立，人民的生活发生了天翻地覆的改变，周遭的政治环境、社会环境更是产生巨大变革，躲进书斋成一统的傅雷面对崭新的社会很难适应，因此在与朋友的信中也曾表现出精神的痛苦。1950 年 6 月 27 日给黄宾虹的信中，他这样写道："方今诸子百家皆遭罢黜，笔墨生涯更易致祸，懔懔危悚，不知何以自处。"如此表达可以看作傅雷不适应这个社会的最初表现。

1957 年年初，傅雷给傅聪的家信中还是满心欢喜、激昂澎湃参与政治活动："毛主席的讲话，那种口吻、音调，特别亲切平易，极具幽默感；而且没有教训口气，速度恰当，间以适当的 pause，笔记无法传达。他的马克思主义是到了化境的，随手拈来，都成妙谛，出之以极自然的态度，无形中渗透听众的心。讲话的逻辑都是隐而不露，真是艺术高手。""我的感觉是百花齐放、百家争鸣确是数十年的教育事业，我们既要耐心等待，又要友好斗争；自己也要时时刻刻求进步——所谓自我改造。"

1957 年年底，傅雷被带上"右派"的帽子，建言权力被取消。同年 12 月，傅雷无心无力写信，傅雷夫人朱梅馥女士给儿子的信中谈到了这一情况："作协批判爸爸的会，一共开了 10 次，前后作了 3 次检讨，最后一次说是进步了，是否算结束，还不知道。……爸爸说他过去老是看人家好的地方，对有实力的老朋友更是如此，活到了五十岁，才知道看人不是那么简单，老朋友为了自己的利害关系，会出卖朋友，提意见可以乱提，甚至造谣，还要反咬一口……好在爸爸问心无愧，实事求是。"可以说，此时的傅雷已经是身心俱疲，但对生活的希望却没有完全放弃，因为他还努力于自己的翻译事业，在政治上得不到安慰可以通过事业来补偿。然而，身体上的病痛却是对傅雷的另一个打击，健康每况愈下也让他难免苦闷忧虑，于是又产生了些许"死念"。

1958 年他对妻子说："要不是阿敏还在念书，我早就……"

1959 年 1 月 3 日傅雷给干女儿牛恩德的信中说："我的心情还是那么积极，可以随时准备撒手而去，永远休息。"

资料二：

傅聪 1934 年 3 月 10 日出生于上海一个充满艺术气氛和学术精神的中国知识分子家庭，父亲傅雷是我国著名的学者、艺术理论家和翻译家。傅雷对多种中西艺术、文化的渊博学识、独到见解及缜密严谨的学风，对艺术真理的赤诚追求，直接、长期、深远地影响着傅聪的演奏艺术。

傅聪七岁半开始学钢琴，拜意大利指挥家、钢琴家，时任"上海工部局交响乐队"指挥的梅帕器（Mario Paci，又译梅百器）为师。梅帕器是李斯特的再传弟子。傅聪在其门下受教三年。

傅聪于 1951 年夏再拜苏籍钢琴家勃隆斯丹（Ada Bronstein）夫人为师。傅聪刻苦用功，每天练琴七八个小时，对音乐的理解也显出独到之处。

1953 年，第四届"世界青年联欢节"在罗马尼亚举行。经国内选拔，傅聪作为唯一的中国选手参加“联欢节”的钢琴比赛，获三等奖。

1955 年 3 月，第五届肖邦国际钢琴比赛在华沙举行。来自世界各地的 74 名选手齐聚波兰首都。傅聪获第三名，还获《玛祖卡》演奏最优奖。这是东方人首次在肖邦比赛中取得突出成绩。

赛后傅聪继续在波兰就学于杰维埃茨基教授门下，直到 1958 年年底提前毕业。这期间，傅聪曾于 1956 年 8 月—10 月返回中国休假，在北京举行了个人独奏会，在上海与上海交响乐团合作，举行了莫扎特协奏曲音乐会。此外，还在东欧各国许多城市演奏，到 1958 年离开波兰前，已达 500 余场。

1958 年 12 月，傅聪离开波兰，出走英国伦敦，曾被批为“叛国”。1980 年傅聪回到国内，在接受记者访问时，对自己过去的出走表示内疚。这可以看作他在公开场合的表态。

阶段性检测

1. 傅雷很重视具体指导儿子提高修养，比如在 1956 年 4 月 29 日的信中，傅雷指导儿子“坚持真理的时候必须注意讲话的______、_____、______和声调。要做到越有理由，________________________，____________________。”

2.1955 年 12 月 11 日夜的那封家书中，傅雷告诉儿子《毛泽东选集》中的《______》和《______》两本书可多看看，这是一切理论的根底，他告诉傅聪静不下心来的时候，不妨花时间仔细检查下自己，___________，廓清思想。

3. 在 1956 年 1 月 4 日的信中，下列哪一项与傅雷最怕的事情不符合？（　　）

A. 傅聪的感情问题　　　　B. 傅聪的工作与休息不够正规化

C. 傅聪的学习计划不够合理　　D. 傅聪的心情波动

4. 傅雷希望自己成为傅聪的一面镜子，可以让儿子在父亲身上看到自己的不足。文中的傅雷身上哪一个不足之处被当作一面镜子？（　　）

A. 有些地方还是不够顾到群众，不会用适当的方法去接近、启发群众。

B. 感情问题，没有从大处、远处着眼，逞一时之情。

C. 急躁的脾气。

D. 在学习计划方面，平时生活不规律，身体健康方面，睡眠太迟。

5. 在 1957 年 3 月 14 日傅聪的回信中，他提到“假如我的艺术有一些比较难得的品质的话，那是因为我是我的古老而伟大祖国的忠实儿子”，但是也有人批判傅聪在 1958 年年底出走英国，请你结合信件内容和时代背景，说说你认为傅聪是“祖国的忠实儿子”吗？

◎ 进程三

任务推进

阅读规划	任务单	重点能力指向
范围： 1960 年 1 月 10 日—1964 年 10 月 31 日（共 72 通）。 时间： 4 天阅读完毕。	1.1960 年，傅聪与弥拉结婚，踏入了人生的新阶段，爱子心切的傅雷对儿子的婚后生活进行了方方面面的指导，尤其突出的是对如何劳逸结合、如何正确理财、如何经营婚姻等问题做了悉心指导。请你在书中各找一条，再结合你或你父母的现实生活，谈谈你最认可的几点。 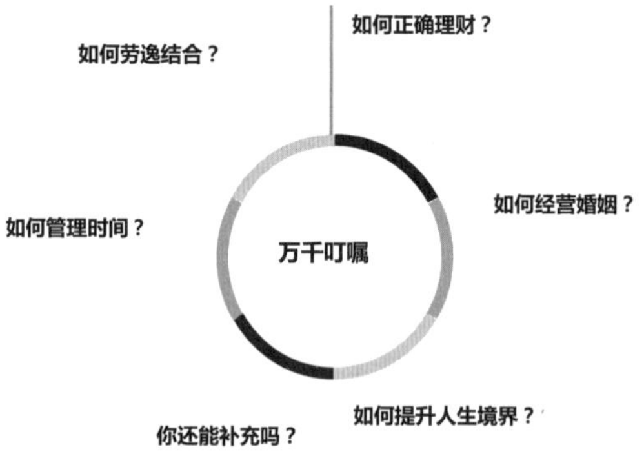 2. 傅雷在 1961 年 6 月 20 日的信中说道，“东方的智慧、明哲、超脱，要是能与西方的活力、热情、大无畏的精神结合起来，人类可能看到另一种新文化出现”。关于中西方文化差异，在书信中还有许多论述，请你边读边做批注，完成下面思维导图。 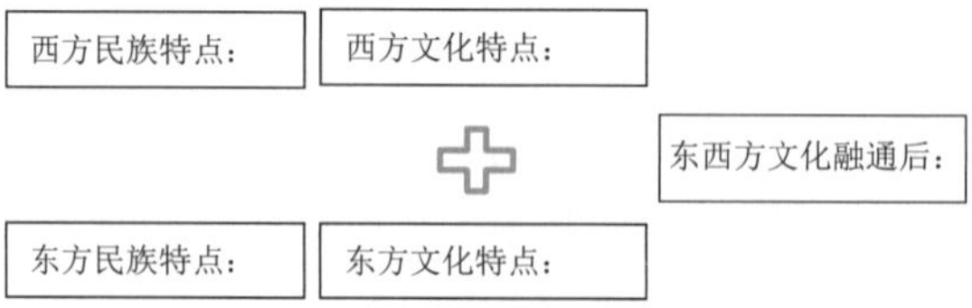 	运用精读与批注的方法，筛选文本中父亲的“教子之道”，从而进一步感知父亲的形象。围绕问题选择性阅读，深入理解傅雷重要观点。

阶段性检测

1.1960 年 8 月 29 日，傅聪订婚了，傅雷信中认为，对终身伴侣的要求，就要像对人生一切的要求一样不能太______，世界上没有______的人或事物。他还提醒傅聪，最有力的论证莫过于______，最有效的教育莫过于______。

2. 傅雷在书信中写道：“人在饱经现实打击，而仍能不受影响幻想时。”他所说的“这一类人”指的是______。

3. 通过对 1960 年书信的阅读，傅聪这一人物形象也越发鲜活起来。以下对傅聪这一人物形象分析不正确的一项是（　　）

A. 知道感恩，但是很少表达谢意。

B. 冷漠忘恩，需要傅雷的提点才会报恩。

C. 求全之心太切，灌唱片时非常紧张。

D. 自信且具有自我批评精神。

4. 傅聪演奏时身体不再摇摆了，对于儿子一个小小的改变，傅雷夫妇都是无比高兴的。通过对文章的理解，可知其高兴的真正原因是（　　）

A. 因为身体的不摇摆，可以走向更高的舞台，被更多的人知道，为祖国增光。

B. 傅聪演奏时身体的不摇摆，不仅给观众留下很好的印象，而且是一个对待艺术的态度，自己能够掌握自己的感情，控制表现，而不被音乐带着跑。

C. 傅聪一个细节的改变，在一定意义上说明他的修养到了一个非常高的境界，之后他遇到的问题都会迎刃而解。

D. 傅聪演奏时身体的不摇摆是自我能力的不断提升，可以为以后的表演呈现更完美的状态。

5. 材料探究

材料一：1955 年 1 月 26 日信

赤子之心这句话，我也一直记住的。赤子便是不知道孤独的。赤子孤独了，会创造一个世界，创造许多心灵的朋友！永远保持赤子之心，到老也不会落伍，永远能够与普天下的赤子之心相接相契相抱！你那位朋友说得不错，艺术表现的动人，一定是从心灵的纯洁来的！不是纯洁到像明镜一般，怎能体会到前人的心灵？怎能打动听众的心灵？

材料二：1963 年 11 月 3 日信

真了解西方的东方人，真了解东方人的西方人，不是没有，只是稀如星凤。对自己的文化遗产彻底消化的人，文化遗产决不会变成包袱，反而养成一种无所不包的胸襟，既明白本民族的长处短处，也明白别的民族的长处短处，进一步会截长补短，吸收新鲜的养料。任何孤独都不怕，只怕文化的孤独，精神思想的孤独。你坚信所谓孤独，大概也是指这一点吧？

材料三：1962 年 10 月 20 日信

你常常梦见回来，我和你妈妈也常常有这种梦。除了骨肉的感情，跟乡土的千丝万缕割不断的关系，纯粹出于人类的本能之外，还有一点是真正的知识分子所独有的，就是对祖国文化的热爱。不单是风俗习惯、文学艺术，使我们离不开祖国，便是对大大小小的事情的看法和反应，也随时使身处异乡的人有孤独寂寞之感。但愿早晚能看到你在我们身边！

你是否也有过孤独的时刻呢？看了这些材料，你对孤独有了什么新见解？

◎ 进程四

任务推进

<table>
<tr><th>阅读规划</th><th>任务单</th><th>重点能力指向</th></tr>
<tr>
<td>范围：
1965年—1966年（共18通）。
时间：
3天阅读完毕。</td>
<td>1. 家书除了读起来感人至深外，语言也富有特色，请结合前阶段对《傅雷家书》的通读经验，选择这些家书在语言上的特点，试做点评。
<table>
<tr><th>言语特点</th><th>摘录</th><th>点评</th></tr>
<tr><td>丰富的修辞手法</td><td></td><td></td></tr>
<tr><td>信件中的称呼</td><td></td><td></td></tr>
<tr><td>细腻的内心描写</td><td></td><td></td></tr>
<tr><td>……</td><td></td><td></td></tr>
</table>
2. 在1965年的书信里，父子俩多次对“化”进行了讨论，请你根据对话，搜集生活中一个关于“化”的实例，来参与他们的谈论吧！
傅聪（1965年5月18日信）：
我的东方人的根真是深，好像越是对西方文化钻得深，越发现蕴藏在我内心里的东方气质。西方的物质文明尽管惊人，上流社会尽管空谈文化，谈得天花乱坠，我宁可在东方的街头听嘈杂的人声，看人们的笑容，感受到一股亲切的人情味，心里就化了，因为东方自有一种和谐，人和人的和谐，人和大自然的。我在艺术上能够不断进步，不仅在于我自觉的追求，更重要的是我无形中时时刻刻都在化，那是我们东方人特有的才能。尽管我常在艺术的理想天地中神游，尽管我对实际事务常常不大经意，我却从来没有脱离生活，可以说没有一分钟我是虚度了的，没有一分温暖无论是阳光带来的，还是街上天真无邪的儿童的笑容带来的，不在我心里引起回响。因为这样，我才能每次上台都像有说不尽的话，新鲜的话，从心里奔放出来。
傅雷（1965年5月27日信）：
你谈到中国民族能“化”的特点，以及其他关于艺术方面的感想，我都彻底明白，那也是我的想法。多少年来常对妈妈说：越研究西方文化，越感到中国文化之美，而且更适合我的个性。我最早爱上中国画，也是在二十一二岁在巴黎罗浮宫钻研西洋画的时候开始的。这些问题以后再和你长谈。妙的是你每次这一类的议论都和我的不谋而合，信中有些话就像是我写的。不知是你从小受的影响太深了呢，还是你我二人中国人的根一样深？大概这个根是主要原因。
一个艺术家只有永远保持心胸的开朗和感觉的新鲜，才永远有新鲜的内容表白，才永远不会对自己的艺术厌倦，甚至像有些人那样觉得是做苦工。
你：</td>
<td>借助表格的相关信息引导学生关注书信的特殊文本，感受傅雷家书独特的语言，把握信件中细腻生动的人物内心世界，深入探究傅雷的独到见解。</td>
</tr>
</table>

阶段性检测

1. 傅雷在家书中说道：“__________是培养你心灵的酒浆。”

2. 傅雷对人生有独到见解，他说“人一辈子都在 ______ 中浮沉，惟有庸碌的人生活才如一潭死水”。

3.1965 年，将近六个月傅雷都没有收到傅聪的回信，通过对文章的理解，傅聪不给父亲写信的原因是（　　）

A. 傅聪钢琴演出太多，抽不出时间给父亲写信。

B. 傅聪不仅是工作上的忙碌，更多的是心绪上的烦恼。

C. 傅雷在 10 月 31 日给傅聪写的书信，傅聪并没有收到。

D. 傅雷与儿子吵架，傅聪并不想给傅雷写回信，以此来逃避父亲。

4. 通过阅读本章内容，下列选项中不符合 1965 年 2 月 20 日书信内容的一项是(　　)

A. 傅雷看到傅聪给他寄来的日程表，就好像自己也去了儿子曾经去过的地方一样，感受了各地的美好风光，看到了听众对傅聪演奏的反应。

B. 傅雷认为任何艺术品都有一部分含蓄的东西，而音乐所表现的最是飘忽、空灵，难捉摸，难肯定。

C. 傅雷认为凡是有利于艺术的，往往不利于生活；因为艺术家两脚踏在地下，头脑却在天上。

D. 傅雷希望傅聪在教育子女方面要养成纪律，不然未来会给双方带来更多的烦恼。

5. 封面设计是一本书的脸面，好的封面设计不仅能吸引读者，还能提示作品内容，甚至能暗示作品主题。假如译林出版社要再版发行《傅雷家书》，你能否为新书设计一张新的封面图片呢？请用文字表述你的创意！

课型推进

◎ 阅读课规划

教学阶段	主要内容	教学资源	设计意图
导读课	1. 阅读经典家书中的名言，了解家书功效。 2. 了解《傅雷家书》内容涵盖哪些方面。 3. 围绕“注重日常行为礼仪”这个同学感兴趣的点和“傅雷先生的教育对傅聪产生了怎样的影响”这个问题进行选择性阅读。	1. 经典家书 2. 选择性阅读的相关知识	了解家书的功效，激发阅读兴趣。了解《傅雷家书》的涵盖方面，增加阅读亲切度。运用选择性阅读方法，提升阅读《傅雷家书》的能力。
推进课 1	1. 探究傅雷的教子之道。 2. 多方面、深刻地评价傅雷为人。 3. 辩证地评价傅雷的教子之道。	1. 众多人物对傅雷的评价语 2. 傅聪的简介	通过探究傅雷的教子之道，从中获得教益。通过评价傅雷，从中汲取精神和品德方面的涵养。通过评价傅雷的教子之道，学会辩证分析事物。
推进课 2	1. 摘录《傅雷家书》中父子情深的文字。 2. 品析父子情深的文字。 3. 朗读父子情深的文字。	朗读技巧的相关知识	运用选择性阅读方法发现并摘录父子情深的文字。通过品析感受傅雷和傅聪间的父子情深。通过朗读受到情感熏陶。
推进课 3	1. 傅雷的金句赏读。 2. 了解《傅雷家书》中傅雷在众多领域内的观点。 3. 围绕“道德”梳理傅雷的观点，并进行归纳概括。 4. 自主选择某一领域，通过书信与傅雷探讨。	学生推荐的金句	语言品析能力。选择性阅读后的梳理、归纳、整理能力。深刻理解傅雷在不同领域内的观点。

续表

教学阶段	主要内容	教学资源	设计意图
成果分享课	1. 展示学生作品“傅雷先生的回信”。 2. 评选最佳回信。 3. 阅读同龄人与母亲往来的书信。 4. 手写家信，畅谈感受。	1. 评选标准 2. 同龄人与母亲往来的书信	书信展示和评选，促进学生阅读名著后的内化。阅读和手写家信，体会写家信的好处。

◎ 专题探究信息一览表

专题	探究指向	阅读策略	思维层次
专题一：傅雷的教子之道	1. 发现傅雷的教子之道。 2. 评价傅雷的为人。 3. 辩证地评价傅雷的教子方式。	1. 选择性阅读 2. 联结阅读	理解、分析、评价
专题二：父子情深	摘录、品析、朗读父子情深的文字，受到情感熏陶。	1. 选择性阅读 2. 批注式阅读	理解、分析、评价、创造
专题三：我给傅雷写回信	傅雷在众多领域内的观点。	1. 选择性阅读 2. 联结阅读	理解、分析、评价、创造

打开《傅雷家书》的金钥匙

——《傅雷家书》导读课

【教学目标】

1. 了解家书的功效，激发阅读兴趣；

2. 了解《傅雷家书》的内容涵盖方面，增加阅读亲切度；

3. 学习并运用选择性阅读方法，提升阅读《傅雷家书》的能力。

【教学重点】

了解《傅雷家书》的内容涵盖方面，增加阅读亲切度。

【教学难点】

学习并运用选择性阅读方法，提升阅读《傅雷家书》的能力。

【教学过程】

一、家书渊源

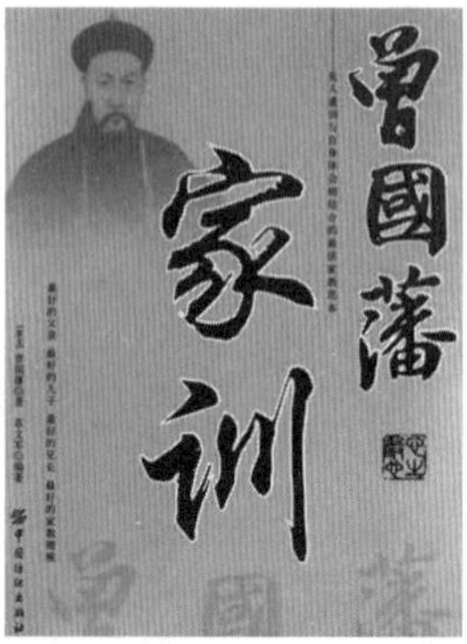

这几本书是不是如雷贯耳呢？是的，家书，是家庭或家族内用来传递信息、袒露心灵、交流情感的书信，主要有父辈对子孙、家长对家人、族长对族人的训示教诲，也有夫妻间的嘱托、兄弟姐妹间的诫勉。但这些家书早已超越了个人和家庭的局限，通过一定的传播途径使之成为社会文化的一部分，将这些名人为人处世的准则、良好的生活作风和强烈的爱国热情薪火相传，使我们读者也受益万分。接下来让我们一起领略经典家书的魅力吧。

二、千古家书

让我们一起来齐读下列经典家书中的教诲吧！

刘向《戒子歆书》："骄奢则祸至。"

刘备《遗诏敕后主》："勿以善小而不为，勿以恶小而为之。"

诸葛亮《诫子书》："非淡泊无以明志，非宁静无以致远。"

孔子《教伯鱼》："君子不可以不学。"

刘邦《手敕太子》："乃使人知作者之意，追思昔所行。"

彭端淑《示子侄》："学之，则难者亦易矣。"

郑玄《戒子益恩书》："显誉成于僚友，德行立于己志。"

周文王《诏太子发》："讲敬民以保社稷。"

曹操《令诸儿书》："论治国唯才是举，不私臣吏。"

鲍照《登大雷岸与妹书》："东顾五州之隔，西眺九派之分；窥地门之绝景，望天际之孤云。"

……

你发现家书里的宝藏了吗？请仿写。

家书里有修身之道，家书里有__________，家书里有__________，家书里有______________，家书里有____________……

三、家书珍品

有一部家书，是"充满着父爱的苦心孤诣、呕心沥血的教子篇"，也是"最好的艺术学徒修养读物"。这部家书是哪部呢？我们一起来填写它所涉及的方面和领域吧。

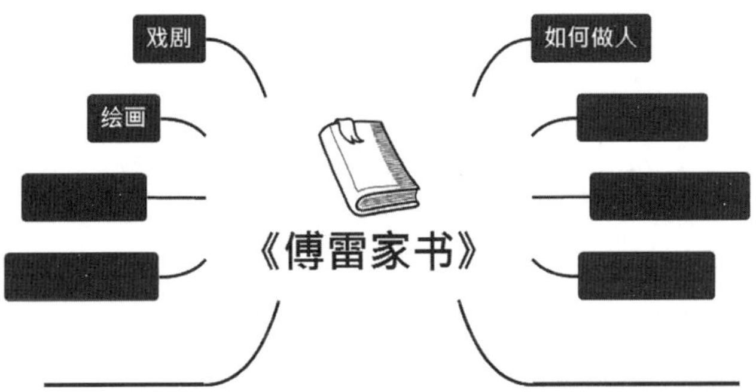

小结：

《傅雷家书》的内容涉及众多方面：道德、思想、情操、文化修养、家庭教育……所以40多年来一直畅销不衰。5次重版，19次重印，发行已达100多万册，1986年曾荣获“全国首届优秀青年读物”一等奖。

那么书中涉及的方面，你最感兴趣的是哪方面呢？我们可以为此学习选择性阅读方法。

四、善读珍品

1.选择性阅读之按兴趣选择

知识卡片

选择性阅读之按兴趣选择

读整本书，特别是读大部头作品，内容涉猎广泛领域时，我们可以采用选择性阅读的方法来选取自己感兴趣的方面阅读。在速读中，遇到自己感兴趣的方面放慢速度细读，边读边批注，也可以摘抄整理，最后列提纲或写心得。

中国素来是礼仪之邦，日常礼仪是个人素养的直接体现，在越来越频繁的社会交往中，更能体现自身的审美价值和社会价值。而傅雷很早就将日常礼仪的教化移位到人的教养与气质层面上来，他在很多书信中，都谈及了日常生活中的一些琐事及礼仪问题。现在让我们按进程分成四个小组对此做选择性阅读，并填写下表。

兴趣之注重日常行为礼仪		
进程	页码	摘录（原句或概括或关键词）
进程一		
进程二		
进程三		
进程四		
心得：		

2. 选择性阅读之按问题选择

知识卡片

选择性阅读之按问题选择

无论是博览群书，还是读一部书，如果有一个关注的焦点，那么阅读时就能边读边思考，就会获益匪浅。

按问题选择阅读可采用浏览、跳读、精读、做批注等阅读方法。先浏览、跳读书中内容，发现涉及问题的内容，停下来精读，圈点勾画，做批注。最后整理记录、列提纲与写心得。

问题：傅雷先生的教育对傅聪产生了怎样的影响呢？

1. 教师组织学生小组合作，采用选择性阅读之按问题选择的读法来展开阅读，填好下面阅读成果单。

2. 教师组织各小组展示和补充阅读成果单。

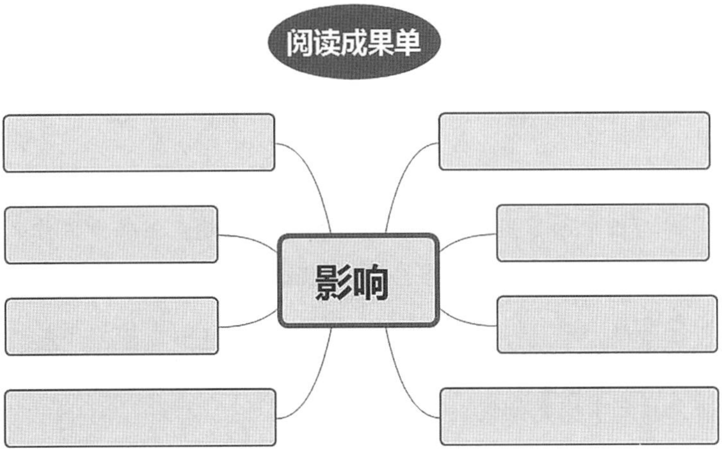

五、课堂小结

傅雷先生，既是位作家，又是位翻译家，学贯中西。儿子傅聪是位艺术家，常年在外学习、工作。这样沟通双方的书信集《傅雷家书》就充满了文学色彩、艺术色彩，蕴含着很多人生哲理、艺术感悟，我们要善用选择性阅读的方法来阅读此书。除了按兴趣、问题选择外，还可按读书目的选择，比如要写读后感，就要关注感受最多、体会最深的内容；如果为了与《给青年的十二封信》进行比较，那么就要关注两本书中谈论话题相同的内容。总之，选择性阅读就是一把打开《傅雷家书》的金钥匙。

【配套练习】

1. 傅雷是我国著名的翻译家，他曾翻译过巴尔扎克的《__________》（填作品名）。傅雷是一个严厉、尽责的父亲，在儿子长大成人、留学海外后，仍通过书信对儿子的______和______进行悉心指导。

2. 傅雷教导儿子待人要______、做事要________、礼仪要______、遇困境不______。

3. 傅雷教育儿子要做一个________的艺术家。

4. 傅雷通过书信训练傅聪的，不仅是文笔，更是________。

5.《傅雷家书》集深情、智慧、情怀于一书，我们每天阅读时善于挑选佳句制作成心情日历，将会是一笔宝贵财富。让我们一起动手制作心情日历吧！

〔示例〕

> **9 月**
>
> **21**
>
> 人生之中，不如意的时候往往占大多数，此时心中的苦闷该如何排解，是任由郁闷的心情侵蚀自己的生活，还是用更积极的态度来面对？

6. 傅雷给儿子的信，正是应了这句话“一字一句总关情”。小敏的爸爸阅读《傅雷家书》时对信中细节里见真情的地方格外感兴趣，但苦于工作太忙没时间读完全书，你和小敏一起围绕他爸爸的兴趣点进行选择性阅读并整理代表性的内容送给他爸爸吧。

7. 请带着“傅雷和傅聪之间除了父子关系外，还像什么关系”这个问题做选择性阅读，并写下探究结果。

言传与身教

——《傅雷家书》推进课1

【教学目标】

1. 选择性阅读，发现傅雷的教子之道；

2. 全面而深刻地评价傅雷；

3. 辩证客观地评价傅雷的教子方式。

【教学重点】

选择性阅读，发现傅雷的教子之道。

【教学难点】

辩证客观地评价傅雷的教子方式。

【课时安排】

1 课时

【教学过程】

一、看傅雷教子

1. 在傅雷的书信中，我们看到了他对孩子独特的教育方式。请你加入下面其中一个学习小组，完成“我看傅雷教子”讨论后的发言。

“艺术”组

小文：我最欣赏的是傅雷关于“艺术修养”的指导。如“人的思想感情正要求在另一种艺术中发泄，要求更直接刺激感官，比较更缥缈更自由的一种艺术，就是音乐，来满足它们的需要，所以当时的音乐作品特别有朝气，特别清新，正如文艺复兴前期绘画中的鲍蒂彻利。而且音乐规律还不像十八世纪末叶严格，有才能的作家容易发挥性灵”。你还能找出这样的例子吗？快来加入我们小组，和大家分享更多傅雷关于“艺术修养”的指导吧！

“交往”组

小涵：我最欣赏的是傅雷关于“人际交往”的指导。在 1956 年 10 月 11 日下午，傅雷写道“有一夜快十点多了，你还要练琴，恩德劝你明天再练；你回答说：像你这样，我还会有成绩吗？对付人家的好意，用反批评的办法，自然不行……这些毛病，我自己也常犯，但愿与你共勉之”。傅雷教导儿子要反思自己的说话方式，要耐心对待别人而不是不知方法、胡乱压制。在指出儿子不足的时候，不忘道出自己也有同样的缺点，并表示要与儿子一起改正。这些都是让我很欣赏的，你呢？和我们一起讨论吧！

“求学”组

小语：我最欣赏的是傅雷关于“读书求学”的指导。在 1956 年 10 月 11 日下午的那封信中提到“学习方面，我还要重复一遍：重点计划必不可少。平日生活要过得有规律一些，晚上睡觉切勿太迟”。傅雷对儿子的学习，一直都是持不放松的态度，学习要有重点，要有计划，要保持充足的睡眠，这些都是保证学习效率的关键。傅聪之所以在学业上取得如此大的成绩，与父亲的督促教导是分不开的。对此，你还有更多的例子及想法吗？

“情感”组

小思：我最欣赏的是傅雷关于“感情处理”的指导。如在 1960 年 8 月 29 日晚，傅雷写道“对终身伴侣的要求，正如对人生一切的要求一样不能太苛。我觉得最重要的还是本质的善良、天性的温厚、开阔的胸襟”。在儿子的择偶问题上，傅雷仍然坚持“做人”是最根本的，因此他提出了对方要“善良”“温厚”“有开阔的胸襟”，这不正是值得追求的正确爱情观吗？还有哪些地方有体现呢？让我们一起来交流这个话题吧！

请自选一个小组，结合《傅雷家书》具体内容，阐释自己观点。

我加入第____组，____

____

____

二、评傅雷为人

作为一个艺术家和翻译家，傅雷在大家眼中究竟是怎样的一个人呢？阅读他人对傅雷的评价，结合《傅雷家书》中读到的内容，也来说说你对他的评价。

好友楼适夷：傅雷的艺术造诣是极为深厚的，对古今中外的文学、绘画、音乐各个领域都有极渊博的知识。

妻子朱梅馥：他为人正直不苟，对事业忠心耿耿。

画家黄苗子：傅雷非常爱这个国家，所以对这个国家的要求也很严格。他爱他自己的文章，爱他所翻译的作家的作品，爱生活的一切，所以对它们非常认真。

儿子傅聪：我的父亲是个懂生活、有思想的人，他把人格看得比任何东西都可贵。

作为读者的我：读了《傅雷家书》，我认为傅雷是这样的：____________________

____

〔示例〕傅雷，艺术造诣高深，有朴素的爱子之心，更有崇高的爱国之情。他将有限的生命活出了无限的价值。（其他评价的关键词还有博学、正直、爱国、一丝不苟、热爱生活、乐观、爱儿子、严谨、实事求是、博爱、认真、节俭、珍惜时间、勤奋、追求真理……）

三、探教子之道

阅读傅聪的相关资料，结合问题对傅雷的教子之道进行探讨。

傅聪简介

1934 年生于上海，8 岁半开始学习钢琴，9 岁师从意大利钢琴家梅帕器。1954 年赴波兰留学。1955 年 3 月获“第五届肖邦国际钢琴比赛”第三名和“玛祖卡”最优奖。1959 年起只身驰骋于国际音乐舞台，获得“钢琴诗人”的美名。傅聪是个德艺俱备、品格卓越的人，行为举止端庄得体，与人交往友善大方。傅聪在国际乐坛受尊敬的程度，远远胜于其他大师。20 世纪六七十年代，他曾是美国《时代周刊》及许多重要音乐杂志的封面人物；直到现在，世界上很多钢琴家仍常常向他求教；世界重要的国际钢琴大赛，他是理所当然的评委。傅聪曾说：“只要我多活一天，就越发现音乐的高深。我觉得，60 岁以后才真正懂得音乐！”

思考：作家毕飞宇在《傅雷家书》序中写道：“对我们这一代作家来说，傅雷是特殊的。我致敬傅雷。”但同时又说：“我不愿成为傅雷的儿子。”因为毕飞宇的父亲和傅雷在性格上有着某些相似之处。你是否赞同毕飞宇的说法？请结合家书内容谈谈看法。

〔示例 1〕我不赞同毕飞宇的说法。从《傅雷家书》中我们看到，傅雷是一位艺术修养极高，教子严格，深爱儿子的父亲。他虽然对儿子要求严格，但也关心儿子生活，能在艺术上指导儿子，在儿子消沉和失意时给予建议，教导儿子保持赤子之心。

〔示例 2〕我赞同毕飞宇的说法。傅雷在对儿子的教导中过于严苛，正如傅雷自我反思评价提到，其态度对傅聪造成了较大的心理伤害。

【配套练习】

1. 填空题。

请利用网络、书籍查找《傅雷家书》写作的时代背景，补全“时代背景表”，并结合时代背景去找找《傅雷家书》中特别能够体现父子情深的语言文字，做好摘录，摘录成果将在下一堂课上全班分享。

1954—1955 年	1954 年傅聪孤身一人远赴_____学习音乐。1955 年获得“第 5 届肖邦国际钢琴大赛”第三名和“_______”。弱冠之年的儿子既要在英才辈出的波兰刻苦打拼，又要忍受与祖国的分别之苦，父母自然时常寄家书，为儿子指点迷津。
1958—1959 年	傅雷被误划为“右派”，遭到批判。为了避免回国后发生“父亲揭发儿子，儿子揭发父亲”的人间悲剧，傅聪由波兰出走______，以致父子之间通信一度中断。
1960—1961 年	由于周恩来总理和外交部部长陈毅的关怀，傅雷得以继续与傅聪保持通信。傅聪在 1960 年与______恋爱结婚，傅雷写了很多信与他谈论婚姻与家庭。
1964 年	傅聪为了事业，违背自己制订的“三原则”，加入______籍。傅雷获知后心乱如麻，民族自尊心受了伤害，非短期内所能平复，于是几个月不给傅聪回信。
1965 年	这一年，傅雷饱受忧患，处境最艰难。在政治的阴霾之下，他除了从事______外，给孩子们写信是他精神上最大的支撑；再加上傅聪的儿子出生，身为长辈的傅雷夫妇极度开心，因而通信增多。
1966 年 9 月 3 日	在经历了抄家和批斗的凌辱后，傅雷和夫人朱梅馥在上海寓所双双______。

2. 语段阅读题，读 1955 年 3 月 21 日信，回答问题。

聪，亲爱的孩子：

期待了一个月的结果终于揭晓了，多少夜没有好睡，十九晚更是神思恍惚，昨（二十日）夜为了喜讯过于兴奋，我们仍没睡着。先是昨晚五点多钟，马太太从北京来长途电话；接着八时许无线电报告（仅至第五名为止），今晨报上又披露了十名的名单，难为你，亲爱的孩子！你没有辜负大家的期望，没有辜负祖国的寄托，没有辜负老师的苦心指导，同时也没辜负波兰师友及广大群众这几个月来对你的鼓励！

……

说到“不完整”，我对自己的翻译也有这样的自我批评。无论译哪一本书，总觉得不能从头至尾都好；可见任何艺术最难的是“完整”！你提到 perfection［完美］，其实 perfection［完美］根本不存在的，整个人生、世界、宇宙，都谈不上 perfection［完美］。要就是存在于哲学家的理想和政治家的理想之中。我们一辈子的追求，无非是 perfection［完美］，但永远是追求不到的，因为人的理想、幻想，永无止境，所以 perfection［完美］像水中月、镜中花，始终可望而不可即。但能在某一个阶段求得总体的“完整”或是比较的“完整”，已经很不差了。

（1）面对儿子在国际大赛中取得的好成绩，作为父亲的傅雷态度是怎样的？

（2）从这封信中，除了读到一位父亲的拳拳爱子之心，你还能读出什么情怀，请结合选文内容分析。

3. 探究题。

有人说："父爱是有境界的。一重境界是做生活上的守护者，二重境界是做人格上的引路人，三重境界是做精神上的导师。"请结合《傅雷家书》的具体内容，试着以读书报告的形式，完成你对傅雷的父爱境界的理解阐述。

情到深处语自纯

——《傅雷家书》推进课2

【教学目标】

1. 浏览全书，摘录父子情深的文字；

2. 采用批注式阅读方法，品析文字中的深情；

3. 朗读文字，感受父子情深，受到情感熏陶。

【教学重点】

摘录并深情朗读父子情深的文字。

【教学难点】

采用批注式阅读方法品析文字中的深情。

【教学过程】

一、父子情深之文字展示

1. 在上节课的作业中，同学们去搜集了傅雷写这些书信的时代背景，你们有什么发现？

明确：我们发现在书信之中，暗藏着历史的风云变幻影响着一家人的际遇、困惑、了悟、欣喜、痛苦……读这些书信，实际上也是在读傅雷一家在1954—1966年间的经历与命运的浮沉。

2. 在这样的历史大背景下，更能烘托出父子情深。请将你摘录的两个最能体现父子情深的句子写到黑板上，并结合具体背景谈谈你的阅读感想。

摘录一：____

____

摘录二：____

____

二、父子情深之朗读展示

校广播站的"朗读者"栏目向全校师生征集关于亲情主题的书信朗读设计，从中选出优秀作品在栏目中播出。

1. 我们曾经学习过朗诵的相关技巧，请回顾这些朗诵技巧，完成下面的学习任务。

朗诵技巧		简要说明	《傅雷家书》句子朗读设计举例
重音		朗诵时，为适应传情达意的需要，对语句中的某些词或短语以重读的形式加以强调。包括重音轻读、拖长语调等特殊的处理方式。	
停连	停顿	与文章思想感情发展变化的要求相适应，声音中断。停顿可分为逻辑停顿、结构停顿和语法停顿。	
	连接	与文章思想感情发展变化的要求相适应，声音延续，表达激动或连贯的情绪。	
节奏		根据诗歌的情感基调，进行抑扬顿挫、轻重缓急的处理。	
语速		与情感表达相契合，一般情况下，快速表示激越、向上，慢速表示舒缓、哀伤。	

2. 请你从《傅雷家书》中推荐一封触动你心灵的书信，完成书信朗读征集卡，并根据朗读技巧表，做朗读设计。反复练习，秀出你的声音，读出你的感情。

“朗读者”书信朗读征集卡

朗读篇目：

推荐语：

____

朗读设计：

____

配乐音频选择及理由：

学校广播站

2020 年 6 月

三、父子情深之品评赏析

1. 傅雷的每一封信，字里行间无不透露出浓浓的父爱。试着梳理出体现以下几个方面父爱的具体内容，将表格填写完整。

发现“爱”

爱的分类	典型语句	我的品析
舐犊之爱	亲爱的孩子，你走后第二天，就想写信，怕你嫌烦，也就罢了。可是没一天不想着你，每天清早六七点钟就醒，翻来覆去的睡不着，也说不出为什么。好像克利斯朵夫的母亲独自守在家里，想起孩子童年一幕幕的形象一样，我和你妈妈老是想着你二三岁到六七岁间的小故事。	字里行间可以看出傅雷的爱子情深。对于长大的儿子，希望他茁壮成长，向外发展，但又不忍孩子远离身边。其实哪个家长不是这样？家长辛辛苦苦，一步步将儿女哺育成人，希望子女才有所用，以后不至于露宿街头。而儿女成才之际，亦是离开屋檐独飞之时。作为父母，既为他们而高兴，也为此伤心难过。毕竟骨肉之情难以分割。作为子女，我们应该体会、理解父母的苦心，让父母看到他们想看的一幕——我们快快乐乐地生活。
平等之爱		
严苛之爱		

课堂总结：傅雷曾在家书中写道，“别怕我疲惫！也别怕引起我心烦！爸爸不为儿子烦心，为谁烦心？爸爸不帮助孩子，谁帮助孩子？儿子苦闷不向爸爸求救，向谁求救？”《傅雷家书》的意义远远超过了傅雷家庭的范围，它让千万学子读懂父母的苦心，也让父母明白了与孩子沟通的最佳途径……情到深处语自纯！

【配套练习】

1.1959 年 10 月 1 日的家书中，傅雷向傅聪强调要适量举办______，不能成为经理人的______，避免成为“________”和“奏琴机器”。

2.1965 年 5 月 27 日的来信中，傅聪谈到中华民族能“______”的特点，以及他关于艺术方面的感想，傅雷常说越研究西方文化，越感觉______之美，而且适合他的个性。

3. 阅读下列材料，回答问题。

1969 年 12 月 2 日信：

来信提到批评家音乐听得太多而麻痹，确实体会到他们的苦处。同时我也联想到演奏家大多沉浸在音乐中和过度的工作或许也有害处。追求完美的意识太强大清楚了，会造成紧张与疲劳，反而妨害原有的成绩。你灌唱片特别紧张，就因为求全之心太切。所以我常常劝你劳逸要有恰当的安排，最要紧维持心理的健康和精神的平衡。一切做到问心无愧，成败置之度外，才能临场指挥若定，操纵自如。也切勿刻意求工，以免画蛇添足，丧失了 spontaneity［真趣］；理想的艺术总是如行云流水一般自然，即使是慷慨激昂也像夏日的疾风猛雨，好像是天地中必然有的也是势所必然的境界。一露出雕琢和斧凿的痕迹，就变为庸俗的工艺品而不是出于肺腑，发自内心的艺术了。我觉得你在放松精神一点上还大有可为。不妨减少一些工作，增加一些深思默想，看看效果如何。别老说时间不够；首先要从日常生活的琐碎事情上——特别是梳洗穿衣等等，那是我几年来常嘱咐你的——节约时间，挤出时间来！要不工作，就痛快休息，切勿拖拖拉拉在日常猥琐之事上浪费光阴。不妨多到郊外森林中去散步，或者上博物馆欣赏名画，从造型艺术中去求恬静闲适。你实在太劳累了！你知道我说的休息绝不是懒散，而是调节你的身心，尤其是神经（我一向认为音乐家的神经比别的艺术家更需要保护，这也是有科学与历史的根据的）：目的仍在于促进你的艺术，不过用的方法比一味苦干更合理更科学而已！

（1）选文中，傅雷给了儿子哪些建议？

（2）在傅雷看来，理想的艺术具有怎样的特质？

见字如面　你我畅谈

——《傅雷家书》推进课3

【教学目标】

1. 圈点勾画金句，用批注的方式赏读；

2. 梳理、归纳《傅雷家书》中傅雷在众多领域内的观点；

3. 自主选择某一领域，通过书信与傅雷探讨。

【教学重点】

勾画并赏读金句。

【教学难点】

归纳傅雷的观点并通过书信与傅雷探讨。

【课时安排】

1课时

【教学过程】

导语：读一本好书，如与智者促膝谈心，无形中受到智慧的浸润；而读到像《傅雷家书》这样有着真挚情怀的好作品，简直是如饮琼浆。真诚的告诫、殷切的期待、拳拳的叮咛、浩阔的思念，无不力透纸背。今天就让我们以书信的方式，与傅雷畅谈吧！

一、信之金句

请将课前摘录好的金句，用朗读的方式与全班同学分享，并用批注写下你读到的人生智慧。

〔示例〕

金句摘录

小华："一个人唯有敢于正视现实，正视错误，用理智分析，彻底感悟，才不至于被回忆侵蚀。我相信你逐渐会学会这一套，越来越坚强的。"

批注：现实不能逃避，错误还需正视，冷静地分析事情的前因后果，吸取教训，引以为鉴，那样就能够无坚不摧，甚至不怕孤独，人也就变得坚强、勇敢，收获感悟和成长。

文文：“太阳太强烈，会把五谷晒焦；雨水太猛，也会淹死庄稼。”

批注：与文章中前句“高潮不过分使你紧张，低潮不过分使你颓废”紧密相接，用比喻的手法形象地说明了控制情绪的必要。

乐乐：“我以前在信中和你提到过感情的 ruin［创伤，覆灭］，就是要你把这些事当作心灵的灰烬看，看的时候当然不免感触万端，但不要刻骨铭心地伤害自己，而要像对着古战场一般的存着凭吊的心怀。”

批注：这句话意在说明控制情绪的必要。对于感情的创伤，要“当作心灵的灰烬看”，就“像对着古战场一般的存着凭吊的心怀”。凭吊古战场时，烈火硝烟散尽，只余残垣断壁；金戈铁马、血肉厮杀都已被岁月的黄沙掩埋，只余下万千感慨，苍凉而平静，沉郁而超然。这就是我们对待往事应有的心态。

小陈：“多歇心多讨论问题，就是多写整理思想的机会，许多感性认识可以变成理性认识。这样重要的训练，你是不能漠视的。”

批注：多写，也就是多思考，多表达，多与他人交流自己的思想。写作的过程也是理清自己思绪的过程。写作于人的思维发展很有益处。

方方：“人一辈子都在高潮—低潮中浮沉，唯有庸碌的人，生活才如死水一般；或者要有极高的修养，方能廓然无累，真正的解脱。”

批注：这句话告诉我们顺境、逆境交替，得意、失意轮转是人生的常态，我们不要奢望生活是一成不变的，只能要求自己以强者的精神和意志坦然地面对人生，在生活的起起伏伏中演绎辉煌。

二、信之观点

1. 同学们分享的一句句金句中蕴含着傅雷先生在众多领域内的智慧之光，接下来请同学们自由组队，围绕某一领域，做深入的梳理、归纳傅雷的观点。

〔示例〕

道德方面，傅雷主张：

1. 先为人，次为艺术家，再为音乐家，终为钢琴家

（1）“我始终认为弄学问也好，弄艺术也好，顶要紧是 humain，要把一个‘人’尽量发展，没成为 xx 家 xx 家以前，先要学做人；否则那种 xx 家无论如何高明也不会对人类有多大贡献。”

（2）“做艺术家先要学做人。艺术家一定要比别人更真诚，更敏感，更虚心，更勇敢，更坚忍……”

2. 做人胸襟要开阔，名利要淡泊

（1）“身外之名，只是为社会上一般人所追求、惊叹，对个人本身的渺小与伟大无关，富贵于我如浮云。”

（2）“一个又一个的筋斗栽过去，只要爬得起来，一定会逐渐攀上高峰，超脱在小我之上。辛酸的眼泪是培养你心灵的酒浆。不经历尖锐的痛苦的人，

不会有深厚博大的同情心。”

（3）“人一辈子都在高潮—低潮中浮沉，唯有庸庸碌碌的人，生活才如死水一般；或者要有极高的修养，才能廓然无累，真正的解脱。只要高潮不过分使你紧张，低潮不过分使你颓废就好了。太阳太强烈，会把五谷晒焦；雨水太猛，也会淹死庄稼。我们只求心理相对平衡，不至于受伤害而已。”

3. 艺术家需要真诚

（1）“真诚是第一把艺术的钥匙。知之为知之，不知为不知。真诚的‘不懂’，比不真诚的‘懂’，还叫人好受些。最可厌的莫如自以为是、自作解人。有了真诚，才会有虚心；有了虚心，才肯丢开自己去了解别人，也才能放下虚伪的自尊心去了解自己。建筑在了解自己了解别人上面的爱，才不是盲目的爱。”

（2）“真诚是需要长时期从小培养的。社会上，家庭里，太多的教训使我们不敢真诚，真诚是需要很大的勇气作后盾的。所以做艺术家先要学做人。艺术家一定要比别人更真诚，更敏感，更虚心，更勇敢，更坚忍，总而言之，要比任何人都 less imperfect［较少不完美之处］!”

（3）通过梳理、归纳，我们发现傅雷把儿子当成一个讨论道德、艺术、历史、文化的朋友。当你听闻到这些思想时，你是欣赏，是疑惑，还是质疑呢？请选择你感兴趣的某一领域，写下你的想法。

〔示例〕道德领域

我的欣赏	我的疑惑	我的质疑
•“身外之名，只是为社会上一般人所追求、惊叹，对个人本身的渺小与伟大无关，富贵于我如浮云。” •从这句话中，我读到了傅雷淡泊名利的性格，富贵如浮云，这样的观点不管过多久都是至理名言。	•“真诚是第一把艺术的钥匙。” •要如何才能做到真诚呢？	•“青年人最容易给人一个‘忘恩负义’的印象。” •每个时代的青年人都不同，傅雷的这句话放在今天还适用吗？

三、信纸初展

1. 我们搜集了金句，对此进行赏析、提出疑惑和质疑。现在就请展开信纸，给傅雷先生写一封回信。同学们还记得书信的格式吗？让我们来一起回顾。

书信格式

①开头称呼：顶格，有的还可以加上一定的限定、修饰词，如“亲爱的”等。

②问候语：如写“你好”“近来身体是否安康”等，可以接正文。

③正文：信的主要内容，可以分为若干段来书写。

④祝颂语：以最一般的“此致”“敬礼”为例。“此致”有两种不同位置的写法，一是紧接着主体正文之后，不另起段，不加标点；二是在正文之下另起一行空两格书写。“敬礼”写在“此致”的下一行，顶格书写。后应该加上一个惊叹号，以表示祝颂的诚意和强度。

⑤署名和日期。写信人的姓名，写在祝颂语下方空一至二行的右侧。最好写上与收信人的关系，如“你的朋友 xxx”等。最后一行写日期。

2. 情景写作

这是 1955 年 12 月 11 日夜傅雷信的节选，让我们先来细细品读。

“……理应定下心来工作。倘使仍觉得心绪不宁，必定另有原因，索性花半天工夫仔细检查一下，病根何在？查清楚了才好对症下药，廓清思想。老是瞻着自己，不正视现实，不正视自己的病根，而拖泥带水，不晴不雨的糊下去，只有给你精神上更大的害处。该拿出勇气来，彻底清算一下。”

“廓清思想，心绪平定以后，接着就该周密考虑你的学习计划……事先多问问老师意见，不要匆促决定。决定后勿轻易更动。……我们不是常常对自己的工作（思想方面亦然如此）需要来个‘小结’吗？你给我们谈技巧，就等于你自己作小结。千万别懒洋洋的拖延！我等着，同时不要一次写完，一次写必有遗漏，一定要分几次写才写得完全；写得完全是表示你考虑得完全，回忆得清楚，思考也细致深入。你务必听我的话，照此办法做。这也是一般工作方法的极重要的一个原则。”

假设你就是傅雷这封信的写信对象，请你运用本堂课所学到的知识，结合你的实际生活，给傅雷写一封简短的回信。

课堂小结：与长者对话，如沐春风；与智者对话，智慧提升；与傅雷先生对话，两者兼而有之。常读《傅雷家书》，常与傅雷先生对话，生命因此而丰盈。

【配套练习】

情景写作：

今天你在“见字如面 你我畅谈”的课堂上写了一封给傅雷先生的信，晚上你竟然在睡梦中收到了傅雷先生穿越时空的回信。醒来后，你赶紧回忆那封回信，并将它一字一字写了下来……

穿越时光的信件

——《傅雷家书》成果分享课

【教学目标】

1. 以傅雷的口吻给自己回信，促进阅读的内化；

2. 分享回信，同伴间相互学习与探讨；

3. 给父母写信，体验写信这种传统交流方式的魅力。

【教学重点】

以傅雷的口吻给自己回信，并与同伴分享。

【教学难点】

选择合适的话题给父母写信，体验写信这种传统交流方式的魅力。

【课时安排】

1 课时

【教学过程】

一、导入新课

"孩子，我真恨不得天天在你旁边，做个监护的好天使，随时勉励你，安慰你，劝告你，帮你铺平将来的路，准备将来的学业和人格。"舐犊情深的傅雷通过一封封家信给远在海外的儿子以关爱。昨天听说我们同学也收到了傅雷先生的回信，不知聊了些什么内容，我们一起来分享下吧。

二、来自时光深处的信件

1. 书信分享：六人小组成员间分享回信，挑选出最佳的那封做全班分享。

挑选标准：符合傅雷先生见解，事件具有普遍性，说理透彻或者情感恳切。

2. 书信评奖：给每组的最佳书信打分，评选出"最佳傅雷书信奖"。

评选标准：符合傅雷先生见解，事件具有普遍性、启发性。

傅雷书信奖						
信件 评选标准	第一封	第二封	第三封	第四封	第五封	第六封
符合傅雷先生见解（10 分）						
事件具有普遍性（10 分）						
启发性（10 分）						

三、珍藏在时光里的家信

读完整本《傅雷家书》，我们体会到正是缘于书信这种交流方式，《傅雷家书》情感流露诚挚而热烈，内容涉及广泛而自然，父亲引导悉心而周到。其实不仅是《傅雷家书》里的书信读来令人动容，所有的家书读来都温暖人心，我们来阅读一位我们的同龄人与他妈妈的一次书信往来吧。

1. 赏读家信

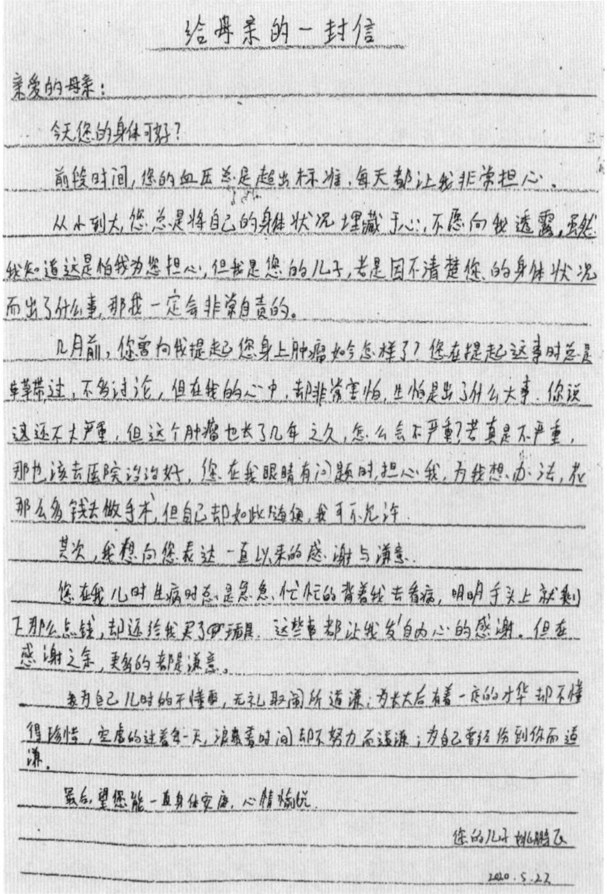

给母亲的一封信

亲爱的母亲：

今天您的身体可好？

前段时间，您的血压总是超出标准，每天都让我非常担心。

从小到大，您总是将自己的身体状况埋藏于心，不愿向我透露，虽然我知道这是怕我为您担心，但我是您的儿子，若是因不清楚您的身体状况而出了什么事，那我一定会非常自责的。

几月前，你曾向我提起您身上肿瘤如今怎样了？您在提起这事时总是草草带过，不多讨论，但在我的心中，却非常害怕，生怕是出了什么大事。你说这还不太严重，但这个肿瘤也长了几年之久，怎么会不严重？若真是不严重，那也该去医院治治好。您在我眼睛有问题时，担心我，为我想办法，花那么多钱去做手术，但自己却如此随便，我可不允许。

其次，我想向您表达一直以来的感谢与歉意。

您在我儿时生病时总是急急忙忙的背着我去看病，明明手头上就剩下那么点钱，却还给我买了玩具。这些事都让我发自内心的感谢。但在感谢之余，更多的都是歉意。

我为自己儿时的不懂事，无礼取闹所道歉；为长大后有着一定的才华却不懂得珍惜，空虚的过着每一天，浪费着时间却不努力而道歉；为自己曾经伤到你而道歉。

最后，望您能一直身体安康，心情愉悦。

您的儿子 姚鹏飞

2020.5.22

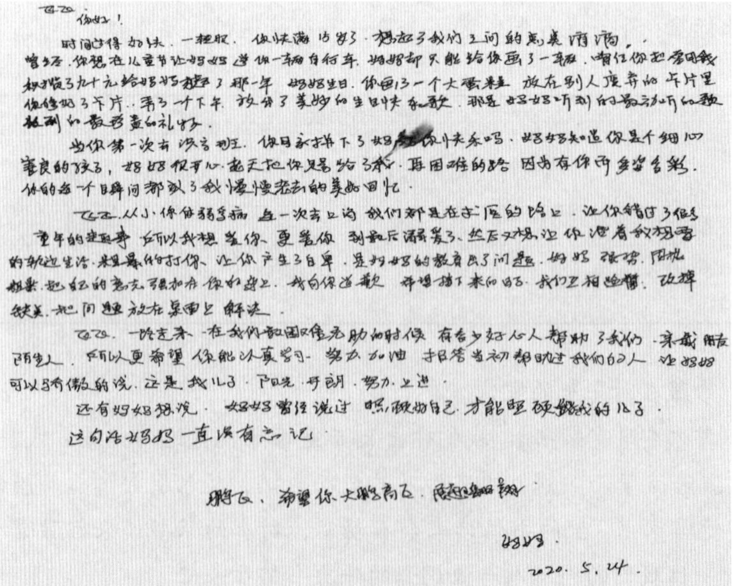

飞飞：

你好！

时间过得如此快，一转眼，你快满16岁了，想起了我们之间的点点滴滴。

曾经，你想在儿童节让妈妈买你一辆自行车，妈妈却只能给你画了一辆。曾经你把零用钱积攒了九十元给妈妈买了[illegible]。那一年妈妈生日，你画了一个大蛋糕，放在别人废弃的卡片里做成了卡片，弄了一个下午，放了美妙的生日快乐歌。那是妈妈听到的最动听的歌，收到的最珍贵的礼物。

当你第一次去读寄宿班，你回家[illegible]下了妈妈[illegible]你快乐吗。妈妈知道你是个细心善良的孩子，妈妈很开心老天把你赐给了我。再困难的路因为有你而多姿多彩。你的每一个瞬间都成了我慢慢老去的美好回忆。

飞飞，从小你体弱多病，每一次去上海我们都是在去医院的路上，让你错过了很多童年的趣事，所以我想[illegible]你、[illegible]你，到最后[illegible]了，然后又想让你过着我想要的轨迹生活，我最后打你，让你产生了自卑，是妈妈的教育出了问题。妈妈很惭愧，用妈妈的意志强加在你的身上。我向你道歉，希望接下来的日子我们互相包容，改掉缺点，把问题放在桌面上解决。

飞飞，一路走来，在我们最困难无助的时候，有多少好心人帮助了我们，亲戚朋友陌生人。所以更希望你能认真学习，努力加油，报答当初帮助过我们的人，让妈妈可以骄傲的说，这是我儿子，阳光，开朗，努力，上进。

还有妈妈想说，妈妈曾经说过照顾好自己才能照顾好我的儿子。这句话妈妈一直没有忘记。

鹏飞，希望你大鹏高飞，展翅翱翔。

妈妈

2020.5.24

读完这两封家信，你有什么感想呢？

2. 手写家信

让我们也尝试给自己的父母写封信吧，可以向父母提出自己的困惑，可以向父母表达自己的诉求，也可以向父母表达自己的感恩和关心……让我们打开心扉，尝试用书信的方式和父母交流，或许更亲密的亲子关系就从这封信开始奥！

【配套练习】

1. 腰封也称“书腰纸”，是包裹在图书封面中部的一条纸带，腰封上可印与该图书相关的宣传、推荐性文字。请你为《傅雷家书》设计一个腰封。

2. 请欣赏下面这段文字。

“赤子孤独了，会创造一个世界”：这是傅雷。

世事腥风血雨，家书却和风细雨，憔悴挣扎中依然一点一划地谆谆教导：这是傅雷。

从前的日色变得慢，车马邮件都慢，他却将爱付给了远在万里之外的儿子：这是傅雷。

这些安卧在老时光里的信，不但没有被苍凉之风吹散，反而被岁月的老棉被焐热了，每一个字都有了温度：这是《傅雷家书》。

其实我们的生活中也有许多“傅雷”，请你结合生活经历，写一个你眼中的“傅雷式父亲”，题目自拟，不少于600字。

中考链接

真题 ❶

原题呈现（2018年四川广元卷）

依据下面提供的信息，回答后面的问题。

有件小事要和你谈谈。你写信封为什么老是这么不neat［干净］？日常琐事要做得neat［干净］，等于弹琴要讲究干净是一样的。我始终认为做人的作风应当是一致的，否则就是不调和；而从事艺术的人应当最恨不调和。我这回附上一小方纸，还比你用的信封小一些，照样能写得很宽绰。你能不能注意一下呢？以此类推，一切小事养成这种neat［干净］的习惯，对你的艺术无形中也有好处。因为无论如何细小不足道的事，都反映出一个人的意识与性情。修改小习惯，就等于修改自己的意识与性情。所谓学习，不一定限于书本或是某种技术；否则随时随地都该学习这句话，又怎么讲呢？我想你每次接到我的信，连寄书谱的大包，总该有个印象，觉得我的字都写得整整齐齐、清楚明白吧！

从选文中可以看出“我”是一个怎样的父亲？请概括作答。

答案：____

思维层次：高阶思维，考查综合分析的能力

阅读能力：本题考查对名著人物性格的分析。

命题特点及解题策略：侧重于考查名著人物性格的分析。解答时，要根据家书内容来分析，如对儿子日常琐事的要求，体现了父亲对孩子的严格要求，也体现出自身做事的严谨；从生活小事引出教育大事，体现了父亲循循善诱、做事严谨、以身作则的特点，流露出傅雷爱子深情。

参考答案：

严格、严谨、尽责、循循善诱、以身作则、爱子情深（答出两点即可）

真题 ❷

原题呈现（2018年浙江衢州卷）

《童年》是外国长篇小说，《傅雷家书》是多篇书信汇编，根据其特点，可以分别采用哪些方法阅读？

思维层次：高阶思维，考查综合分析与运用的能力

阅读能力：考查学生基于名著文体特质选择合适读法的能力。

命题特点及解题策略：命题侧重于比较阅读，由文体特点判断采用的阅读方法。解答时，要仔细阅读题目要求，《童年》是长篇小说、文学作品，《傅雷家书》是书信汇编，非文学作品，根据作品的这些特点，学生选择合适的阅读方法即可。

参考答案：

①《童年》是长篇小说，为了解内容与写法，适宜通篇阅读；《傅雷家书》是书信汇编，独立成篇，

可以根据自己的兴趣选择性阅读。②《童年》是文学作品，通过阅读可以丰富自己的人生体验，阅读时要调动联想与想象，运用体验式的阅读方法;《傅雷家书》是非文学作品，是一位知识渊博的父亲给孩子的人生指导，阅读这本书，感受父子深情的同时，还可以丰富文化、艺术、历史等各领域的知识，适合采用摘记、批注的方法阅读。③《童年》是翻译作品，有条件的可以与多种译文及原著比较阅读，它是高尔基自传体三部曲中的一部，可以拓展阅读其他两部作品;《傅雷家书》的作者是翻译家，在家书中多次提到他自己翻译的《约翰·克利斯朵夫》，可以拓展阅读这本书。

真题③

原题呈现（2019年吉林省卷）

下列关于名著内容表述正确的一项是（　　）

A.《钢铁是怎样炼成的》讲述了主人公奥斯特洛夫斯基从不懂事的少年最终成为一名钢铁般战士的故事。

B.《傅雷家书》是傅雷夫妇在1954年到1966年写给父母的家信摘编。

C.《格列佛游记》以主人公格列佛的四次航海冒险经历为线索，揭露并批判了日本统治阶级的腐败和罪恶。

D.《艾青诗选》涵盖了诗人艾青各个时期的重要作品，艾青的作品主要描写土地、太阳、火把、黎明等具有象征意味的事物。

思维层次：低阶思维，考查名著内容的识记能力

阅读能力：此题考查学生对名著内容的概括能力。

命题特点及解题策略：采用选择题形式考查。选项内容主要是对所读名著内容的概括，学生可以根据自己的阅读情况加以判断。

参考答案：

D. A项“奥斯特洛夫斯基”应为“保尔·柯察金”；B项“父母”应为“傅聪、傅敏”；C项中“日本”应为“英国”。

真题④

原题呈现（2020年浙江衢州卷）

九（1）班进行了名著阅读问卷调查，发现喜欢非文学作品的人数较少。为吸引更多的同学去阅读，请从下列作品中任选一部，写一则简短的推荐语。

A.《傅雷家书》　　B.《给青年的十二封信》

C.《昆虫记》　　D.《寂静的春天》

思维层次：高阶思维，考查对名著内容的理解和评价

阅读能力：完成此题需要对该名著的大致内容、写法及阅读时的体验进行梳理概括，同时需要注意推荐语的写作对象和写作目的。

命题特点及解题策略：此题考查名著推荐语的撰写，开放性强，可根据自身的日常阅读积累来阐释自己的观点。推荐名著，一般要简介名著的核心内容、名著的思想价值

和艺术价值。

参考答案：

［示例］我推荐《傅雷家书》。两地书，父子情。傅雷通过书信的形式关心在外求学的儿子的生活、事业，与儿子谈做人、文学、艺术等话题，指导、激励儿子做德艺俱备、人格卓越的艺术家。阅读这本书，我们能获得思想的启迪、艺术的熏陶、做人的道理，还可以学习如何与父母沟通相处。（关注推荐对象、目的，从内容、写法、阅读体会等角度写出推荐理由即可）

真题⑤

原题呈现（2021 年云南省卷）

名著中的名言

①辛酸的眼泪是培养你心灵的酒浆。

②得失成败尽量置之度外，只求竭尽所能，无愧于心。

③自己责备自己而没有行动表现，我是最不赞成的。

④永远保持赤子之心，到老你也不会落伍。

1. 以上名言出自名著《__________》，这部名著主要讲 __________________。

2. 请结合自己的生活与学习，谈谈你对“自己责备自己而没有行动表现，我是最不赞成的”这句名言的理解。

思维层次：第 1 小题为低阶思维，考查名著内容记忆知识；第 2 小题为高阶思维，考查名著阅读的内化理解

阅读能力：完成本题需要精读，准确记忆区别名著词句，并形成自己的阅读思考的能力。

命题特点及解题策略：第 1 小题，根据以上四句名言，特别是“赤子之心”这样的词，能够比较容易地判断出四句话出自《傅雷家书》。再根据平时学习过程中对它的了解，便能知道这是翻译家傅雷及夫人写给孩子傅聪、傅敏的家信摘编，它是一本优秀的青年思想修养读物，是充满着父爱的教子名篇。第 2 小题，首先明了句子的基本内容：不少人犯错后很容易悔过，但只是轻轻自责一下就放过了自己。这种做法，作者是最不赞成的。再深入发掘内涵：犯了错误，要有悔过的具体行动，这样才能把错误记得牢，也才能真正吸取教训。

参考答案：

1. 傅雷家书　傅雷以书信的形式教育子女

2. 做了错事，在内心轻轻自责一下，是很容易做到的；但如果仅仅是自责一下就轻轻放过，是很难接受这一教训的。所以我最不赞成。凡是做了错事，只有具体悔过的行动，才最能证明悔过的心意，也才能真正吸取教训。

《钢铁是怎样炼成的》

推荐版本

作者：[苏] 奥斯特洛夫斯基著，王志冲译

出版社：上海译文出版社

出版时间：2006 年 8 月

作品梗概

《钢铁是怎样炼成的》最大的成功之处就在于塑造了保尔·柯察金这一无产阶级英雄形象。保尔的一生经历丰富，从小生活在社会底层，在车站饭馆和配电厂打工，饱受折磨和侮辱。后来保尔在朱赫来的影响下逐步走上革命道路，思想日趋成熟。战场上保尔杀敌抗争，几次从死神手里逃脱。同时，保尔参加革命的方式也是多样的，选择用修筑铁路的方式来支持革命，恶劣的自然环境非但没让他退缩，更塑造了他坚强不屈的精神品格。因此，无论是战场上的搏杀、感情上的波折，还是工地上的磨难，都没能使他倒下，反而使他更加勇敢，更加坚强。这一路上弗罗夏、朱赫来、阿尔青等人都对他的成长产生了影响。

在伤病无情地夺走他的健康，使他不得不躺在病床上的时候，他仍然不向命运屈服，而是克服种种困难，拿起笔来，以顽强的毅力开始写作，以另一种方式践行着生命的誓言，以另一种方式来继续参加革命。这个阶段，保尔也找到了人生的挚爱——达雅。两人相互影响，互相成长，共同进步。可以说，在保尔·柯察金的身上凝聚着那个时代最美好的精神品质——为理想而献身的精神、钢铁般的意志和顽强奋斗的高贵品质。

思维导图

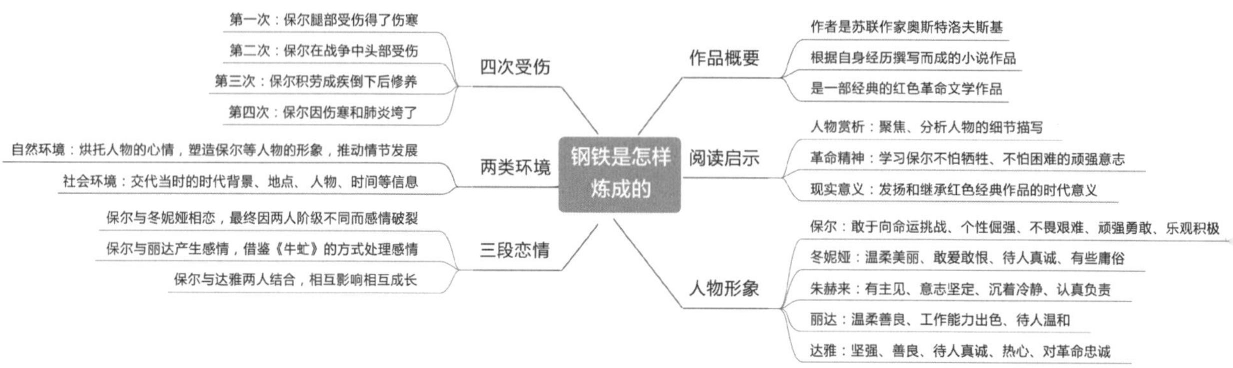

作者介绍

尼古拉·阿列克谢耶维奇·奥斯特洛夫斯基（1904—1936），苏联著名无产阶级革命家、作家，布尔什维克战士。奥斯特洛夫斯基1904年9月29日出生于工人家庭，因家境贫寒，11岁便开始当童工，15岁上战场，16岁在战斗中不幸身受重伤，23岁双目失明，25岁身体瘫痪，1936年12月22日去世，年仅32岁。他历时三载，克服难以想象的困难，创作了《钢铁是怎样炼成的》这部不朽的杰作，实现了重返战斗岗位的理想。代表作品《钢铁是怎样炼成的》《暴风雨所诞生的》《柯察金的幸福》等，这几部作品的主人公都是保尔·柯察金，他充满斗志，充满革命的激情，坚信革命的前途是光明的。

文学地位

《钢铁是怎样炼成的》是俄国文坛史上的经典著作，一部典型的励志作品，是共产主义国家最著名的“革命小说”之一。《钢铁是怎样炼成的》中文版最早出版于1942年，是由著名翻译家梅益先生根据英文版再译出版的。从1952年至1995年44年间共印刷再版57次，发行250万册。

叶尔绍夫这样评价：“长篇小说《钢铁是怎样炼成的》散发着那个带传奇色彩的时代急风暴雨的气息，传达了那个时代的气氛，再现了当时的战斗、痛苦和希望。”可见这部作品富有悲喜交加的浓郁色彩。不仅如此，这部作品中蕴含的精神主义也能够对个人的发展产生深远的影响。

核心价值

◎ 核心知识

（一）红色经典

红色经典是指反映社会政治运动和普通工农兵生活的作品，与实际生活相距较远，具有一定的年代感。小说《钢铁是怎样炼成的》已成为我们民族历史记忆的一部分，是一部经典的红色小说。小说叙述了主人公保尔从一位社会底层小人物，历经艰难险阻，不放弃革命，也不放弃为人类做出自己应有的贡献，最终成长为一名革命英雄领袖的故事。因此小说本身及其所体现的思想内涵（无论这种思想内涵所代表的精神与价值观是否为现时代所认可）已经成为我们的历史及现实生活的一部分。红色经典作品中蕴含的红色精神在当代仍旧具有重要意义，我们需要学习作品中人物身上所展现出来的永不放弃、一往无前的精神，并将这种精神运用到自己的学习、生活中，传承、发扬光大。因此，阅读红色经典小说，不仅需要我们把握作品的时代内涵，更需要读懂作品的时代意义。

（二）叙事方式

在小说作品《钢铁是怎样炼成的》中，作者不仅采用叙述和描写的表现手法，还穿插了内心独白、书信和日记等表现手法，塑造了保尔、冬妮娅、朱赫来、达雅、丽达等有血有肉的人物形象。多种叙事方式的作用不仅仅是塑造人物形象，还有改变小说叙事节奏、交代人物关系、推动情节发展等作用。例如，部队医生用日记的形式来记录保尔在医院康复的整个过程，改变叙事方式，能够吸引读者的阅读兴趣。因此，阅读中需要摘录经典的句子，品析人物的内心独白、书信和日记，走进人物的内心，理解作品的主题。

（三）自传性小说

《钢铁是怎样炼成的》作为一部小说作品，具有一定的自传性质。作品中的核心人物——保尔，是作者奥斯特洛夫斯基根据自己的人生经历塑造出来的，是以生活为原型的。因此，读起来更加真实可信，倍感亲切。同时，作者在撰写小说的过程中，又对小说的人物和情节进行了典型化的处理，让保尔由一个平民化的社会底层人物逐渐成长为一个革命英雄人物，又让整部作品在带有自传色彩的同时还有一些传奇色彩。因此，作为一部传统长篇小说，保尔自身的成长史是一条重要的线索，分为人生三个阶段：参加革命前，参加革命时，不能革命后，表现在其思想、心理等方面的变化。在阅读的过程中，需要透过保尔的人生经历去品读作者的人生经历，从而把握作品的主题和内涵。

◎ 核心能力

（一）综合多个阶段提取、整合相关信息

长篇小说叙事多样，情节曲折，对于读者来说，必须拥有提取、整合信息的能力方能深入阅读。《钢铁是怎样炼成的》是围绕主人公“保尔”展开的，叙述了一位底层人物成长为英雄人物的奋斗历史。为了更好地理解“保尔”这一人物的形象，我们可以为他建立人物档案，将人物的生平经历分成几个阶段，提取、梳理出每一个阶段影响人物成长的因素，最后将几个阶段的因素进行综合分析，归纳出影响人物成长的最关键因素。这样的方式既梳理了人物每个阶段的事件，又加深了对人物的印象和理解，以便更深入地解读作品。

（二）赏析体现人物鲜明性格特点的描写

《钢铁是怎样炼成的》中“保尔”的人物性格比较鲜明，鲜明的人物性格往往通过一些生动、具体的细节描写来体现。因此，我们在阅读的过程中应着重赏析体现人物性格的关键句子。例如，保尔在天寒地冻时仍旧坚持在一线修筑铁路的细节描写：他拎着破靴子走进板棚，在行军灶旁坐下，解开满是污泥的包脚布，把那只冻得发麻的脚放到炉子跟前，展现了人物吃苦耐劳、意志顽强的个性特点。在阅读过程中，可以引导学生摘录相关的细节描写，分析、归纳出人物的性格特点。

（三）揣摩名言警句中蕴含的丰富哲理

名言警句中往往蕴含着耐人寻味的哲理。《钢铁是怎样炼成的》中有着许多引人深思的名言警句，例如我们耳熟能详的这一句：“人最宝贵的东西是生命。生命对于我们只有一次，一个人的生命应当这样度过：当他回首往事的时候，他不因虚度年华而悔恨，也不因碌碌无为而羞愧——这样，在临死的时候，他能够说：‘我整个的生命和全部精力，都已献给世界上最壮丽的事业——为人类的解放而斗争。’”因此，在阅读的过程中，应引导学生摘录名言警句，品析句子中蕴含的丰富哲理，给自己的学习、生活以启迪。

（四）品析高频词句的深刻含义

在《钢铁是怎样炼成》中，作者为了表达某种深刻的含义，特意重复使用一些词语，比如枪、靴子、铁环等等。例如第二部第九章中反复出现“直到现在，保尔才明白：当一个人身体健康、充满青春活力的时候，做到坚强是比较简单而容易的事；如今，当生活像铁环似地把你紧紧箍住的时候，仍然能够坚忍不拔，那才是光荣的业绩。”“铁环已被砸碎，现在他已经拿起新的武器，又重新回到战斗的行列，开始了新的生活”。这两句话中的“铁环”有着丰富而深刻的含义，不仅指的是现实的困境，还指的是作者内心的障碍，而“铁环”被打碎则表明作者已经重拾对生活的信心，将用另一种方式去参加革命，为革命做出自己的贡献。在阅读时，我们要关注文本中反复出现的词句，理解词句的深层含义，探索高频词句对塑造人物性格和推动情节发展的作用。

◎ 核心策略

（一）外化输出

阅读经典作品不仅仅要输入，更要学会输出。外化输出是指在阅读过程中，用口头或书面的形式，把对文本的理解外显出来。将学生对作品基本内容的感知，用策略进行输出，促进对作品的深度解读。例如通过为英雄人物写小传、墓志铭等活动，学生可以将对人物的生平经历、典型事件、性格特征内化后进行输出写作。另外，学生在阅读《钢铁是怎样炼成的》时，可以使用图文转化策略。例如可以根据作品内容，将保尔人生三个阶段的重要事件绘制在小报上，展示人物的生平经历。通过图文转换的形式，可以检测学生对作品内容的理解程度，也可以通过表现性任务来测评学生的阅读效果，相互交流分享，加深对作品的理解。

（二）建立联结

作为一部传统小说，教师应引导学生分析环境和情节后归纳出人物的性格特征。保尔作为《钢铁是怎样炼成的》中的核心人物，是学生阅读过程中需要关注的重点内容，教学中要让学生体悟一位社会底层人物是如何成长为一位伟大的革命英雄的。为了更深入地分析人物命运和社会环境的关系，教师可以引导学生对不同小说作品中的人物进行联结，比较分析影响人物成长的不同因素。例如，教师可以将《钢铁是怎样炼成的》中的“保尔”和《骆驼祥子》中的“祥子”进行联结，联系两部作品的内容，比较、分析同样作为社会底层的人物，两位人物命运截然不同的深层原因，更加明确环境可以塑造一位伟大的人物，也可以毁灭一个人，但是自身因素才是影响人物成长的最关键因素。

（三）跨界阅读

跨界阅读既可以指突破学科的边界进行阅读，还可以指突破纸质媒介的阅读，将纸质资源、数字化资源、生活化资源和地域特色资源综合起来进行阅读。阅读《钢铁是怎样炼成的》可以引导学生使用跨界阅读策略，通过与电视剧《钢铁是怎样炼成的》进行对比阅读，比较凸显保尔人物性格特征的方式。在阅读过程中，引导学生进行跨界对比阅读，让学生感受不同的艺术方式对塑造人物形象的不同作用。需要注意的是，虽然表现方式不同，但是人物的精神品质是相似的，要引导学生习得人物身上优秀的精神品质，并在实际生活中传承与发扬。

◎ 精神文化

（一）树立崇高的革命理想

保尔曾是一个社会的底层人物，在引路人朱赫来的指引下，渐渐走上了革命的道路，为革命贡献着自己的全部力量。这种甘愿为革命牺牲自己、奉献自己的精神值得我们学习、发扬。此外，保尔的三段恋情是一次又一次的选择，保尔在战友的墓碑前发出的感慨也是对自我的一次重新选择，均以革命事业为重。例如保尔选择放弃与冬妮娅的爱情，是因为保尔坚信阶级立场不同是两人不可逾越的鸿沟。阅读《钢铁是怎样炼成的》，学生应该学习保尔身上崇高的革命理想信念，永不放弃、孜孜不倦地为革命事业做出应有的贡献。

（二）培养顽强的意志品质

保尔的成长史是一部血泪史，他多次在革命中身受重伤，感情经历也是一波三折，但是他却表现出了不畏艰难、永不言弃、百折不挠的意志品质，体现了一位英雄人物应有的精神品质。阅读《钢铁是怎样炼成的》是学生捕获知识，输入信息的过程，更是学生精神成长的过程。教师应培养学生在面对生活、学习中的困难时永不言弃、知难而上的精神品质，学会乐观坦然、积极向上地面对。

自主初读

◎ 阅读规划

阅读进程	阅读章节	阅读时间	阅读该部分感受最深的一点	阅读该部分最大的疑惑	自我评价（优、中、一般）	教师评价（优、中、一般）
进程一						
进程二						
进程三						
进程四						
进程五						

任务伴读

◎ 进程一

任务推进

<table>
<tr><th>阅读规划</th><th>任务单</th><th>重点能力指向</th></tr>
<tr><td>范围：
第一部第 1–4 章。
时间：
3 天阅读完毕。</td><td>1.“保尔窥视到生活的最深处，看见了生活的底层。”请你梳理保尔在学校学习、车站工作和配电厂工作期间“窥视”到的这些生活事件及情感态度。从中你发现保尔是一个怎样的孩子？
<table>
<tr><th>阶段</th><th>事件</th><th>情感态度</th><th>保尔性格</th></tr>
<tr><td>学校学习</td><td></td><td></td><td></td></tr>
<tr><td>车站工作</td><td></td><td></td><td></td></tr>
<tr><td>配电厂工作</td><td></td><td></td><td></td></tr>
</table>
2. 维克托称呼保尔是“小流氓”“大名鼎鼎的流氓”，你认为保尔真的是流氓吗？请结合相关内容阐述。</td><td>1. 借助表格梳理文本中的人物，提高提取、归纳信息的能力。
2. 借助文本语句，分析各个阶段的重点内容，揣摩保尔人物形象的其中一方面。</td></tr>
</table>

阶段性检测

1. 梳理“任务推进”的阅读内容，给下面几段人物的细节描写找到主人。

（1）“亲爱的，你的活儿很简单：一大早就把这口大锅里的水烧开，要让锅里一直有开水；木柴当然要你自己劈，这些茶饮也是你的活。还有，活儿紧的时候，擦擦这些刀叉，倒倒脏水。活儿可不少，亲爱的，你会累得满头大汗。”“她的这种乡音，她那长着一个小翘鼻子的，红扑扑的脸庞使保尔感到亲切愉快。”________

（2）“他不苟言笑，但善解人意，总是耐心地听他们谈论各种家常琐事，特别是在母亲抱怨保尔淘气时，他更是如此。他善于好言安慰玛利亚·雅科夫列夫那，常常使她丢开自己的烦恼和痛苦，振作起来。”________

（3）“我们像骆驼一样拼命干活，得到的回报却是谁想打就打，得不到一点保护。老板雇我和你是给他们做工的，可是随便什么人都可以打我们，只要他有力气。你就是

能够分身，也不能一下子把所有的人都伺候得周周到到，只要有一个伺候不到，那就得挨揍。”________

A. 普罗霍尔　　B. 朱赫来　　C. 保尔　　D. 弗罗夏

2. “打架并不一定是坏事，只是必须明白，应当打什么人，为什么打他。”如果你是保尔，你认为下面三个人物中最应该挨打的是哪一个，并说说为什么。

A. 瓦力西神父　　B. 普罗霍尔　　C. 饭馆男孩

任务推进

<table>
<tr><th>阅读规划</th><th>任务单</th><th>重点能力指向</th></tr>
<tr><td>范围：
第一部第 5–9 章
时间：
3 天阅读完毕。</td><td>1. 仿照示例，摘录两句名言警句，并写下自己的体会和思考。
<table><tr><td>名言警句</td><td></td><td></td></tr><tr><td>体会思考</td><td></td><td></td></tr></table>〔示例〕
名言警句：打架并不一定是坏事，只是必须明白，应当打什么人，为什么打他。
体会思考：打架并不是恶劣行为，而要想清楚打什么人和为什么打，多么朴素的革命理论啊。
2. 请你阅读保尔与冬妮娅恋情的整个过程，根据示例，完成如下思维导图。结合作品内容谈谈造成两人恋情破碎的关键因素。
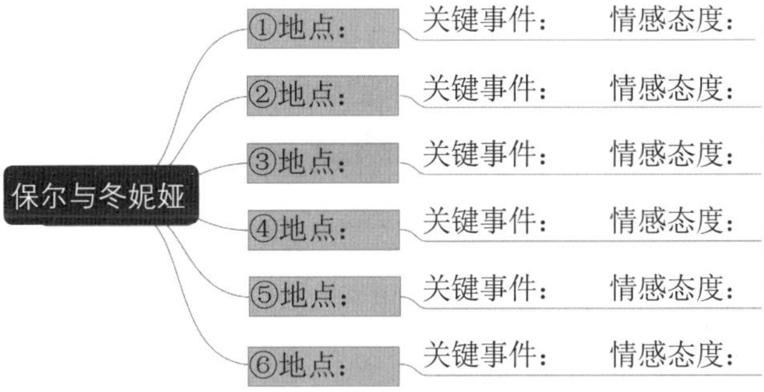</td><td>1. 借助表格梳理文本中的格言警句和耐人寻味的句子，写出自己的体会思考，并从中获得生活的启迪。
2. 借助文本语句，分析保尔与冬妮娅恋情的变化，归纳出恋情破碎的关键因素。</td></tr>
<tr><td></td><td>〔示例〕
地点：湖边。关键事件：冬妮娅看见保尔在钓鱼。情感态度：保尔对冬妮娅不满，粗鲁。</td><td></td></tr>
</table>

阶段性检测

1. 梳理“任务推进”中与保尔相关的阅读内容，完成下面的填空。

（　①　）→参军→（　②　）→腿部中弹并受伤寒→（　③　）→无法再回前线，参与国家建设的工作

2. 班级将排演“保尔和冬妮娅”的课本剧。为此，每个小组选择你们认为最适合改编成课本剧的情节，说说理由，并改写成课本剧。

任务推进

<table>
<tr><th>阅读规划</th><th>任务单</th><th>重点能力指向</th></tr>
<tr><td>范围：第二部第 1–4 章
时间：
3 天阅读完毕。</td><td>1. 请你整理修筑铁路期间遇到的困难及其应对措施，并分析其作用。
<table>
<tr><th>困难</th><th>概括内容</th><th>重点能力指向</th></tr>
<tr><td>困难 1</td><td></td><td></td></tr>
<tr><td>困难 2</td><td></td><td></td></tr>
<tr><td>困难 3</td><td></td><td></td></tr>
<tr><td>困难 4</td><td></td><td></td></tr>
<tr><td>困难 5</td><td></td><td></td></tr>
</table>
2. 文本中含有大量的自然环境描写，请选择两处修筑铁路期间描写自然环境的语句，并分析其对表现保尔精神品质的作用。</td><td>1. 借助表格梳理文本中的修筑铁路期间遇到的困难及应对措施，提高提取信息的能力。
2. 借助自然环境描写的语句，分析其对塑造人物形象的作用。</td></tr>
</table>

阶段性检测

1. 下列选项的表述与作品内容不符合的一项是（　）

A. 省委派丽达做代表去出席一个县的团代表大会，并让保尔协助她工作。车站很挤，于是由保尔先挤进车厢，然后打开车窗，把丽达从窗口拉进去。

B. 保尔随营长视察边境，又一起去别列兹多夫，他宣布自己以后不抽烟，不骂人。

C. 保尔申请在莫斯科定居，在妻子和母亲的支持下，保尔开始写小说《钢铁是怎样炼成的》。

D. 保尔双腿瘫痪了，只有右手还能活动。他要和达雅离婚，但达雅不同意。

2. 小林看完这几章后，对同桌小李说：“保尔真不愧是一个英雄，再难都能够坚持下去，简直是一个完美的人！”小李则说：“那可不一定，保尔虽说是一个英雄，但是他并不是一个标签式的人物，也有普通人的一面。”请你从这几章内容中选择一处简单谈谈。

任务推进

阅读规划	任务单	重点能力指向
范围：第二部第 5–9 章。 时间：3 天阅读完毕。	1. 奥斯特洛夫斯基在小说中多次采用“一语双关”的手法，请你摘录一处并分析。 2. 作者在第九章中三次提到“铁环”一词，对此，你是如何理解的？请结合语句阐述。 ①如今，当生活像铁环似的把你紧紧箍住的时候，仍然能够坚忍不拔，那才是光荣的业绩。 ②为了挣脱这个铁环，为了能够归队，使你的生命变得有用，你竭尽全力了吗？ ③铁环已被砸碎，现在他已经拿起新的武器，又重新回到战斗的行列，开始了新的生活。	1. 分析“一语双关”的写作手法，领会其对表现人物形象的作用。 2. 揣摩文本中高频词语的深刻含义，进一步感受人物心理的起伏与变化。

阶段性检测

1. 保尔最终用文学创作的方式继续参加革命，但其心情起起伏伏，犹如起伏的波浪。请仿照示例，在横线上填入相应的内容。

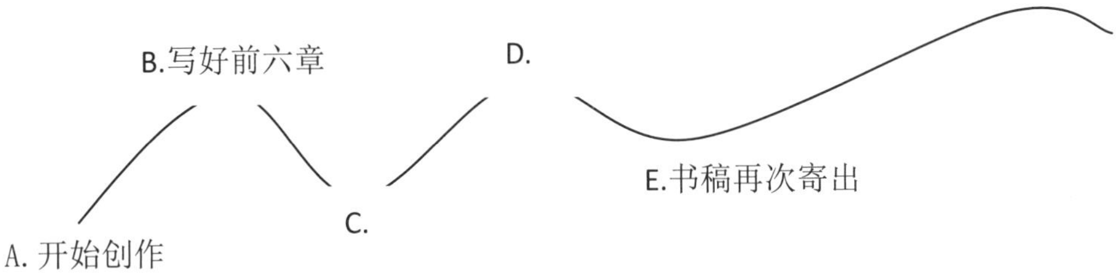

C.__________ D.__________ F.__________

2. 通过阅读作品内容，结合你对保尔的了解，请你为保尔的墓碑撰写一句碑文并做阐释。

> **知识卡片**
>
> 墓碑碑文，是镌刻在墓碑上的一种悼念性文字，主要是对逝者一生的评价。如一位摄影师的碑文是这样写的："抓住稍纵即逝的瞬间，为历史留下活的形象。"这句话概括了摄影师的职业特点和工作意义。再如文学家老舍的碑文"文艺界尽责的小卒，睡在这里"，则是引自老舍说过的一句话："在我入墓的那一天，我愿有人赠给我一块短碑，刻上：文艺界尽责的小卒，睡在这里。"

课型推进

◎ 阅读课规划

教学阶段	主要内容	教学资源	设计意图
导读课	1. 看评价，激兴趣。 2. 读目录，定核心。 3. 举范例，用方法。	书本、课外资料、目录、摘记本	1. 激发学生的阅读兴趣。 2. 引导学生运用阅读策略，掌握阅读方法，形成阅读能力。
推进课 1	1. 梳理保尔的思想变化。 2. 探讨保尔的成长变化。 3. 体味成长的真正含义。	书本	1. 了解保尔人生的思想变化。 2. 理解保尔成长变化的因素。 3. 深化对人物思想的理解，表达自我感受。
推进课 2	1. 谈谈对保尔的印象。 2. 从爱情选择看保尔。 3. 从革命斗争看保尔。 4. 从生活事件看保尔。 5. 从人物对比看保尔。	书本、思维导图、表格	1. 能从多个角度分析保尔的人物形象特征。 2. 总结、概括影响人物命运的关键因素——自身。
推进课 3	1. 回顾读过的红色经典作品。 2. 红色经典作品的可读之处。 3. 红色经典作品的现实意义。	书本、笔记本	1. 了解红色经典作品的概念。 2. 探究红色经典作品的现实意义。

续表

教学阶段	主要内容	教学资源	设计意图
成果分享课	1. 简单介绍作品的相关文学常识。 2. 各小组朗读保尔小传。 3. 评述保尔的三段恋情。 4. 小组代表畅谈阅读启示、收获。	保尔小传、笔记本	1. 通过倾情朗诵，进一步加深对《钢铁是怎样炼成的》作品中英雄形象的了解，感受保尔身上的伟大精神和高尚情怀。 2. 深入思考、畅谈《钢铁是怎样炼成的》对人生、社会的启示。

◎ **专题探究信息一览表**

专题	探究指向	阅读策略	思维层次
专题 1：一位英雄的成长史	梳理、归纳保尔的成长史	外化输出、图文转换	理解、分析
专题 2：保尔人物形象的多面性	分析、评价人物的性格特征	外化输出、建立联结	分析、评价、创造
专题 3：红色经典的意义	红色经典作品的现实意义	外化输出、建立联结	理解、分析、评价

走进红色经典，激发阅读兴趣

——《钢铁是怎样炼成的》导读课

【教学目标】

1. 了解并熟悉《钢铁是怎样炼成的》文学常识；

2. 通过浏览目录，了解作品的架构和大致内容，确定作品的核心人物——保尔。

【教学重点】

通过浏览目录，了解作品的架构和大致内容。

【教学难点】

确定作品的核心人物——保尔。

【课时安排】

1 课时

【教学过程】

一、看评价，激兴趣

1. 长篇小说《钢铁是怎样炼成的》散发着那个带传奇色彩的时代急风暴雨的气息，传达了那个时代的气氛，再现了当时的战斗、痛苦和希望。

——叶尔绍夫

2. 这本书在我的成长过程中有很大的影响，书中浓郁的英雄主义、理想主义、献身主义在相当长的时间里成为我精神生活最重要的支柱。

——张洁

请你认真阅读以上两位名人对作品《钢铁是怎样炼成的》的评价，并谈谈你对这部作品色彩的看法？

〔示例〕传奇色彩、英雄色彩、革命色彩等，突出这部作品的伟大。

二、识作者，明体裁

1. 阅读奥斯特洛夫斯基的生平简历，从中了解作者的一生是怎样的，请用一个词语概括。

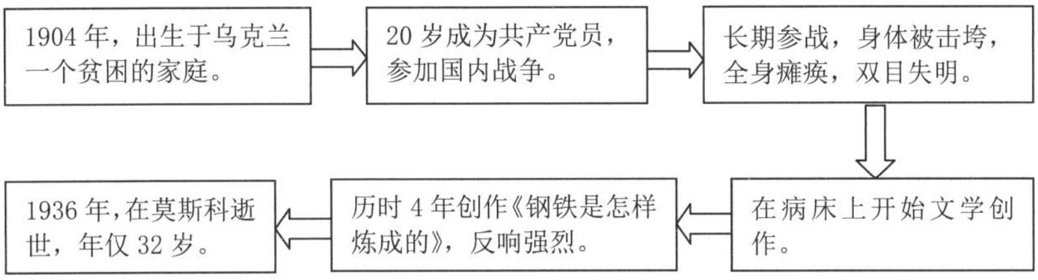

1904 年，出生于乌克兰一个贫困的家庭。
20 岁成为共产党员，参加国内战争。
长期参战，身体被击垮，全身瘫痪，双目失明。
在病床上开始文学创作。
历时 4 年创作《钢铁是怎样炼成的》，反响强烈。
1936 年，在莫斯科逝世，年仅 32 岁。

〔示例〕悲惨、忙碌、辛苦、辛酸、痛苦、可惜、遗憾等等都可以，要求能够围绕某一个阶段或联系整个人生阶段谈一谈。

2. 纵观作者的生平，你认为《钢铁是怎样炼成的》与作者的人生经历有关吗?

〔示例〕有关。《钢铁是怎样炼成的》是一部自传性质的小说作品，阅读时需要把握人物、情节、环境等内容，并联系作者的人生经历来看待整部小说。

三、读目录，定核心

请你快速阅读作品的目录，圈画目录中出现的人名和你感兴趣的内容，并确定两个阅读重点。

学生 1：作品共分为上下两部，一共十八章。其中“保尔”或“柯察金”的人名出现了 11 次，可见“保尔”是这部作品的核心人物，阅读时应关注这位核心人物的发展，揣摩人物的性格特征，等等。

学生 2：作品的目录中有许多“情感”词汇，例如“悦佳人”“佳人”“青春萌动”“情困”“情丝”“伉俪情深”等词语，可见作品中穿插了许多“情感故事”，阅读时需要关注这些“恋情”，并分析其对人物的影响。

学生 3：作品中有许多涉及战争的词语，例如“偷枪”“匪徒”“伪革命”“英勇从军”“国境卫士”等词语，可见作品涉及一些战争，进一步推断可能是小说的一条叙事线索。

提示：通过阅读目录，学生初步感知作品的架构和大致内容。同时，学生在阅读目录的过程中，将人名圈画出来，进行整合规划后，发现“柯察金”和“保尔”两个词反复出现，进一步明确小说作品《钢铁是怎样炼成的》的核心人物是保尔·柯察金。此外，目录还向我们透露着小说中写了许多的恋情故事和一条叙事线索——战争，这些都是我们在阅读这部作品时需要关注的。

四、举范例，用方法

“人最宝贵的是生命。生命每个人只有一次。人的一生应当这样度过：当回忆往事的时候，他不会因为虚度年华而悔恨，也不会因为碌碌无为而羞愧；在临死的时候，他能够说：‘我的整个生命和全部精力，都已经献给了世界上最壮丽的事业——为人类的解放而斗争。’”

这是小说作品《钢铁是怎样炼成的》中保尔所说的一段话，当你读到这段话时，会怎么处理？

〔示例〕摘抄在书本上并写下自己的阅读感受、体会等。

1. 环境描写：摘抄第二部第一章

“秋雨‘淅淅沥沥’下个不停。饱含水汽的深灰色云团在低空缓缓移动。深秋，大片大片的树变得光秃秃的。老榆树阴沉地站着，树皮的褶皱里长满褐色的苔藓。无情的秋天剥去了它们华丽的衣裳，它们只好裸露着干枯的身子。”

笔记：一方面，恶劣的自然环境，变成了修筑铁路的障碍；另一方面，也表现了工人们不畏艰苦、英勇顽强的精神。

2. 书信日记：摘抄第一部第九章

十月八日

今天，柯察金第一次独立行走，在花园里散步了。他不止一次地问我，什么时候可以出院。我告诉他，快了。每逢探病的日子，两个姑娘都来看望他。现在我知道了，为什么柯察金从来不呻吟，而且绝不会呻吟。我问过他，他回答我说：“您读一读《牛虻》就知道了。”

笔记：一方面，记录了保尔的恢复过程；另一方面，展现了保尔顽强不屈的精神品格。

3. 内心独白：摘抄第一部第一章

“保尔的劳动生活就此开始。这干活的第一天，他干得比以往任何时候都更卖力，因为他明白，这里不比家里：在家里可以不听妈妈的话；在这里，斜眼已经说得清清楚楚——如果不听话，就得挨耳光。”

笔记：保尔初入社会，体会到了社会的艰险，容不得出错，只有拼命干活才能谋生存。

提示：阅读是一个边读边摘录的过程，也是一个边读边思考的过程。因此，教师通过举范例——名言警句，引导学生阅读时要学会摘抄，同时更要做笔记，多写些自己的思考和想法。同时，进一步明确在阅读小说作品时，可以从格言警句、内心独白、环境描写、书信日记、细节描写等角度进行摘抄和做笔记。

【配套练习】

一、选择题

1. 在下列选择中选出与原文不符的一项（　　）

A. 保尔 13 岁时就开始参加革命活动。

B. 书中描写了保尔怎样对待监狱、战争、工作友谊、爱情、疾病、挫折等。

C. 保尔是以作者自己为原型塑造出来的带有自传性质的典型形象。

D.《钢铁是怎样炼成的》曾被邮差弄丢过。

2.《钢铁是怎样炼成的》一书的作者是（　　）

A. 保尔·柯察金　　B. 奥斯特洛夫斯基　　C. 高尔基　　D. 托尔斯泰

3.《钢铁是怎样炼成的》一书的主人公保尔在谁的影响下走向革命道路（　　）

A. 阿维尔巴赫教授　　B. 巴扎诺娃　　C. 朱赫来　　D. 母亲

4. 保尔的妻子是（　　）

A. 娃莲　　B. 冬妮娅　　C. 达雅　　D. 丽达

5. 下列选项中人物与身份不符合的一项是（　　）

A. 谢廖沙——红军战士，共青团区委书记

B. 瓦丽莎——码头工人

C. 丽达——共青团省委常委

D. 朱赫来——水兵，地下党工作者，特勤部副部长

二、填空题

6. 保尔最爱读英国小说 ____________，敬佩主人公的斗争精神。

7. 保尔在黑海疗养所企图自杀未遂，又找到了新的生活目标，他要靠 ____________ 回到队伍中去，他把写的小说寄往柯托夫斯基师征求意见，但 ____________，他不气馁，重新开始创作，小说最终获得了成功。

8. 保尔以自己的毕生精力，实践了自己的生活原则：人最宝贵的是生命，生命每个人只有一次。人的一生应当这样度过：____________，____________；在临死的时候，他能够说："我的整个生命和全部的精力，都已经献给了世界上最壮丽的事业——为人类的解放而斗争。"这是保尔战斗一生的真实写照，也是他革命乐观主义的深刻概括。

三、探究题

9. 当生命行将终结时，保尔躺在床上，他一遍又一遍地回想着往事，很多事情似乎过去很久了又仿佛还在眼前。请结合作品内容，说说你认为保尔这一生最想感谢的人是谁？

一位英雄的成长史

——《钢铁是怎样炼成的》推进课1

【教学目标】

1. 积累作品中保尔的名言名句，梳理保尔的人生经历，探讨其成长变化的原因；

2. 结合保尔成长变化的原因，感悟其成长真正的含义。

【教学重点】

结合保尔成长变化的原因，感悟其成长真正的含义。

【教学难点】

学会将课堂上学到的阅读策略迁移到同类的名著作品中去。

【课时安排】

1 课时

【教学过程】

一、分享保尔的思想变化

请你分享作品中体现保尔个人思想的句子，感受其思想的变化过程。

学生 1：

	参加革命前	参加革命时	不能革命后
句子内容	回家的路上，保尔感到他用诚实的劳动换取了休息，因而心里很踏实、轻松。现在，他也干活了；现在，谁也不会说他是寄生虫了。	他和成千上万的战士一样，穿着破衣烂衫，但始终怀着火焰般的热情，为捍卫阶级政权走遍祖国各地，英勇斗争。	即使生活到了难以忍受的地步，也要善于生活，并使生活有益而充实。
思想情况	保尔喜欢劳动，劳动也让他自己更踏实，有存在感，觉得自己的存在是有意义的。	保尔积极参加革命，热情高涨，一切以祖国为重。	面对生活的种种磨难，保尔并未选择就此沉落、放弃，而是选择了新的开始，让生活有益、充实。

学生 2：

	参加革命前	参加革命时	不能革命后
句子内容	保尔窥视到生活的最深处，看见了生活的底层。他追求新事物，渴望新的体验，然而，向他袭来的却是腐烂的臭气、沼泽地般的潮气。	我想跳槽，跳到骑兵第一集团军去，他们那儿会有一番轰轰烈烈的事业，他们积聚了那么多人，总不至于是闹着玩儿吧。	现在，保尔的双手又把住了舵轮，而生活呢，经过几番波折，又朝着一个新的目标前进，这个目标就是通过学习，掌握文学知识，然后重新归队。
思想情况	保尔发现了生活的黑暗与腐朽，渴望拥有新的生活，但并不能马上如愿。	保尔满腔热血，想干一番事业，但是跳槽也表明保尔思想还不够成熟，没有组织纪律。	保尔把握住了生活的方向，准备通过另一种方式继续参加“战斗”。

学生 3：

	参加革命前	参加革命时	不能革命后
句子内容	搜查毫无结果。这次偷枪事件使保尔确信，即使做出这类冒险行为有时也能平安渡过。	保尔已经完全感觉不到个人的存在，这些日子，日日夜夜都在进行激烈的战斗。他，柯察金，融合在集体之中，和每个战士一样，仿佛忘记了“我”字，脑子里只有“我们”：我们团，我们骑兵连，我们旅。	直到现在，保尔才明白：当一个人身体健康、充满青春活力的时候，做到坚强是比较简单而容易的事；如今，当生活像铁环似的把你紧紧箍住的时候，仍然能够坚忍不拔，那才是光荣的业绩。

续表

思想情况	保尔的大胆偷窃并没有被发现，逃过一劫，也为他做出更多大胆的事情做铺垫。	保尔的个人主义完全消失，一切以集体为重。	病痛的折磨并没有彻底击垮保尔，反而让他明白了生活的真谛和意义，磨炼了保尔坚忍不拔的人生信念。

提示：可以从参加革命前、参加革命时和不能革命后三个阶段找有代表性的名言警句。

二、探讨保尔的成长变化

请你根据保尔人生的三个阶段经历，阐述影响保尔成长的因素有哪些，并确定最关键的因素。

小组一：个性使然——疾恶如仇的正义感

（1）参加革命前

第一部第一章："该死的畜生"，他心里想，"像阿尔青这样的一等钳工，才赚四十八个卢布，而我只拿十卢布，可他们一昼夜就能捞上这么多，凭什么呢？端端盘子罢了。而且还把这些钱喝光，赌光。"——保尔仇恨饭馆堂倌们赌博，体现了他疾恶如仇的个性。

（2）参加革命时

第二部第三章："我提议：把菲金作为好逸恶劳、不负责任、破坏生产的人，从共青团开除出去。要把他的事写出来，登在墙报上。同时，不要害怕任何议论，把我刚才说的那些数字也写在社论里，公布出去。"——保尔提议将自身不够规范的党员清除出去，再次体现了他疾恶如仇的个性。

（3）不能革命后

第二部第七章：夜里，保尔对丘查姆家里的事情想了很久。偶尔的机缘把他带来这里，成了这幕家庭悲剧的目击者。他在考虑，怎样才能帮助母亲和两个女儿摆脱这种处境。——面对丘查姆一家的境况，引起了保尔的深思，他试图解救她们，帮助他们脱离老头的掌控，体现了他疾恶如仇的正义感。

小组二：个性使然——阶级反抗的意识

（1）参加革命前

第一部第一章："……我们像骆驼一样拼命干活，得到的回报却是谁想打就打，得不到一点保护。老板雇我和你是给他们做工的，可是随便什么人都能打我们，只要他有力气。你就是能够分身，也不能一下把所有的人都伺候得周周到到，只要有一个伺候不到，那就得挨揍。你就是拼命想把事情干好，让别人挑不出刺儿，跑东颠西，总还是有小闪失，那又是一顿……"——保尔痛恨付出与回报不成正比，对挨别人的揍打正式提出了反抗和不满。

（2）参加革命时

第一部第八章：他和成千上万的战士一样，穿着破衣烂衫，但始终怀着火焰般的热情，为捍卫本阶级政权走遍各地，英勇斗争。——保尔对革命热情、忠诚的个性。

（3）不能革命后

第二部第七章：夜里，保尔对丘查姆家里的事情想了很久。偶尔的机缘把他带来这里，成了这幕家庭悲剧的目击者。他在考虑，怎样才能帮助母亲和两个女儿摆脱这种处境。——保尔在重病的情况下，仍旧惦记着要解救这一家人，体现了他一心为他人着想、敢于反抗的个性。

小组三：个性使然——勇敢顽强的意志

（1）参加革命前

第一部第二章："哎呀，真倒霉！要是不回家，直接去那儿就好了。"他绝望了。"我怎么错过了这么好的机会？"突然，保尔心生一计，他猛然转过身来，三蹿两跳就追上了刚刚走过去的男孩，使劲夺下他手中的枪，并用不容反驳的口吻说道："你已经有一支，够了。这一支给我。"——保尔硬生生从小男孩手中抢过了枪，体现了保尔勇敢、无畏的个性。

（2）参加革命时

第一部第七章：他用刀背狂抽着已经疲惫不堪、满嘴是血的战马格涅德科，向厮杀最激烈的地方冲去。"砍死这帮畜生！砍死他们！……他们把波军一个排都砍死了。"——保尔与敌军作战时勇猛、无所畏惧的个性。

（3）不能革命后

第二部第七章：保尔竭力不让周围的人察觉他的痛苦，只有玛尔塔从他异常苍白的脸色上猜到了几分。——面对他人，保尔极力隐瞒自己的痛苦，不让别人发现，体现了他坚韧的个性。

小组四：正面人物的影响

①朱赫来——保尔革命道路的引路人，教保尔英国拳击的招式，讲解发电机的构造，并告诉保尔打架并不一定是坏事，只是必须明白，应当打什么人，为什么打他。

②弗洛夏——她在饭馆的遭遇，让保尔产生了反抗意识，看到了社会底层的黑暗。

③墓地烈士——保尔去了埋葬烈士的墓地，回想起了他们曾经为了那些出身贫贱、生来为奴的人们能过上美好的生活，献出了生命，进而感悟出了人生的意义。

④牛虻——保尔效仿牛虻处理感情的方式来处理和丽达的感情。

⑤达雅——保尔影响达雅，促使她加入布尔什维克。同时达雅也影响着保尔，让保尔更加坚定地活下去，更加坚定地用另外的方式参与革命。此外，在保尔瘫痪之后，达雅也尽量陪伴他、照顾他。

小组五：环境因素

（1）参加革命前

第一部第一章：夜里，每当饭馆两个餐厅里的忙碌停息下来，堂倌们便聚集在下面厨房的小贮藏室里，开始玩纸牌、打九点，滥赌一气。保尔不止一次看到摊在桌上的大堆赌资。他们有如此之多的钞票，保尔并不感到奇怪，他知道，他们每个人当班一昼夜就能捞到三四十卢布的小费，是每个客人给上半个、一个卢布凑起来的。有了钱，他们就狂饮滥赌。保尔非常憎恨他们。——保尔对车站饭馆的社会环境、堂倌们滥赌一气的氛围感到深深厌恶、憎恨。

（2）参加革命时

第二部第二章：暴风雪突然袭来，灰色的云层布满了天空，低低地压着地面缓缓移动。大雪纷纷扬扬。傍晚，风刮得紧了，烟囱里发出呜呜的怒吼，树林里响起呼呼的哀号。大风追逐着机灵善变、飘忽不定的雪花儿，凄厉的怒啸声搅得森林不得安宁。——面对恶劣的自然环境，保尔他们不得不做好充分的准备来修筑铁路，需要有顽强、坚韧的意志。

（3）不能革命后

第二部第九章：冬天过去了，窗外已春意盎然。保尔动完了最后一次手术，总算死里逃生，但脸上已毫无血色。他觉得自己再也不能待在医院里了。他在各种病人的痛苦和垂死者的呻吟、哀号之中生活了这么长的时间，这比忍受自身的痛苦更为艰难。——面对窗外生机勃勃的春景，保尔认为应该有所作为，而不是待在一个让人痛苦的地方。

小组六：反面人物的影响

①瓦里西神父——将保尔从学校开除，保尔被迫走上了工作岗位。

②普罗霍尔——对底层人们的欺辱和践踏，让保尔萌生反抗意识。

③苏拉、维克托——面对这两人的挑衅和侮辱，保尔忍无可忍之下用英国拳击狠狠地教训了他们。在危急关头，人必须学会反抗，并给予回应。

④丘查姆老头——丘查姆家中女人地位低下，受到丘查姆老头的压迫。保尔想要拆散这个家庭，让母亲和女儿远离这个家庭。

提示：引导学生能够从一个因素入手，在保尔人生的三个阶段中都能找到相关的内容，体现阅读名著作品“整本”的特点。教师适时总结影响保尔成长的因素主要有环境因素、他人影响、自身性格、书籍作品等，但是最关键的因素是保尔自身的性格特点。

三、体味成长的真正含义

某天早晨，保尔躺在病床上，让妻子更新了朋友圈。请你参照示例，补充下列人物对保尔这条动态的评论，并写出你对他这条动态的评论。

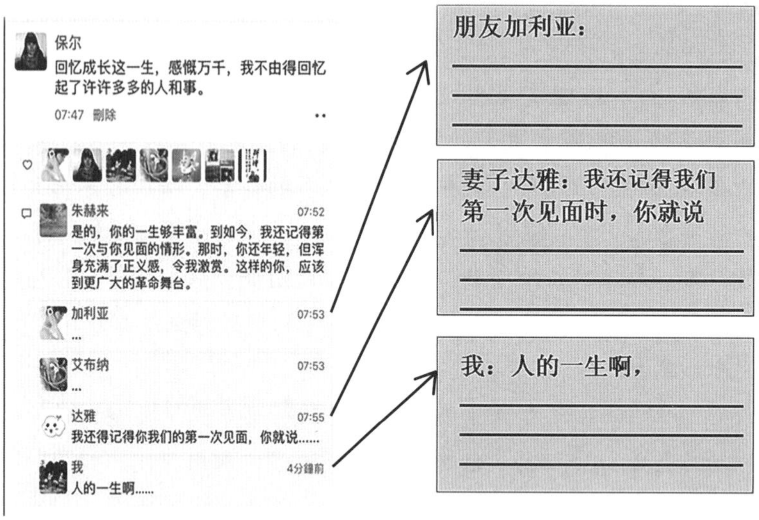

提示：通过设置朋友圈的形式，将学生置于个人生活情境下，能以保尔的口吻来再次体会保尔的一路成长。

【配套练习】

请你根据保尔的人生经历等内容，为保尔写一篇200—300字的人物小传。

保尔人物形象的多面性

——《钢铁是怎样炼成的》推进课2

【教学目标】

1. 从爱情选择、革命斗争、生活事件等角度赏析保尔的人物形象；

2. 通过祥子与保尔的人物对比分析，阐述影响人物命运的关键因素。

【教学重点】

从爱情选择、革命斗争、生活事件等角度赏析保尔的人物形象。

【教学难点】

通过祥子与保尔的人物对比分析，阐述影响人物命运的关键因素。

【课时安排】

1课时

【教学过程】

一、导入

请你谈谈你对作品《钢铁是怎样炼成的》中核心人物保尔的印象。

二、从爱情选择看保尔

保尔的一生经历了三段恋情，每一段恋情中的关键情节都能凸显保尔的性格特点。请你展示保尔其中一段恋情，选择其中一处关键情节，分析其性格特点，并改写成课本剧进行表演。

小组一：保尔与冬妮娅的恋情

	恋情过程	关键语句	保尔性格
	保尔与冬妮娅相识在湖边，后来两人发展成为朋友，建立了深厚的友谊。但是因为两人的阶级立场不同，导致最后感情破碎，各奔东西。	保尔目不转睛地看着她，双眉紧锁，轻轻地说："冬妮娅，这个问题我们已经谈过。你当然知道，我以前是爱你的，就是现在，我对你的爱还可以恢复，不过有个条件：你必须和我们站在一起。我现在已经不是从前的那个保鲁沙夫了。如果你认为，我首先应当属于你，然后才能属于党，那我只能做一个坏丈夫，因为我必须首先属于党，然后才属于你和其他亲人。"	以国家为重，以集体为重，热爱自己的事业。

手抄报：（略）

表演：（略）

小组二：保尔与丽达的恋情

	恋情过程	关键语句	保尔性格
	保尔与丽达相识于车站，并对丽达产生好感。随后丽达成为保尔的老师，两人交往密切。但是保尔误以为出现在丽达房间的是她的丈夫，选择了与丽达保持一定的距离，两人最终没能有情人终成眷属。	于是保尔坚决地接着说："此外，我早就想告诉你，你讲的东西，我不大理解。过去跟谢加尔同志学习的时候，我全能记住，而跟你在一起，就怎么努力都记不住。每次从你这儿出去，我还得上托卡列夫那儿去补课，把学的东西弄个明白。我的脑袋瓜不灵。你应当另找一个聪明一点的学生。" 他避开了她那专注的目光。 为了给自己堵死再来丽达处的退路，他又固执地说："因此，我们俩都不必再浪费时间了。"	固执、自以为是、自私

手抄报：（略）

表演：（略）

小组三：保尔和达雅的恋情

	恋情过程	关键语句	保尔性格
	保尔与达雅相识在丘查姆一家，为了改变达雅窘困的生活处境，保尔决定吸收达雅为共产党员。两人相互帮助，相互成长，结为夫妻。两人一个成为一名出色的共产党员，一个成为一名作家。	就在他十分痛苦的日子里，一天，达雅无比兴奋而激动地告诉他："保鲁沙夫，我是个候补共产党员了。" 保尔听到她讲述支部如何讨论吸收她这个新同志入党，不由回想起自己刚刚入党时的种种情形。他使劲握着她的手说："好啊，柯察金娜同志，这么说，我可以和你组成一个党小组了？"	热爱革命事业、关心他人

手抄报：（略）

表演：（略）

三、从革命斗争看保尔

保尔积极参加革命斗争，从中也能体现他的性格特点，请选择你印象深刻的一处革命斗争分析保尔的性格特点。

小组一：

事件概括	营救朱赫来
典型语句	在最后时刻他才想起口袋里的手枪：等他们走过去，对着那个端枪的背上开一枪，朱赫来就得救了。瞬间做出的决定使他拿定了主意。他拼命咬紧牙齿，咬得发疼。他记得，昨天朱赫来就对他说过："为了达到这个目的，必须拥有一群勇敢的弟兄……"
性格特点	勇敢、无畏、沉重、冷静、机智

小组二：

事件概括	修筑铁路
典型语句	柯察金费了好大的劲才把一只脚从黏泥里拔了出来，他感到脚底下冰冷彻骨，知道是他那只靴子的烂底全掉了。来到这里以后，这双烂靴子让他吃了不少苦头：靴子总是湿漉漉的，走起路来里面的泥浆"扑哧扑哧"直响。现在靴底干脆掉了，他只好光脚泡在冷得刺骨的烂泥里，这只靴子害得他没法干活。
性格特点	意志坚定、顽强不屈、坚韧

小组三：

事件概括	为师长报仇
典型语句	保尔哆嗦了一下。列图诺夫，他那英勇的师长，舍己忘身的好同志牺牲了。难以遏止的狂怒袭上保尔的心头。他用刀背狂抽着已经疲惫不堪、满嘴是血的战马格涅德科，向厮杀得最激烈的地方冲去。
性格特点	英勇、无所畏惧、疾恶如仇、善战

小组四：

事件概括	文学创作
典型语句	保尔的心怦怦直跳，他日夜盼望的理想终于实现了！铁环已经被砸碎，现在他已经拿起新的武器，又重新回到战斗的行列，开始了新的生活。
性格特点	热爱革命、有理想、有追求

四、从生活事件看保尔

展示与保尔相关的生活事件，分析人物的性格特点。

第一件：弗洛夏事件

1. 学生展示生活事件，介绍保尔的性格特点。

2. 分小组发言，小组之间互相点评、补充。

〔示例〕保尔疾恶如仇、具有同情心。

第二件：神父事件

1. 学生展示生活事件，介绍保尔的性格特点。

2. 分小组发言，小组之间互相点评、补充。

〔示例〕保尔具有敢于反抗、敢于质疑的精神品质。

第三件：偷枪事件

1. 学生展示生活事件，介绍保尔的性格特点。

2. 分小组发言，小组之间互相点评、补充。

〔示例〕保尔具有勇敢、无畏、爱冒险的性格特点。

第四件：四次死里逃生

1. 学生展示生活事件，介绍保尔的性格特点。

2. 分小组发言，小组之间互相点评、补充。

〔示例〕保尔具有顽强不屈的意志和永不放弃的精神。

五、从人物对比看保尔

小组讨论：祥子和保尔都是社会底层人物，但是两人的命运结局却截然不同，试分析两人不同命运的因素。

〔示例〕

人物	结局	原因分析	总结
祥子	最终堕落，成为行尸走肉。	社会原因：严酷、黑暗的社会剥夺了祥子应有的社会物质。 自身原因：生活理想几次被破坏后，精神堕落，无法振作。	两个同样生活在社会底层的人物，最后走向不同的命运，我认为在于个人因素。祥子不够自信，不够坚韧，有些委曲求全，甚至到最后变得逆来顺受。而保尔的一生也经历了种种的磨难与痛苦，尤其是“四次”死里逃生，都没有将他击垮，可见他个人意志的顽强与坚韧。因此，“小人物”的成功与否关键在于自身。
保尔	用文学创作的形式继续参加革命。	社会原因：从小生活在社会底层受到压迫，并且身处时代的变革中。 自身原因：顽强不屈的精神，甘于奉献的精神，争强好胜的个性。	

【配套练习】

1. 请你以“命运掌握在自己手里”为题，结合《骆驼祥子》中祥子和《钢铁是怎样炼成的》中保尔的相关内容展开论述，写一篇小短文，字数 500 字左右。

2. 请你写出一部自己阅读过的红色经典作品，并谈谈它的现实意义。

今天我们怎样读红色经典

——《钢铁是怎样炼成的》推进课 3

【教学目标】

1. 了解红色经典作品的概念，对红色经典作品有初步的感知；

2. 分享阅读红色经典作品的心得体会，探究红色经典作品的意义。

【教学重点】

了解红色经典作品的概念，对红色经典作品有初步的感知。

【教学难点】

分享阅读红色经典作品的心得体会，探究红色经典作品的意义。

【课时安排】

1 课时

【教学过程】

一、导入

请同学们回忆初中阶段读过哪几部红色经典作品？

〔示例〕埃德加·斯诺《红星照耀中国》、王树增《长征》、奥斯特洛夫斯基《钢铁是怎样炼成的》、罗广斌和杨益言《红岩》等等。这些作品中都塑造了一群为革命斗争而默默付出，甚至牺牲的战士，带有浓厚的年代感。

PPT：红色经典是指反映社会政治运动和普通工农兵生活的作品，与实际生活相距较远，具有一定的年代感。

二、红色经典的可读之处

请你用摘抄和做笔记的方法，发现红色经典《钢铁是怎样炼成的》有哪些可读之处，完成后小组交流、分享。

1. 读新鲜刺激之处

（1）第一处：第一部第一章

摘抄：刚刚交班的洗碗女工好奇地注意着这两个孩子的对话。男孩那蛮横的腔调和挑衅的举止激怒了保尔，他向前逼近一步，本想狠狠揍他一下，又怕第一天上工就被开除，才没有动手。他脸色阴沉地说："你放客气点，别骂人，要不会够你受的。明天我七点来。打架我也会，而且我不比你差，如果想试试，那就来吧。"

笔记：保尔第一天上班就遇到了其他人的挑衅，这一次他没有选择退缩，而是勇敢地反抗，好像大战一触即发的样子。我为保尔的勇敢无畏点个赞。

（2）第二处：第一部第五章

摘抄：听到枪声，朱赫来往旁边一闪，又回过头来。这时，押送兵正狂怒地从保尔手中夺枪。他抓着枪打转，用来扭绞保尔的双手，但保尔还是没有松手。气急败坏的彼得留拉匪徒猛地将保尔推倒在地，可仍然未能把枪夺回，因为保尔摔倒的时候，把押送兵也拖倒在马路上。在这个时刻，任何力量都不能让保尔放下手中的武器。

笔记：保尔营救被捕的朱赫来，敢于和匪徒们正面冲突，太厉害了吧。

2. 读感人至深之处

（1）第一处：第二部第二章

摘抄：雨水像从筛子里流出一样，又细又密，下个不停，冰冷的雨点浸透了衣服。雨水冲坏了人们的劳动成果，泥浆如同稠粥般从路基上流下来。

湿透的衣服又重又冷，但是人们工作到很晚很晚才收工。

新开的路基一天一天向森林延伸，越来越长。

笔记：工人们在自然条件恶劣的情况下没有罢工，兢兢业业地修筑铁路，令人钦佩和感动。

（2）第二处：第二部第二章

摘抄：柯察金醉汉似的，弯着腿，摇摇晃晃地走回车站，他发烧已有几天了，但今天比往常更加严重。

使筑路队丧失许多劳力的伤寒也悄悄地向保尔袭来，但是，他的健壮身体抵抗着，一连五天，他都挣扎着从铺着干草的水泥地上爬起来，和大家一起去上工。他穿着暖和的短皮大衣，冻坏的双脚套着朱赫来托人捎来的毡靴，但这一切都无济于事了。

笔记：保尔发烧多天却仍旧拖着羸弱的身体奋战在修筑铁路的一线，顾不得自己身体，眼中只有修铁路。

3. 读名言警句之处

（1）第一处

摘抄：人最宝贵的是生命。生命对于我们只有一次。人的一生应当这样度过：当他回首往事的时候，不会因为虚度年华而悔恨，也不会因为碌碌无为而羞愧。这样，在临死的时候，他能够说："我整个的生命和全部的精力，都已经献给了世界上最壮丽的事业——为人类的解放而斗争。"

笔记：人的一生应该做些有意义的事情，不应该在浪费光阴中度过自己的一生。

（2）第二处

摘抄：钢是在烈火里燃烧、高度冷却中炼成的，因此它很坚固。我们这一代人也是在斗争中和艰苦考验中锻炼出来的，并且学会了在生活中从不灰心丧气。

笔记：钢是如此，人也是如此。人的成长同样需要磨难和挫折，只有它们才会让你变得更加坚强不屈。

三、红色经典的现实意义

红色经典作品具有年代感，但是在今天，这些作品仍旧有一定的现实意义。请你联系红色经典作品《钢铁是怎样炼成的》，谈谈它的现实意义。

1. 聚焦当下，对时代的意义

〔示例〕作品给予我们信仰和力量。例如战"疫"逆行者：医护人员、军人、记者、志愿者……时代在变更，但是这些人的信仰从未改变，他们像保尔一样，兢兢业业，奋战在“战斗”的前线。因此，红色经典作品中有着信仰的力量。

2. 联系文本，对个体的意义

〔示例〕在中学阶段，每个人或多或少都会遇到一些挫折和困难。每当遇到挫折和苦难时，我们就需要学习保尔身上永不放弃、顽强不屈的精神，打败它们，昂首前行。因此，红色作品中人物的精神品质值得我们学习和传承。

【配套练习】

场景一：红色经典作品选书现场

周末，八年级的小林去新华书店购买奥斯特洛夫斯基的小说作品《钢铁是怎样炼成的》。在书店，小林找到了如下三本《钢铁是怎样炼成的》：

（1）

（2）

（3）

正当他犹豫不决买哪本时，九年级的小李走过来了，热心地对他说：“__________________。”

听了小李的话，小林就买了其中一本。

请你推测小林最后买了哪一本《钢铁是怎样炼成的》，并补全横线中的话。

场景二：红色经典作品阅读现场

在通读《钢铁是怎样炼成的》时，同学们对作者描写的保尔与冬妮娅相识、相处的场景特别感兴趣。请你根据上下文，补全横线中保尔的心理描写和对话。

（一）

巨大的机车头在“嗤嗤”作响的蒸汽中慢慢开了过来。

布鲁兹扎克在机车里朝窗外张望着。

他们慌忙互相告别。保尔紧紧抓住机车台阶上的铁扶手爬了上去。①。他一回头：岔道口站着两个熟悉的身影——高大的阿尔青，在他身旁的是苗条、娇小的冬妮娅。

（二）

他轻轻地把手搭在她的肩膀上，说：

“把束缚你的一切统统抛开吧。站到我们这边来，让我们一起去消灭那些老爷。我们那儿有许多好姑娘，她们和我们一起承受残酷斗争的全部压力，和我们一起忍受种种艰难困苦。她们的文化程度也许还不如你，那么，你为什么，究竟为什么就不愿意和我们在一起呢？你说，邱扎宁想使用暴力占有你，但他也是一个败类，不是战士；你说，他们对你不友好。那你干吗非要打扮成这个样子，就像去参加资产阶级的舞会呢？那天你说，我不要和他们一样，穿那脏兮兮的军便服。这是虚荣心在作怪。你有勇气去爱一个工人，却不能热爱他们的思想。和你分手，我感到非常遗憾，我也希望对你留下美好的印象。”

他沉默了。②。

（三）

保尔站住了，用惊奇的眼光打量着冬妮娅，③：

“我也没料到你会变得这么……酸臭。”他终于找到了一个比较温和的恰当的字眼。

冬妮娅的脸一直红到耳根。

“你仍然这么粗鲁！”

柯察金将铲子往肩上一扛，迈开大步走了。走了几步，他才回答她说：

“图一诺娃同志，说句不好听的话，我的粗鲁比起你们的彬彬有礼要让人舒服得多。我的生活没什么可担心的，一切正常。而你们的生活倒是变得比我预料的更加糟糕。两年前，你还好一些，那时，你还敢和我一个工人握手。可现在呢，你浑身散发出一种难闻的樟脑丸味儿了。说句良心话，我跟你现在已经没什么可谈的了。”

课后，小冯对同桌小易说：“我发现，保尔对冬妮娅的态度转变，其实也是保尔思想的逐渐转变，不知道你发现了没有？”小易说：“是啊是啊，我也发现了。你看④。”

场景三：红色经典作品精神价值

小蒋中考失利后，一蹶不振，认为自己的付出和努力没有得到应有的回报。在毕业典礼上，如果让保尔对中考失利的小蒋说些话，你认为保尔最有可能说出什么话？请结合保尔的生平说说。

我们眼中的保尔

——《钢铁是怎样炼成的》成果分享课

【教学目标】

1. 从保尔小传、三段恋情等角度展示《钢铁是怎样炼成的》的阅读成果；

2. 结合作品背景、文体特质、作品内容等方面，谈谈阅读的收获和启示。

【教学重点】

从保尔小传、三段恋情等角度展示《钢铁是怎样炼成的》的阅读成果。

【教学难点】

结合作品背景、文体特质、作品内容等方面，谈谈阅读的收获和启示。

【课时安排】

1课时

【教学过程】

一、朗读保尔小传

请三位小组代表朗读本组的学习成果——保尔人物小传。

学生朗读小传1：

保尔，12岁就被迫辍学去做工，生活艰辛；参加红军后，在战斗中腿受伤，头炸伤，右眼失明；修筑铁路时带领同伴奋战在工地上，不幸患上关节炎，严重的伤寒病几乎令他丧命。从死亡线上挣扎回来后，保尔继续没命地工作，糟糕的身体使他进了疗养院，离院后又再次因车祸住进医院，以惊人的生命力苏醒；在收到抚恤金的同时，他还收到了残疾证明书，但此时保尔仅仅24岁。带着从未有过的绝望，他无数次用枪对准自己，每每想要扣下扳机，他都决心活下去，他要让生命绽放出辉煌。随后，他两腿完全瘫痪，双目失明，只有右手还听使唤；在这样的情形下，他仍借助无线广播学习，写字时用硬纸板框中间卡出的缝限制铅笔进行写作，写下小说《暴风雨所诞生的》。保尔，坚持奋斗一生，坚持革命一生。伟大！敬佩！

学生朗读小传2：

保尔·柯察金是一个走在时代浪潮前的进步青年。他出生在俄罗斯帝国浓云密布的革命前夕，是普通的铁路工人家庭的孩子。他的一生可以说始终贯穿着对人生的“信念与反抗”。

保尔小时候因不满神父而在蛋糕上撒烟灰，被学校开除，后来在打工过程中看透了资产阶级社会唯利是图的本质，并觉悟加入了红军。加入军队后，他在自己的岗位上兢兢业业，饱读传播先进思想的书籍，纵然在战场上身体遭受了一次又一次的摧残，伤寒、中弹、肺炎……但他凭借惊人的意志战胜了死神。在成长和革命道路上，他还结识了挚友朱赫来、谢廖沙，美丽的初恋冬妮娅，以及在海滨相遇、和自己共度余生的达雅。最后，这位英雄在病榻上离开了人世，留给世界《暴风雨所诞生的》这一著作。不过有目共睹、不可辩驳的是，他在这场和命运的博弈中获胜了。

“平凡之中见伟大”，他将人类短暂的生命投身于为人民解放而在所不惜的革命事业，为了自己崇高的英雄之梦而燃烧。而在那时候像保尔一样的千千万万青年已经印证了高尔基的呐喊：“这是胜利的预言家在叫喊：让暴风雨来得更猛烈些吧！”

提示：朗读小传时要求情感饱满，小传内容能够彰显保尔的整个人生经历、精神品质等。注意朗读形式的多样性。

二、评述三段恋情

请三位小组代表分别评述保尔的其中一段恋情。

小组一：

评述的恋情	观　点
保尔与冬妮娅的恋情	我并不看好保尔与冬妮娅的恋情。第一，两人的阶级立场不同，保尔出身卑微，冬妮娅出身富裕，两人在家庭上差距较大；第二，保尔与冬妮娅观念不同，保尔一心想干一番大事业，为革命抛头颅洒热血，而冬妮娅只想过一种富裕平静的生活。

小组二：

评述的恋情	观　点
保尔与达雅的恋情	我认为保尔与达雅的恋情是理想中的恋情。第一，保尔与达雅的出身类似，两人都是生活在社会的底层，遭受过他人的压迫与屈辱；第二，在人生的关键时刻，他们的确需要互相鼓励，互相帮助，才能够完成人生的转折。

小组三：

评述的恋情	观　点
保尔与丽达的恋情	我为保尔与丽达的恋情感到可惜。两位都是革命人士，在革命中发生了友谊，相互产生好感。但是命运捉弄人，因为一次误会而渐渐疏远了。同时，保尔这样处理也是为了更关注于革命事业，从这个角度来说，保尔的决定应该是可以理解的。

提示：评述可以围绕对保尔成长的影响，以及对你个人价值观的影响。

三、众说阅读启示

请同学们谈谈阅读《钢铁是怎样炼成的》的收获和启示。

学生 1：阅读是有策略的。在实际的阅读过程中，我运用了联结策略和外化输出的策略，深化自己的阅读体验。此外，我还根据教材的要求，认真做好读书摘记和笔记。

学生 2：我印象最深刻的当属保尔了，从他的身上我看到了那股顽强不屈、敢于拼搏的精神，让我每次面临失败时不再退缩、气馁。

学生 3：《钢铁是怎样炼成的》是一部外国小说，阅读时还是需要把握作品中的关键情节，赏析核心人物的性格特征，分析作者精彩的环境描写。当然，边读还要边思考，注重输入与输出。

学生 4：《钢铁是怎样炼成的》是一部红色经典小说，它已经有一定的年代了，距离我们的实际生活也比较久远。但是经典的小说值得我们反复读，常读常新，作者在作品中描写的革命精神在今天仍旧是有意义的，我们要传承与发扬革命精神，赋予它新的使命。

提示：名著阅读作品作为经典文学作品，能够给学生带来精神力量，引导学生掌握阅读方法。在这一环节的展示中，小组成员可以从阅读方法、精神价值、文体特质等角度畅谈阅读启示和收获。同时，《钢铁是怎样炼成的》作为一部红色革命文学作品，要引导学生汲取其中的革命精神力量，用来指导自己的学习和生活。

【配套练习】

1. 多年以后，因为《钢铁是怎样炼成的》这本书，让“保尔”成为一个家喻户晓的人物，为了纪念保尔为革命做出的巨大贡献，打算兴建保尔纪念馆，你认为可以设计哪几个分馆？并简单说说你的理由。

2. 请你利用假期休息时间，观看 1942 年版电影《钢铁是怎样炼成的》，对比、分析原著与电影中“保尔与冬妮娅恋情”这一情节的不同之处，并分析这一不同之处对塑造保尔人物形象特征是否一致。

中考链接

真题 1

原题呈现（2019 年浙江湖州卷）

请从下列两组名著中任选一组，从主题角度提炼出一个共同的关键词，并结合小说的内容阐释理由。

A 组：《西游记》《钢铁是怎样炼成的》

B 组：《西游记》《骆驼祥子》

思维层次：分析、评价、创造

阅读能力：（1）提取书本的关键信息组合内容要点，将每一组中的相近内容提炼成关键词。

（2）建立人物、情节之间的联结，将相似的情节、人物进行对比分析，寻找共同点，提炼关键词。

命题特点及解题策略：本题体现作品的文体特质，开展主题形式的联读，考查学生的高阶思维。完成本题需熟悉作品的情节内容，理解作品的思想主题，建立作品之间的联结。

参考答案：

A 组　关键词：磨难

［示例］《西游记》中师徒四人去西天取经，沿途降妖伏魔，历经八十一难，凭借无畏和勇敢的斗争精神终于取得真经。《钢铁是怎样炼成的》中保尔当过童工，在社会最底层饱受折磨，面对敌人的严刑拷打坚贞不屈，在战场上勇往直前，全身瘫痪、双目失明后仍坚持创作。两部作品的主人公都经受了种种磨难，并凭着顽强的意志战胜了磨难。

B 组　关键词：磨难

［示例］《西游记》中孙悟空因大闹天宫被压在五行山下，受苦五百年，后护送唐僧西天取经，历经八十一难，斩妖除魔，最终取经成功，被封为斗战胜佛。《骆驼祥子》中祥子力图通过个人奋斗摆脱悲惨命运，但是经历三起三落后，他渐渐失去了生活的信心和勇气，最后沦为自暴自弃的行尸走肉。两部作品的主人公都经受了重重磨难，但结局却截然相反。

真题②

原题呈现（2019年浙江杭州卷）

艾青被称为“太阳与火把”的歌手，他常用“太阳”的意象，表达对光明、自由、胜利的不懈追求。保尔·柯察金（《钢铁是怎样炼成的》）、江姐（《红岩》）、贝多芬《名人传》）都能体现这种追求。请选择一位，结合作品分析。

思维层次：分析、评价

阅读能力：考查对人物形象的分析，选取作品中的典型情节，通过“阐释＋举例”和“梳理＋立传”的方式对人物进行分析、评价。

命题特点及解题策略：本题开展主题形式的联读，考查学生的高阶思维。完成本题需熟悉作品的情节内容，选择典型人物和事例。

参考答案：

［示例1］我选保尔·柯察金。他追求世界上最壮丽的事业——人类的解放。在敌人的严刑拷打面前，他坚贞不屈；在枪林弹雨的战场上，他勇往直前；即使全身瘫痪，双目失明，他也没有放弃。可以说，他为人类的解放事业奉献了全部精力和整个生命。

［示例2］我选江姐。临近解放，江姐组织越狱行动。敌人策划在逃跑前杀害共产党人，为了不暴露越狱计划，保护同志们，江姐毅然走向刑场。她的一生是追求光明、追求胜利的一生。

［示例3］我选贝多芬。他从小受酗酒父亲的虐待，中年遭遇耳疾折磨和侄子的不孝，但他在痛苦中坚持创作，谱写了《英雄交响曲》《欢乐颂》等乐曲。他用音乐的语言表达对命运的抗争，对自由、平等、博爱的热切追求。

真题③

原题呈现（2020年浙江绍兴卷）

法国作家大仲马说：“人生的意义就蕴含在这两个词里——希望和等待。”请从下列人物中选择一位，结合作品内容，谈谈你对这句话的理解。

A. 祥子（《骆驼祥子》）

B. 尼摩船长（《海底两万里》）

C. 保尔（《钢铁是怎样炼成的》）

思维层次：理解、分析、评价

阅读能力：提取与人物相关的情节内容，理解、分析人物的“等待”与“希望”；结合句子评价人物的形象及对句子的理解。

命题特点及解题策略：本题体现作品的文体特质，开展主题形式的联读，考查学生的高阶思维。完成本题需熟悉作品的情节内容，理解作品的人物形象。

参考答案：

［示例 1］A 祥子从农村来到城市，想通过劳动改变自己的命运。拥有一辆自己的洋车，自食其力，是祥子的希望。烈日下拉车，暴雨中拉车，祥子一直用他的勤劳和坚忍在等待新生活的开启。然而“三起三落”的经历，小福子的去世，让祥子的希望落空，无所期待，他开始自暴自弃，成了一具行尸走肉，他的人生从此失去了意义。

［示例 2］B 尼摩船长学识广博，为躲避殖民者的压迫，驾驶自己设计制造的“诺第留斯号”潜水艇，潜入海底。在漫长的海底之旅中，他始终充满希望。他借助潜艇的神奇力量，成功解除了搁浅、冰山封路、鲨鱼袭击等种种险情；同时发掘海底宝藏，为陆上被压迫民族提供反殖民解放斗争的财政支援。他所做的一切都是为了等待、召唤社会主义和人类平等的到来，他的人生也因此具有特别的意义。

［示例 3］C 保尔在朱赫来的影响下逐步走上革命道路，并经历了一系列的人生挑战。无论是战场上的搏杀、情感上的波折，还是工地上的磨难，都没能使他倒下，反而使他更加勇敢，更加坚强。他之所以能忍受肉体上和精神上的痛苦，是因为他心中始终坚守“为人类解放而斗争”的信念，心中有一个希望，并愿意为之而等待，为之而奋斗，他的人生也因此有了特别的意义。

真题 ④

原题呈现（2019 年江苏徐州卷）

阅读名著选段，完成问题。

（1）他像醉鬼一样东摇西晃，双腿打颤，走向车站。他发着高烧上工已经很久了，不过他觉得今天烧得比往常厉害。

吞噬生命、削弱全队战斗力的伤寒也向（A）进攻了。但他那健壮的身体在抵抗着，接连五天，他都打起精神从铺着干草的水泥地上爬起来，和大家一起去上工。他身上穿着暖和的皮夹克，冻坏的双脚套着（B）送给他的毡靴，但这些都救不了他。

每走一步他都觉得有样东西在猛刺他的胸口，冻得上下牙直打架，两眼昏黑，周围的树木像旋转的木马一样打转。

（2）母亲把沉甸甸的包裹送到邮局，焦急等待的日子开始了。他一生中还从来没有像现在这样痛苦而焦急地等过来信。他从早班信盼到晚班信。

失败的预感一天比一天强烈。他意识到，一旦小说遭到无条件的拒绝，那就是他的灭亡。那时候他就没法再活下去了。活下去也没有意义了。

此时此刻，郊区海德公园的一幕又浮现在眼前，他一次又一次地问自己：“为了冲破这铁环，重返战斗行列，使你的生命变得有益于人民，你尽了一切努力了吗？”

每次回答都是：“是的，看来，是尽了一切努力了。”

（1）选文中“A”“B”两个人物分别是__________、__________。

（2）从选文中可以看出“他”具有怎样的精神品质？

（3）联系整部作品，理解“为了冲破这铁环”中“铁环”的含义，并简要叙述他在成长过程中两次冲破“铁环”的经历。

思维层次：理解、分析

阅读能力及命题特点：本题要求根据选段内容分析人物 A 和 B，赏析人物形象；依据文本内容，对反复出现的词语进行品析。要求把握作品的文体特质及基本内容，并关注作品的精神价值。完成本题需熟悉作品的情节内容，推敲关键词语的含义，结合事例分析人物形象。

参考答案：

（1）保尔·柯察金（保尔）　朱赫来

（2）钢铁般的意志（意志坚强、顽强的毅力）（答出其中一点即可）；为理想献身的精神（崇高的理想、心系祖国和人民、为祖国和人民献身）（答出其中一点即可）。

（3）铁环：病痛、伤残的折磨让他丧失工作、生活的能力，以及由此带来的心理的怯懦、精神的痛苦。经历：①筑路过程中，保尔患病濒临死亡，在烈士公墓思考生命价值，树立了革命理想信念，重返战斗行列。②保尔双腿瘫痪，双目失明，坚持学习，开始艰难创作小说《暴风雨所诞生的》。

真题 5

原题呈现（2017 年四川泸州卷）

阅读下列文段，回答问题。

保尔顿时惊喜得屏住了呼吸，他的内心斗争了片刻，但还是胆大包天地跳进房间，抓住枪套，从里面拔出那只崭新乌亮的手枪，又匆忙回到花园。他警惕地看看四周，把手枪塞进口袋，又穿过花园，爬上了樱桃树。保尔像猴子一样灵活，飞快地爬上棚顶，又回头张望一下，只见勤务兵正若无其事地与马夫聊天，花园里静悄悄的……

（1）这段文字选自小说《_________》，主要用 __________ 描写来刻画主人公保尔。

（2）小说紧接着写了与“枪”有关的哪两个情节？请简要概括，每个情节不超过 8 字。

思维层次：识记、理解

阅读能力：熟悉作品相关的文学常识，能够准确回忆；准确概述作品中的相关情节内容。

命题特点及解题策略：本题考查作品的情节内容，以及相关文学常识。完成本题需熟悉作品的文学常识，熟悉作品的基本情节。

参考答案：

（1）钢铁是怎样炼成的　　动作（细节）

（2）保尔在砖瓦厂藏枪（埋枪）；中尉（勤务兵）找枪（寻枪、搜枪）。

参考文献

[1] 徐全，谢艳锋 . 红色经典的批判色彩——重读小说《钢铁是怎样炼成的》[J]. 时代文学（理论学术版），2007（4）：114-116.

《苏菲的世界》

推荐版本

作者：[挪]乔斯坦·贾德著，萧宝森译

出版社：作家出版社

出版时间：2017 年 8 月

作品梗概

14 岁的女孩苏菲有一天放学回家，收到一封神秘的来信，信上只有一句话——“你是谁？”

从此之后，神秘而不寻常的来信接踵而至，向她提出一些看似莫名其妙的问题：“世界从何而来？”“万事万物是否由一种基本的物质组成？水能变成酒吗？泥土与水何以能制造出一只活生生的青蛙？”“积木为何是世界上最巧妙的玩具？”……这些问题引导她不断思索。由此，一幅伟大的画卷在她面前展开，整部作品由前苏格拉底时代讲到中世纪、文艺复兴、巴洛克时代，直至现代哲学，涉及众多流派，可谓精彩纷呈。众多哲学家如苏格拉底、柏拉图、亚里士多德、笛卡尔、斯宾诺莎、康德、黑格尔、马克思、达尔文、弗洛伊德等历史伟人灿若星辰，启人智慧；同时，接二连三出现的魔镜、少校的小屋、黎巴嫩寄给席德的明信片、会说话的汉密士、写着生日祝福的香蕉皮、现实中出现的梦中的金十字架、捡到的 10 元硬币……这些接连不断的诡异事件将苏菲引向另一个世界……

《苏菲的世界》是一部引人入胜的小说，也是一部通俗而有趣的哲学启蒙读物。它不仅能唤醒读者对生命的敬仰与赞叹、对人生意义的关心与好奇，还能够更好地指导读者如何在纷杂的世界中做出抉择。

思维导图

（一）西方哲学

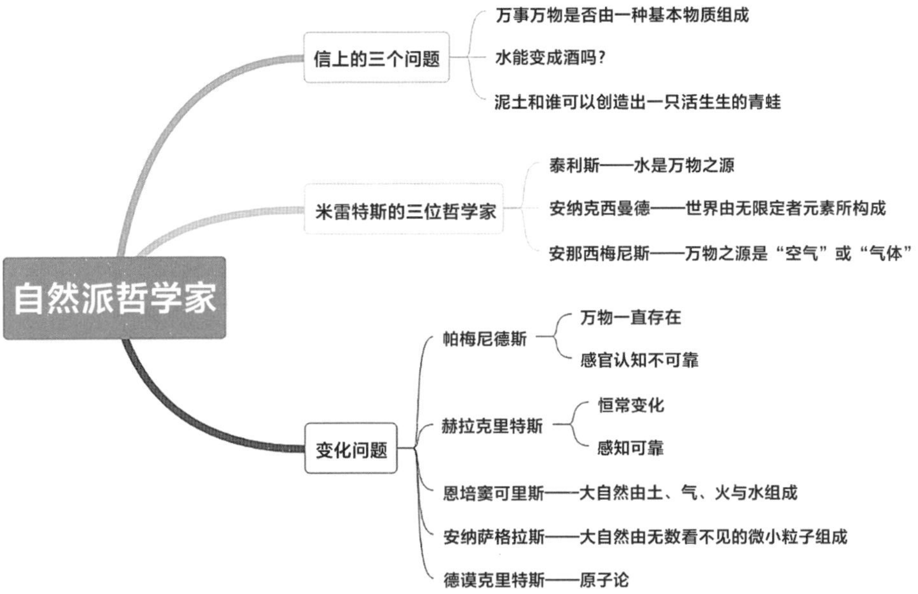
自然派哲学家
信上的三个问题
万事万物是否由一种基本物质组成
水能变成酒吗？
泥土和谁可以创造出一只活生生的青蛙
米雷特斯的三位哲学家
泰利斯——水是万物之源
安纳克西曼德——世界由无限定者元素所构成
安那西梅尼斯——万物之源是“空气”或“气体”
变化问题
帕梅尼德斯
万物一直存在
感官认知不可靠
赫拉克里特斯
恒常变化
感知可靠
恩培窦可里斯——大自然由土、气、火与水组成
安纳萨格拉斯——大自然由无数看不见的微小粒子组成
德谟克里特斯——原子论

苏菲的世界
我们的时代
尼采
萨特：存在主义
生态主义
宇宙大爆炸
自然主义
马克思
人是大自然的一部分
历史唯物主义：物质基础和上层建筑之间有互动的辩证关系
资本主义会自我毁灭，因为缺少理性控制
达尔文
进化论，物竞天择
人和类人猿有同一祖先
基因突变造就种群差异
弗洛伊德
自我、本我、超我
潜意识试图通过梦与我们的意识沟通
祁克果
世间唯一重要的事只有每一个人“自己的存在”
真理是主观的
人生三阶段
黑格尔
“世界精神”和“世界理性”乃是人类理念的总和
真理是主观的
人类正迈向更多的理性与自由
只有世界精神能发现自我
大哲学体系时代的最后一人
浪漫主义
欧洲最后一个伟大的文化纪元
康德
因果律是根植于我们的内心的
无论理论或经验都无法确实证明上帝的存在
苏菲的困惑
你是谁
世界从何而来
古希腊
自然派哲学家
德谟克里特斯：大自然是由无数形状各异的原子组成
雅典哲学家
苏格拉底
我只知道一件事，就是我一无所知
知识是基础人的理性
柏拉图
物质世界背后有一个永恒不变的理型世界
理想国
亚里士多德
一件事物的形式乃是它的特征
希腊文化时代
犬儒学派
真正的幸福不是建立在外在环境的优势之上
斯多葛学派
神明的律法
伊璧鸠鲁学派
神不足惧，死不足忧，祸苦易忍，福乐易求
新柏拉图学派
普诺提诺的救赎论
文艺复兴
以上帝为中心回到以人为中心
泛神论
新科学方法：控制大自然
新世界观：哥白尼、牛顿
宗教改革：马丁路德——每个人成为自己的教士
理性主义
笛卡尔
我思故我在
二元论：“思想”与“扩延”
经验主义
洛克
柏克莱
休谟
以日常生活为起点
只接受用感官所认知的事物

（二）人物关系

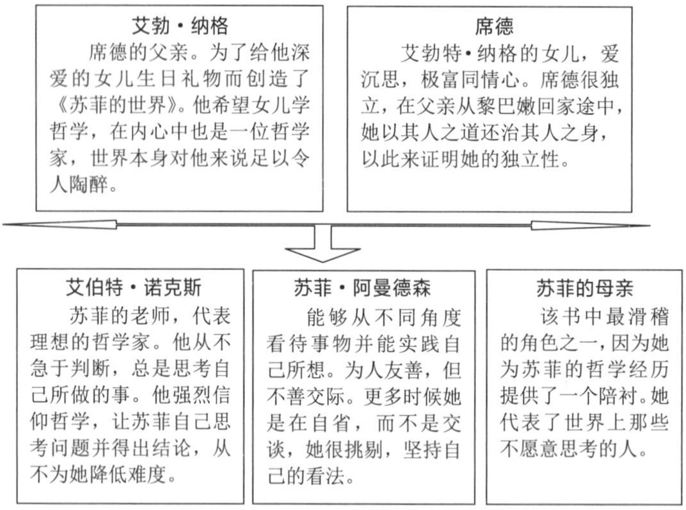

艾勃・纳格
席德的父亲。为了给他深爱的女儿生日礼物而创造了《苏菲的世界》。他希望女儿学哲学，在内心中也是一位哲学家，世界本身对他来说足以令人陶醉。
席德
艾勃特•纳格的女儿，爱沉思，极富同情心。席德很独立，在父亲从黎巴嫩回家途中，她以其人之道还治其人之身，以此来证明她的独立性。
艾伯特・诺克斯
苏菲的老师，代表理想的哲学家。他从不急于判断，总是思考自己所做的事。他强烈信仰哲学，让苏菲自己思考问题并得出结论，从不为她降低难度。
苏菲・阿曼德森
能够从不同角度看待事物并能实践自己所想。为人友善，但不善交际。更多时候她是在自省，而不是交谈，她很挑剔，坚持自己的看法。
苏菲的母亲
该书中最滑稽的角色之一，因为她为苏菲的哲学经历提供了一个陪衬。她代表了世界上那些不愿意思考的人。

作者介绍

乔斯坦·贾德，是挪威一位世界级的作家，被称为全球十大作家之一。1952 年 8 月 8 日出生于挪威首都奥斯陆，大学时主修哲学、神学及文学，曾担任文学与哲学教师。自 1986 年出版第一本创作以来，已成为当代最重要的北欧作家。其后 10 年，他在芬兰教授哲学，于 1991 年成为一位全职作家，同年他创作的《苏菲的世界》一经出版就成为挪威、丹麦、瑞典和德国的畅销书，销量达到 300 万册。他的作品还有《纸牌的秘密》《圣诞的故事》《虚伪的生命》等。

乔斯坦·贾德擅长以对话的形式述说故事，能将高深的哲理以简洁、明快的笔调融入小说情境。他的作品动人心弦，启发无数读者探寻个人存在、万物起源和宇宙奥秘等问题。他除了致力于文学写作，对公益事业也不遗余力，于 1997 年创立“苏菲基金会”，每年颁发十万美金的“苏菲奖”，以鼓励能以创新方式对环境发展提出另类方案或将之付诸实行的个人或机构。

文学地位

挪威作家乔斯坦·贾德为了让普通人，特别是青少年能更好地了解哲学这门学科，特意创作了《苏菲的世界》这本通俗易懂、妙趣横生的哲学启蒙书。这部书梳理了从柏拉图之前一直到 20 世纪的哲学发展，是一部较为完整的西方哲学史。

该书自 1991 年出版发行之后，分别获得挪威“宋雅·赫格曼那斯童书奖”、德国《时代周刊》文学奖、德国“青少年文学奖”，还曾荣获我国台湾地区《联合报》“读书人最佳书奖”，被评为20世纪百部经典之一。

美国的《新闻周刊》曾评价：“该书是一个将学术作品通俗化的杰出范例，未曾修习哲学概论的人，可以把它作为一本最佳的入门读物；而学习过此门课程但已忘却大半的人，该书则是温故而知新的得力之作。”

核心价值

◎ 核心知识

（一）元小说

英国批评家帕特里夏·沃在他的小册子《元小说》中给予了清晰的界定：“所谓元小说，就是指这样一种小说——它为了对虚构和现实的关系提出疑问，便一贯地把自我意识的注意力集中在作为人工制品的自身的位置上。这种小说对小说创作本身加以评判，它不仅审视记叙体小说的基本结构，甚至探索存在于小说外部的虚构世界的条件。”英国小说家兼批评家戴维·洛奇有一个更简洁的说明：“元小说是有关小说的小说，是关注小说的虚构身份及其创作过程的小说。”

《苏菲的世界》采用小说的形式，以哲学家的来信为线索，以哲学课的方式对苏菲和席德进行了哲学启蒙，用苏菲破解谜团的过程勾勒出了书内书外两个世界。两个时空虚虚实实，互相联系甚至交错，形成虚实相生的艺术效果。

小说的结构是分裂的、不连贯的，苏菲的故事是虚构的文本，同时这个虚构的文本又存在于一个更大的虚构文本中，即席德的世界，作为读者的席德原来也不是真实的。

（二）复调结构

复调结构是陀思妥耶夫斯基创造的一种全新的艺术思维类型，不同的人物，结合在某个统一的事件中，但互相之间并不融合。每一个人物都成了直抒己见的主体，作品人物的意识成了一种可以称之为“他人意识”的东西。

《苏菲的世界》有三位叙述者，分别是哲学家艾伯特、苏菲和席德。作者贾德用高超的写作技艺向我们展示了一个错综复杂但又十分合理通顺的故事线索。在苏菲和艾伯特的交往中，大多运用第二人称，而在席德的另一个世界中，则多用第三人称表述。作者灵活地转换叙述视角，于是，哲学家的书信、苏菲的故事、席德的世界成功地相互交缠在一起，由此构成了这部小说的复调结构。

（三）多样化语类形式

《苏菲的世界》中包含书信、明信片、录像、哲学、历史、文学等各种语类形式，把互不相干的各种声音、文字和图画组合起来，目的是让读者更清醒地认识到自己所读的不过是个虚拟的故事。在以往的小说中，这些不同的语言和声音通常从属于一个主要的无处不在的作者的声音，这个作者的声音一定是忠于现实的，只有元小说没有这种主导者的声音，而是自然地让各种语类形式并存。

◎ 核心能力

（一）发现并勾连悬念点

《苏菲的世界》初读时感觉像一部悬疑小说，悬疑色彩增添了思辨的乐趣，通过设置悬念不断吸引读者思考。

作品开始由苏菲进入故事，写到她收到两封神秘的来信：一封是“你是谁”，另一封是“世界从哪里来”。读到此，你肯定会产生疑惑，想知道这两封匿名信的寄信者是谁，从而产生迫切的阅读期待。之后，苏菲又收到一张联合国部队寄来的明信片，这张卡片是寄给席德的，并说请苏菲代转给席德，可是苏菲并不认识席德。席德是谁？为什么要让苏菲代转？一系列问题肯定会引发你更多的好奇心，并催促着你继续往下读……一个悬念解开了，更多离奇的事情接踵而至，无数个谜团环环相扣，探索真相的过程曲折而复杂。

《苏菲的世界》把悬疑与重要的哲学问题结合在一起，促使读者保持思辨的态度。一封封给陌生人席德的明信片，各种耐人寻味的巧合，促使读者深入思考种种问题，而这正好契合了哲学学科提倡的思辨精神。

（二）体味通俗易懂的语言

文学界给予小说《苏菲的世界》“智慧之书”的美誉。作为一部备受世界各国青睐的巨著，除了巧妙的叙述结构和条理清晰的哲学观以外，更有语言文字的娴熟运用。在通读小说的过程中，我们发现作者在每一段哲学的发展史讲述时，文字应用准确，不会让人感觉晦涩难懂。在亦真亦假、亦虚亦实之间，不仅完成了故事的叙述，而且完成了哲学的讲解。拥有这种高超的语言加工能力，并非易事。

尤其值得称赞的是，小说主要以对话的形式展开故事，选取生活化的场景，用通俗浅显的日常语言进行叙述和说理。讲述哲学观念时，作品多用讲故事、做实验、观察模型等方法，并运用大量巧妙而生动的比喻，将抽象的理论具体化、形象化，使读者更容易理解和接受所表达的哲学概念，从而更好地发挥作品的哲学启蒙作用。

纵观全篇小说，它以生动有趣的语言，脉络清晰地向读者阐述了西方哲学的发展演变史，同时作者贾德也在每一时期的哲学观中融入了自己的观点和评价。

◎ 核心策略

（一）联结

阅读本书，可以使用联结策略。读《苏菲的世界》，我们会发现，将不同文体形式、不同艺术风格的语句和内容重新排列组合在一起，或把一些在内容、形式上并无联系、处在不同时空层次的叙述衔接起来，能增强层次感和对读者的感官刺激。在作品中，我们看到这样一个片段：哲学家艾伯特正在给苏菲讲哲学课，突然从他的嘴里说出一句

“再见，席德”，这句话让苏菲吃了一惊，因为他们谁也不认识席德，而且就连哲学家也不知道自身为什么要说这句话。

小说中把书信、明信片、录像、哲学、历史、文学等各种语类形式联结起来，把互不相干的各种声音、文字和图画组合起来，目的是让读者更清醒地认识到自己所读的不过是个虚拟的故事。例如一张张要苏菲转交给席德的明信片，席德不断丢失的物品，苏菲眼前出现的奇怪事物……只有通读《苏菲的世界》，前后联结后才能解开这些谜团。

（二）思维导图

思维导图是表达发射性思维的有效的图形思维工具，它简单却又极其有效，是一种革命性的思维工具。思维导图运用图文并重的技巧，把各级主题的关系用层级图表现出来，把主题关键词与图像、颜色等建立记忆链接。

《苏菲的世界》就是以破碎、分裂的结构出现的，文本时序颠倒、空间错位，拥有不同语类形式，所以初读这本书时，面对书中错位的时空、繁杂的哲学思想，会有懵懂晦涩的感觉，有时会陷入迷茫，需要多次阅读方能领悟作者创作的真谛。这时教师要引导学生绘制思维导图来理解小说人物关系，以及哲学思想的发展。因为思维导图能清晰地梳理各个时期不同的哲学流派及他们的主要观点，这样即使初次接触哲学的读者也能清晰地区分哲学家观点的不同或者观点前后的发展变化。

（三）叙述视角转换

叙述视角，是指小说创作者在小说创作中所采用的叙述角度和观察点。“视角”在文学上的定义是指小说创作者在小说创作过程中根据不同的观察点来看待和谈论一件事情，它是主观的、可调节的。苏菲的故事是虚构的文本，同时这个虚构的文本又存在于另一个更大的虚构的文本之中，即席德的世界，而作为读者的席德也是由作者创造的。在阅读《苏菲的世界》时要关注艾伯特、苏菲和席德这三个叙述者，从他们各自的角度来观察和描述，组成相互交叉的三重叙述层面，哲学家的书信、苏菲的故事、席德的世界成功地相互交缠在一起，由此更好理解小说的复调结构。

◎ 精神文化

《苏菲的世界》，既是智慧的世界，也是梦的世界。它将会唤醒每个人内心深处对生命的赞叹与对人生终极意义的关怀和好奇，促使人类自我意识的成长与觉醒直至反抗。

（一）好奇的探索精神

贾德说，十四五岁正处在人生的十字路口，是从孩子转变为成年人的十字路口。每个人在孩提时代都是好奇的，对生活充满了惊奇，贾德希望成年人也能保留孩子的好奇心。“因为每个人都是天生的哲学家，我希望成年人不要让日常生活磨损掉自己的好奇心，要保持住孩子的状态。”

文中的苏菲具有强烈的好奇心和求知欲，她在神秘导师创造的神奇世界里探索世界谜团。苏菲在书中反复问自己："我是谁？我为何在这里？……"或许这种好奇的探索精神是人类与生俱来的，这促使她走上了通往哲学的大门。慢慢地学习到了苏格拉底、柏拉图、亚里士多德、康德、弗洛伊德等思想，同时，苏菲她还具有持之以恒、锲而不舍的精神。

生活中，不能说人人都是哲学家，但应该保持一种好奇的探求愿望，一种不弃的思考精神。

（二）发展自我意识

自我意识是对自己身心活动的觉察，即自己对自己的认识。苏菲自我意识的觉醒是在她的15岁生日宴会上，这也是一场哲学宴会。在宴会上，艾伯特做了一番哲学演讲，并在最后宣称在场的每一个人都是虚构的，都是存在于一本送给席德的书稿之中。最终苏菲和艾伯特从少校的意识里偷偷溜走。从小说的结尾可以看到苏菲成功地逃出了书稿，离开了创造她的作者席德的父亲——少校艾勒特，甚至还可以同席德及父亲一起生活在同一空间，这一切都说明苏菲的自我意识不仅觉醒，而且还对社会进行了反抗。

《苏菲的世界》就是一部深入浅出的人类哲学史。它唤醒人们内心深处对生命的敬仰与赞叹、对人生意义的关心与好奇，使生命从混沌走向智慧、由困惑进入觉悟之境。

自主初读

◎ 阅读规划

阅读进程	阅读章节	阅读时间	阅读该部分感受最深的一点	阅读该部分最大的疑惑	自我评价（优、中、一般）	教师评价（优、中、一般）
进程一						
进程二						
进程三						

任务伴读

◎ 进程一

任务推进

阅读规划	任务单	重点能力指向
范围：伊甸园—明信片	1. 经典语录是指对那些富有哲理与特殊意义的话语的记录。请你记录下阅读中感悟比较深的语句。	1. 借助表格的形式，初步了解哲理性的句子，为提升感悟能力做准备。

续表

<table>
<tr><th>阅读规划</th><th>任务单</th><th>重点能力指向</th></tr>
<tr><td></td><td>
<table>
<tr><th>序号</th><th>经典语录</th></tr>
<tr><td>1</td><td></td></tr>
<tr><td>2</td><td></td></tr>
<tr><td>3</td><td></td></tr>
<tr><td>4</td><td></td></tr>
<tr><td>5</td><td></td></tr>
<tr><td>6</td><td></td></tr>
<tr><td>……</td><td>……</td></tr>
</table>
2. 小说从苏菲收到的第一封信“你是谁”起，开启了苏菲的哲学思考过程，文本中还有很多的问题，通常由问题导入哲学课，我们边翻阅边记录，看看有哪些有趣的问题，请列举几个。
<table>
<tr><td>问题</td><td>1.
2.
3.
4.
5.
……</td></tr>
</table>
</td><td>2. 借助表格梳理哲学课程中引导性的问题，提升梳理文本信息的能力。</td></tr>
</table>

阶段性检测

1.《苏菲的世界》以________的形式，通过一名哲学导师向一个叫________的女孩传授哲学知识的经过来展开叙述。

2. 乔斯坦·贾德的访谈录中说到这样一件事：有一个大约 13 岁的孩子，他去图书馆借一本关于哲学的书，图书管理员笑起来：“哦，不，你太小了，你还得等等。”我当时突然觉得一个十来岁的孩子不能看哲学书是一件很奇怪的事情。你同意作者的观点吗？为什么？

◎ 进程二

任务推进

<table>
<tr><th>阅读规划</th><th>任务单</th><th>重点能力指向</th></tr>
<tr><td>范围：两种文化—祁克果</td><td>1. 结合文本具体内容，请用苏菲的视角复述小说的主要情节。
2. 你在阅读的时候，是不是发现会出现一些奇怪的事情或者事物？请在文中寻找悬疑点，用表格的方式罗列出来。
<table>
<tr><td rowspan="6">悬念</td><td>苏菲收到要转交给席德的明信片，但是苏菲并不认识席德。</td></tr>
<tr><td></td></tr>
<tr><td></td></tr>
<tr><td></td></tr>
<tr><td></td></tr>
<tr><td></td></tr>
</table>
</td><td>1. 结合文本内容，梳理主要情节，提升概括能力。
2. 借助表格，联结文本前后，结合人物的性格特点，寻找前后的“悬念点”，提升概括能力，理解小说的艺术特色。</td></tr>
</table>

阶段性检测

1. 当苏菲知道自己是个虚构的人物时，她哭得非常伤心，后来她为什么逐渐地平静下来，并接受自己其实是一个虚构人物的事实?

2. 小说主要以对话的形式展开故事，选取生活化的场景，用通俗浅显的日常语言进行叙述和说理。讲述哲学观点时，作品多用讲故事、做实验、观察模型等方法，并运用大量巧妙而生动的比喻，将抽象的理论具体化、形象化，使读者更容易理解和接受所表达的哲学概念，从而更好地发挥作品的哲学启蒙作用。你印象最深的是哪处讲解？为什么?

◎ 进程三

任务推进

阅读规划	任务单	重点能力指向
范围：马克思—那轰然一响	1.《苏菲的世界》采用了“中国套盒”的叙事结构，即“故事之中有故事”的叙事结构，共有三个叙事层次，分别是①苏菲的世界；②席德的世界；③作者的世界。仔细观察下面表格，这三个叙事层次分别对应表格中 ABC，请填写下面图表。 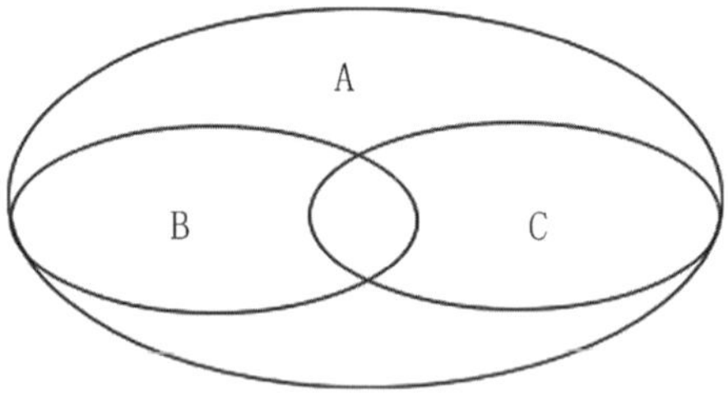 2. 辩一辩：你认为谁才是《苏菲的世界》这本书的主角？并阐明理由。 我认为________，理由________________________________。	1. 用图表的形式，结合文本内容和本文特有的叙事结构特点，提升梳理信息的能力。 2. 在整本书阅读的基础上，结合具体内容，提升自己独特感悟和思辨思维的能力。

阶段性检测

1. 你能简单说说苏菲和席德是什么关系吗?

2. 阅读《对位法》这一章节，请完成下列表格。

材　料	问　题
阅读下面的信件，回答相应问题。 亲爱的爸爸： 请买一根很大的丹麦香肠，最好是有两磅重的。妈可能会想要一条法国白兰地香肠。 爱你的 A	①请问，文中的 A 是指__________（人名）。 ② TA 的父亲已经在回家的路上，为什么还要多次写信给爸爸，捉弄爸爸呢?

课程推进

◎ 阅读课规划

教学阶段	主要内容	教学资源	设计意图
导读课	1. 初读全书，了解《苏菲的世界》的主要内容。 2. 学习运用选择性阅读的方法阅读文本。 3. 用批注、联结的方法，了解文中的主要人物形象。	人物分析方法。	1. 初步了解文本内容。 2. 用选择性阅读提升阅读兴趣。
推进课	1. 阅读苏菲和席德的内容，分别复述情节。 2. 在梳理情节的基础上，理解文本叙事的复调结构。 3. 在阅读时，不断联结前后内容，使前后连贯，找到悬念揭晓点。 4. 思考作者变化叙事视角的用意。	章节阅读任务。	1. 联结文本前后，寻找悬念揭晓点。 2. 理解复调结构。
成果分享课	1. 借助目录，选择性阅读关于“西方哲学史”的内容，并借助思维导图进行梳理。 2. 边阅读边批注，体会艾伯特讲述哲学，喜欢运用比喻、举例、类比等方法，从而让哲学变得通俗易懂，唤醒人们对生命的敬仰与赞叹。	1. 绘制思维导图。 2. 选读批注。	1. 了解相应的哲学思想。 2. 品读并体会通俗易懂的语言特点。

◎ 专题探究信息一览表

专　题	探究指向	阅读策略	思维层次
苏菲的世界，书中的世界	《苏菲的世界》的复调结构	联结和比较策略	分析、综合

哲学史，还是小说
——《苏菲的世界》导读课

【教学目标】

1. 浏览文本，初步感知《苏菲的世界》的主要内容；

2. 用圈点勾画的方式，梳理文中的主要人物形象；

3. 用选择性阅读的方法，有侧重点地探究文本。

【教学重点与难点】

1. 用圈点勾画的方式，梳理文中的主要人物形象；

2. 用选择性阅读的方法，有侧重点地探究文本。

【课时安排】

1 课时

【教学过程】

一、导入

《苏菲的世界》可以当作哲学启蒙书来阅读。它的小说部分，苏菲的主体自觉过程则颇像侦探故事加上现代版的《爱丽丝梦游仙境》，哲学加侦探，加幻想，再加上宇宙观，它让人更加心胸开阔。

——中国知名作家　南方朔

《苏菲的世界》一书有助于读者以阅读侦探小说般的心情游览从柏拉图以前一直到20世纪的世界哲学史，而丝毫不产生任何枯燥厌烦的感觉。

——作家与评论家　马德兰·蓝格尔

通过这两个评论，请你判断下这是一部小说还是一部哲学史呢？

〔示例〕这是一部引人入胜的有关哲学启蒙的小说。

二、初步感知

1. 了解作者（乔斯坦·贾德为什么是一位世界级的作家呢？）

作　者	乔斯坦·贾德
出生时间	1952年8月8日
国籍	挪威
经历	大学时主修哲学、神学以及文学，并于奥斯陆大学获得斯堪的那维亚文学系挪威文组的学位，曾担任文学与哲学教师。自1986年出版第一本创作以来，已成为当代最重要的北欧作家。于1991年成为一位全职作家，同年他创作的《苏菲的世界》一经出版就成为挪威、丹麦、瑞典和德国的畅销书。
代表作	《纸牌的秘密》《圣诞的故事》《虚伪的生命》
公益事业	1997年创立“苏菲基金会”，每年颁发10万美金的“苏菲奖”，鼓励以创新方式对环境发展提出另类方案或将之付诸实践的个人或机构。

2. 概述作品内容

14岁的女孩苏菲有一天放学回家，收到一封神秘的来信，信上只有一句话——“你是谁？”从此之后，她跟随老师艾伯特·诺克斯学习西方哲学知识。同时，接二连三出现的魔镜、少校的小屋、黎巴嫩寄给席德的明信片、会说话的汉密士、写着生日祝福的香蕉皮、现实中出现的梦中的金十字架、捡到的10元硬币……这些接连不断的诡异事件将苏菲引向另一个世界……

而后席德出现，原来苏菲这个人物只是在黎巴嫩联合国部队工作的挪威少校艾勃特·纳格为庆祝女儿席德生日而虚构出来的人物。在艾伯特·诺克斯的提示下，苏菲渐渐意识到自己只是书中的一个角色，是艾勃特·纳格少校意识的一部分，他们开始了向上帝（艾勃特·纳格少校）的抗争。最终，艾伯特和苏菲逃出了书中世界……

三、阅读方法指导

挪威作家乔斯坦·贾德采用小说的形式，通过对话来讲述故事，将高深的哲理通俗化，使人读后不忍释卷。这部书梳理了从柏拉图之前一直到20世纪的哲学发展，是一部较为完整的西方哲学史。

1. 那需要怎样来阅读这部小说呢？我们先来了解下什么叫选择性阅读。

选择性阅读是一种理性的、目的性很强的阅读方式，它往往和阅读者的兴趣、思考、关注点密不可分。选择性阅读的读书大致有兴趣选择、问题选择、目的选择等。

根据自己的初读体验，你会选择哪一种阅读方式，对哪一方面进行阅读呢？

（小组讨论，确定阅读重点内容）

〔示例〕

兴趣选择	我对文中的人物感兴趣，探究苏菲的成长之旅。
	我对哲学老师艾伯特感兴趣，他的哲学课很生动，我想学怎样把枯燥的哲学变生动。
	我对西方哲学感兴趣，这么多富有哲理的句子，给我很多人生启迪。
	……

问题选择	是一部精彩的悬疑侦探小说吗？
	初中生能探究哲学吗？
	艾伯特为什么叫苏菲为席德呢？
	文中为什么有那么多奇怪的事物出现？
	……

目的选择	我怎样才能做一个兔毛顶端的人？
	是不是每个人都有好奇心？我如何保持我的好奇心？
	这本书给我哪些人生意义的思考？
	……

2. 如果采用兴趣选择来读这本书，你最喜欢哪个人物，为什么？

（1）猜猜他是谁。

外　貌	人物
时常有人对她说她那一双杏眼很漂亮，但这可能只是因为她的鼻子太小，嘴巴有点太大的缘故。还有，她的耳朵也太靠近眼睛了。最糟糕的是她有一头直发，简直没办法打扮。有时她的爸爸在听完一首德彪西的曲子之后会摸摸她的头发，叫她：“亚麻色头发的女孩。”	①
一两分钟后，镜头变成了对一个中年男子的特写。他个子甚为矮小，留着一脸整齐干净的黑胡子，头上戴着一顶蓝扁帽。	②
她有一头金色的长发……还好她的头发天生微卷，不需要像她那些朋友一般费尽心思，只为了让头发卷起一点点。她的另一个优点是一双深绿色的眼睛。	③
留了一嘴“修剪整洁的黑胡子”。	④

〔示例〕①苏菲　②艾伯特·诺克斯　③席德　④艾勃特·纳格

（2）请结合文本，按照图表要求，完成下面表格。

主要人物	人物身份	性格特点	关键情节
苏菲	哲学启蒙书中的人物，被启蒙者。14 岁女孩，15 岁生日前得知自己的生活是艾勃特少校的意识产物。	①	苏菲的困惑；反抗艾勃特少校；苏菲的坚持。

续表

艾伯特	哲学启蒙书中的人物，启蒙者，代表理想的哲学家。	充满智慧、博学睿智、富有耐心、冷静沉稳、循循善诱，是一名出色的老师。	②
席德	14 岁女孩，被启蒙者，“苏菲的世界”的旁观者，艾勃特少校的女儿。	③	阅读讲义；席德的反抗。
艾勃特	④	博学睿智、富有想象力和创造力、疼爱女儿、善于启发、有幽默感、关心世界、爱好和平、热爱哲学、控制欲强。	创作《苏菲的世界》并将其作为生日礼物送给女儿席德；操纵苏菲和艾伯特的世界。

〔示例〕①好奇心强，活力十足，热爱思考，有主见，坚持自己的看法，敢于冒险，具有反抗精神。

②艾伯特向苏菲讲授哲学课程、制订计划反抗艾勃特少校。

③富有同情心，求知欲强，善于思考，有一定独立性。

④少校，哲学启蒙书的作者，启蒙者，“苏菲的世界”的创作者，席德的父亲。

四、思考探究

梳理文本中的人物关系，并创作一个思维导图。

【配套练习】

1.《苏菲的世界》是一本关于西方_______的小说，作者是_____（国籍）作家_______。

2. 雅典三位伟大的古典派哲学家分别是_____、_____和______。

3. 苏菲第一次收到的神秘信件中的问题是__________，收到的第二封信中的问题是__________，这一封封信把苏菲不断引入思索。

4. 提出“我思故我在”的哲学家是（　　）

A. 叔本华　B. 康德　C. 笛卡尔　D. 休姆

5. 下列对《苏菲的世界》的说法不正确的一项是（　　）

A.《苏菲的世界》以对话形式为主叙述故事，讲述了哲学知识，是一本通俗读物。

B.“你是谁？”“世界从何而来？”这两个哲学问题具有悬念感，能引起读者的阅读兴趣。

C. 苏菲很想知道给自己写信的神秘人是谁，于是写信请他来家里见面，并煮了咖啡给他喝。

D. 艾伯特出现在苏菲的花园宴会上，并发表了哲学演讲，乔安的父亲很生气。

6. 腰封，图书附封的一种形式，是包裹在图书封面中部的一条纸带。好的腰封是图书装帧艺术设计的一部分，再加以对书籍内容的简洁、精巧、灵动的介绍，不仅可以方便读者选购图书，而且还成为书籍不可或缺的一部分。请你为《苏菲的世界》设计一个腰封。

知识卡片

腰封上一般会印上与该图书有关的宣传与推介性文字（可以包括该书内容、主题、影响或读者反馈等）。

苏菲的世界，书中的世界

——《苏菲的世界》推进课

【教学目标】

1. 比较不同叙述视角下的文字，用苏菲和席德的角度概述小说的主要情节；

2. 用前后联结的方式，分析《苏菲的世界》的多重叙事结构，即复调结构；

3. 感受《苏菲的世界》语言的通俗易懂。

【教学重点与难点】

1. 用前后联结的方式，分析《苏菲的世界》的多重叙事结构，即复调结构。

2. 感受《苏菲的世界》语言的通俗易懂。

【课时安排】

1 课时

【教学过程】

一、导入

我们看下面的图表。

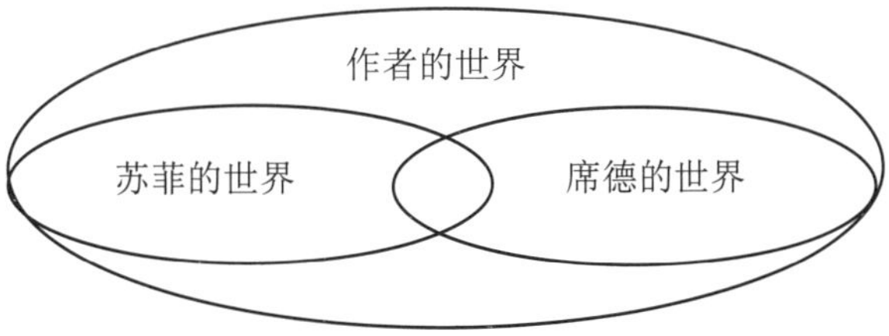

我们是否对图表当中交错的三个世界感到困惑呢？让我们进入今天的课堂来解答疑惑。

二、探究“元小说”的复调结构

1. 乔斯坦·贾德的小说《苏菲的世界》是一本世界范围内的文学畅销书。《苏菲的世界》是一部关于哲学史的小说，请问这本书上半部分和下半部分侧重点有什么不一样。

上半部分描写苏菲的生活和她的哲学课程，下半部分写主人公席德阅读父亲的小说手稿《苏菲的世界》。

2. 尝试用苏菲的口吻概述小说的主要情节。

3. 尝试用席德的口吻概述小说的主要情节。

4. 还记得那封请苏菲转交给席德的明信片吗？这个谁都不认识的席德，还在以各种不可思议的方式不断地出现在苏菲的生活中。这前后出现的不合常理的事物中究竟有什么联系？苏菲和席德的世界中为何会出现相类似的场景？同时在苏菲和席德的故事中还穿插了哲学课程，用联结的方式，看看他们是如何相互交叉的？

苏菲不断收到自称是哲学家的人的来信。哲学家通过书信的方式为苏菲开设简短的哲学课程，一般每一封信介绍一个时期的哲学或者一个西方代表性哲学家。同时小说中穿插苏菲家庭和个人的生活细节：她的爸爸是一艘大邮轮的船长，几乎一年到头都在外面，难得有几个星期在家。苏菲正在上中学，有一个好朋友叫乔安。苏菲的15岁生日快到了，她的妈妈和同学在为她的生日聚会做准备。苏菲希望弄清楚给她寄信的哲学家的身份，为此她想办法跟踪和调查哲学家的行踪，后来知道哲学家的名字叫艾伯特。

苏菲和哲学家的故事里有不少难解之谜是关于一个叫席德的女孩的。苏菲在哲学家的信中收到让她转交给席德的明信片，有时哲学家会把苏菲叫作席德。可是苏菲并不知道席德究竟是谁？

在小说进行到一半的时候，场景突然变换成席德的卧室。席德刚刚起床，这一天是她15岁的生日。她打开父亲寄来的生日礼物，发现里面是一本书稿，书名叫作《苏菲的世界》。席德的父亲是挪威联合国部队驻扎在黎巴嫩的上校，他热爱哲学和写作。苏菲、她的妈妈、她的朋友和哲学家原来都是上校故事中虚构的人物。小说中的一些背景，包括故事地点、事件和使用的物品，都实际来自席德和她父亲的生活环境。席德开始阅读父亲的小说手稿《苏菲的世界》，从那时起，苏菲的故事、哲学课程和席德的世界便相互交叉。

小结：换句话说，苏菲的故事是虚构的文本，同时这个虚构的文本又存在于一个更大的虚构文本中，即席德的世界，作为读者的席德原来也不是真实的。苏菲和席德的故事必然引起读者对现实和虚构的深刻反思，因为它解构了人类存在的坚实基础，质疑客观知识的可能性。

5. 卞之琳的《断章》中写道：“你站在桥上看风景，看风景的人在楼上看你。明月装饰了你的窗子，你装饰了别人的梦。”

《苏菲的世界》是“中国套盒”式的叙述结构。作者构造了一个三层空间共存的世界：作者在写着席德的故事，席德爸爸在写着苏菲的故事。

我们开始思考，在属于苏菲的第一个层级，属于席德的第二个层级，属于乔斯坦·贾德的第三个层级外，发挥你的想象力，还有没有属于另一个时空的第四个层级？

层级	内容概况
第一层级：苏菲的世界	苏菲在收到信、开始进行哲学学习后认识了世界，也逐渐开始怀疑起自我——自我的真实性与否。苏菲开始认识虚空，认识自我，然后逐步有了反抗意识，想要从他人的思想控制中逃脱来换取个人的自由。
第二层级：席德的世界	席德在 15 岁生日那天收到了爸爸从黎巴嫩寄来的生日礼物，里面是一个大大的讲义夹。之前爸爸已经给过提示，说这是“一份会愈来愈大，可以与别人共享的礼物”。这份礼物就是《苏菲的世界》的书稿。
第三层级：作者的世界	就是我们所看到的乔斯坦·贾德的这本书。
第四层级：	

〔示例〕我们正在初中课堂所上的一堂哲学启蒙课《苏菲的世界》。

三、联结——悬念设置

中国著名学者沈清松曾评论《苏菲的世界》：是一本以西洋哲学史为题材的小说。读哲学如读小说，真令人有兴奋、愉悦、不忍释卷之感，一扫此前钻研西洋哲学史的枯燥。

这是一本关于西方哲学的小说，哲学对我们来说是枯燥无味的，那为什么沈清松评价它“有兴奋、愉悦、不忍释卷之感，一扫此前钻研西洋哲学史的枯燥”？

在情节的设置上，是否有特别吸引你的地方呢？同学们在阅读的时候是不是发现有很多神秘物品的出现？大家找找看。

比如一张张要苏菲转交给席德的明信片，席德不断丢失的物品（红色丝巾、白色及膝袜子、金色十字架、钱等），苏菲眼前出现的奇怪事物……

这一些神秘的物品在行文的推进中不断引起读者阅读的兴趣，同时还有苏菲和席德年龄、生日相同，家庭环境类似等悬疑之处……

请你通读《苏菲的世界》，联结前后文解开这些谜团。

四、语言特色

1.《苏菲的世界》不仅仅通过书信的方式来介绍哲学思想，在文本中圈画，看看还有哪些方式被用来介绍哲学思想，使文章通俗易懂？

〔示例〕艾伯特不是一味地说教，而是采用书信、电影、实验等方式，生动形象地讲解深奥的哲学知识，非常直观，通俗易懂。

2. 结合文本，找找文中艾伯特多种多样的授课形式，你能举几个例子吗？

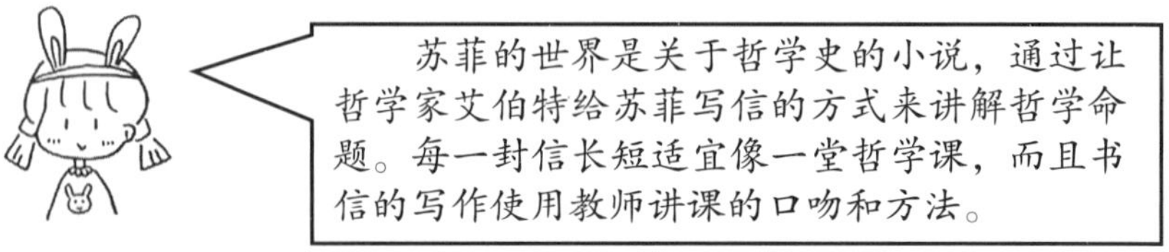
苏菲的世界是关于哲学史的小说，通过让哲学家艾伯特给苏菲写信的方式来讲解哲学命题。每一封信长短适宜像一堂哲学课，而且书信的写作使用教师讲课的口吻和方法。

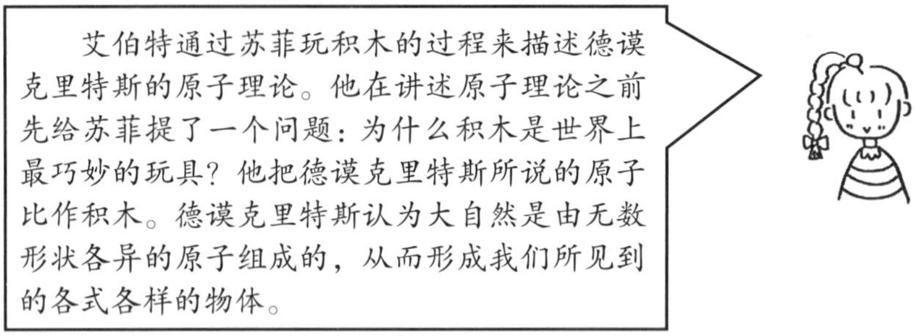
艾伯特通过苏菲玩积木的过程来描述德谟克里特斯的原子理论。他在讲述原子理论之前先给苏菲提了一个问题：为什么积木是世界上最巧妙的玩具？他把德谟克里特斯所说的原子比作积木。德谟克里特斯认为大自然是由无数形状各异的原子组成的，从而形成我们所见到的各式各样的物体。

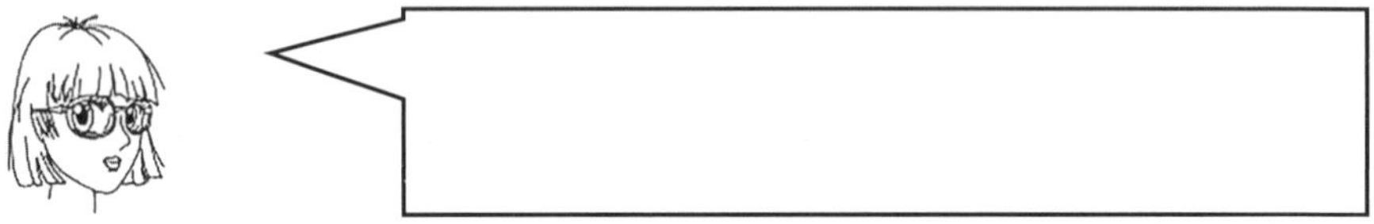

〔示例〕文本通过“皇帝的新衣”的故事来讲述苏格拉底的智慧，以及人类并非万能和无所不知的道理；通过戴眼镜的方式来解释康德的时间和空间这两种“直观形式”；通过光着身体的男人，来表现弗洛伊德的潜意识理论；用电视录像把苏菲带到雅典的巴特农神殿，让苏菲了解希腊哲学思想和文化背景；用弹珠的实验来阐述当两股力量同时作用于一个物体上时，这个物体会循椭圆形的路径移动，以此来解释牛顿的力学……这样的艺术化处理，既不失哲学的原味，又能提高读者阅读的兴趣。

小结：《苏菲的世界》艺术特色。

1. 复调结构。本书至少包含艾伯特、苏菲和席德这三个叙述者，他们从各自的角度来观察和描述，组成相互交叉的三重叙述层面，由此构成了这部小说的复调结构。苏菲的故事是虚构的文本，同时这个虚构的文本又存在于另一个更大的虚构的文本之中，即席德的世界，而作为读者的席德也是由作者创造的。苏菲和席德的故事必然会引起读者对现实和虚构的深刻反思，因为它解构人类存在的坚实基础，质疑客观知识的可能性。

2. 悬疑色彩增添了思辨的乐趣。这本小说一扫哲学给人的严肃、晦涩的印象，通过设置悬念不断吸引读者思考，使人读得津津有味。本书开头就通过神秘信件提出“你是谁？”“世界从何而来？”的问题，把悬疑与重要的哲学问题结合在一起，促使读者保持思辨的态度，深入思考种种问题，而这正好契合了哲学学科提倡的怀疑精神。

3. 用通俗易懂的话语演绎哲学理论。作者通过苏菲玩积木的过程来描述德谟克里特斯的原子理论；通过“皇帝的新衣”的故事来讲述苏格拉底的智慧，以及人类并非万能和无所不知的道理；通过戴眼镜的方式来解释康德的时间和空间这两种“直观形式”；通过光着身体的男人，来表现弗洛伊德的潜意识理论。这样的艺术化处理，既不失哲学的原味，又能提高读者阅读的兴趣。

四、思考探究

《苏菲的世界》是苏菲意识觉醒、成长、反抗之旅，请结合整本书谈谈苏菲的成长。

【配套练习】

1. 弗洛伊德提出三个因素来形容人的心灵，其中不包括（　　）

A. 自我　　B. 本我　　C. 超我　　D. 无我

2. 启蒙运动时期，法国涌现出了许多重要的思想家，以下哪一位不属于此列？（　　）

A. 卢梭　　B. 伏尔泰　　C. 谢林　　D. 孟德斯鸠

3. 尝试用席德或苏菲的口吻概述小说主要情节。

4. 在《苏菲的世界》结尾处，他们开始试图逃离少校的掌控，用了一个开放式的结局，你怎样看待这个结局呢？

5.《苏菲的世界》不仅是一部哲学书，更重要的还是一部小说。阅读时，我们要注意从小说的要素去解读全书。

作品开始由苏菲进入故事，紧接着，写到她收到两封神秘的来信：一封是“你是谁”，另一封是“世界从哪里来”。读到此，你肯定会产生疑惑，想知道这两封匿名信的寄信者，从而产生迫切的阅读期待。之后，苏菲又收到一张联合国部队寄来的明信片，这张卡片是寄给席德的，并且说请苏菲代转给席德，可是苏菲并不认识席德。席德是谁？为什么要让苏菲代转？一系列问题肯定会引发你更多的好奇心，并催促着你继续往下读……

阅读时，请你记录下这些悬念点，就像读侦探小说一样，边读边进行推测：接下来会发生什么呢？事情的真相到底是怎样的？读到悬念“揭晓点”，再与前文的“悬念点”照应起来看。请在文中寻找苏菲和席德相照应的悬念点，体会这种写法的妙处。

悬念点		作用
苏菲	席德	
	席德父亲在联合国工作，常年在外	
	六月十五生日	
掉落在苏菲床下的红色丝巾		
苏菲从未见过的一只白色及膝的袜子		

续表

悬念点		作用
	奇怪，金十字架链子竟然不见了	
小木屋中在镜中眨眼的女孩		
	遗失了十元钱	
……	……	

自我意识的成长

——《苏菲的世界》成果分享课

【教学目标】

1. 选择性阅读文本，并借助思维导图和表格的形式梳理文本内容；

2. 选择自己感兴趣的思想家或哲学家，精读相关内容，结合生活实际，唤醒内心深处对生命的赞叹。

【教学重点与难点】

选择自己感兴趣的哲学思想或哲学家，精读相关内容，结合生活实际，唤醒内心深处对生命的赞叹。

【教学过程】

一、导入

苏菲在古希腊中是智慧的象征。评论家王瑛说："苏菲的世界是智慧的世界"。

《苏菲的世界》在叙述方式上确是别具一格的。作者在书中巧妙地安排了两条平行的叙述线索：一条线索是由一连串哲学问题组成的，另一条线索则是由苏菲和他人的关系及活动编织起来的。

二、活动探究

任务一：我是梳理小能手

挪威作家乔斯坦·贾德的《苏菲的世界》是一部引人入胜的小说，也是一部通俗而有趣的哲学启蒙读物。在这部书中，通常被认为深奥晦涩、枯燥乏味、令人昏昏欲睡的哲学并未摆出一副"高冷"的面孔，而是以平易的面貌示人。打开这本书，和苏菲一起踏上这美妙的哲学之旅吧！

试着梳理小说的人物形象、主要内容、艺术成就等，完成下列表格。

了解作者	
主要内容	
哲学家	

人物形象	苏菲：
	艾伯特·诺克斯：
	艾勃特·纳格：
	席德：

〔示例〕

了解作者	乔斯坦·贾德，是挪威一位世界级的作家。他擅长以对话形式述说故事，能将高深的哲理以简洁、明快的笔调融入小说情境。他的作品动人心弦，启发无数读者对个人生命、对历史中的定位及浩瀚宇宙的探讨。
主要内容	苏菲收到了神秘来信，后来在一位神秘导师艾伯特的指引下，开始学习哲学知识、了解西方哲学史。在艾伯特·诺克斯的提示下，苏菲意识到自己只是书中的一个角色，是挪威少校艾勃特·纳格为庆祝女儿席德生日而虚构出来的人物。在忠实地完成自己主角的任务之余，他们开始了向艾勃特少校的抗争。最终，这本书以一个开放式的结局告终。
哲学家	苏格拉底、柏拉图、亚里士多德、笛卡尔、康德、黑格尔、弗洛伊德等。
人物形象	苏菲：有较强的好奇心和求知欲望，有主见，善于思考，敢于冒险，有开拓精神和反抗精神。
	艾伯特·诺克斯：冷静沉稳，博学睿智，循循善诱，善于启发。
	艾勃特·纳格：博学睿智，富有想象力和创造力，疼爱女儿，善于启发，掌控欲强。
	席德：求知欲强，善于思考，能举一反三，有同情心，聪明。

任务二：我是概括小能手

《苏菲的世界》闪烁着从古希腊爱琴海里发源的自然派哲学光芒，从雅典的苏格拉底、柏拉图和亚里士多德三人，到文艺复兴时期笛卡尔、斯宾诺莎；从启蒙运动到黑格尔三段式的辩证法，以及马克思对人类的终极理想；从康德的人本主义到萨特以人为中心的存在主义。

请你选择其中一个时期的派系，用表格或思维图表的方式概括他们的主要思想。

〔示例 1〕

古典派哲学家	苏格拉底	公元前470—前399	认为他的工作就是帮助人们“生出”正确的思想，因为真正的知识来自内心，而不是来自别人的传授。重视他的良心与真理——更甚于生命。认为人类必须为自己的知识奠定巩固的基础，他相信这个基础就是人的理性。他是一个理性主义者。	理性主义者
	柏拉图	公元前427—前347	关心的是永恒不变的事物与“流动”事物之间的关系。永恒不变的东西并非一种“基本物质”，而是形成各种事物模样的精神模式或抽象模式。认为在物质世界的背后，必定有一个实在存在，他称这个实在为“理性的世界”。	理性的世界
	亚里士多德	公元前348—前322	我们所拥有每一种想法与意念都是透过我们看到、听到的事物而进入我们的意识。重视感官的作用。相信自然界的每一件事物都有其目的。	重视感官的作用

〔示例 2〕

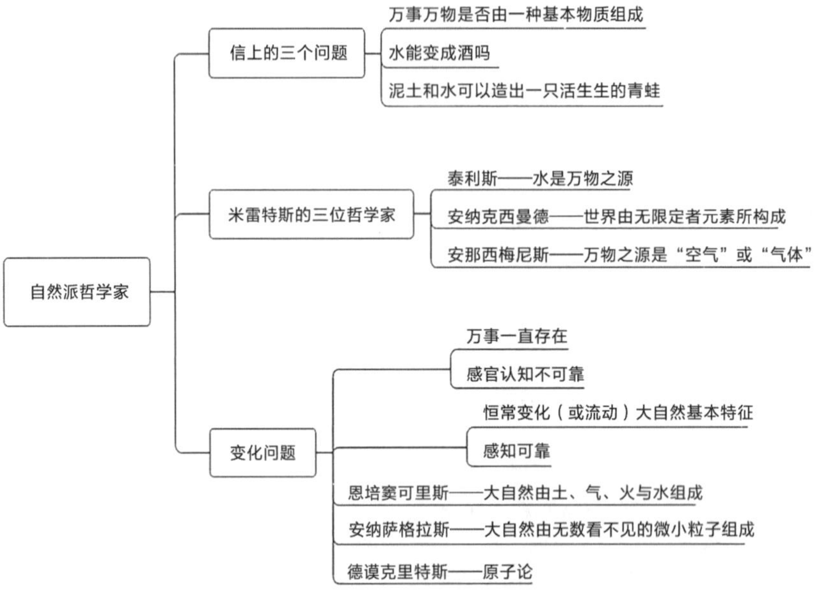

任务三：我是感悟小能手

《苏菲的世界》有很多哲理性的语句，请你朗读下列语句，任选一句，结合生活实际品味哲理。

1. 赫拉克里特斯说：“所有事物都是流动的。”每一件事物都在不停变化、移动，没有任何事物是静止不变的，因此我们不可能“在同一条河流中涉水两次”。当我第二次涉水时，无论是我还是河流都已经与从前不同了。

2. 我们可能会成为各种事物的奴隶，甚至可能成为自我中心思想的奴隶。独立与自由正是我们超脱自我的欲望与恶念的方法。

3. 生命中最重要的是什么？如果问一个正在饥饿边缘的人，回答一定是“食物”；如果问一个快要冻死的人，回答一定是“温暖”。

我选择第_____句。____

____

〔示例 1〕我选择第一句。赫拉克里特斯认为世间的事物都是相对的。我们明白在现实生活中不能用静止的眼光看问题，要用发展辩证的眼光来判断事物，才能紧跟时代，少走弯路。

〔示例 2〕我选择第二句。我们可能成为世俗事务的奴隶，整天为琐事而忙碌，为达到心中的某种欲望而奔波，这些都是不可取的。我们应该追求精神上的独立与自由，在现实生活中，找到真的自我，不忘初心。

〔示例 3〕我选择第三句。生命里重要的东西并不是永恒固定的，而是会根据目前的生存需要做出调整。要活学活用，才能紧跟时代潮流。

任务四：我是联结小能手

古希腊人曾把能“认识自己”看作人类的最高智慧，德菲尔城阿波罗神庙中唯一的碑铭上写着一句箴言，那就是“认识你自己”。《苏菲的世界》一书中的主角苏菲的成长也是一个不断认识自己的过程。请结合书中两个情节具体阐述她是如何认识自己的。

〔示例〕苏菲从发现第一封信“你是谁”后，不断地寻求答案，学习很多哲学课程，比如苏格拉底、柏拉图等的课，后来在森林中发现少校的小木屋时，没有害怕，而是自己也吃惊自己变得如此大胆；又如接触到亚里士多德后，她运用亚里士多德的学说把自己房间收拾得整整齐齐，并把各种东西加以分类，也领悟到该把自己的思想也整理得有条不紊，后来在考试时得一个A，老师也赞叹她思想成熟了很多，像个小大人。又如苏菲从艾伯特·诺克斯处得知这一切和许多其他事情，在了解到自己的虚构身份后先是沮丧失望，谋求改变现状，最后逃离。

三、思考探究

“以前，世界的中心是地球。但天文学家告诉人们，宇宙根本没有绝对的中心，因此，每一个人都是中心。”

《苏菲的世界》中像这样哲理性的句子很多，请用查找、自我提问、批注或者跨界阅读的方式，赏析探究相应的语句。

【配套练习】

1. 艾伯特善于用通俗易懂的事情将哲学原理演绎出来，请将以下事情与哲学原理关联起来（填序号）。

德谟克里特斯的原子理论（　　）

康德的时间和空间直观形式（　　）

苏格拉底的智慧（　　）

弗洛伊德的潜意识理论（　　）

①戴眼镜

②皇帝的新装

③苏菲玩积木的过程

④光着身体的男人

2. 请结合你的阅读感悟，写一份推荐词，将《苏菲的世界》这部书推荐给你的同学。

3.《苏菲的世界》是一部较为完整的西方哲学史，也是介绍西方哲学及代表人物的启蒙书。首先梳理全书中涉及的思想流派及其代表人物。可以采取“冷读”的方法，即阅读时头脑冷静，把握要点。其次重点阅读所选择的哲学家的内容，选择其某一思想，关注与此思想相关的内容，边读边思考，做好批注。最后查找相关资料，结合生活实际，做进一步勾连，增强对其思想的理解。

班级组织“哲学感悟会”，请根据你的阅读感受，帮助小乙完成发言。

主持人：亲爱的同学们，大家好！今天是我们“哲学圆桌会”的第一期。我们分享的主题是“我最爱的哲学家”。接下来，请大家畅所欲言吧！

小甲：好的，我先来说说。我喜欢赫拉克里特斯。他说，“所有事物都是流动的”。每一件事物都在不停变化、移动，没有任何事物是静止不变的，因此我们不可能“在同一条河流中涉水两次”。对于这句话大家应该都很熟悉了，他认为不能用静止的眼光来看待问题，我当时就联想到了刘禹锡诗中的“沉舟侧畔千帆过，病树前头万木春”和“刻舟求剑”的故事。我们在生活中要用发展的眼光来看待问题，要有大格局，不要只看到眼前的这一小点。

小乙：我最喜欢的哲学家是________。因为：________________________________

____

____

____

中考链接

原创题 1

下列对《苏菲的世界》的表述，错误的一项是（　　）

A.《苏菲的世界》包含书信、明信片、哲学、历史、文学等各种语类形式。多种语类形式的运用是小说“复调”结构的一个方面。

B.《苏菲的世界》包含至少三个叙述者，分别是哲学家艾伯特、苏菲和席德，他们从各自的角度来观察和描述。这三个不同的视角组成三重叙述层面，相互交叉在一起，构成了这部小说的复调结构。

C.苏菲的故事是虚构的文本，这个虚构的文本存在于一个现实的文本之中，即席德的世界，作为读者的席德是真实的。苏菲和席德的故事引起读者对现实和虚构的深刻反思，因为它解构了人类存在的坚实基础，质疑客观知识的可能性。从这个意义上讲，这部小说是后现代的。

D.《苏菲的世界》顺应了近年来欧美哲学通俗化的潮流，把哲学趣味化、生动化，但它同时是一部成功的元小说，用元小说的形式来表达哲学思考，二者相得益彰，是艺术和内容的统一。

思维层次：识记

阅读能力：通过认读考查感知文本的能力。

命题特点及解题策略：本题考查学生对外国作家作品的掌握和识记能力。解答文学常识类试题，关键在平时的识记与积累，包括作者名（字、号）、称谓、生活时代、作品名、体裁、书中人物、主要情节、作品主题等。

参考答案：C（苏菲的故事是虚构的文本，同时这个虚构的文本又存在于一个更大的虚构的文本之中，即席德的世界，作为读者的席德原来也是不真实的）

原创题❷

《苏菲的世界》里用通俗易懂的事情将哲学的原理演绎出来。下面说法符合原作内容的一项是（　　）

A. 作品中通过光着身体的男人，来表现弗洛伊德的潜意识理论。

B. 通过苏菲玩积木的过程让人们理解康德的时间和空间直观形式。

C. 在描述德谟克里特斯的原子理论时，小说中是通过皇帝的新衣来讲述的。

D. 通过戴眼镜等方式讲述苏格拉底的智慧，以及人类并非万能和无所不知的。

思维层次：理解、分析

阅读能力：在前后联结中考查分析能力

命题特点及解题策略：此题考查学生对名著的积累和分析能力。平时应认真阅读，不仅识记相关的文学常识，还要掌握名著中的主要人物、故事情节、思想内容、艺术特色等。对于书中的精彩片段，要反复阅读，以形成自己的阅读体验。

参考答案：

A（通过苏菲玩积木的过程了解德谟克里特斯的原子理论，用戴眼镜讲述康德的时间和空间直观形式，用皇帝的新装来描述苏格拉底的智慧，用光着身体的男人来表现弗洛伊德的潜意识理论）

原创题❸

名著	《平凡的世界》（1）________	《名人传》（2）________	《苏菲的世界》（3）________
评论	A. 这是一本引人入胜的小说，也是一部通俗有趣的哲学启蒙读物。在这部书中，通常被认为深奥晦涩、枯燥乏味、令人昏昏欲睡的哲学并未摆出一副“高冷”的面孔，而是以平易的面貌示人。 B. 这是一本很适合青少年读的书，不仅仅因为它获得过茅盾文学奖，更因为书中描写的个人奋斗和自我精神追求会让我们明白生活的意义何在。 C. 这本书着重记载伟大的天才，在人生忧患困顿的征途上，为寻求真理和正义，为创造能表现真、善、美的不朽杰作，献出了毕生精力。 D. 这本小书以书信的形式，每次一个话题，探讨读书、习俗与革新、爱情与道德、升学与专业、参与社会运动，以及人生烦恼与乐趣等。		

思维层次：理解

阅读能力：考查对文本的理解能力。

命题特点及解题策略：本题通过对比阅读考查名著内容的识记与判断。

认真阅读原著，结合积累作答。做此类题，需要用心阅读名著，对不同名著作品中的作者、人物、主题、主要情节以及语言特色要掌握，要善于总结并熟记于心。

参考答案：

（1）B（2）C（3）A

原创题❹

“这世界就像魔术师从他的帽子里拉出的一只兔子。所有生物都出生于这只兔子的细毛顶端，他们刚开始对这场令人不可置信的戏法感到惊奇。然而当他们年纪愈长，也就愈深入兔子的毛皮，并且待了下来。他们在那儿觉得非常安适，因此不愿再冒险爬回脆弱的兔毛顶端。”请你结合自身生活体验，你愿意在兔子细毛顶端还是毛皮深处呢？请说明理由。

思维层次：感悟

阅读能力：考查理解感悟的能力。

命题特点及解题策略：本题考查名著内容的概括与阅读感悟的表达。仔细审题，可知题干要求完成的是生活感悟，也就是说“名著内容”是对名著中一个情节内容或是某一方面的内容进行理解感悟，然后再就此内容表达自己的阅读所得。

参考答案：

［示例1］我喜欢处于兔子的细毛顶端。因为我富有冒险进取、锲而不舍的精神，人生要拼搏，命运掌握在自己手中。

［示例2］我喜欢处于兔子的毛皮深处。我是一个随遇而安的人，喜欢安稳的生活。顶端太累而且危险。

原创题❺

一封封神秘的信件，带领14岁少女苏菲进入了一个奇妙的哲学世界，书信体营造出对坐晤谈的氛围，或恳切自然，或语重心长，或旁征博引，或如话家常。请你从名著《苏菲的世界》三个话题中任选一个，给苏菲写一封回信，发表你的看法或感受，不少于500字。

1. 好奇心
2. 苏菲的自我意识成长历程
3. 兔毛顶端

【提示】

（1）联系你的阅读积累，结合你的生活经历，让内容更丰富。

（2）以书信的形式写作。

（3）原著内容，可以概括，可以阐发，但不要脱离原著任意发挥。

思维层次：写作

阅读能力：考查话题作文写作能力。

命题特点及解题策略：此题考查学生写话题作文的能力。不忘揣摩“提示语”。提示语是引出话题的材料，是命题人思维的轨迹，也是学生审题的起点。学生要认真审读提示语，旨在寻找与“话题”间的内在联系，从联系中领悟题旨，然后筛选适合作文的最佳材料。二是不忘紧扣“话题”。“话题”是作文的核心，是命题者对作文范围的限制，是学生选材的依据和标准。紧扣话题，首先要围绕“话题”组材、选材，扣住话题的实质。紧扣话题应始于审题，更要贯穿于作文的全过程。注意结合自己的生活经历，不能脱离原著的内容。本文要求写一封信，写时要注意书信的格式。

参考答案：

略

参考文献

[1] 邓华 . 元小说的特点及危机——兼谈马原的元小说创作 [J]. 湘潭师范学院学报（社会科学版），2006，28（4）.

[2] 金涛 .《苏菲的世界》与世界的苏菲 [N]. 中国艺术报，2017-06-02.

[3] 陈琳译 .“你是谁”“世界从何而来”——挪威作家乔斯坦·贾德访谈 [C]. 中国艺术报，2008.

《给青年的十二封信》

推荐版本

作者：朱光潜著

出版社：人民出版社

出版时间：2020 年 4 月

作品梗概

《给青年的十二封信》是美学大师朱光潜的成名之作，原是作者旅欧期间陆续从海外寄到某一家杂志社登载的信，后集结成册出版。对于当时青年们正在关心，或应该关心的十二种事项，朱光潜先生用十二封信做了亲切而全面的探讨。

书中话题有的谈校园生活，读书写作，唯勤是岸（《谈读书》《谈写作》）；有的谈社会生活，劝导青年人不必盲目地投入社会运动（《谈中学生与社会运动》）；更有深入青年人情感生活的探讨，他认为恋爱讲真纯，才见人格（《谈多元宇宙》），人生有缺憾，才有希望（《谈人生与我》）。

这本书信集是朱光潜先生提供给现代青年的成长指南，是充满了人生智慧的必读经典。在这些信中，朱先生善于抓住人生的诸多矛盾展开论述：动与静的矛盾，情与理的矛盾，虚荣与实际的矛盾，悲与喜的矛盾，爱情与道德的矛盾，现代社会“效率”与“匠心”的矛盾，等等。因为这些矛盾往往贯穿人的一生，人生的选择又往往艰难痛苦，所以而立之年、不惑之年的人读之，亦有共鸣之处。

思维导图

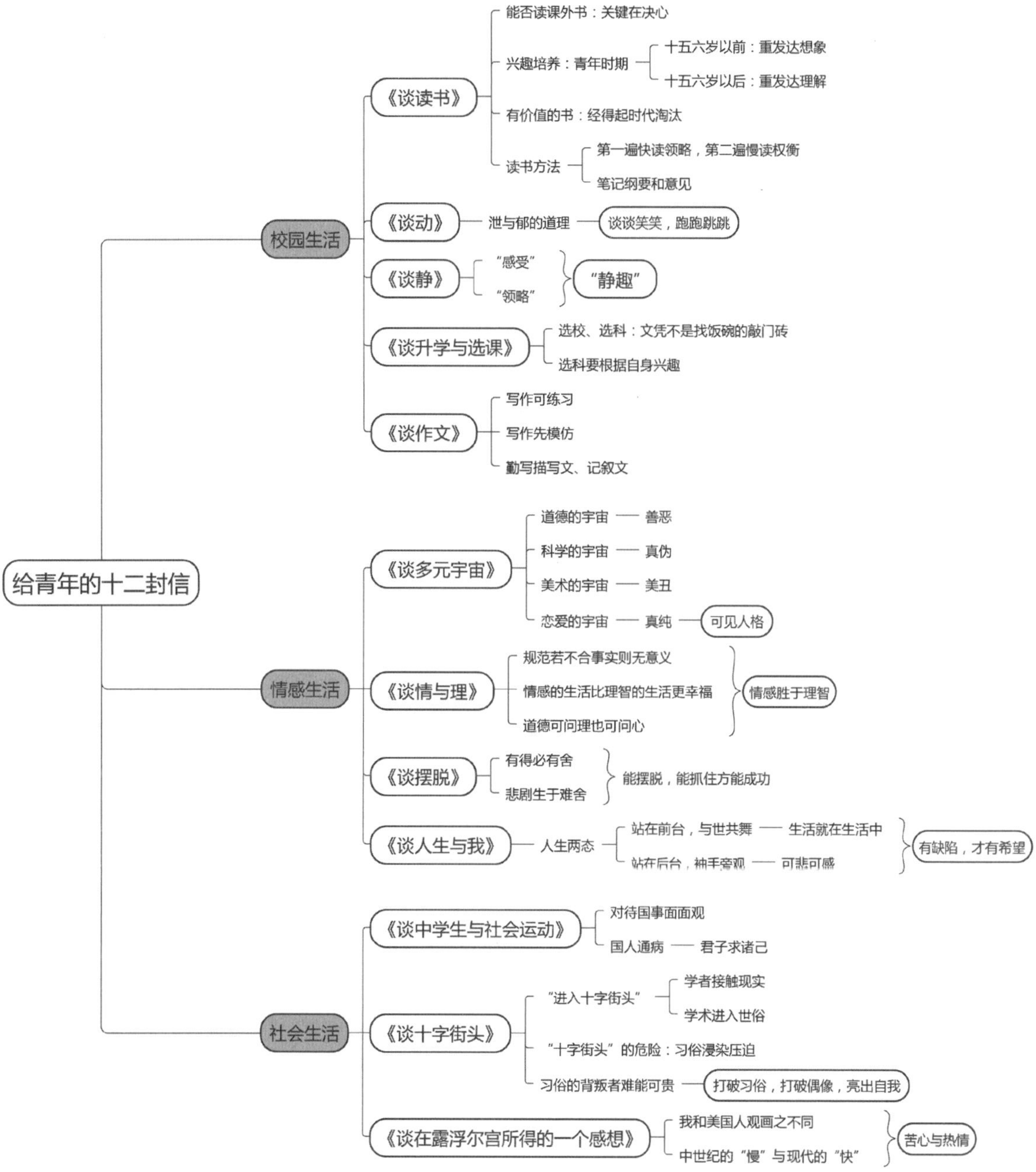

作者介绍

朱光潜（1897—1986），字孟实，安徽桐城人。他是中国美学史上一座横跨古今、沟通中外的“桥梁”，是我国现当代久负盛名并赢得国际声誉的美学大师，是著名的文艺理论家、教育家、翻译家。

从香港大学毕业后，朱光潜先后在上海、浙江等地担任中学教师，他那笃热的情感、温文的态度、丰富的学识，无一不使和他接近的青年感服。为谋求中等教育的改进，朱光潜远赴欧洲，致力于文学、心理学与哲学的学习与研究，获哲学博士学位。朱光潜是一个终身愿与青年为友的志士。在《给青年的十二封信》中，信首称“朋友”，末署“你的朋友”，这称呼是有真实感情的，绝不只是通常的习用套语。在这些信中，朱先生以他哲学的睿思和文学的素养与青年朋友探讨话题，旁征博引，中西方文学、哲学大师的思想观点和人生故事信手拈来，论述深入浅出，文笔流畅，读来发人深省，又如沐春风。

1933年回国后，朱先生一直在大学任教，讲授美学与西方文学。主要著作有《文艺心理学》《西方美学史》等，有《朱光潜全集》。

文学地位

《给青年的十二封信》是朱光潜的第一部著作。这部作品篇幅较小，但影响深广。有资料显示，从1929年第一次出版到1949年绝版的20年中，单是开明书店标明版次重印就超过了30次，可以说是朱光潜的奠基之作。当朱先生逝世时，人们撰文悼念这位以美学研究著称于世的学者，都从这本薄薄的书信集说起。

从写法上看，十二封信均是典型的论说文。若结合同时期他写的《论修养》一书共读，则会发现内有蒙田、培根、歌德等欧洲思想家的论理风格。余光中先生在《散文的知性与感性》一文中说“给我启发最大的是朱光潜的《给青年的十二封信》……一丝不苟地读了好几遍，不但奉为入门指南，更当作文字流畅、音调圆融、比喻生动的散文来体会。”后世如美学家蒋勋先生的《生活十讲》《孤独六讲》《给青年艺术家的信》等书都可以看到朱光潜先生这部作品的影子。

从历史上看，这些书信写作之时正是五四运动以后10年左右，社会思潮风起云涌，新旧文化继续激烈地碰撞。朱先生的这本书信集就是想为青年解惑，为中国寻路。中西之辨、新旧之变、远近之忧皆渗透在每一封信里，娓娓道来又殷殷期盼。近而立之年谈青年问题，故恳切；身处国外来观照中国现实问题，故客观。从信里，我们可以清晰地看到在五四运动中成长起来，思想日臻成熟的中国知识分子群像。

核心价值

◎ 核心知识

（一）书信体

用书信的格式写成的文章，或本来就是书信（包括信、函、简、牍、札、帖等），既有思想交流、社会交际的作用，又具有文学价值。它的内容很广泛，天下大事、个人私事、思想火花、问题讨论都可包括。叙事、说理、言情、状物无一不可。古代的如我们学过的《答谢中书书》《与朱元思书》都是写景名篇，现代的如林觉民《与妻书》、傅雷的家书也都脍炙人口，拨动读者的心弦。《给青年的十二封信》是朱光潜先生在欧洲求学期间写给国内青年朋友的书信集，书信体营造出对坐晤谈的氛围，在亦师亦友的言语之中，看到了他对中国青年的热切关怀。

（二）论证方法

《给青年的十二封信》是围绕十二个话题写就的议论文。为使论述更有说服力，本书作者运用了多种论证方法：（1）善于使用举例论证的手法。例如《谈读书》列举了孙中山、富兰克林等名家事例证明许多人的学问都是在忙中做成的。（2）善于使用引用论证的手法。例如《谈静》引用了朱熹的诗歌、日本的俳句，以及陶渊明、嵇叔夜、王摩诘等人的诗句等谈“静趣”。（3）善于使用类比论证。例如《谈十字街头》中，作者在论述“道德”时，用“说一个幻想是道德的，或者说一幅画是不道德的，是无异于说一个方形是道德的，或者说一个三角形是不道德的，同为毫无意义”来类比论证“美术的超道德”性。（4）善于使用对比论证的手法。例如《谈在露浮尔宫所得的一个感想》中，作者用自己认真观赏《蒙娜丽莎》和美国人走马观花的游览对比来论证“匠心”与“效率”的优劣问题。

（三）排比修辞和对称句式

排比是把结构相同或相似、意思密切相关、语气一致的词语或句子成串地排列的一种修辞方法。用排比来说理，有条理分明的效果。本书中多篇文章运用排比修辞，鲜明地表达作者的哲思，增强语势。此外，书中还有大量的对称句。例如，《谈十字街头》以“儒家的礼教，五芳斋的馄饨，是传说；新文化运动，四马路的新装，是时尚”两句来论述两种习俗的区别；以“强者皇然叫嚣，弱者随声附和；旧者盲从传说，新者盲从时尚”两句来论述民众的浮浅顽劣。排比修辞和对称句式的运用使行文有节奏感，朗朗上口；说理透辟，有说服力；句式整齐，有典雅美。

◎ 核心能力

（一）整合相关信息，提炼作者观点

在谈论过程中，本书作者旁征博引，常常先评论他人观点或阐述现状，再谈自己的认识和思考。教师可指导学生在整合文本信息的基础上提炼作者观点，在思考中理解作者的观点，构建自己的认知。例如，《谈中学生与社会运动》中，作者先列举了叶楚伧、恽代英两位先生“读书讲道德无用，一切青年都应该加入战线去革命”的主张，以及上海大同大学“本校主张以读书救国，凡好参加爱国运动者不必来”等与之相悖的观点。那么作者的看法是什么呢？学生需要提炼作者观点：“救国读书都不可偏废。”“读书”在本书第一篇《谈读书》中已经详细论述过，那“救国”怎么做？学生就需要梳理作者“到民间去”的论述，最后提炼出“君子求诸己”的结论。这样理性分析的过程，提升了学生整合文本和理解作者观点的能力。

（二）思辨作者观点，合理提出问题

学生阅读本书，不仅要了解作者的观点，而且要联系生活实际，对作者的观点有自己的判断。例如在《谈读书》中，作者列出英国青年间最流行的四类书：冒险小说和游记、神话和寓言、生物故事、名人传记和爱国小说。然后提到“这些书在国外虽流行，给中国青年读，却不十分相宜”。联系生活实际，学生可能会产生这样的疑问：作者提到的几类书，如今在国内也非常流行，尤其是像凡尔纳的《海底两万里》、安徒生的童话、法布尔的科普书籍等还是中学生课内必读的名著篇目，作者为何有“不十分相宜”这样的认知？解决这一问题，需要纵观作者生活的时代背景，了解当时社会青年“少年老成”“欢喜煞有介事地谈一点学理”的倾向。对作者观点的合理质疑和深入探究，能够培养学生的思辨能力，加深学生对作品的理解。

（三）积累论据素材，培养多角度思维

本书中每一封信都旁征博引，阐发深刻，闪现着理性的光芒。例如在《谈摆脱》中，作者由希腊悲剧《安提戈涅》打开话题：悲剧产生于两种理想的冲突。接着为了论证“有所取必有所舍”这一观点，作者洋洋洒洒列举释迦牟尼、文天祥、第欧根尼、斯宾诺莎、卓文君、张翰、陶渊明、司各特等十余个古今中外的人物故事。这些故事中的人物“能摆脱”是因为心中有更坚定的追求。在阅读过程中，引导学生做好读书笔记，可以积累丰富的论据素材。在品析人物故事的过程中，要能从多角度看待“取与舍”的价值追求，提高逻辑思维能力，并给自己以启迪。

◎ 核心策略

（一）自我提问

自我提问策略强调学习者在阅读时自由监控行为，积极主动地阅读。在自主初读环节，学生如能使用自我提问策略对阅读材料提出问题并尝试回答，有助于探究文章的深意。

首先，在“读篇名”时使用“自我提问”策略。本书的篇名大多为该篇探讨的话题，学生在读篇名时，可以预设问题。例如，读《谈升学与选课》时预设“升学时该选择什么样的学校？”“怎样选择专业，是自己喜欢的，还是方便就业的？”等问题。带着这些问题进入文本阅读，可与作者的观点产生有趣的反应，既可能有“先获我心”之快，也可激发观点的碰撞，引发思辨。

其次，在“阅读中”使用“自我提问”策略。例如，读《多元宇宙》时，学生可提出“‘恋爱宇宙’中‘恋爱至上’真的可行吗？”等问题，尝试对问题做出解答，可以探究这封信的主旨——人生是多方面的，教育青年要尊重各自的价值标准，尽可能地追求“真纯”。在“键盘侠”林立的网络时代，引导学生正确看待问题，尊重各自的看法，这封信的教育意义依然存在。

（二）组织策略

组织策略是读者将所阅读的信息加以组织，以有效保持信息的阅读策略。常用的方式有列提纲、利用表格、利用图形等。本书的阅读主要是采用利用表格和利用图形的组织策略。

1. 利用表格。为了便于学生梳理十二封信的主要内容，教师可引导学生使用表格读书，列表整理，快速把握内容重点。例如，在初读过程中用表格记录自己的阅读进度，感触最深、有疑惑处；在任务伴读阶段利用表格摘录佳句，提炼每封信的观点并加以整理等。

2. 利用图形。本书的阅读主要学习利用思维导图组织信息的策略，借助思维导图厘清思路，供自己或他人回顾整个阅读过程，加深理解，强化记忆。例如，《谈读书》中围绕“读书”这一话题，作者阐述了“为什么读书？什么时候读书？读什么书？用什么方法读？”等内容，还列举了丰富的名人事例，学生通过绘制思维导图来梳理作者观点和论证过程，使思路清晰、重点突出。

（三）建立联结

阅读本书，可以使用联结策略，在联结阅读中获得真切深刻的阅读感受。首先，运用“文本内”联结，发现作者在本书中随各个话题抒述意见，看似随散，统观全体，似乎也有一贯的出发点可寻，“就是劝青年眼光要深沉，要从根本上做功夫，要顾到自己，勿随了世俗图近利”。其次，运用“跨文本”联结，与《傅雷家书》共读，体会书信体娓娓道来、纸短情长的文本特色。再次，可试着与部编教材八年级下册演讲单元共读，体会议论说理的共同魅力，感受不同体裁的各自风采。最后，运用“文本与个人体验”联结，联系自己的生活经历与阅读积累，思辨作者观点，形成独特的阅读体悟。

◎ 精神文化

（一）摒弃烦躁浮华，学会感知生活

中国在全世界是被推为最重实用的民族的：娶妻是为了生子，养儿是为了防老，行善是为了福报，读书是为了做官，流弊所至。在中国，什么都只是吃饭的工具，什么都实用，因之，就什么都浅薄。这流弊也影响着青年们，朱先生在《给青年的十二封信》中对现代青年学生的毛病曾这样感慨：“太贪容易，太浮浅粗疏，太不能深入，太不能耐苦。”在本书中，作者理性剖析中国社会的弊病，劝青年人眼光要长远，切勿世俗，要戒骄戒躁。无论在哪一封信上，字里行间都可看出这忠告来。当代中学生也不免有浅薄粗疏、不能耐苦的毛病，阅读这本书以聆听长者的谆谆教诲，摒弃烦躁浮华，去踏踏实实地下真功夫，去阅读思考，去感知生活。

（二）把握人生态度，树立远大理想

青年时期是人生中的黄金岁月，青年们所做的选择不仅影响个人的一生，也可能影响着整个社会和国家的发展。当代中学生在选择自己的专业、参加学生组织或做其他什么事的时候往往迷惘，不知道自己真正想做的是什么，应该去做什么。朱光潜先生毫不吝惜地将自己的人生理想、对待人生的方法、价值标准与读者分享，这种过来人的经验对于处在迷茫中的青年们来说，犹如一盏明灯让他们找到正确的航向。这十二封信看似平凡却包含深刻的思想内涵，值得读者细细品味，它教会读者正确的人生态度价值观，劝导中学生正确看待人生，倾听自己内心的声音，树立远大的理想，让生活有意义。

自主初读

◎ 阅读规划表

阅读进程	阅读章节	阅读时间	阅读该部分感受最深的一点	阅读该部分最大的疑惑	自我评价（优、中、一般）	教师评价（优、中、一般）
进程一						
进程二						
进程三						
进程四						

任务伴读

◎ 进程一

任务推进

<table>
<tr><th>阅读规划</th><th>任务单</th><th>重点能力指向</th></tr>
<tr><td>范围：第一封至第十二封信
时间：6 天阅读完毕。
方式：速读。</td><td>1. 这本书信集是朱光潜先生给青年们的特殊礼物，每一封信都是一篇极好的议论文，请在阅读时做好读书笔记，摘录你喜欢的句子，并试着提炼每封信的主要观点（提示：一封信中可能不止一个观点）。
<table>
<tr><th>篇 名</th><th>佳句摘录</th><th>主要观点</th></tr>
<tr><td>《谈读书》</td><td></td><td></td></tr>
<tr><td>《谈动》</td><td></td><td></td></tr>
<tr><td>……</td><td></td><td></td></tr>
</table>
2. 请试着将这十二封书信分类，并说说你的理由。
3. 书信体形式的文章，便于作者与读者直接交流，拉近两者的距离，显得亲切、轻松。你能发现书信体文章是如何达到这种效果的吗？</td><td>1. 通过快速阅读的方法通览十二封信，摘录佳句，丰富积累。借助表格梳理观点，提高提取关键信息的能力。
2. 书信分类从整体上把握名著要点，提升理解与归纳整合的能力。
3. 强化对书信体类文本特点的认知。</td></tr>
</table>

阶段性检测

1. 朱光潜的《给青年的十二封信》处处闪现了他的智慧观点。下列观点与其所在篇目不相符的一项是（　　）

A.《谈静》：领略静的能力，一半由于天资，一半由于修养。

B.《谈多元宇宙》：人生是多方面的，各人天资、禀赋、经验不同，所见到的宇宙也不一致。

C.《谈读书》：青年要多读书，多模仿，还要特别注意勤写描写文和记叙文。

D.《谈情与理》：从现代哲学和心理学的角度强调了情感比理智更重要。

2. 情境题：小文最近总是闷闷不乐，看起来似乎有很多烦恼，你作为他的好朋友想要开导他，那么《给青年的十二封信》中哪些篇目可能对你们有帮助？

◎ 进程二

任务推进

<table>
<tr><th>阅读规划</th><th>任务单</th><th>重点能力指向</th></tr>
<tr>
<td>范围：《谈读书》《谈作文》《谈升学与选课》
时间：3天阅读完毕。
方式：精读。</td>
<td>朱光潜的文章用语典雅，成语丰富，请摘录你有疑惑的成语，根据语境判断成语的大意，再翻阅词典进行校对。
<table>
<tr><th>序号</th><th>页码</th><th>成语</th><th>文中的意思</th></tr>
<tr><td></td><td></td><td></td><td></td></tr>
<tr><td></td><td></td><td></td><td></td></tr>
<tr><td></td><td></td><td></td><td></td></tr>
<tr><td></td><td></td><td></td><td></td></tr>
<tr><td></td><td></td><td></td><td></td></tr>
</table>
2. 情境题：小语认为中学里的学科太多，学的知识在以后的生活中也常常用不上，不如尽早去读职业学校，学一门手艺更实在。请你结合朱光潜先生的观点，劝说小语。
3. 请完成下面的思维导图。
好事例有说服力
《谈读书》事例：_____ 观点：_____
《谈升学与选课》事例：_____ 观点：_____
《谈作文》事例：_____ 观点：_____</td>
<td>1. 积累成语，把握句意，理解作者观点，丰富传统文化知识。
2. 情境探究，综合运用，提高思辨与表达能力。
3. 思维导图重在梳理文本内容，提高概括整合的能力。</td>
</tr>
</table>

阶段性检测

1. 下列选项中与原文观点不符的一项是（　　）

A. 青年们对于选校是最容易走入迷途的，许多人升学选课都以社会需要为准。

B. 假若为学问、为事业而忘却生活，那种学问和事业在人生中是有真正意义与价值的。

C. 任何科目，只要和你兴趣资质相近，都可以发挥你的聪明才能，有效于社会。

D. 早走狭路的人对于生活常不能见得面面俱到。

2. 朱光潜在《谈作文》一文中写道："古今第一流作者大半都经过刻苦的推敲揣摩的训练。"请为此观点补写一个事实论据，100 字左右。

◎ 进程三

任务推进

阅读规划	任务单	重点能力指向
范围:《谈在露浮尔宫所得的一个感想》《谈中学生与社会运动》 时间: 2 天阅读完毕。 方式: 精读。	1. 本书中有大量的排比句，请用你喜欢的线条画出两篇文章中的排比句，然后选择一处，结合文章内容分析作用，批注在书本上。 2. 情境题: 文文作为浙江省非物质文化遗产宣讲员向参观者介绍西湖绸伞、王星记扇。有参观者当众说道: 现在的遮阳伞和空调效果好太多了，那些过时的“老物件”除了陈列展览，还有什么价值？如果你是文文，你该如何回答这个问题？	1. 赏析排比修辞在议论文中能使议论条理分明，加强语势等特点。 2. 情境探究，综合运用，提高思辨与表达能力。
	3.《谈在露浮尔宫所得的一个感想》谈道:“科学愈进步，人类征服环境的能力也愈大。征服环境的能力愈大，的确是人生一大幸福。但是同时也易生流弊。”你是否认同这个观点？请将你的看法批注在书上。	批注训练重在思考辨析，提高联系生活谈感悟的能力。

阶段性检测

1. 用刺绣和建筑的具体事例，作者想说明（　　）

A. 从中世纪到现世纪，已经出现了鸿沟。

B. 科技愈进步，人类征服环境的能力也愈大。

C. 人们在注重效率的同时，应更注重所做事物的本质，用心对待。

D. “效率”只是美国人看来重要，在现代并非如此。

2. 朱光潜在《谈中学生与社会运动》一文中，探讨了“读书与救国”的问题。2020 年，新冠肺炎肆虐全国，在抗击疫情的日子里，作为中学生的你又是如何处理自我与国家的关系的呢？请结合本文的观点进行阐述。

课型推进

◎ 阅读课规划

教学阶段	主要内容	教学资源	设计意图
导读课	1. 了解作者及作品。 2. 明确十二封信的主要观点。 3. 掌握批注的几种方法。	章节阅读批注的方法	交流阅读体验，丰富初步感受
推进课 1	1. 学习绘制思维导图梳理文本思路。 2. 掌握几种论证方法。	章节阅读思维导图方法	学习思维导图策略，梳理文本思路，整合重要内容
推进课 2	1. 阅读《傅雷家书》选段。 2. 比较两本书信集的异同点。	章节阅读《傅雷家书》选文	在对比阅读中深度感受作品风格
成果分享课	1. “见字如面”朗读会。 2. 班级微型辩论赛。	学生作品辩论小组活动	整合阅读成果，交流分享

◎ 专题探究信息一览表

专题	探究指向	阅读策略	思维层次
专题一：理思路，学方法，重积累——思维导图在议论文学习中的运用	以思维导图为图形工具，梳理议论文的论证思路，学习论证方法，积累论据素材。	组织策略	理解、分析、评价
专题二：孟实有书，比傅何如？——《给青年的十二封信》与《傅雷家书》比较阅读	比较阅读，品读不同的书信风格，深入体会书信体的独特魅力。	联结策略	理解、分析、评价、创造

书信阅读有方法

——《给青年的十二封信》导读课

【教学目标】

1. 借助相关资料，了解作者、写作背景及书信体知识；

2. 梳理每封信的主要观点，培养学生的提炼概括能力；

3. 学习批注的几种方法，丰富阅读感受。

【教学重点】

梳理每封信的主要观点，培养学生的提炼概括能力。

【教学难点】

学习批注的几种方法，丰富阅读感受。

【课时安排】

1 课时

【教学过程】

一、导入

同学们，好东西是永远不会过时的，正所谓“名句千古颂，经典永流传”，就如著名美学家朱光潜的《给青年的十二封信》，作者用隽永的文字，以书信方式，结合文艺、美学、哲学、道德等方面为青年朋友解忧答惑，指点迷津。虽然一百多年过去了，但是，来自智者的谆谆教诲，今天的我们依然需要。下面我们就一起走进朱光潜先生的《给青年的十二封信》。

二、了解作品内容，选择阅读方式

活动一：作者背景我来说

请同学们结合相关资料简单介绍作者及写作背景

1. 请同学们简单介绍一下你所知道的朱光潜先生。

2. 你知道这本书的创作背景吗？

活动二：书信知识我知道

1. 什么是书信体？

2. 列举我们学过的书信体篇目，说说它们的内容和特色。

活动三：观点梳理我能做

朱先生的十二封信涉及的话题不同，重点也不同，每封信说理透彻，观点明确，这些观点你找对了吗？

标题	主要观点
《谈读书》	1. 养成读书的习惯，在学问中寻出一种兴趣。 2. 读书需慎重选择，要读有价值的书。 3. 凡值得读的书至少需读两遍，并做摘录和点评。
《谈动》	排解烦恼的最好办法就是“动”。
《谈静》	忙里偷闲，闹中取静，放空心灵，做一个有趣味的人。（静的修养不仅可以使你领略趣味，对求学处事都有极大帮助。）
《谈中学生与社会运动》	读书与救国都不可偏废。
《谈十字街头》	要敢于向“十字街头”宣战，打破习俗，伸张自我。
《谈多元宇宙》	不同领域有各自不同的价值标准，不能通用。
《谈升学与选课》	1. 选校要看有无良师益友，氛围是否和谐，选课要尊重自己的兴趣爱好。 2. 做学问，要先博大后精深。
《谈作文》	做文章要多读书，多练习。
《谈情与理》	情感的生活胜于理智的生活。
《谈摆脱》	要免除人生悲剧，就要“摆脱得开”，即认定一个目标，便专心致志地朝前走，其余一切都置之度外。
《谈在露浮尔宫所得的一个感想》	“效率”绝不是唯一的估定价值的标准，除了“效率”以外，还应有其他估定人生价值的标准。
《谈人生与我》	无论哪种方式看人生，都要坦然享受人生中的悲喜。

活动四：批注阅读我能行

批注式阅读是一种传统的读书方法，能帮助我们有效感知文本内容、主题思想、人物情感等。同学们在之前的任务伴读单中已对自己喜欢的书信进行了批注阅读，本堂课我们将从几种常见的批注法中进一步丰富阅读感受。

1. 展示交流任务伴读单中的批注。

2. 教师展示知识卡片：批注的种类

（1）感想式批注：写下自己在阅读过程中的想法感受。

（2）质疑式批注：写下自己在阅读过程中的疑问。

（3）联想式批注：由此及彼，由文本迁移到文外。

（4）评价式批注：针对文章内容或语言等各个角度写出自己或褒或贬的评价。

（5）补充式批注：顺着作者的思路，依照作者的写法，接着为作者补充。

3. 根据知识卡片，完善自己的批注并交流。

三、结束语

本堂课我们通过整理观点、批注阅读，对十二封的内容有了初步了解。朱先生主张情于理先，道德先于法律，无情则无趣，对于学问更是主张先博大而后精深，谈到人生时亦有自己独到的见解。十二封信，信笔拈来，字字珠玑，畅读深感其美。古语云：书读百遍，其义自现。课后希望同学们运用今天课堂所学的批注阅读法，再去深入地阅读这十二封信，相信一定会有新的收获！

【配套练习】

1. 请结合《谈动》一文的阅读，完成下列两项任务。

任务一：赏析选文，任选一句进行批注。

①青年人比老年人易于发愁些，因为青年人的生机比较旺。小孩子们的生机也很旺，然而不知道愁苦，因为他们时时刻刻地游戏，所以他们的生机也很强旺，所以他们的生机不至于被抑郁。

②愁生于郁，解愁的方法在泄；郁由于静止，求泄的方法在动。

③朋友，闲愁最苦！愁来愁去，人生还是那么样一个人生，世界也还是那么样一个世界。

任务二：观点表达。闲人为什么大半易于发愁，怎样才能让他们摆脱“闲愁”呢？请结合文章内容和链接材料谈谈自己的看法。

花自飘零水自流，一种相思，两处闲愁①。（李清照《一剪梅》）

若问闲愁②都几许？一川烟草，满城风絮，梅子黄时雨。（贺铸《青玉案》）

闲愁③最苦，休去倚危栏，斜阳正在，烟柳断肠处。（辛弃疾《摸鱼儿》）

注释：①彼此都在思念对方，可又不能互相倾诉，只好各自一方独自愁闷着。②因思慕而引起的无限愁思，表现了幽居寂寞、积郁难抒之情绪。③闲暇之时，他的愁依然是家国之愁、命运之愁。

2. 拓展运用：在《谈读书》这封信里作者提到了读书的两种方法，请从中选择一种你喜欢的方法谈谈理解，并分享一下你自己有哪些好的读书方法。

理思路，学方法，重积累

——《给青年的十二封信》推进课 1

【教学目标】

1. 学会运用思维导图梳理作者思路；

2. 学习议论文的几种论证方法，积累论据素材。

【教学重点】

学会运用思维导图梳理作者思路。

【教学难点】

学习议论文的几种论证方法，积累论据素材。

【课时安排】

1 课时

【教学过程】

一、了解思维导图

思维导图（The Mind Map），又叫心智导图，是表达发散性思维的有效图形工具，它是用一个中央关键词或想法以辐射线形连接所有的代表字词、想法、任务或其他关联项目的图解方式。常用的思维导图有气泡图、路程图、流程图、括号图、树形图等，绘制时还可以使用自己喜欢的颜色和线条。

例如，《给青年的十二封信》是一本书信集，由十二个话题构成，有位同学读完全书后将话题分类，并绘制了一张思维导图，如下：

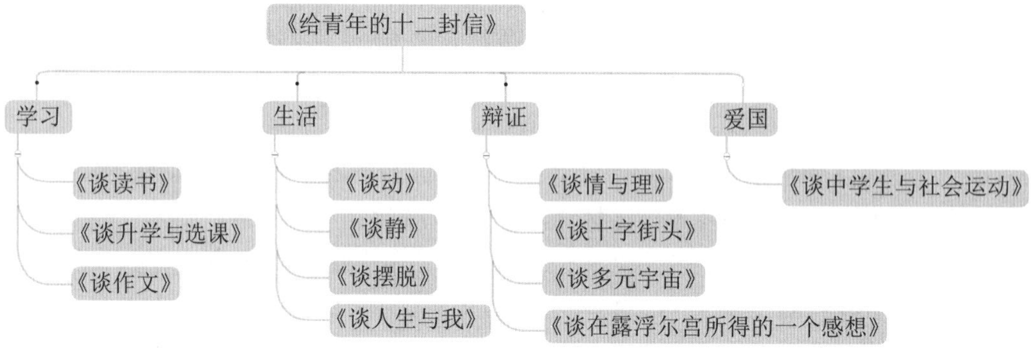

二、边学边用

1. 本书是围绕十二个话题写就的议论文。通过绘制思维导图来梳理作者观点和论证过程，可以使思路清晰、重点突出。让我们再读《谈读书》，一起填写"标红旗"处，完成下面的思维导图。

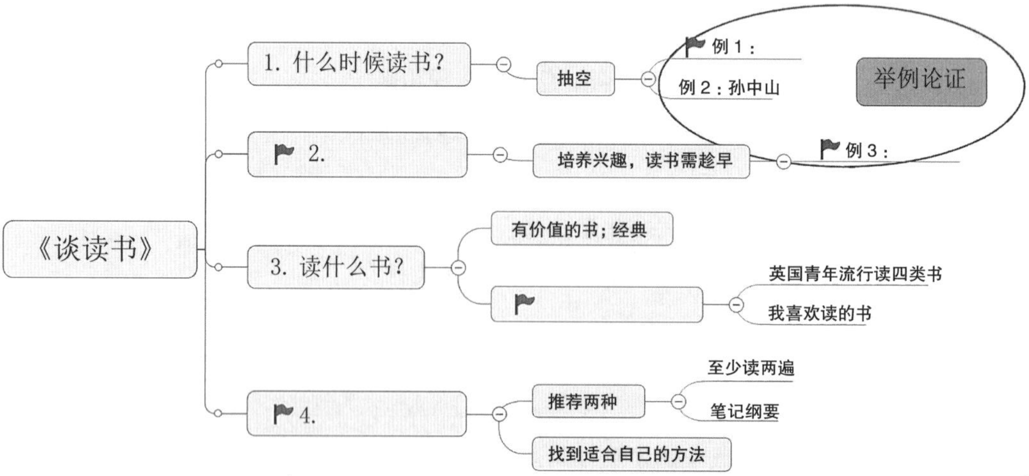

2. 请阅读《谈作文》，尝试独立完成思维导图，并学习"知识卡片"，试着标出作者用到的论证方法。

知识卡片

论证方法是多种多样的，常见的有举例论证、道理论证、对比论证、比喻论证。

（1）举例论证：列举确凿、充分、有代表性的事例证明论点。

（2）道理论证：用古今中外名言警句及人们公认的定理公式等来证明论点。

（3）对比论证：拿正反两方面的论点或论据做对比来证明论点。

（4）比喻论证：借助显浅的或用人们熟知的事物打比方来证明论点。

3. 小组修改后班级交流展示。

三、活学活用

1. 朱光潜先生在《谈读书》中否定了像“青年必读书十种”之类的阅读推荐，但今天我们走进各大书店，类似“中学生必读”这样的推荐宣传语依然随处可见，那么“必读推荐”有存在的必要吗？请围绕自己小组的观点，展开讨论，并将交流成果绘制成一张思维导图。

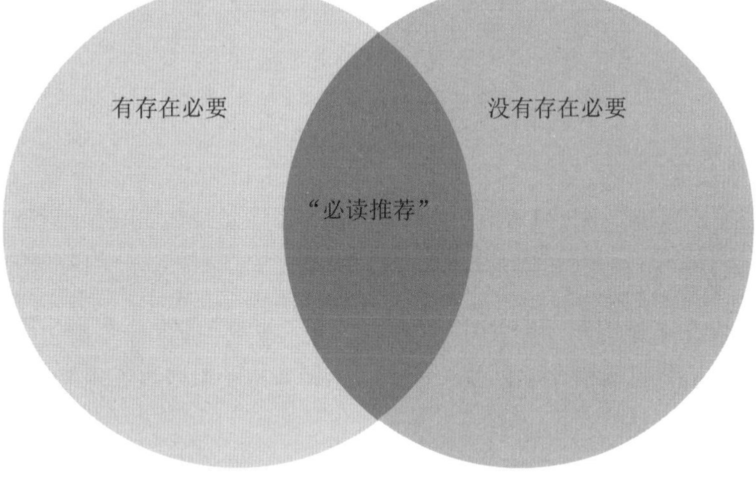

2. 小组派代表上台展示。

四、结束语

同学们，思维导图是一种好用的思维工具，能帮助我们梳理文章要点，展现脉络结构，积累重点知识。《给青年的十二封信》是一本特别的书信集，通过绘制思维导图，我们深入感受到它在议论方面的独特魅力：观点明确，思路清晰，论据丰富。这大概也是一个世纪以来，广大的青年朋友们能欣然接受朱先生的建议，并成为他书迷的一大原因吧。

【配套练习】

1. 流程图也是思维导图的一种形式，可以展现作者的行文思路。请阅读

《谈在露浮尔宫所得的一个感想》，然后将下面的流程图填写完整。

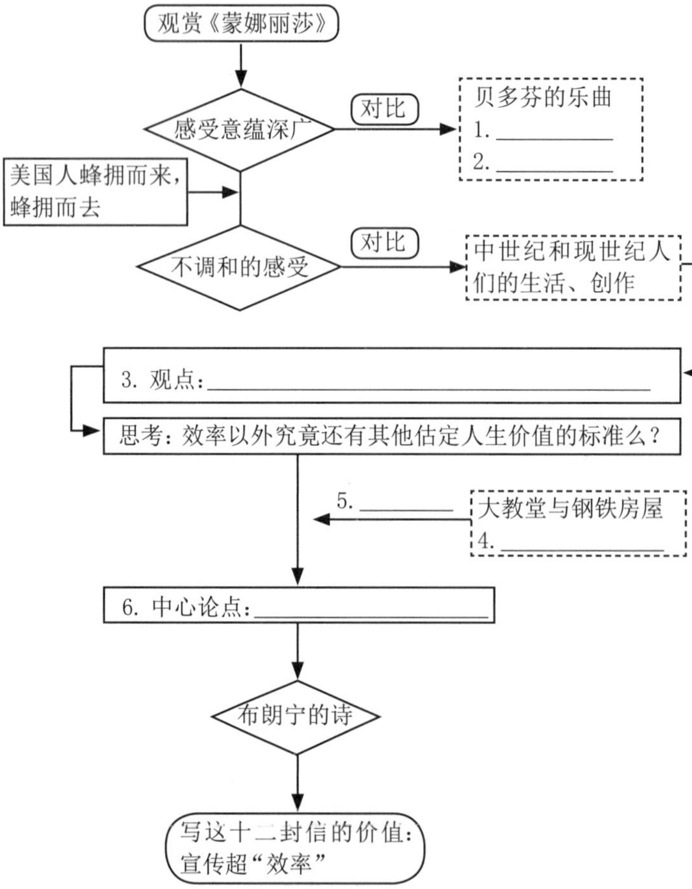

2. 辩论赛准备任务：课后收集资料，完善“活动三”中的思维导图；了解辩论赛流程，小组内明确分工，确定辩手，根据思维导图的内容撰写开篇立论。

盍实有书，比傅何如？

——《给青年的十二封信》推进课 2

【教学目标】

与《傅雷家书》共读，比较两本书信集的异同。

【教学重点与难点】

与《傅雷家书》共读，比较两本书信集的异同。

【课时安排】

1 课时

【教学过程】

一、课前思考

教材的编者将这本书置于《傅雷家书》后选读，有人认为是因为都是书信，也有人认为他们内容近似，众说纷纭。那么请你根据阅读体验，在括号内填入一个合适的数学符号，并结合书信内容给出你的解释：

《给青年的十二封信》(　　)《傅雷家书》

A. ＝　B. ≈　C. ≠　D. 我觉得是别的

二、鱼雁有意

比较策略：请同学们比较二者写作对象及目的，完成下列表格。

书名	年代	写信的对象	写信的目的
《傅雷家书》	20 世纪 50—60 年代	儿子傅聪	表达对儿子的思念与关爱 与旅欧的儿子交流学习生活的心得
《给青年的十二封信》	20 世纪 20 年代末	国内中学生	发表对当时国内青年关心问题之看法

教师分析：二者都有明确的针对性，傅雷重在对儿子的教导，而朱光潜重在对青年的建议。二者都在单方面发表自己对后辈的劝导（单方面的倾诉议论也正是书信之魅力）。

二、目光有别

比较策略：请学生从朱光潜的十二个题目中找出《傅雷家书》不涉及的议题。

〔示例〕“学生运动”“十字街头”“升学与选课”“人生与我”

教师分析：皆是随感，对象不同，二者的视角也不同，傅雷关注多细节(个人学习生活与成长)，朱光潜关注多大局（人生、社会与世界）。傅雷居中国而言世界，朱光潜旅欧洲而谈中国。时代不同，导致他们所思考的内容略有不同，傅雷重眼界、习惯，朱光潜重原理、时务。

所以从体例、目的上讲是“＝”或者“≈”，而细看视野与内容则“≠”。

三、论述有法

请同学读一读傅雷谈及读书的两封信（1961 年 5 月 1 日和 1961 年 5 月 23 日），再与朱光潜的《谈读书》比较，他们在发表议论时有什么不同？

屏显相关段落：

《论希腊雕塑》一编六万余字，是我去冬花了几星期功夫抄的，也算是我的手泽，特别给你做纪念。内容值得细读，也非单看一遍所能完全体会。便是弥拉读法文原著，也得用功研究，且原著对神话及古代史部分没有注解，她看起来还不及你读译文易懂。为她今后阅读方便，应当买几部英文及法文的比较完整的字典才好。

……此外我也希望她每天挤出时间，哪怕半个小时吧，作为阅读之用。而阅读也不宜老拣轻松的东西当作消遣；应当每年选定一二部名著用用功细读。

（1961 年 5 月 1 日傅雷信）

你说的很对，“学然后知不足”，只有不学无术或是浅尝辄止的人才会自大自满。我愈来愈觉得读书太少，聊以自慰的就是还算会吸收、消化、贯通。像你这样的艺术家，应当无书不读，像 Busoni（布索尼），Hindemith（兴德米特）（德国作曲家）那样。就因为此，你更需和弥拉俩妥善安排日常生活，一切起居小节都该有规律有计划，才能挤出时间来。当然，艺术家也不能没有懒洋洋的耽于幻想的时间，可不能太多；否则成了习惯就浪费光阴了。没有音乐会的期间也该有个计划，哪几天招待朋友，哪几天听音乐会，哪几天照常练琴，哪几天读哪一本书。一朝有了安排，就不至于因为无目的无任务而感到空虚与烦躁了。这些琐琐碎碎的项目其实就是生活艺术的内容。（1961 年 5 月 23 日傅雷信）

比较策略：完成下列表格。

选读	推荐的书	所举事例	读书方法	“读书”内容所占篇幅
1961 年 5 月 1 日傅雷信 1961 年 5 月 23 日傅雷信	《李白集》《十八家诗钞》《艺术哲学》等	布梭尼 亨德密特	积少成多 无书不读	由生活而宕开一笔
《谈读书》	《国风》等经典、英国图书馆青年流行读物	富兰克林	兴趣第一 读书要精	通篇层层论述

教师分析：因为傅聪旅欧学音乐，所以傅雷力荐艺术读物，以音乐家为例；朱光潜给国内青年写信，书目除了传统经典外，还以英国青年流行读物为例。两个人写信的针对性都很强。所以从写信议论的针对性上二者是“＝”的。

傅雷给儿子写信，因而事事关心，文字随性而真切；朱光潜的信对象较宽泛而平等，因而只拣要点集中阐发，文字条分缕析，层层推进，论证有力。

所以二者的议论结构是“≠”的。

四、纸短情长

请学生读一读三封信的开头与结尾，感受二人书信语言所含情感的特别。

屏显相关段落：

聪：四月十七、二十、二十四，三封信（二十日是妈妈写的）都该收到了吧？三月十五寄你评论摘要一小本（非航空），由妈妈打字装订，是否亦早到了？我们花过一番心血的工作，不管大小，总得知道没有遗失才放心。四月二十六日寄出汉石刻画像拓片四张，二十九又寄《李白集》十册，《十八家诗钞》二函，合成一包；又一月二十日交与海关检查，到最近发还的丹纳：《艺术哲学·第四编（论希腊雕塑）》手钞译稿一册，亦于四月二十九寄你。以上都非航空，只是挂号。日后收到望一一来信告知。

……暑假中最好结合工作与休息，不去远地登台，一方面你们俩都需要松松，一方面你也好集中准备海外节目。——七月中去不去维也纳灌贝多芬第一、四？——问你的话望当场记在小本子上，或要弥拉写下，待写信时答复我们。一举手之劳，我们的问题即有着落。(1961 年 5 月 1 日傅雷信开头、结尾)

亲爱的孩子，越知道你中文生疏，我越需要和你多写中文；同时免得弥拉和我们隔膜，也要尽量写英文。有时一些话不免在中英文信中重复，望勿误会是我老糊涂。从你婚后，我觉得对弥拉如同对你一样负有指导的责任：许多有关人生和家常琐事的经验，你不知道还不打紧，弥拉可不能不学习，否则如何能帮助你解决问题呢？

……可是干着急无济于事，主要是想办法解决，想了办法该坚决贯彻！再告诉你一点：你从英国写回来的中文信，不论从措辞或从风格上看，都还比你的英文强得多；因为你的中文毕竟有许多古书做底子，不比你的英文只是浮光掠影摭拾得来的。你知道了这一点应该更有自信心了吧！（1961 年 5 月 23 日傅雷信开头、结尾）

朋友：

中学课程很多，你自然没有许多时间去读课外书。但是你试抚心自问：你每天真抽不出一点钟或半点钟的功夫么？如果你每天能抽出半点钟，你每天至少可以读三四页，每月可以读一百页，到了一年也就可以读四五本书了。何况你在假期中每天断不会只能读三四页呢？你能否在课外读书，不是你有没有时间的问题，是你有没有决心的问题。

……你自己终究会找出你自己的方法，别人决不能给你一个方单，使你可以“依法炮制”。

你嫌这封信太冗长了罢？下次谈别的问题，我当力求简短。再会！

你的朋友 光潜（《谈读书》开头、结尾）

比较策略：

（1）关注朱光潜开头画线句在句式上的特点。

（2）关注二者提出建议时（祈使句）反复出现的“望”“能”“应该”“可以”诸词的语意区别。

教师分析：

（1）朱光潜的书信多用对称句甚至排比句，语言比较有条理，傅雷则比较自由随意，但是又杂文言词汇，比较典雅。

（2）感叹号前的“应该”可见父爱的威严（另外结合信中所言之细，所举之繁，所寄之重皆可见）；朱光潜则是以一个虚长几岁的“朋友”姿态分享自己的所思所感，故而语气更为活泼自然、平易近人，更多的是建议，所以你“可以”听听，看看“能”否做到。

所以二者所含情感是“≠”的。

五、小结

写信，篇幅可长可短，内容可闲散，也可聚焦，语气可冷峻，也可热烈，但是一定言之有物，言为心声。我们读信，读的是观点，记的是妙语，解的是人情。

【配套练习】

读完《给青年的十二封信》，总会留给你有一些启迪。作为学长学姐，你也可以试着给七年级的学弟学妹们写一封信，分享你读书和生活中的一些感悟和思考。

要求：观点明确，能联系生活实际，不少于400字。

抑扬顿挫秀朗读，唇枪舌剑赛辩论

——《给青年的十二封信》成果分享课

【教学目标】

1. 举办“见字如面”朗读会，分享阅读感悟，培养学生的朗读能力；

2. 通读全文，提出质疑，进行辩论，培养学生的质疑能力和辩证思维。

【教学重点与难点】

通读全文，提出质疑，进行辩论，培养学生的质疑能力和辩证思维。

【课时安排】

1课时

【教学过程】

一、“见字如面”朗读会

前期准备：

推进课2的作业：写一封信。

选题一：作家夏丏尊谈到《给青年的十二封信》时是这样说的：“这十二封信是作者从海外送给我们国内青年很好的礼物。”这份礼物在一百年后的今天依然有无穷的魅力。读完这本书，最让你获益的是什么？请结合你的生活实际和阅读体验给朱先生写一封回信，交流你的思考与感悟。

选题二：读了两本书信集，总会给你有一些启迪。作为初二的学长学姐，你也可以给初一的学弟学妹写一封信，分享你读这些信的一点收获。

活动内容：举办一次班级“见字如面”朗读会，读一读这些信，分享阅读感悟，感受同学们不同的语言风格。

朗读要求：两个不同的选题，针对不同的回信对象，除了回信内容的不同之外，朗读时更要注意语气、语速、节奏等把握。

二、微型班级辩论赛

阅读《给青年的十二封信》时，面对作者的某些观点，你是否有质疑？根据同学们在阅读过程中的困惑和质疑，结合大家的阅读体验，举行小型的主题辩论赛。

预设辩题：中学生课外阅读“必读推荐”有存在的必要吗？

正方：中学生课外阅读“必读推荐”有必要存在。

反方：中学生课外阅读“必读推荐”没有必要存在。

班级辩论赛流程细则

1. 开篇立论：立论要求逻辑清晰、言简意赅。（时间 3 分钟）

2. 攻辩：正反方二、三辩参加攻辩。正反方一辩做攻辩小结。攻辩双方必须正面回答对方问题，提问和回答都要简洁明确。每一轮攻辩时间为 1 分 45 秒，攻方每次提问不得超过 10 秒，每轮必须提出三个以上的问题。辩方每次回答不得超过 20 秒。

3. 自由辩论：这一阶段，正反方辩手自动轮流发言。发言辩手落座为发言结束，即为另一方发言开始的计时标志，另一辩手必须紧接着发言；若有间隙，累积时长照常进行。同一方辩手的发言次序不限。如果一方时间已经用完，另一方可以继续发言，也可向主席示意放弃发言。（时间 10 分钟）

4. 结辩：辩论双方应针对辩论会整体态势进行总结陈词。（时间 3 分钟）

5. 观众提问。（时间 5 分钟）

6. 评委点评。

【课堂小结】

朱光潜说：“此时，我能做的事，绝不推诿到下一刻；此地，我能做的事，绝不想换另外一个境地我再做；此身，我能做的事，绝不妄想于他人代替。”亲爱的同学们，去阅读吧，从此时此刻开始，生命因阅读而美好，分享让阅读更璀璨！

【配套练习】

恰逢“书香校园”创建之际，学校开展了“读书节”系列活动。请你任选两项，参与其中，感受阅读的快乐吧。

1. 品鉴书签活动。

同学们在阅读《给青年的十二封信》时摘录了不少佳句，制作了阅读书签。请从以下的佳句中选出你最喜欢的一句，简述理由。

（1）总之，愁生于郁，解愁的方法在泄；郁由于静止，求泄的方法在动。

（2）我生平不怕呆人，也不怕聪明过度的人，只是对着没有趣味的人，要勉强同他说应酬话，真是觉得苦也。你对着有趣味的人，你并不必多谈话，只是默然相对，心领神会，便可觉得朋友中间的无上至乐。你有时大概也发生同样感想罢？

（3）一般人误解恋爱，动于一时飘忽的性欲冲动而发生婚姻关系，境过则情迁，色衰则爱弛，这虽是冒名恋爱，实则只是纵欲。我为真正恋爱辩护，我却不愿为纵欲辩护；我愿青年应该懂得恋爱神圣，我却不愿青年在血气未定的时候，去盲目地假恋爱之名寻求泄欲。

（4）世界上最快活的人不仅是最活动的人，也是最能领略的人。所谓领略，就是能在生活中寻出趣味。好比喝茶，渴汉只管满口吞咽，会喝茶的人却一口一口地细啜，能领略其中风味。

（5）世间天才之所以为天才，固然由于具有伟大的创造力，而他的感受力也分外比一般人强烈。

2.“我为好书代言”活动。

在本次好书推荐活动中，你想向同学们推荐《给青年的十二封信》一书，请你为它写一个推荐语，100字左右。

3.“做新时代的读书人”主题演讲。

读书不仅是一种爱好，更是一种情怀和境界。读完朱光潜先生的这本书，你一定积累了一些阅读方法，也获得了不少思想启迪，请结合自身的阅读经历和生活实际，以“做新时代的读书人”为主题做一次演讲。

中考链接

模拟题 1

下列观点与《给青年的十二封信》的内容不相符的一项是（　　）

A. 许多闲人都能领略静中趣味，而能领略静中趣味的人，也不必定要闲。

B. 生命途程上的歧路尽管千差万别，而实际上只有一条路可走，有所取必有所舍，这是自然的道理。

C. 如果纯任理智，则美术对于生活无意义，因为离开情感，音乐只是空气的震动，图画只是涂着颜色的纸，文学只是联串起来的字。

D. 倘若基础树得不宽广，你就是“专”，也决不能专到多远路。

思维层次：识记、理解

阅读能力：快速阅读，圈点批注，积累文中的佳句，了解作品的主要内容。

命题特点及解题策略：本题为文意理解题，考查学生对整本书内容的了解，需要学生在通读全书的基础上能理解作者的观点，并对重要的句子和关键词语进行标记。

参考答案：

A

模拟题②

《给青年的十二封信》与《傅雷家书》均为书信体，且在谈论话题上有不少相同之处，请从下列选项中选择一个话题，结合两本书的内容，分别谈谈两位作者对这一话题的看法。

A.读书　　B.作文　　C.动与静　　D.情与理

思维层次：对比、理解

阅读能力：联结同类型的作品进行比较阅读，找出共性所在。

命题特点及解题策略：本试题旨在归类考查，在比较中加深学生对两本书的认识与理解，以此来促进学生在后续的阅读中学会整合、归纳、提炼。在解题时，需要学生对两本书的内容有非常清晰的认识，能围绕话题，整合材料，归纳组织。

参考答案：

我选择“B.作文”这一话题。朱光潜认为通过练习可以提升作文能力，指出学写作文还要注重写生，勤写描写文和记叙文等。简言之就是要注重积累、反复修改、不断实践。在傅雷看来，多写可以训练思想与理智，刺激头脑的敏捷性，也可以训练写作的能力与速度。写作不是无意识的天赋，而要靠后天的学习与苦功磨炼出来。

模拟题③

朱光潜在《谈动》一文中写道：“愁生于郁，解愁的方法在泄；郁由于静止，求泄的方法在动。”而在《谈静》一文中又说“大约静中比较容易见出趣味”。请问这两个观点是否矛盾？结合两文内容，阐述你的看法。

思维层次：质疑、分析

阅读能力：对比阅读，在具体的语境中辨别、分析，加深理解

命题特点及解题策略：本题在命制时特意将两个对立的话题“动”与“静”放在一起进行比较，旨在考查学生在具体的语境中对相同词语的理解和把握。解题时需要学生能通读全文，整体把握，切不可断章取义。

参考答案：

我觉得不矛盾。《谈动》一文，作者从自身经验出发，采用正反对比论证，表明“能动，能发展，能创造，便是顺从自然，便能享受快乐；不动，不发展，不创造，便是摧残生机，便不免感觉烦恼”，所以“郁由于静止”中的“静”指的是不发展、不创造。而《谈静》一文中的“静”是指心界的空灵，是一种心灵的修行，这种修养不仅使人领略趣味，对于求学处事也有极大帮助。

模拟题④

小文马上要升入初中，成绩平平的他，喜欢绘画，想就近入读初中，可是妈妈却执意让他入读本市最好最贵的私立初中。在得知该校学生竞争异常激烈时，妈妈在课余时间给他报了各类竞赛辅导班，小文苦不堪言，想跟妈妈好好谈一谈。如果你是小文，该如何说服妈妈？请结合朱光潜《谈升学和选课》一文的内容进行具体阐述，150字左右。

思维层次：综合、运用

阅读能力：精读《谈升学和选课》一文，明确本文中作者的观点，并在具体的生活情

境中运用，解决生活实际问题。

命题特点及解题策略：本题命制具有典型的情境，贴近生活，既能考查学生对名著中具体篇目内容的理解，又能考查学生在具体的生活情境中的口语交际能力。解答该类型的题目，首先要引导学生进行细致的审题，把握题干中的关键信息，而后找到题干跟名著内容的契合点，最后再组织语言进行劝说，除了内容要抓住关键外，还要注意语言的得体。

参考答案：

妈妈，我知道您想让我就读那所私立初中是为我好。可是，我想选择一个学校并不只是看重它的名气，而是看它有没有诚恳的良师和友爱的益友。我们家边上的这所学校，也有很好的老师，我的不少好朋友也选择了这所学校。我对自己的情况很清楚，您给我报的那些竞赛辅导班，我根本听不懂、消化不了。我喜欢画画，兴趣是最好的老师。相信我，我会努力学习的，先把各科的基础打好，同时坚持自己的兴趣爱好，请您相信我，好吗？

模拟题 5

孟子有言“尽信书不如无书”，阅读需要我们以平等的姿态去质疑辨析，而不是全盘接受。读完《给青年的十二封信》，你是否同意书中以下观点？请自主选择其中一个，阐述自己的观点。阐述时要运用你从本书中学会的论证方法开展论证。不少于 200 字。

【甲】书是读不尽的，就读尽也是无用，许多书没有一读的价值。（《谈读书》）

【乙】习俗的背叛者比习俗的顺从者较为难能可贵。（《谈十字街头）》

思维层次：评价、创造

阅读能力：整合文本和自己的认识或经验思考，对文中的个别观点进行辨析，并运用本文中所学会的论证方法开展论证。

命题特点及解题策略：本题旨在考查学生的质疑、评价、创造等高阶思维，需要学生在通读全文、把握文章主旨的基础上，掌握文章的写作特色，且联系生活实际进行具体分析。在答题时，学生要审读题干，明确题意，表明自己的态度，需要运用文中所出现过的对比论证、举例论证、类比论证中的某一种展开论证，并恰当地联系生活实际。

参考答案：

本题答案不唯一，需观点鲜明，能运用对比论证、举例论证、类比论证中的某一种展开论证，且论证有理，语句通顺、无错别字、病句，字数符合要求即可。

参考文献

[1] 张敏 . 比较阅读的四个层次 [N]. 语言文字报，2020-03.

[2] 林岩 .《傅雷家书》《给青年的十二封信》名著导读 [J]. 万象，2019（5）.

[3] 邓芳 . 曲径通幽　风景“读”好——《给青年的十二封信》整本书阅读教学尝试 [J]. 课程教育研究，2019（1）.

[4] 佚名 . 评《我给青年的十二封信》[J]. 青年文学家，2010（11）.

《平凡的世界》

作品推荐

作者：路遥著

出版社：北京十月文艺

出版时间：2012 年 3 月

作品梗概

《平凡的世界》是一部全景式地表现中国当代（从“文革”后期到改革开放初期近 10 年）城乡社会生活的长篇小说。全书共三部，以陕北黄土高原双水村孙、田、金三家为核心，以农民孙玉厚的两个儿子孙少平和孙少安两兄弟的命运变化为线索展开叙述。

小说一开场就是描述贫困农家出生的孙少平在县里高中上学，食不果腹的场景。在哥哥和父亲的全力支持下，孙少平艰难完成高中学业，在此期间阅读了大量的中外文学名著，结识了高干子弟田晓霞。高中毕业，他回村当民办教师，并始终保持阅读的习惯，不断进步。农村实行生产责任制后，孙少平毅然走出双水村来到黄原做揽工汉，在此过程中结识曹阳沟书记，获得成为煤矿工人的机会，并与高干子弟田晓霞恋爱。来到大牙湾煤矿后，他得师傅家照顾，后做大牙湾煤矿班长。在井下作业时为救工友重伤毁容，出院后继续回到煤矿工作。与弟弟的命运轨迹截然不同，哥哥孙少安作为孙家长子，13 岁因贫困辍学务农，担起家庭重任，18 岁当选双水村一队的生产队长，拒绝了田润叶的爱情，娶了对他一见钟情的贺秀莲。夫妇俩率先进行生产责任制改革，抓住机遇，贷款开办砖窑厂，承包砖厂，成为石圪节公社的冒尖户，出资修建双水村小学，实现了自己的人生价值。

围绕着孙少平与孙少安两兄弟的命运变化，作品还刻画了当时社会各阶层众多人物形象，他们的亲情与爱情、失败与成功、苦难与奋斗、琐碎的日常生活与巨大的社会冲突纷繁地交织在一起，深刻地展示了普通人在时代历史进程中走过的曲折道路。

思维导图

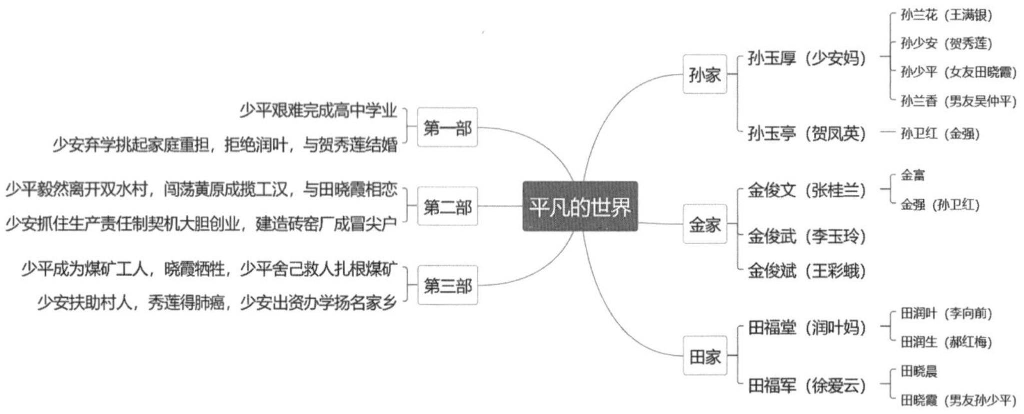

作者介绍

路遥（1949—1992），原名王卫国，中国当代著名作家。1949 年 12 月 23 日生于陕西榆林市清涧县石咀驿乡王家堡村一个贫困的农民家庭，7 岁时因为家里困难，被过继给延川县农村的伯父。他曾在延川县立中学学习，1969 年回乡务农。1973 年进入延安大学中文系学习，其间开始文学创作。大学毕业后，任《陕西文艺》（今为《延河》）编辑。1980 年发表《惊心动魄的一幕》，获得第一届全国优秀中篇小说奖；1982 年发表中篇小说《人生》，一举成名。1986 年后，推出长篇小说《平凡的世界》第一、第二部。1992 年积劳成疾，在写完《平凡的世界》第三部后不久就英年早逝。

由于路遥出身农村，他的写作素材基本来自农村生活，描写农村和城市之间发生的人和事。他始终认定自己是一个“农民血统的儿子”，是“既带着‘农村味’又带着‘城市味’的人”，他坚信“人生的最大的幸福也许在于创作的过程，而不在于那个结果”。所以他认为“只有在无比沉重的劳动中，人才活得更为充实”。他始终以深深的故乡情结和生命的沉重感去感受生活，将陕北大地作为一个沉浮在他心里的永恒的诗意象征，在审视自己、观照社会的过程中深入创作。

文学地位

《平凡的世界》是一部“具有史诗般品格的现实主义力作”。第一部首次刊发于广州《花城》杂志 1986 年 11 月第 6 期，其刊发后并未引起强烈反响，经历了一段鲜为人知的沉默期。直到 1988 年 3 月至 8 月，中央人民广播电台连续 130 天播出《平凡的世界》，这部作品才受到亿万听众的瞩目，引起了巨大的轰动。随着小说的热播，购买原著的读者也越来越多，作品一度供不应求。自此，这部长篇巨著真正走进大众视野。

1991 年，《平凡的世界》获中国第三届茅盾文学奖。中国当代著名作家陈忠实说：

"路遥获得了这个世界里数以亿计的普通人的尊重和崇拜，他沟通了这个世界的人们和地球人类的情感。"著名文学家贾平凹评价路遥："他的文学就像火一样燃出炙人的灿烂的光焰。"

2018 年 9 月，《平凡的世界》入选改革开放 40 年最具影响力小说。在调查中，受访青年选出对自己影响力大的文学作品，在 40 年灿若繁星的文学作品中，66.0% 的受访青年确认《平凡的世界》对自己影响最大，获选率排名第一。

核心价值

◎ 核心知识

（一）现实主义长篇小说

现实主义侧重如实地反映现实生活，注重对生活的观察、体验，力求使艺术描写在外观上、细节上符合实际生活的形态、面貌和逻辑，力求真实地再现典型环境中的典型人物。

20 世纪 80 年代，关于文学的众多"新的概念或理论"在中国流行，路遥不急功近利，摒弃标新立异，坚持选择现实主义创作道路，他深耕细作的扎实劳动使《平凡的世界》绽放着璀璨的现实主义光芒。作品全景展示了中国陕北农民的生活，极具黄土高原特色的民俗文化、农民与土地的联系、新旧思想的冲突、社会秩序的破与立等都在小说中有全面深刻的展现。同时，作品塑造了一大批具有现实启迪意义的人物形象，这些人物形象都可以在我们的生活中找到原型。比如以孙少平、孙少安为代表的奋斗青年形象，以孙玉厚、田福堂为代表的老一辈农民形象，以田晓霞、田润叶为代表的女性形象等，都启发着读者关照生活，深刻思考。

（二）宏大严谨的时空线索

《平凡的世界》被誉为"具有史诗般品格的现实主义力作"，巨大的时间跨度、广阔的故事空间，使得当时的社会图景在书中完整呈现。

路遥在创作的过程中，主要采用线性叙事（顺叙），讲述了我国在 1975 年至 1985 来了这 10 年间的故事，随着时间的一年年流逝，故事情节得以推动发展。在顺叙的基础上，作者兼用插叙，补充了小说的重要内容，使故事情节跌宕起伏。

小说的叙事空间主要有两个，一个是双水村，一个是黄原城。双水村是一个封闭的陕北农村，也是小说众多人物的生活"舞台"，祖国大地十年间的巨变也大部分在这个村子的变化中折射出来。黄原城是一座透露着乡土气息、不太先进但始终保持着开放姿态的城市，相对于双水村，它显得富有生机和活力。小说故事就在这样两个截然不同的空间运行着，同时通过人物活动轨迹的变化又发生着强烈的碰撞。如孙少平在农村实行生产责任制后，毅然离开双水村，来到黄原做揽工汉，来到黄原后的他似乎一直处于类似"城中村"的空间里，城市与乡村紧密相连，却始终无法融合。

这样的时空线索使得作品具有“史诗般”的广度和深度。

（三）路遥“自己的语言”

《平凡的世界》在语言上极具陕北特色，如“娃娃”“后生”等，同时它的语言平淡朴实，就如书中人物那样朴素实在。在直观的描写中展现环境、刻画人物，在平实的叙述中交代背景，同时在议论中饱含深刻的哲理。这样的语言风格很好地与小说环境、人物融为一体，这与路遥本身的生长环境和创作观念有很大关系。平淡朴实中饱含生活哲理是作品的整体语言风格，反讽手法的运用则让小说语言更加有力，更具批判性。如金俊斌对田福堂炸山修坝一事的态度，对诗人古风铃的描写等，都指向时代变革中的社会乱象，流露出作者强烈的批判精神。

语言是内容与情感的载体，细细品味这样的语言特色，值得所有读者认真学习和体悟。

◎ 核心能力

（一）提取显性信息，组合内容要点

要把长篇小说读薄、读透，提取和组合信息的能力至关重要。《平凡的世界》中的人物信息属于显性信息，为了更好地分析人物，阅读过程中应对这些显性信息进行提取和组合。例如，引导学生为主要人物制作包含家庭背景、职业、外形、性格特征、主要经历等方面的人物简历或名片，以树状图的形式梳理人物关系等。在活动中提升学生提取显性信息并组合内容要点的能力，为整本书的阅读打下良好的基础。

（二）凸显细节描写，鉴赏人物性格

《平凡的世界》中的人物形象鲜明有特色，这些鲜活的人物往往通过具体的描写刻画、恰当的环境烘托得以呈现。比如孙少平的出场就有极具特色的描写，“瘦高个的青年人”“他胳膊窝里夹着一只碗，缩着脖子在泥地里蹒跚而行。小伙子脸色黄瘦，而且两颊有点塌陷，显得鼻子像希腊人一样又高又直”；少安与润叶分手后借环境及信天游凸显内心感受等，这些细腻的笔触很好地展现了人物性格。在阅读过程中引导学生摘录、品读、比较、对照、鉴赏文本，进一步走进人物的内心世界，深入把握人物形象。

（三）品析语言风格，感受表达魅力

《平凡的世界》中的语言表达富有特色，一方面充满了浓郁的陕北风情，另一方面朴实平淡，蕴含深刻哲理，反讽有力，批判意识强烈。这样的语言风格极具路遥个人特色，在阅读的过程中通过视频音频再现、朗读、角色对话、情景再现等活动创设真实情境，加深学生的阅读体验。

◎ 核心策略

（一）比读策略

在阅读《平凡的世界》一书的过程中，可以多维度运用比读策略。纵向比读，梳理情节，把握人物发展轨迹，如梳理孙少平在县高中、双水村、黄原城、大牙湾煤矿这四个不同地点的主要经历及思想变化，在前后比较的过程中把握人物精神的发展。横向比读，小说中有许多话题值得深入探讨，比如爱情观，比如女性形象等，运用比较阅读，将田润叶、田晓霞、贺秀莲、孙兰香等女性形象进行多方面比较，能更好地读出人物个性，探究小说主题。跨文本比读，将《平凡的世界》与路遥的中篇小说《人生》进行比读，发现其异同，更好地理解作者在此类作品中传达出的深刻思考。

（二）角色体验策略

角色体验是一种表演方式，指表演者运用有意识的心理技术，去激发自己下意识的创作，即自然地融化在他所创作的人物中，正确地感受角色的一切心理状态的过程。在阅读小说的过程中也可以运用这一策略，如小说中孙少平与田晓霞的恋爱主要以书信为媒介，在田晓霞突然牺牲后，少平悲痛欲绝，此时可以孙少平的口吻给逝去的晓霞写信，回顾其恋爱经历，表达其沉痛思念的情感。在角色体验的过程中，加深学生的阅读体验，使其更好地走进小说人物的内心世界。

（三）跨界阅读策略

跨界阅读既可指突破学科边界的学科互涉阅读，亦可指突破纸质媒介的综合阅读。除了阅读原著小说之外，还可以利用影视、广播、图画等多种媒介了解作家作品，通过多种媒介的“阅读”更加深入理解作品。在阅读《平凡的世界》过程中，引导学生观看同名电视剧、话剧、连环画等，发现不同艺术形式之间串联故事情节、塑造人物形象的不同方式，感悟小说人物的美好品格。

◎ 精神文化

（一）励志的光辉楷模

《平凡的世界》共三部，逾百万字，路遥在完成创作四年后便与世长辞，去世时才43岁，创作本作品很大程度上透支了他的生命。作品光构思就花了三年时间，真正的创作过程更是艰辛无比，三部小说分别在偏僻的煤矿医院、黄土高原的偏僻小县城及榆林宾馆完成，期间贫穷、病痛、家人的不理解等种种困顿与他如影随形。但他在随笔《早晨从中午开始》中写道：“写作整个地进入狂热状态。身体几乎不存在；生命似乎就是一种纯粹的精神形式，日常生活变为机器人性质。”在阅读小说的过程中，我们时刻能感受到他凝聚在笔端的真诚与热爱，这样的情绪也时刻能感染阅读中的学生，引导其为追求理想而不懈奋斗。

（二）深刻的苦难美学

在《平凡的世界》中，苦难是主人公生活的底色，贫瘠的自然环境、落后的思想、病痛的折磨、新旧矛盾的冲突等，路遥向我们展示了种种生活的苦难，但小说主人公们并没有被现实的苦难所打倒，他们正视苦难、直面苦难，这样积极乐观的人生价值观，构成了小说深刻的苦难美学。这对于成长中的中学生来说，有极大的益处。

（三）闪亮的精神航标

《平凡的世界》塑造了一个个鲜明的人物形象，不论是立志改变贫穷现状、坚韧不拔的哥哥孙少安，还是渴望现代文明，在精神世界苦苦摸索的弟弟孙少平，都让读者从中汲取改变的力量和奋斗的勇气，是一个个闪亮的精神航标。

自主初读

阅读进程	阅读章节	阅读时间	阅读该部分感受最深的一点	阅读该部分最大的疑惑	自我评价（优、中、一般）	教师评价（优、中、一般）
进程一						
进程二						
进程三						
进程四						

任务伴读

◎ 进程一

任务推进

阅读规划	任务单	重点能力指向
范围：第一部。 时间：7 天阅读完毕。 阅读方式：速读。	1.《平凡的世界》以孙、田、金三家为中心刻画社会各阶层的众多人物，请你选择其中的一户家庭，以思维导图的形式梳理家庭成员之间的关系。 2. 在黄原推行生产责任制之前，双水村的生活时刻被贫穷笼罩，特别是孙少安一家。小说对孙家烂包的情况有许多详尽的叙写，请你摘录或圈画相关语句并写下自己的心得体会。	通过思维导图的形式梳理文本中的主要家庭关系，提高学生提取关键信息的能力；通过摘录、写心得的方式初步把握人物形象，体会小说的苦难底色。

阶段性检测

1. 下列关于孙少安或孙少平的生活经历有误的是（　　）（多选题）

A. 孙少安 6 岁开始干农活，减轻家里负担。

B. 孙少安 13 岁以全县第三名的成绩被县初中录取，却因父亲的阻止辍学。

C. 孙少安 18 岁那年，双水村二队的社员一致推选他为生产队长。

D. 孙少安在拒绝润叶的表白后，便前往柳林，而后娶了山西姑娘贺秀莲。

E. 孙少平高中时读了大量的中外文学作品，高中毕业后回村做了教师。

F. 孙少平在高中时期救了洪水中的郝红梅及在门市部偷手帕的侯玉英。

2. 苦难是《平凡的世界》这部作品不变的底色，小说中的主人公们自始至终在艰难的生活中奋力挣扎，甚至生活刚有起色，新的磨难又接踵而至。在小说第一部中，选择你欣赏的人物，结合他（她）的经历，说说你对苦难的理解。

◎ 进程二

任务推进

<table>
<tr><th>阅读规划</th><th>任务单</th><th>重点能力指向</th></tr>
<tr>
<td>范围：第二部。
时间：7 天阅读完毕。
阅读方式：速读。</td>
<td>1. 生产责任制的实行为双水村带来了改革的力量，双水村的人、事、物都在悄然改变。请你用列提纲的方式写出下列三个人物的主要经历，从中你看到了怎样的精神？有何共同点？以孙少安为例，填写完成孙少平和田福军的相关内容。
<table>
<tr><th>人物</th><th>主要事件</th><th>精神</th><th>精神共同点</th></tr>
<tr><td rowspan="3">孙少安</td><td>买牲口运砖</td><td rowspan="3">创业精神</td><td rowspan="9"></td></tr>
<tr><td>建设砖窑</td></tr>
<tr><td>被评为石圪节公社“冒尖户”，警醒自己还需放开手脚大胆发展。</td></tr>
<tr><td rowspan="3">孙少平</td><td></td><td rowspan="3"></td></tr>
<tr><td></td></tr>
<tr><td></td></tr>
<tr><td rowspan="3">田福军</td><td></td><td rowspan="3"></td></tr>
<tr><td></td></tr>
<tr><td></td></tr>
</table>
2. 孙少平的精神成长始终伴随着书籍的滋养，在成为一名煤矿工人以后，你觉得孙少平还会看书吗？他的际遇又会是怎么样的？关联前文内容，说说你的预测及理由。</td>
<td>用列提纲的方式把握主要人物的际遇变化，思考个人成长与时代变革的密切关系；通过预测故事情节，检视对前文的把握程度，提升推理判断能力。</td>
</tr>
</table>

阶段性检测

1. 双水村推行生产责任制以后，以下几人的态度各有不同，请仿照示例，写出其不同的态度。

〔示例〕孙少安——热情高涨，积极推行

孙玉亭——（　　　　　　　　）

田福堂——（　　　　　　　　）

金俊山——（　　　　　　　　）

王满银——（　　　　　　　　）

2. 小说读到第二部，我们会发现，孙少安、孙少平这对亲兄弟已经走上了完全不同的生活道路，他们在面对爱情、亲情等重大选择上也表现出了极大的不同，你更欣赏谁？结合原著内容，简述你的观点和理由。

◎ 进程三

任务推进

阅读规划	任务单	重点能力指向
范围：第三部。 时间：7 天阅读完毕。 阅读方式：速读。	1. 路遥认为一个人最大的价值在于能够“为整个社会做出贡献”，在小说第三部中，孙少安作为双水村的能人走上发家致富的道路，但他始终不忘给村里人谋幸福，请举例说明。 2. 女友晓霞救人牺牲，师父王世才意外死亡，自己为救工友毁容重伤，这一次次的巨大打击都让孙少平更深刻地感受到生活的苦难及人生的真谛。在这部小说中，孙少平有许多关于苦难、生命、爱情、责任等的深刻思考，摘录与此相关的名言警句，并写下自己的心得体会。	通过联系作者的创作理念，深入把握小说的主要情节及作者的创作意图；通过摘录、写心得的方式，深刻体会名言警句对人的精神成长的作用。

阶段性检测

1. 写出下列人物的大结局。

孙少安——（　　　　　　　）

孙少平——（　　　　　　　）

孙兰香——（　　　　　　　）

贺秀莲——（　　　　　　　）

田晓霞——（　　　　　　　）

李向前——（　　　　　　　）

田润叶——（　　　　　　　）

郝红梅——（　　　　　　　）

2. 在小说第三部中，田晓霞在洪水中为救小女孩而牺牲的情节牵动亿万读者的心，路遥在写到田晓霞去世后，曾经痛哭流涕，喃喃自语：“田晓霞死了，田晓霞死了！”并且抑制不住自己内心的哀伤之情，打电话把远在外地的弟弟叫到跟前，只是告诉他这样一件事情：“田晓霞死了，田晓霞死了！”他是如此钟爱自己笔下的这个人物，以至于为这个美丽生命的消逝而情不自禁地洒下悲伤的泪水。对于这样的情节设置，你如何看待？

◎ 进程四

任务推进

阅读规划	任务单	重点能力指向
范围：有关孙少安及孙少平的主要章节。 时间：7 天阅读完毕。 阅读方式：跳读。	1. 为了更深刻地理解人物形象，感受平凡世界中的不平凡，体会作品赞扬奋斗者不屈精神的主题，梳理孙少平或孙少安的人生经历，以时间（或地点）为线索，用思维导图或列提纲的形式来呈现。	通过跳读的方式梳理主要人物的人生经历，引导学生在完整的故事情节发展中深入把握人物形象；通过情境创设，引导学生进行角色体验，在对话中高度把握人物的主要性格特征，提炼精神特质，提高思辨及表达能力。

续表

阅读规划	任务单	重点能力指向
	2. 电视剧《平凡的世界》发布会现场请到了两位主人公——孙少平的饰演者袁弘及孙少安的饰演者王雷。当记者问他们“作品中的两位人物身上哪一点最打动他们”时，你觉得他们会如何回答？  	

阶段性检测

1. 矛盾冲突在小说中的主要表现类型有人的自我挣扎、人与人之间的冲突、人与社会的抗争（例如习俗与成见）、人与自然的矛盾等。在矛盾冲突中，人物形象得以立体鲜明。请从以下备选人物中选择一人，分析作者如何在矛盾冲突中塑造人物形象。

A. 孙少平　　B. 孙少安　　C. 田润叶　　D. 孙玉厚　　E. 郝红梅

2. 小路的班级正在进行好书推荐活动，小路想把《平凡的世界》这本书推荐给大家，请你帮他写一则推荐语。

课型推进

◎ 阅读课规划

教学阶段	主要内容	教学资源	设计意图
导读课	1. 了解作者及作品。 2. 用思维导图的方式了解小说的主要人物及人物关系、主要事件，整体上把握作品的主要内容。 3. 品读中把握作品的语言风格。	章节阅读、思维导图	交流阅读体验，丰富初步感受；学习用思维导图策略把握小说的主要人物和事件；在品读中体会作品平淡朴实又意蕴深刻的语言风格。
推进课	多维度运用比读策略，把握人物发展轨迹，读出人物个性，探究小说主题。	思维导图、章节阅读	比较阅读，在比较分析中深入思考作品的深意。
成果分享课	1. 将小说中的名言警句做摘录，写体会，班级内分享。 2. 举行课本剧表演。	学生笔记、课本剧表演	整合阅读成果，交流分享。

这是一个平凡的世界

——《平凡的世界》导读课

【教学目标】

1. 图片激趣，了解作家作品；

2. 巧用思维导图，梳理人物关系及主要事件，把握作品的主要内容；

3. 品读辨析，把握小说的语言特色。

【教学重点】

1. 巧用思维导图，梳理人物关系及主要事件，把握作品的主要内容；

2. 品读辨析，把握小说的语言特色。

【教学难点】

巧用思维导图，梳理人物关系及主要事件，把握作品的主要内容。

【课时安排】

1 课时

【教学过程】

一、导入

看图猜地域

〔示例〕馍、黄土高原、窑洞，这就是故事发生的环境，在当时落后、贫穷的陕北大地。

要读懂一部小说，了解作者至关重要，接下来我们就一起去了解《平凡的世界》作者路遥。

二、了解作品内容，绘制人物关系图

PPT 呈现：路遥的人生经历。

PPT 呈现：作品创作背景。

探究 1：作家经历与作品内容之间的关系

〔示例〕路遥出身农村，他的写作素材基本来自农村生活，他始终认定自己“是一个农民血统的儿子”，是“既带着‘农村味’又带着‘城市味’的人”，他坚信“人生的最大的幸福也许在于创作的过程，而不在于那个结果”。所以他认为“只有在无比沉重的劳动中，人才活得更为充实”。他始终以深深纠缠的故乡情结和生命的沉重感去感受生活，将陕北大地作为一个沉浮在他心里的永恒的诗意象征，每当他的创作进入低谷时，他都是一个人独自去陕北故乡的“毛乌素沙漠”，在那里审视自己，观照社会。

《平凡的世界》既是路遥的作品，也是路遥自己的生活，正如在小说扉页上他写的那样：“谨以此书献给我生活过的土地和岁月。”

探究 2：绘制人物关系图

作为一部具有史诗般品格的长篇小说，涉及人物 100 多个，理清人物之间的关系有助于我们更好地把握小说的主要内容。下面我们就借助思维导图中的人物关系图来理清主要人物之间的关系。

1. 老师展示设计好的家族式人物关系图，引导学生发现制图规律。

2. 以小组为单位，设计家族式人物关系图。

3. 展示学生作品。

三、《平凡的世界》中的语言风格

探究 1：朴素平淡，饱含哲理

（1）评价作者对苦难场景的描写。

（2）评价小说中人物描写。

（3）评价小说中的议论性语言。

〔示例〕直观地展示，真实地描写穷苦的生活环境，不需要过多的修饰，这就是赤裸裸的贫穷。朴素实在的语言描写与人物个性融为一体，让读者在第一时间就能准确把握人物形象。在这些语言中，人物性格得以凸显，善良的、懦弱的、矛盾的、率真的，直截了当的语言还刻画了不同背景、性格的人物。《平凡的世界》作为一部小说，作者并没有把自己完全隐藏在文字背后，通过大量议论性的话语，我们得以见到作者的态度、观点及深刻的哲思。

探究 2：反讽背后的深刻批判

（1）阅读田福堂、孙玉亭炸山修坝的相关语段。

（2）阅读对诗人古风铃的相关描写。

〔示例〕反讽的运用往往会产生一种幽默的效果，但这种幽默并非单纯的滑稽，而是让人感到啼笑皆非的荒诞，更能让读者陷入沉思。

四、结束语

通过本堂课的学习，我们了解了作家路遥，了解了《平凡的世界》的创作背景及历程，同时运用绘制思维导图的方式理清了人物关系，在品读赏析中体会到了作品的语言艺术，为我们接下来的深入阅读打下了基础。希望同学们课后再根据任务单要求，深入阅读作品的相关章节，争取有更大的阅读收获。

附:《平凡的世界》导读课资料

一、路遥的人生经历

路遥（1949—1992），中国当代作家	
1949 年 12 月 23 日	生于陕西贫困的农民家庭。
1956 年（7 岁）	过继给延川县农村的伯父。
1969 年	回乡务农。
1973 年	进入延安大学中文系学习，开始文学创作。
1980 年	发表《惊心动魄的一幕》，获得第一届全国优秀中篇小说奖。
1982 年	发表中篇小说《人生》，一举成名。
1988 年 5 月 2 日	完成百万巨著《平凡的世界》全部创作。

二、《平凡的世界》创作背景

20 世纪 80 年代中后期，各种文学新思潮风起云涌，现代派、意识流等文学观念风靡一时，传统现实主义创作却受到“冷落”。路遥三年准备、三年创作，呕心沥血，完成现实主义长篇小说《平凡的世界》。

他的准备工作主要为三个方面，一是大量阅读古今中外的优秀文学作品，包括 19 世纪经典作品、第二次世界大战前后的现代主义作品。他列了一个近百部长篇小说的阅读书目。这些书，有的是重读，有的是新读；有的要细读，有的仅粗读。除了文学名著外，“路遥还阅读了其他杂书，理论、政治、哲学、经济、历史和宗教著作等等。还有一些农业、商业、工业、科技的专门著作，包括大量搜罗许多知识性小册子，诸如养鱼、养蜂、施肥、税务、财务、气象、历法、造林、土壤改造、风俗、民俗、UFO（不明飞行物）等等”，由此可以看出，路遥为他的巨著创作积攒了丰富的素材。二是他花了很多时间到学校、工矿、企业、机关单位走访，奔波于社会各阶层体验生活。三是认真了解他作品中涉及的 1975 年至 1985 年十年间中国的城乡社会生活。他找来了这一时期的各种报纸开始认真阅读，并随时记录，翻到最后手指头都翻烂了，只得缠上胶布再翻。

第一部初稿的写作是在一个偏僻的煤矿医院开始的，从他的创作随笔《早晨从中午开始》可以看到他对文学事业执着的信心和付出的代价：“写作整个地进入狂热状态。身体几乎不存在；生命似乎就是一种纯粹的精神形式，日常生活变为机器人性质。”第二部初稿的写作是在黄土高原腹地一个偏僻小县城进行的，因为生活没有规律，路遥身体严重透支，最后病倒了。后来吃了百余副汤药，身体才略有恢复，他依靠一股精神力量，继续写作。第三部的初稿在榆林宾馆进行。1988 年 5 月 25 日，路遥终于完成了《平凡的世界》的全部创作。从 1982 年开始执笔到 1988 年 5 月 25 日创作结束，整整经过了六年的时间。在这六年中，忍受着身体的病痛与折磨，呕心沥血完成小说的创作，完稿后不久，就因肝硬化去世了。所以，《平凡的世界》不仅是路遥用笔书写的，更是用生命创作出来的作品。

三、《平凡的世界》相关语段

（一）

缺吃少穿是普遍现象。有些十七八岁的大姑娘，衣服都不能遮住羞丑。一些很容易治愈的常见病长期折磨着人；严重一些的病人就睡在不铺席片的光土炕上等死。晚上很少有点起灯的家户；天一黑，人们就封门闭户睡了觉……没有什么人洗脸，更不要说其他方面的卫生条件了。大部分人家除过一点维持活命的东西外，几乎都一贫如洗。有的家户穷得连盐都吃不起，就在厕所的墙根下扫些观音土调进饭里。

（二）

她买回来一堆饭菜，摆了一大桌子。

少安说："买得太多了，别说咱们两个人，就是四五个人也吃不完。"

"我已经吃过了，这都是你一个人的！"润叶坐在他旁边说。

"啊？"少安惊讶地看着她，说，"这……"

"不要紧，吃不完剩下算了。你快吃！现在已经过了中午，你肯定饿了。"

他刚开始吃饭，润叶又站起来，说："噢，我忘了给你买点酒！"

他赶忙说："我不会喝酒！你快坐下，也吃一点。"

润叶坐在他身边，没有动筷子，只是亲切地看着他吃。

（三）

田润叶坐在这河岸上，望着春日里东去的流水。她想起去年的现在，是她和少安两个人坐在这地方。她当时心儿是怎样嘣嘣地欢跳啊！可是一年以后的今天，她一个人坐在这里，胸膛里像装着一块冻冰。抬头望，桃花依然红，柳丝照旧绿；低头看，青草又发芽，水流还向东。可是，景似去年景，心如冰火再不同！她耳边依稀又听见了那缠绵的信天游从远山飘来：

正月里冻冰呀立春消，
二月里鱼儿水上漂，
水呀上漂来想起我的哥！
想起我的哥哥，
想起我的哥哥，
想起我的哥哥呀你等一等我……

两行泪水再一次从她的眼睛里涌出来了。此时没有人唱这歌，但是她听见了。哥哥，亲爱的少安哥！你为什么不等一等我？

（四）

……亲爱的妹妹，关于你，说心里话，是出乎我意料的。因为我原来对你不抱什么大的希望。……而且我从你的来信中，看出你已经对人生在较高的层次上有了觉悟。这使我非常激动！我感到，人的一生总该有个觉悟时期（当然也有人终生不悟）。但这个觉悟时期的早晚，对我们的一生将起决定性的作用。实际上就是说我们应该做什么人，选择什么样的人生道路。

我们出生于贫困的农民家庭——永远不要鄙薄我们的出身，他给我们带来的好处将一生受用不尽；但我们一定又要从我们出生的局限中解脱出来，从意识上彻底背叛农民的狭隘性，追求更高的生活意义。

（五）

一九七七年秋冬之间经过那场风波在哭咽河上修起的大坝，已经被山洪从中央豁开一个大缺口，完全垮掉了。……大坝落成后，孙玉亭曾出主意在坝面上用镢头雕刻了毛主席的两句诗词：高峡出平湖，神女应无恙。玉亭当时解释说，刻这两句诗最恰当，因为大坝旁边的神仙山就是神女变的。现在，烂坝大豁口的两边，只剩下了“高峡”和“无恙”四个字，似乎是专门留下来嘲笑福堂和玉亭的。

（六）

古风铃名不虚传，高高的个子，一头长发披到肩头，白净的脸上围了一圈炭黑的络腮帮胡，两只眼睛流动着少年般的光波。上身是棕红色皮夹克，下身是十分紧巴的牛仔裤；裤膝盖磨白处，用钢笔横七竖八写着一些令人莫名其妙的话，几乎把裤子变成了草稿纸。不看他的诗，光看人就知道他绝非凡俗之辈。

由于事先就出了布告，听讲者拥满了整个剧院。尽管大部分人几乎没有听懂古风铃一上午说了些什么，但所有听讲的文学青年都对这个人佩服得五体投地。

【配套练习】

1.《平凡的世界》是中国当代作家______创作的一部________小说，全书共_____部，全景式地表现了中国当代城乡社会生活。1991 年 3 月，《平凡的世界》获中国________（奖项）。

2. 小说以 1975 年至 1985 年间的农村变革为背景，以_______和______两兄弟为中心，反映了当时社会各阶层众多普通人的生活：劳动与爱情、挫折与追求、痛苦与欢乐、日常生活与巨大社会冲突交织在一起。

3.《平凡的世界》塑造了许多个性鲜明、富有启迪意义的人物形象：如勇于承担家庭重担，心系家人、村人，敢于创新进取的人生强者_______；敢于走出双水村闯荡世界，在精神世界苦苦索求的_______；大胆追求爱情，但最终没能和心爱之人结婚的______；性格开朗、思想前卫、充满人生理想的_______；勤劳勇敢、对丈夫不离不弃，结果身患癌症离世的_______；心系百姓、为民请命的好干部________等。

4. 回顾孙少平的创业历程：他的第一桶金是________挣到的，此后他开办了村里第一个________厂，扩大再生产后因经营不善倒闭，再次贷款后继续轰轰烈烈创业，承办大砖窑厂，最后他为村里做的大事情是__________。

5. 小说中，孙少平救过很多人，在县里高中念书时救过________、________，在黄原揽工干活时救过________，在矿井工作时救过工友，还因此毁容。

6. 平凡的人生，各有各的不幸，请选择其中的一个人物，结合作品内容简要说说他（她）的不幸。

7. 请为《平凡的世界》选择一个主题词，结合小说内容，简述你的理由。

A. 苦难　B. 成长　C. 命运　D. 抉择

那一群不平凡的人

——《平凡的世界》推进课

【教学目标】

1. 纵向比读，梳理情节，把握人物命运轨迹，探究其精神发展史；

2. 横向比读，读出人物个性，探究小说主题。

【教学重点】

1. 纵向比读，梳理情节，把握人物命运轨迹，探究其精神发展史；

2. 横向比读，读出人物个性，探究小说主题。

【教学难点】

把握人物命运轨迹，读出人物个性，探究小说主题。

【课时安排】

1 课时

【教学过程】

一、了解比读策略

比较阅读，在阅读过程中将其有关内容不断进行比较、对照和鉴别，这样既可以开阔眼界、活跃思想，使认识更加充分、深刻，又可以看到差别，把握特点，提高鉴赏力。简单说来就是将两种或多种材料对照阅读，分析其相同点和不同点的一种阅读方法。

《平凡的世界》是一部百万字的长篇巨著，多维度运用比读策略，例如，纵向比读、横向比读等，在比读中更好地把握作品内容，理解人物形象，探究作品主旨。

二、纵向比读——追寻理想的心路历程

在小说中，社会的变革深深地影响着农村人的生活，在这样的巨变中，很多人对理想、对生活有着新的思考。

1. 选择你喜欢的人物，根据表格提示，梳理关于他（她）的相关内容。

人物	主要经历 / 事件	他的选择	思想发展历程

2. 分析该人物做出此选择的原因。

主观原因：

客观原因：

3. 谈谈你的看法。

〔示例〕以孙少平为例。

人物	主要经历 / 事件	思想发展历程
孙少平	上高中时贫穷、失恋。	自卑。
	结识田晓霞，开始大量阅读各类书籍。	视野逐渐开阔，开始向往更大的世界。
	高中毕业回双水村教书，始终保持阅读的习惯。	有为家人分担的意愿和责任感，但内心始终有着对更广大世界的向往。
	离开双水村，到黄原做揽工汉。	在“留下来”和“走出去”之间，他痛苦而坚定地选择了后者。
	在黄原与田晓霞重遇，两人情感升温；在做工期间救下小翠。	与晓霞的重逢让他高兴万分，救小翠又让他陷入迷茫和痛苦。
	在曹阳沟书记的帮助下落户曹阳沟，后来到铜城，成为大牙湾煤矿的一名工人。	人生踏上新的旅途，感觉找到了人生的意义和价值。
	晓霞在洪水中救人牺牲，少平痛苦不已。	再一次思考苦难的意义和人生的价值。
	为救工友，受伤毁容，伤愈后回到大牙湾煤矿。	接受现实，回归平凡的现实生活。

分析：在孙少平的成长历程中，他有两次重大选择，一是离开双水村出走黄原城，二是拒绝省城已经安排好的工作回到大牙湾煤矿。一个是“毅然出走”，另一个是“坚定留下”。原因分析如下表：

毅然出走		坚定留下	
主观原因	客观原因	主观原因	客观原因
高中学习生活让他看到了更广阔的世界。	社会变革给闭塞的双水村带来了新的机遇、新的思想。	受伤毁容，让他的内心产生自卑、敏感情绪。	晓霞离世。
爱读书，眼界日渐开阔，思想愈加成熟。	父亲开明，同意他外出。	大牙湾煤矿是他新生活的起点，他在那里找到了工作的意义和价值。	省城的工作由吴仲平（兰香的男友）家里安排。
结识田晓霞，成为他的“精神导师”。	家中重担有哥哥支撑，他走得放心。	……	师父王世才离世，惠英嫂一家需要他的照顾。
苦难磨砺了他的身体与意志。	……	……	……

续表

毅然出走		坚定留下	
他具备许多优秀的品质，能够抓住机遇，挑战自我。	……	……	……

三、横向比读——爱情的模样

在《平凡的世界》中，对爱情的描写占据了重要的地位，作者笔下的爱情，有时纯真浪漫，有时沉重痛苦，有时平平淡淡、不离不弃，透过对爱情的描写，我们可以理解作者对爱情的态度，对人生的思考。下面我们通过比较阅读，来深入探讨小说中的爱情话题，探寻爱情的真正模样。

1. 梳理作品，思考影响爱情的因素。

人物	出身	家庭环境	受教育程度	职业	结婚缘由	婚后生活	……	……

2. 探寻小说中影响爱情的原因。

可结合表格内容或自己感想谈看法。

3. 说说你的看法。

你喜欢小说中的哪个爱情故事，简述你的理由。

〔示例〕以孙少平、田润叶、贺秀莲为例进行探究。

人物	出身	家庭环境	受教育程度	职业	结婚缘由	婚后生活	……
孙少安	贫苦农民	贫困农村家庭	小学毕业	农民、农民企业家	他需要一个身体好、不怕穷苦、不要彩礼的媳妇	甜蜜幸福、脱贫致富	
田润叶	干部	干部家庭	黄原师专毕业（高中）	教师、公务员	为了二爸的职场关系而和李向前结婚	陷入了痛苦的深渊	
贺秀莲	农民	较为富裕的农村家庭	小学毕业	家庭妇女	对孙少安一见钟情	美满幸福，成为少安的贤内助	

分析比较两段恋情：

孙少安与田润叶爱情的破灭	孙少安与贺秀莲爱情的成功
两人身份地位悬殊，即使润叶愿意一辈子和少安好，少安也没有勇气接受青梅竹马的润叶的爱。	少安和秀莲同是农民家庭出身，差距较小，对少安来说比较合适。
受教育水平不同，精神追求不同。	同是小学毕业，精神追求没有很大差距。
少安思想观念传统保守，有较强的门第观念。	秀莲对少安一见钟情，她对爱情有超越世俗的看法，对少安全情付出。
旁人狭隘的世俗观念造成了巨大的舆论压力，且家人反对。	大家都觉得两人非常合适，且家人都很支持。
……	……

四、结束语

同学们，在长篇小说的阅读过程中，运用比读策略，在比较、对照、分析中更好地走进人物内心，更好地理解作品内涵。

【配套练习】

孙少平与孙少安是小说的两位主人公，两人是小说中奋斗一代的青年代表，试比较两人形象的异同，写成一篇心得。题目自拟，字数不少于400字。

穿越时空的演绎

——《平凡的世界》成果分享课

【教学目标】

1. 通过课本剧表演，让学生深入作品，体会作品的精妙之处，激发学生再次阅读的兴趣，并从中获得新的体会；

2. 通过学生谈创作收获，细品作品中的名言警句，引导学生深入阅读。

【教学重点与难点】

通过课本剧表演，让学生深入作品，细品名言警句，体会作品的精妙之处。

【课时安排】

1课时

【教学过程】

一、前期准备

（1）分组，将全班分为4个表演组、1个评委组和2位主持人，每组各选一名组长。

（2）表演组选取小说中的经典片段改编成课本剧并排练，组长组织协调。

（3）评委组制订评价细则。

评分项目	评分标准		得分
剧本改编	忠于原著，情节相对完整。	10	
	对话精炼，能突出人物性格。	10	
	有创新，有突破。	10	
表演效果	表演大方，感情流露自然得体。	20	
	语言流畅，富有戏剧性。	20	
	服装道具能辅助展现故事内容。	10	
	有感染力，观众反映好。	10	
其他		10	
总分			

（4）主持人负责撰写主持稿。

要求：开场白、串词、结束语的编写一定要符合今天的课本剧表演主题，串词部分要留意各小组的表演内容，可根据一定的要求进行表演的排序。

二、班级公演

三、评委组打分、点评

四、颁奖

五、学生谈创作收获

《平凡的世界》成为几代人的青春记忆，其中许多的名言警句时时启迪着人心，生发着智慧。同学们，在创作过程中有令你印象深刻的语句吗？说说你对这句话的理解。

【名言警句集锦】

1. 只要是有人的地方，世界就不是冰冷的。

2. 即使没有月亮，心中也是一片皎洁。

3. 人的一生中关键的就那么几步，特别是在年轻的时候。

4. 活着，就要时刻准备承受磨难！

5. 生活永远是美好的，人的痛苦却时时在发生。

6. 真正的爱情不是利己的，而应该是利他的。

7. 只有用无尽的泪水，来祭奠他那永不复归的青春之恋。

六、小结

同学们，阅读经典，演绎经典，为我们的人生注入能量与活力。经典常读常新，愿同学们在《平凡的世界》不断遇见不凡的自己。

附：《平凡的世界》成果分享课相关资料

课本剧改编相关要求：

1. 空间和时间要高度集中。

剧本不像小说、散文那样可以不受时间和空间的限制，它要求时间、人物、情节、场景高度集中在舞台范围内。小小的舞台上，几个人的表演就可以代表千军万马，走几圈就可以表现出跨过了万水千山，变换一个场景和人物，就可以说明到了一个全新的地方或相隔多少年之后…… 相隔千万里，跨越若干年，都可通过幕、场变换集中在舞台上展现。

剧本中通常用“幕”和“场”来表示段落和情节。“幕”指情节发展的一个大段落。“一幕”可分为几场，“一场”指一幕中发生空间变换或时间隔开的情节。剧本一般要求篇幅不能太长，人物不能太多，场景也不能过多地转换。初学者可以改编短小的课本剧，最好是写成精短的独幕剧。

2. 反映现实生活的矛盾要尖锐突出。

各种文学作品都要表现社会的矛盾冲突，而戏剧则要求在有限的空间和时间里反映的矛盾冲突更加尖锐突出。因为戏剧这种文学形式是为了集中反映现实生活中的矛盾冲突而产生的，所以说，没有矛盾冲突就没有戏剧。又因为剧本受篇幅和演出时间的限制，所以剧情中反映的现实生活必须凝缩在适合舞台演出的矛盾冲突中。

剧本中的矛盾冲突大体分为发生、发展、高潮和结尾四部分。演出从矛盾发生时就应吸引观众，矛盾冲突发展到最激烈的时候称为高潮，这时的剧情也最吸引观众，最扣人心弦。高潮部分也是编写剧本和舞台演出的“重头戏”，是最“要劲”、最需要下功夫之处。

3. 剧本的语言要表现人物性格

剧本的语言包括台词和舞台说明两个方面。

剧本的语言主要是台词。台词，就是剧中人物所说的话，包括对话、独白、旁白。独白是剧中人物独自抒发个人情感和愿望时说的话；旁白是剧中某个角色背着台上其他剧中人，从旁侧对观众说的话。剧本主要是通过台词推动情节发展，表现人物性格。因此，台词语言要求能充分地表现人物的性格、身份和思想感情，要通俗自然、简练明确，要口语化，要适合舞台表演。

舞台说明，又叫舞台提示，是剧本语言不可缺少的一部分，是剧本里的一些说明性文字。舞台说明包括剧中人物表，剧情发生的时间、地点、服装、道具、布景，以及人物的表情、动作、上下场等。这些说明对刻画人物性格和推动、展开戏剧情节有一定的作用。这部分语言要求写得简练、扼要、明确。这部分内容一般出现在每一幕（场）的开端。结尾和对话中间，一般用括号（方括号或圆括号）括起来。

【配套练习】

在八年级下册第三单元中，我们学习了如何写作读后感，围绕着《平凡的世界》这部小说，写读后感，不少于500字。

提示:（1）可以针对这部名著的整体或其中某一章节或片段来写。

（2）适当引述，引述时与原文保持一致。

（3）写出自己独特的感受，力求新颖，要求联系个人生活体验，但不能天马行空。

中考链接

真题 1

原题呈现（2019年湖南衡阳卷）

1.《平凡的世界》是一部以黄土高原为背景，全景式地表现20世纪七八十年代中国城乡社会生活的长篇小说，是________（作者）的代表作，获第三届________文学奖。

2. 关于这部小说，下列表述不正确的一项是（　　）

A. 小说以陕北黄土高原双水村村民的命运为中心，深刻展示了普通人在大时代历史进程中所走过的艰难曲折的道路。

B.1979年党的十一届三中全会后，孙少安领导生产队推广责任制，并成了公社的“冒尖户”。

C. 孙少平因不懂技术，办砖窑蒙受了巨大损失。

D. 田晓霞从师专毕业后到省报当了记者，在抗洪采访中为抢救灾民光荣献身。

思维层次：识记、了解

阅读能力：本题考查名著的基础知识及小说的主要情节。

命题特点及解题策略：《平凡的世界》属于推荐性阅读书目，本题主要关注文学常识及故事情节，解题策略重在对文学常识的记忆及故事情节的把握。

参考答案：

1. 路遥；茅盾

2.C（小说中是孙少安因不懂技术，办砖窑蒙受了巨大损失。）

真题❷

原题呈现（2019年浙江温州卷）

《西游记》中，孙悟空对唐僧说“两不相谢，彼此皆扶持也”。下列小说人物“彼此扶持”走到“圆满”的一组是（　　）

A. 宋江和公孙胜（《水浒传》）

B. 保尔和谢廖沙（《钢铁是怎样炼成的》）

C. 孙少平和田晓霞（《平凡的世界》）

D. 简·爱和罗切斯特（《简·爱》）

思维层次：了解、勾连、比较

阅读能力：本题主要考查对名著情节内容的整体把握。

命题特点及解题策略：本题侧重考察在理解“彼此扶持”这一词语意义上的作品情节比较，解题的策略重在对作品故事情节的完整把握。

参考答案：

D

真题❸

原题呈现（2020年浙江衢州卷）

从下列选项中任选一个，分析作品中矛盾冲突对刻画人物的作用。

A. 梁生宝（《创业史》）

B. 孙少平（《平凡的世界》）

C. 简·爱（《简·爱》）

D. 祥子（《骆驼祥子》）

思维层次：分析、整合

阅读能力：对作品中的人物形象有整体深入的把握，并且明白如何在矛盾冲突中塑造人物形象。

命题特点及解题策略：本题侧重考查学生对小说矛盾冲突的理解，完成此题，需要在对小说内容充分熟悉的基础上，梳理出矛盾冲突，然后通过分析人物在人与人、人与环境、人物内心的矛盾冲突中的表现，并与其他人进行比较，最后形成对人物客观深入的评价。

参考答案：

示例 1

梁生宝

①梁生宝与父亲梁三老汉、郭振山等人有矛盾冲突。如梁生宝组织互助组创业得到贫农的拥护，郭振山处处打击、污蔑梁生宝，但不能动摇梁生宝组织互助组创业的信心和决心。在斗争中，梁生宝逐渐走向成熟，成为执着追求、公而忘私的人。

②梁生宝渴望通过创业改变贫穷的生活，旧社会中，苦难的环境及父辈保守狭隘的思想，激发他改变现状的强烈愿望。新社会的机遇给予他创业的新思路，由个体创业走向集体创业，带领贫困户创业成功，成为有责任、有胸襟、有魄力的人。

③梁生宝的内心冲突体现在事业和情感的心理斗争上。他喜欢徐改霞，但对她不安心待在农村感到不满，最终他放弃了这段感情，一心扑在互助组的事业上，成为执着追求、公而忘私的人。

［示例 2］

孙少平

①孙少平与家人、郝红梅、田晓霞等人有矛盾冲突。如他的家人让他留在家乡，他却向往着外面的世界，在一次次亲情与理想的冲突中，更凸显了他对理想的执着追求。孙少平渴望外面的世界，有高尚的精神追求；而贫穷的家乡、保守的思想让他无法实现。苦难的生活让他自卑，使他不敢接受田晓霞的爱。恶劣的环境折磨着他，生活次次打击他，而也正是这样的环境，铸就了他刚毅坚强的性格。

②孙少平的内心冲突体现在自卑与自尊的内心斗争上。如他和田晓霞的爱情，他爱慕着田晓霞，但是内心的自卑使他起初不敢接受田晓霞的爱。同时他的自尊激励他不断向上，在自尊与自卑的交织中成为一个坚强刚毅的人。

［示例 3］

简·爱

①简·爱与舅妈、表哥、罗切斯特等人有矛盾冲突。如她反抗着舅妈、表哥、校长等人的欺负，体现了她从小就有追求平等的思想，这也是她成年后能独立自主的思想基础。

②简·爱渴望自由独立的生活，这与压抑、备受欺凌的环境有矛盾冲突。如她从小被寄养在舅妈家，经常受表哥、舅妈等人的欺负，在备受欺凌的环境中，养成了坚韧的性格，促使她成为自由、独立、追求平等的女性。

③简·爱的内心冲突体现在自尊与自卑的心理斗争上。如自尊使她不被人左右，有自己的思想；自卑使她最初不敢接受罗切斯特的爱情。在内心矛盾的不断冲突中，她不断成长，最终成长为一个追求

自由、平等和独立的女性。

［示例 4］

祥子

①祥子与孙侦探、刘四爷、虎妞等人有矛盾冲突。如祥子辛苦攒钱买的车被大兵抢走，后又被孙侦探敲诈，但他不敢反抗。在买车的梦想一次次破灭后，他逐渐失去了生活的斗志，最终成为一个自暴自弃的人。

②祥子想凭自己的力气过上好的生活，渴望有自己的车，但他生活在一个兵荒马乱、匪徒横行的环境中，他的希望一次又一次地破灭，最终被这个社会所淹没，变成一具行尸走肉。

③祥子的内心冲突体现在奋斗与妥协的心理斗争上。他从农村到城市谋生，想凭自己的力气过上好的生活。但在希望一次次地破灭后，他最终选择了妥协，由最初的老实、坚韧、充满希望变为麻木、狡猾、自暴自弃的祥子。

真题④

原题呈现（2020 年四川松州卷）

假如《海底两万里》中的尼摩船长准备再次出发，下列哪个文学形象最有可能和他一起去探索海底世界？请结合该文学形象的性格和经历，简述理由。

A. 白龙马（《西游记》）　　B. 简·爱（《简·爱》）

C. 孙少平（《平凡的世界》）　　D. 格列佛（《格列佛游记》）

思维层次：分析、关联、比较

阅读能力：对作品中的人物形象有整体深入的把握，并且能够相互关联。

命题特点及解题策略：本题考查名著内容及人物形象。学生需要在熟悉《海底两万里》探险的情境中，把握选项中四位主人公的主要性格特征，进行关联比较，根据文章内容、故事情节、人物描写等内容整体深入把握人物形象。

参考答案：

［示例 1］我选白龙马。作为西海龙王三太子，对海洋很熟悉；化身白马，不辞辛劳跟随唐僧去西天取经；为救唐僧变作宫女，独自勇敢无畏地刺杀黄袍怪。

［示例 2］我选简·爱。她是个自尊独立的女性，不依附于人，当发现心上人已婚后，毅然选择离开；她适应能力强，经历舅妈家的欺辱、洛伍德学校的折磨，依然顽强坚定地生活着；她敢于闯荡，不满学校毫无生气的生活，就决定离开去应聘家庭教师。

［示例 3］我选孙少平。他有冒险精神，年少时怀揣梦想，离开家乡去闯荡；能吃苦耐劳，只身前往黄原城揽活做苦力，脊背被压烂也不退缩；不怕危险，发生矿难时，勇敢地救下了自己的徒弟；煤矿出现用工难题，他组织工友想对策，机智地解决了问题，说明他有较强的组织能力。

［示例 4］我选格列佛。他从小就有航海梦想，努力学习航海知识；担任过船长，喜欢冒险，有丰富的航海经验，多次乘船远航；有很强的野外生存能力，曾在荒岛上靠生吃牡蛎和帽贝渡过难关。

真题⑤

原题呈现（2020年浙江宁波卷）

根据下面的提示，从备选人物中任选一个，用他（她）的经历印证诗句。

诗句		备选人物
一片树林里分出两条路， 而我选择了人迹更少的一条， 从此决定了我一生的道路。	诗句让你想到谁 → ← 用他的经历印证诗句	A. 简·爱（《简·爱》） B. 刘思扬（《红岩》） C. 孙少平（《平凡的世界》）

思维层次：关联、整合、比较

阅读能力：对诗歌内涵有准确把握，对名著中的人物形象有深刻理解并能相互关联。

命题特点及解题策略：本题将外国诗歌与名著融合考查，答题时要注意在理解诗歌的基础上充分结合名著相关人物的主要经历及性格特征，深入理解把握人物形象，从而做出判断并具体分析。

参考答案：

［示例1］这句诗让我想到了简·爱。她小时候寄养在舅妈家，有一次与表哥发生冲突时，原本逆来顺受的她选择了反抗，和表哥扭打，并指责护短的舅妈，这是她捍卫独立人格的起点。

［示例2］这句诗让我想到了刘思扬。他被捕入狱后，面对要么登报悔过，要么在狱中受尽折磨的选择，毫不犹豫地选择了后者，最终成长为一名坚定的无产阶级革命战士。

［示例3］这句诗让我想到了孙少平。他渴望独立地寻找自己的生活，宁愿选择去黄原当一个揽工小子，也不愿意留在农村和他的哥哥一起办砖窑，从此开启了他自尊自强、奋斗拼搏的人生之旅。

参考文献

[1] 佚名.《平凡的世界》为何对当代青年影响这么大[N]. 人民日报，2018-12-12.

《名人传》

推荐版本

作者：[法]罗曼·罗兰著，傅雷译

出版社：人民文学出版社

出版时间：2018年6月

作品梗概

《名人传》，又称《巨人三传》，它包括《贝多芬传》《米开朗琪罗传》《托尔斯泰传》三部“英雄传记”。传记里的三个主角，一个是伟大的音乐家——贝多芬，一个是著名的雕塑家兼画家——米开朗琪罗，一个是影响深远的小说家——托尔斯泰。他们在人生忧患困顿的征途上，为寻求真理和正义，为创造能表现真、善、美的不朽杰作，献出了毕生精力。

《贝多芬传》：贝多芬出生于贫寒的家庭，父亲是歌剧演员，性格粗鲁，爱酗酒，母亲是个女仆。贝多芬本人相貌丑陋，童年和少年时代生活困苦，还经常受到父亲的打骂。贝多芬11岁加入戏院乐队，13岁当大风琴手。17岁丧母，他独自一人承担着两个兄弟的教育责任。

1792年11月，贝多芬离开了故乡波恩，前往音乐之都维也纳。不久，痛苦叩响了他的生命之门，从1796年开始，贝多芬的耳朵日夜作响，听觉越来越衰退。起初，他独自一人守着这可怕的秘密。1801年，他爱上了一位名叫朱丽埃塔的姑娘，但由于自己的残疾（此时他已耳聋）及朱丽埃塔的自私、虚荣（两年后她嫁给了一个伯爵）肉体与精神经受了双重折磨。这都反映在他这一时期《幻想奏鸣曲》《克勒策奏鸣曲》等作品中。席卷欧洲的革命波及了维也纳，贝多芬的情绪开始高涨，这时的作品有《英雄交响曲》《热情奏鸣曲》。

1806年5月，贝多芬与布伦瑞克小姐订婚，爱情的美好产生了一系列伟大的作品。

不幸的是，爱情又一次把他遗弃了，未婚妻和另外的人结婚了。不过这时贝多芬正处于创作的极盛时期，对一切都无所顾虑。他受到了世人瞩目，但各种不幸接踵而来：经济困窘；亲朋好友一个个死亡离散；耳朵也已全聋，和人们的交流只能在纸上进行。面对生活苦难，似乎没有使贝多芬屈服，他以自己的创作风格扭转了维也纳当时轻浮的作风。

1827 年 3 月 26 日，贝多芬在风雪交加的日子咽下了最后一口气。

《米开朗琪罗传》：该传记分上下编，上编“战斗”，下编“舍弃”和尾声“死”。1475 年 3 月 6 日，米开朗琪罗出生于卡森蒂诺地方的卡普雷赛，父亲是法官。母亲在他 6 岁时便去世，米开朗琪罗被寄养在一个石匠的妻子家里。13 岁时，他进入多梅尼科·吉兰达约的画室。据说由于他的成绩优秀，他的老师为之嫉妒。一年后，米开朗琪罗转入一所雕塑学校。不久，由于宗教信仰的冲突，他离开了那里，先后到过威尼斯、罗马等名城，雕塑水平不断地得到了提高。

1505 年 3 月，米开朗琪罗被教皇尤利乌斯二世征召去替他造陵墓。不久，又让他去画西斯廷教堂的天顶画。此后几年，他一直受着历任教皇的差遣，携带着痛苦去创作他并不满意的作品。1527 年，米开朗琪罗卷入了一场革命的漩涡，差一点丧命。革命结束后，教皇克雷芒又将他从隐避地找了出来，米开朗琪罗不得不重新为他所抗拒的人劳作。1537 年 9 月克雷芒教皇驾崩，米开朗琪罗原以为从此能安安静静地做自己的事了。但他刚到罗马，又被他的新主人——保罗三世抓住了。似乎命运注定他只能在无休止的被干涉中替别人干活。

1564 年 2 月 12 日，米开朗琪罗站了一整天来创作《哀悼基督》。14 日他开始发烧，18 日下午 5 时，这位杰出的雕塑家兼画家永远地离开了人间。

《托尔斯泰传》：托尔斯泰 2 岁丧母，9 岁丧父，青少年时代的他，不仅常为思想苦恼，还为自己丑陋的相貌感到绝望。

1851 年，托尔斯泰来到高加索，群山环抱的清明环境使他纷乱的大脑清醒过来。第二年，他创作出了《童年》《少年》《青年》《一个地主的早晨》等优秀作品。俄土战争期间，托尔斯泰曾亲临战场，常常处于危险之境。在这样的环境中，他仍然写出了《塞瓦斯托波尔纪事》那样令人激赏的作品。这一时期的托尔斯泰是比较充实而快乐的。

家庭生活使他有足够的时间与精力创作出了震动 19 世纪整个小说界的巨著：《战争与和平》与《安娜·卡列尼娜》。但是，托尔斯泰是苦恼的：他本人拥有地位和财富，但他时常为自己富裕的生活感到羞愧难安；他同情下层民众，又对他们缺乏信心。因此，他厌倦自己的生活，决心和自己的社会决裂，但又得不到底层人们的支持。在精神上，他一直是孤独的。82 岁的时候，他选择了出走，并病死于一个小火车站。

思维导图

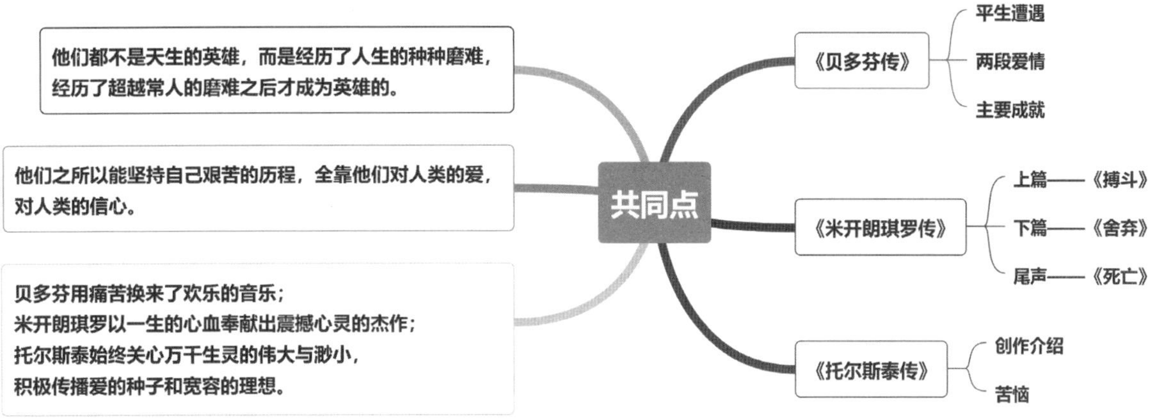
他们都不是天生的英雄，而是经历了人生的种种磨难，经历了超越常人的磨难之后才成为英雄的。
他们之所以能坚持自己艰苦的历程，全靠他们对人类的爱，对人类的信心。
贝多芬用痛苦换来了欢乐的音乐；
米开朗琪罗以一生的心血奉献出震撼心灵的杰作；
托尔斯泰始终关心万千生灵的伟大与渺小，
积极传播爱的种子和宽容的理想。
共同点
《贝多芬传》
平生遭遇
两段爱情
主要成就
《米开朗琪罗传》
上篇——《搏斗》
下篇——《舍弃》
尾声——《死亡》
《托尔斯泰传》
创作介绍
苦恼

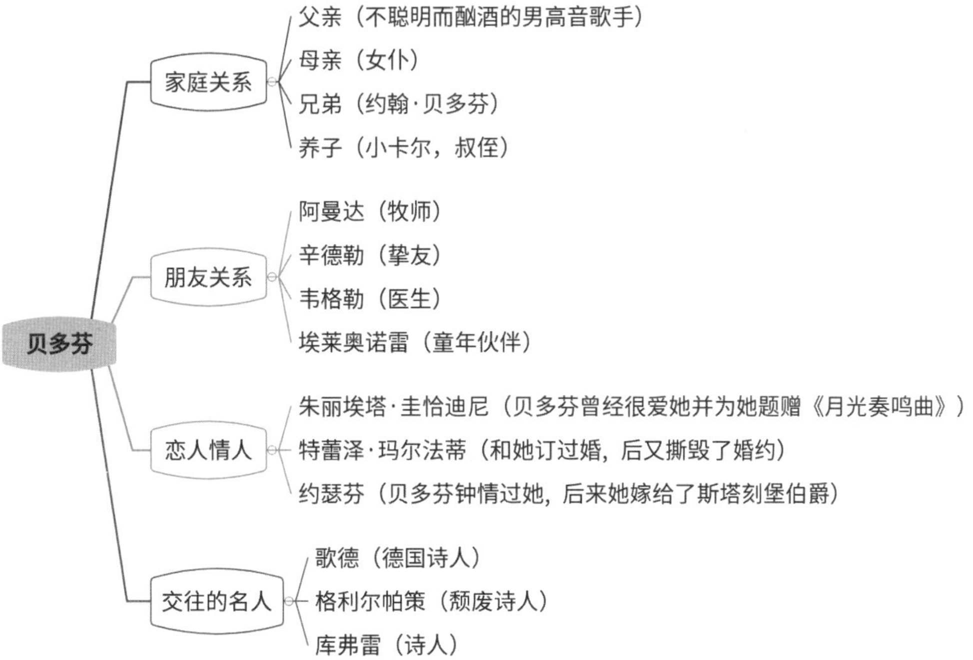
贝多芬
家庭关系
父亲（不聪明而酗酒的男高音歌手）
母亲（女仆）
兄弟（约翰·贝多芬）
养子（小卡尔，叔侄）
朋友关系
阿曼达（牧师）
辛德勒（挚友）
韦格勒（医生）
埃莱奥诺雷（童年伙伴）
恋人情人
朱丽埃塔·圭恰迪尼（贝多芬曾经很爱她并为她题赠《月光奏鸣曲》）
特蕾泽·玛尔法蒂（和她订过婚，后又撕毁了婚约）
约瑟芬（贝多芬钟情过她，后来她嫁给了斯塔刻堡伯爵）
交往的名人
歌德（德国诗人）
格利尔帕策（颓废诗人）
库弗雷（诗人）

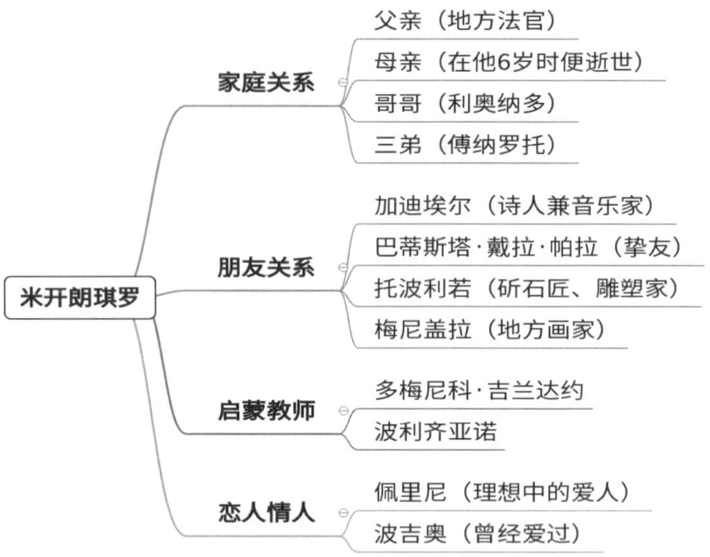

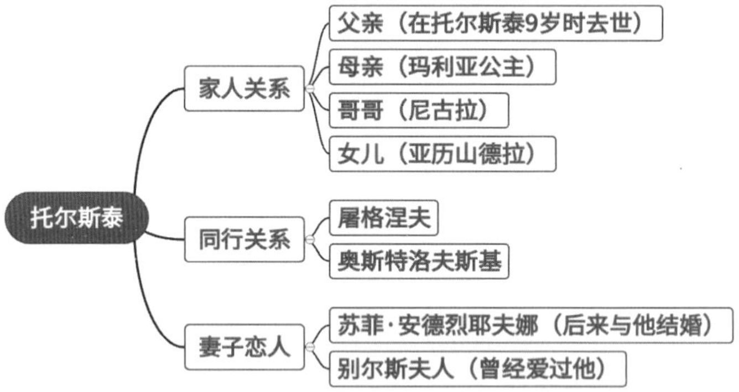

作者介绍

罗曼·罗兰（1866—1944），法国著名的思想家、批判现实主义作家、音乐评论家、小说家、剧作家、社会活动家。罗曼·罗兰早期从事剧本创作，以历史上的英雄事件为题材，试图以“革命戏剧”对抗陈腐的戏剧艺术。

20 世纪初，罗曼·罗兰为了让世人“呼吸英雄的气息”，替具有巨大精神力量的英雄树碑立传，连续写了几部名人传记。同时发表了他的长篇小说《约翰·克利斯朵夫》，该小说于 1913 年获法兰西学院文学奖。1915 年，为了表彰“他的文学作品中的高尚理想和他在描绘各种不同类型人物时所具有的同情和对真理的热爱”，罗曼·罗兰被授予诺贝尔文学奖。

文学地位

《名人传》是西方艺术史学史上的一座里程碑，为人物传记这类文学体裁注入了新的活力。它在文学领域内一直被奉为经典，是世界传记文学作品中的典范之作，从首次出版到现在，其具有的独特价值让“人们似乎从中找到了新的支撑点”，因此被评为“人类有史以来的 30 本最佳书”之一。《贝多芬传》更被文史学家朱东润先生誉为“世界三大传记之一”。20 世纪三四十年代，《名人传》由傅雷译成中文，很快在中国成为经典名著。

《名人传》作为罗曼·罗兰的呕心沥血之作，对他自己的文学创作及后世的文学创作都有巨大的影响。诞生于音乐之家，以“人道主义作家”著称的他，写下的作品充满诗情画意与人道主义情怀。其对人的赞美，对人性的讴歌，影响了一代又一代的作家。比如罗曼·罗兰后来创作的诺贝尔文学奖作品《约翰·克里斯朵夫》就是“颇多取材于贝多芬的事迹与为人。且全书的战斗精神与坚忍气息，尤多受贝多芬的感应”（《名人传》前序）。又比如文学大师茨威格，就是“深受罗曼·罗兰的影响”，从而进行传记创作与从事和平主义事业。

这部作品，从其文学性和社会性角度都对后世产生了巨大的影响，也就奠定了它的经典的地位。

核心价值

◎ 核心知识

（一）人物传记

人物传记是通过对典型人物的生平、生活、精神等领域，按照时间的线索进行系统描述、介绍的一种文学作品形式。《名人传》中的三部传记篇幅都不长，它们改变常规传记的写法，并非按照时间的线索详细叙述传主的生平事迹，为传主的一生描绘一幅巨细靡遗的画卷，而是以三个伟大人物的精神冲突与痛苦为骨架，为他们的灵魂所做的光影分明的传神素描。

人物传记的一个特点是真实，另一个显著特征是生动，即真实性和文学性。《名人传》写作中采用了大量的引文，增强了传记的真实性。引文包括传主的书信、日记、诗文等第一手的资料。如在《米开朗琪罗传》中，龚迪维说：许多人责备他不愿教他那些助手，事实不是这样；相反，他很愿意教他们，倒霉的是他不是遇上低能儿，就是遇上有能力而没有恒心的人，他们刚跟他学了几个月，就自以为是大师了。引用朋友对米开朗琪罗的评价，侧面烘托了人物的精神品质，也增强了传记的真实性。

运用多种表达方式，在客观叙述之后进行抒情性的评论与赞美。这些评论、赞美或激发读者的阅读兴趣，或是紧接客观叙述的自然生发，有助于读者进一步理解传主，并增加了传记本身的情感强度。如《贝多芬传》的结尾，作者在叙述了贝多芬痛苦紧张的一生后，需要一种舒缓的文字来慢慢平息内心的激动，这一段文字就是罗曼·罗兰心情激荡之后的余波。在这里，我们与作者一起体会到了贝多芬的不朽和他对人们生活的真正意义。在渐趋平淡的文字下面，我们又能够领略到罗曼·罗兰那不泯的激情涌动。

（二）苦难英雄的塑造

《贝多芬传》《米开朗琪罗传》《托尔斯泰传》看似各自独立、互不相干，实际上却有着内在的一致性，即苦难英雄的塑造。这种一致性既源于三位英雄在精神上的相似，罗曼·罗兰把三位伟大的艺术家称为“英雄”。他的英雄观，不是通常所称道的英雄观。他所指的英雄，并非以思想或强力称雄的人，而只是靠心灵而伟大的人。苦难是人生的必修课，孟子有云：“天将降大任于斯人也，必先苦其心志，劳其筋骨，饿其体肤，空乏其身，行拂乱其所为，所以动心忍性，曾益其所不能。”《名人传》汇集了历史上三个英雄的故事，通过英雄承受苦难、对抗苦难，最终赢得胜利的人生经历，向我们证明了：苦难是英雄的试金石。这也源于罗兰另一重要的思想，即欧洲统一的思想和人道主义精神。在这本书里流着一条大河，这条大河就是从贝多芬身上流出来，并且加以伸展开的。

◎ 核心能力

（一）厘清作品陈述的基本事实，把握传主的人生经历

学会通过阅读作品，把握叙述线索及人物经历中的重大事件，有点有线地理解作品的结构和内容，并且能够依据阅读所得，将核心内容梳理成思维导图、大事年表等多种形式。

在图标梳理中，学会主次取舍，也学会有条理、有逻辑地表达内容，最终制作完成具有科学性和美观性的图标，方便后续深入分析所用。

以《托尔斯泰传》为例，在阅读这一部分的时候，可以根据其人生经历划分主线，而其创作的几部作品在很大程度上与其经历有关，因此在阅读过程中，引导学生关注这几部作品，将其作为部分结点就可以得到其人生经历的框架图。

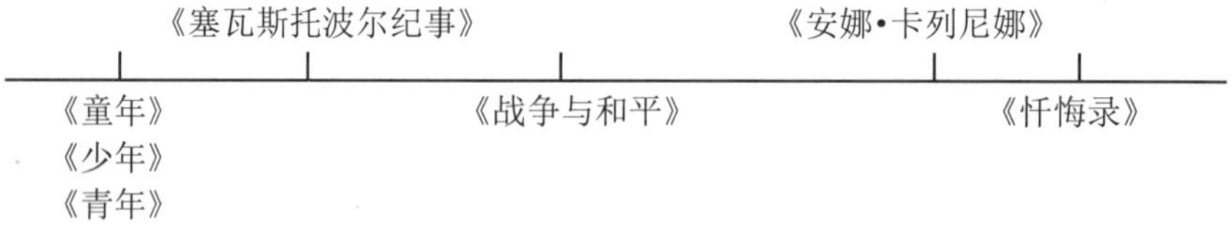

然后，根据结点细化经历，便不难看出痛苦与矛盾伴随了托尔斯泰一生。信仰、阶层、婚姻都带给他巨大的精神冲突，他在现实中无处安放自己的思想，无法找寻心灵契合的相伴，便将激情化为了创作去排遣或者说去弥补精神曲高和寡的缺失。最后他的出走，我们可以认为是一种灵魂的解脱，一种彻底释放自己的自由，也是一个精神极端富足者的悲哀。这都是逐渐细化后解读的产物。

（二）分析传主的人物形象，品味其崇高的品质和精神

《名人传》中的三位精神巨人，都是人类历史上极富天才且贡献至伟的人物。要分析这三位巨人的形象，需要教师从以下方面引导学生。

1. 注意细节描写。细节特别是典型细节，往往最能传神、最能打动人，给人印象最为深刻。教学时，要引导学生学会把握作品中具有典型意义的事件细节，并对这些细节加以深入思考。例如，这一细节表现了什么，与整个事件是什么关系，在事件或传主的生活中起了什么作用，表现了人物怎样的精神品质？

2. 注意传主与时代、与他人的关系。传主与时代、与他人的关系，是理解传记的经纬。首先要关注时代、社会、家庭背景下的传主。其次要理解关系网中的传主，传主的人际交往是影响他，也是组成他人生经历的重要方面，我们要学会通过传主与他人的关系去把握传主。

（三）运用多种策略，形成纪实类作品的阅读图式

1. 读前言、后记和目录。初步了解这本书的写作背景、作者情况、写作目的和大致内容。

2. 用归纳整合的方式阅读纪实作品的内容把握能力。《名人传》中，三个人物的经历都描绘得很生动，内容丰富，刻画细腻，具有较高的文学价值。阅读《名人传》就是要让学生在阅读的过程中学会归纳、提炼，寻求一个一以贯之的方面作为主线，将文本自主地梳理整合出来，并在反复地细化、优化、修正过程中提升归纳整合的能力。

3. 用关联共通的方式阅读纪实作品的整体构建能力。罗曼·罗兰认为名人具有一定的共性，是具有较强大的灵魂能量的人物。在阅读中指导学生寻求三个人物的共性，不孤立地阅读文本，将三篇传记放在一起进行交流探讨，强化其关联性、共通性，让学生逐渐形成阅读的整体性思维。

4. 用摘录赏析的方式阅读纪实作品的审美鉴赏能力。罗曼·罗兰的传记作品有其严谨性和文学美，属于优秀的文学创作范式。阅读优秀的作品，可以提高学生对语言、表述、框架、手法等的审美能力，在阅读中引导学生摘录具有文学性、哲理性的语言进行积累，鼓励学生进行交流、分享，在互动中提升自己的文学审美素养。

5. 用一篇到一类的方式阅读纪实作品的拓展迁移能力。培养阅读者阅读文学作品时的迁移能力。将《名人传》作为一个范式，进行深入的讲解与探讨，使学生在一定程度上读懂《名人传》后，自主地将阅读方法等迁移到更多的纪实作品阅读中，从而形成阅读这类作品的方法和体系。

◎ 核心策略

（一）个性归整策略

传记阅读，如果学生不会做读书笔记，那对传记的阅读也只是走马观花，不能很好地领悟传记的内涵，更不能通过阅读传记使自己受到启迪，有所感悟。具体方法：第

一，要将传记中富有深意的语句摘记下来，如“世上只有一种英雄主义，就是在认清生活真相之后依然热爱生活”等。第二，摘抄精彩的细节描写片段，如三位英雄的外貌描写等；第三，要写出自己对传记中某些内容的感悟和心得。如某些语句或主题对自己有什么样的启迪、对传记中的人物进行评价等。

（二）一线串珠策略

一线串珠策略是指在阅读时要抓住传记中的线索，按图索骥，来分析传主形象。或抓住传记中的人物生平事迹，或抓住传主的作品，或抓住作者对传主的描述等，内容集中统一，脉络分明，中心突出。如在阅读《托尔斯泰传》时，以托尔斯泰的思想发展为线，以他创作的作品为珠，通过欣赏他的作品去感受他心灵的伟大。托尔斯泰青年时期思想单纯，创作了描写青少年生活的《童年》《少年》《青年》，以及参军作战的《高加索纪事》《塞瓦斯托波尔纪事》；结婚以后，他的作品在幸福生活的滋养下，喷薄而出，《战争与和平》《安娜·卡列尼娜》两部名扬天下的作品奠定了他在俄国文坛上的泰斗地位；晚年时期，他的思想更加深邃，这一时期的作品内涵也更加丰富，《复活》的诞生震撼了世界文坛。

（三）拓展阅读策略

阅读《名人传》后，我们了解了德国音乐家贝多芬、意大利画家和雕塑家米开朗琪罗、俄国作家托尔斯泰三位名人的苦难和坎坷的一生，学习了他们崇高的品格和顽强奋斗的精神。同学们可以举一反三，进行拓展阅读，联想我国古代有哪些人物的经历与这三位类似。比如司马迁，虽受宫刑，仍发奋继续完成《史记》；明代著名医药学家李时珍，历尽千辛万苦，终于完成了192万字的巨著《本草纲目》。

（四）对比阅读策略

《名人传》中的人物对比较明显。贝多芬经受了耳聋与爱情失败的双重打击，毫不气馁，“扼住命运的咽喉”，创作出了许多惊天动地的伟大乐章。他个人经历的苦难与取得的巨大成就形成了鲜明的对比。仿照贝多芬的经历，迁移阅读另外两位伟人的人生经历，感受他们自己经历的苦难与取得的巨大成就的对比，同时通过三位传主的对比阅读，体会他们共同的苦难英雄形象：经历长期的磨难，有着激流一般的生命力，体现生之意志的艺术创造和用痛苦换取欢乐的追求。

◎ 精神文化

《名人传》三部传记都着重记载伟大的天才，在人生忧患困顿的征途上，为寻求真理和正义，为创造能表现真、善、美的不朽杰作，献出了毕生精力。他们之所以能坚持自己艰苦的历程，全靠他们对人类的爱，对人类的信心。

1. 传主具备的坚毅勇气给人们以振奋。在《名人传》里，作者具体描绘了三位伟人在人生道路上历经困苦却不改初衷的人生轨迹，为坚持真理与信仰而不畏艰难的钢铁般的意志。贝多芬的故事主要侧重“扼住命运的咽喉”，贝多芬以他的意志，以一种不可抵抗的力量扫空忧郁的思想，战胜肉体和精神上的双重折磨。米开朗琪罗的故事，讲的是一个悲剧，内容主要分为上篇“战斗”、下篇“舍弃”和尾声“死”，展示了一个天才为了征服世界，为了创造不朽的杰作而流出惨痛的鲜血。

2. 传记中所体现的人生观和价值观给人们以榜样。罗曼·罗兰在《名人传》的序言中曾经这么说：“我称为英雄的，并非以思想或强力称雄的人，而只是靠心灵而伟大的人。”米开朗琪罗的抗争，贝多芬的坎坷，托尔斯泰的矛盾，这三位传主的事迹都是在与命运困境的搏斗中突破自我、取得成就的典范。这对于确立偶像，指导未来的人生有重要的借鉴意义。

3. 阅读带来的反思共情给人们以启迪。《名人传》告诉人们：古今之成大事业者，非唯有超世之才，亦必有坚韧不拔之志。贝多芬的“在伤心隐忍中找栖身”，米开朗琪罗的“愈受苦愈使我喜欢”，托尔斯泰的“我哭泣，我痛苦，我只是欲求真理”，无不表明伟大的人生就是一场无休无止的战斗。在与名人的对话中，不断反思自我，逐渐丰富、强大自己的内心，领悟到苦难、痛苦不仅仅发生在普通人身上，名人也会经历，不断奋斗是战胜自我、走向成功的先决条件。

自主初读

◎ 阅读规划表

阅读进程	阅读章节	阅读时间	阅读该部分感受最深的一点	阅读该部分最大的疑惑	自我评价（优、中、一般）	教师评价（优、中、一般）
进程一						
进程二						
进程三						

任务伴读

◎ 进程一

任务推进

<table>
<tr><th>阅读规划</th><th>任务单</th><th>重点能力指向</th></tr>
<tr><td>范围：译者序、原序、初版序、《贝多芬传》、《贝多芬遗嘱》、《书信集》、《思想录》（附录：贝多芬的作品及精神）。
时间：5 天阅读完毕。</td><td>1. 初读后完成下面读书笔记卡。<table><tr><th>时间</th><th>苦难经历</th><th>成就</th></tr><tr><td></td><td></td><td></td></tr><tr><td></td><td></td><td></td></tr><tr><td></td><td></td><td></td></tr></table>2. 贝多芬说“我要扼住命运的咽喉”。试列举三件贝多芬“扼住命运的咽喉”的事例。</td><td>借助表格梳理人物的生平，提高提取信息、概括的能力。在培养着眼全文的意识中，关注对人物的细节刻画，体会人物本身特色。</td></tr>
</table>

续表

阅读规划	任务单	重点能力指向
	（或者：没有古今中外杰出的艺术家们那种“语不惊人死不休”的创作精神，今天的我们就无法欣赏到如此动人的艺术精品。请结合《贝多芬传》及相关的课外阅读积累，谈谈你对这句话的理解。） 3. 传记作品一方面重客观叙述，以更加真实地还原人物，另一方面在客观叙述之后，又往往会忍不住进行抒情和议论。《名人传》也不例外，请结合《名人传》之《贝多芬传》中抒情性的评论与赞美语句，说说这样写的好处。 4. 仔细阅读下面文字，注意细节描写，说说通过什么表现手法，刻画出一个怎么样的贝多芬。 “昨天，我们在归路上遇见全体的皇族。我们远远就已看见。歌德挣脱了我的手臂，站在大路一旁。我徒然对他说尽我所有的话，不能使他再走一步。于是我按了一按帽子，扣上外衣的钮子，背着手，往最密的人丛中撞去。亲王与近臣密密层层；太子鲁道尔夫对我脱帽；皇后先对我打招呼——那些大人先生是认得我的。为了好玩起见，我看着这队人马在歌德面前经过。他站在路边上，深深地弯着腰，帽子拿在手里。事后我大大地教训了他一顿，毫不同他客气……” 5. 培根在《论美》一文中有这样一句话：“美德有如名香，经燃烧或压榨而其香愈烈。”请结合《名人传》中贝多芬的经历，谈谈你对这句话的理解。（80 字左右）	

阶段性检测

1. 阅读下面文段，回答后面的问题。

“我的体能和智力比以往任何时候都有增无减……我的青春，是的，我感到我的青春才刚刚开始。我已隐隐约约，看到目标在前：虽然尚不清楚，但正在一天天的接近……啊！如果我能摆脱这种疾病，我一定能拥抱整个世界！…… 不，我不能忍受下去。我要扼住命运的咽喉，他永远不能使我完全屈服。啊！如能活上百次那就太好了！”

（1）上面这段文字中，“我”是指_________，“这种疾病”指___________。

（2）在《名人传》序中，罗曼·罗兰大声疾呼“打开窗子吧！让自由的空气重新进来！呼吸一下英雄们的气息。”请结合《贝多芬传》说说你从中呼吸到的“英雄们的气息”。

2. 在中国历史上，有许多跟罗曼·罗兰说的贝多芬一样，面对命运的苦难、生活的不幸，却能“用苦难来铸成欢乐”，流芳千古的人。试举出一例。

◎ 进程二

任务推进

<table>
<tr><th>阅读规划</th><th>任务单</th><th>重点能力指向</th></tr>
<tr>
<td>范围：译者弁言、原序、《上编：战斗》（包括《力》《力的崩裂》《绝望》）、《下编：舍弃》（包括《爱情》《信心》《孤独》）、《尾声：死》。
时间：5天阅读完毕。</td>
<td>1. 初读后完成下列表格。
<table>
<tr><th colspan="2">对应篇目</th><th>不同时期</th><th>主要经历</th><th>重要作品</th></tr>
<tr><td rowspan="3">上编：战斗</td><td>一、力</td><td>童年和青年时期（1475—1508）</td><td></td><td rowspan="3"></td></tr>
<tr><td>二、力的崩裂</td><td>中年时期：宏图未果（1509—1527）</td><td></td></tr>
<tr><td>三、绝望</td><td>中年时期：宏图未果（1527—1534）</td><td></td></tr>
<tr><td rowspan="3">下编：舍弃</td><td>一、爱情</td><td>情感波折（1535—1547）</td><td></td><td rowspan="3"></td></tr>
<tr><td>二、信心</td><td rowspan="2">迟暮之年（1547—1564）</td><td></td></tr>
<tr><td>三、孤独</td><td></td></tr>
</table>
2. 罗曼·罗兰的作品语言优美，富有哲理意味，请赏析下面的语句。
（1）但在这颗老耄的心中，由信仰与痛苦所激发的最精纯的花朵，尤其是神明般的恻隐之心。这个为仇敌称为贪婪的人，一生从没停止过施惠于不幸的穷人，不论是认识的或不认识的。（《米开朗琪罗传》中的《孤独》）
（2）世界上只有一种英雄主义：那就是看出世界的本来面目并且去爱它。（《米开朗琪罗传》中的《序》）
3. 罗曼·罗兰在后记里自问自答：我是否应当只显露英雄的英雄成分？不。所以《名人传》里的人物形象真实而丰满，请结合作品中的具体情节，试着分析米开朗琪罗的形象。
4. 米开朗琪罗的一生很好地阐释了“工匠精神”。请结合“知识小贴士”和具体事例谈谈米开朗琪罗的“工匠精神”。
知识小贴士
工匠精神，英文是Craftsman’s Spirit，是一种职业精神，它是职业道德、职业能力、职业品质的体现，是从业者的一种职业价值取向和行为表现。“工匠精神”的基本内涵包括敬业、精益、专注、创新等方面的内容。
5. 罗曼·罗兰在为米开朗琪罗作传时，摘录了大量关于他生活“私人细节”的书信及他的诗作，说说作者的用意。
6. 在《米开朗琪罗传》的结尾，罗曼·罗兰说伟大的心魂有如崇山峻岭，对于我们的时代，这是金石之言。请结合米开朗琪罗的生平，并联系实际说说你对这段话的理解。
《米开朗琪罗传》结尾段
伟大的心魂有如崇山峻岭……
“我不说普通的人类都能在高峰上生存。但一年一度他们应上去顶礼。在那里，他们可以变换一下肺中的呼吸，与脉管中的血流。在那里，他们将感到更迫近永恒。以后，他们再回到人生的广原，心中充满了日常战斗的勇气。”
7. 从结构上看，《米开朗琪罗传》和《贝多芬传》《托尔斯泰传》看似各自独立、互不相干，实则有着内在的一致性，请结合《名人传》说说“内在的一致性”体现在哪里。</td>
<td>借助表格梳理人物的生平，提高提取信息、概括的能力。把握核心词汇，掌握梳理方法。</td>
</tr>
</table>

阶段性检测

1. 有人给米开朗琪罗画了一幅肖像，现需要在肖像旁配一句评论，你认为下列哪一个选项最符合？说明理由。

A. 山重水复疑无路，柳暗花明又一村。

B. 千磨万击还坚劲，任尔东西南北风。

C. 非淡泊无以明志，非宁静无以致远。

选（　　），理由：____

2. 在《米开朗琪罗传》的读书分享会上，很多同学谈到了米开朗琪罗身上的优秀品质，例如刻苦认真、细心负责，但小语同学认为他的性格存在不足，请你为小语的观点提供1—2条论据。

◎ 进程三

任务推进

<table>
<tr><th>阅读规划</th><th>任务单</th><th>重点能力指向</th></tr>
<tr>
<td>范围：罗曼·罗兰致译者书、原序、《托尔斯泰传》、《托尔斯泰遗著论》、《亚洲对托尔斯泰的回响》、《托尔斯泰逝世前二月致甘地书》、《托尔斯泰著作年表》。
时间：5天阅读完毕。</td>
<td>1. 请你以下列主题归纳《托尔斯泰传》作品内容。
<table>
<tr><th>主题名</th><th>章节范围</th><th>主要内容</th><th>代表作品</th></tr>
<tr><td>成长</td><td>1—3章</td><td></td><td></td></tr>
<tr><td>从戎</td><td>4—6章</td><td></td><td></td></tr>
<tr><td>挣扎</td><td>7—8章</td><td></td><td></td></tr>
<tr><td>幻灭</td><td>9—12章</td><td></td><td></td></tr>
<tr><td>涅槃</td><td>13—16章</td><td></td><td></td></tr>
<tr><td>归尘</td><td>17—18章</td><td></td><td></td></tr>
</table>
2. 传记的精彩，在于纪实性的叙述，也在于文学性的修饰。但是，有人说“小说是最真实的传记，传记是最生动的小说”。请结合你读的内容来对本话题的后半句进行论证。
3. 这部传记作者运用很多的对比手法去刻画人物，请你选择下面主题中的一个说说如何去写，以及出现反差的原因。
①第六章中《一八五四年十二月之塞瓦斯托波尔》，《一八五五年五月之塞瓦斯托波尔》，《一八五五年八月之塞瓦斯托波尔》三部纪事对战争态度的反差。
②第九章中托尔斯泰对婚姻的喜悦和赞美，对比之后作者对婚姻生活的苦痛甚至产生轻生的念头。
4. 这部传记中带有一些“宿命论”的感觉，第四章中作者提到了三个侵蚀他的魔鬼：“一、赌博欲可能战胜的。二、肉欲极难战胜的。三、虚荣欲一切中最可怕的。”请你纵观他的一生，选择其中一个魔鬼谈谈它的影响或者消亡。
5. 列夫·托尔斯泰在煎熬奋斗、轻生自尽和离世远遁三条人生归宿上选择了最后一种。请结合文章谈谈他选择这条路的必然性。</td>
<td>1. 借助表格梳理人物的生平，提高提取信息、概括的能力。
2. 通过传记特点的分析，提升对该文体类型的认知。
3. 通过对比阅读的方法分析作者刻画人物性格的技巧。
4. 提高赏读文本、理解作品思想的能力。</td>
</tr>
</table>

阶段性检测

1. 如果要让你给托尔斯泰画一幅肖像，你会着重突出他脸上的哪个部位？请说明理由。

2. 茨威格和罗曼·罗兰都有对列夫·托尔斯泰形象的描写，两位作家不约而同地发现了一些相似的特点，请你找找两人有何共同点，并且分析为何。

他如猿子一般的丑陋：粗犷的脸，又是长又是笨重，短发覆在前额，小小的眼睛深藏在阴沉的眼眶里，瞩视时非常严峻，宽大的鼻子，往前突出的大唇，宽阔的耳朵。根据一八四八年，他二十岁时的一幅肖像。因为无法改变这丑相，在童年时他已屡次感到绝望的痛苦，“我自己想，像我这样一个鼻子那么宽，口唇那么大，眼睛那么小的人，世界上是没有他的快乐的”。

——罗曼·罗兰《列夫·托尔斯泰》

在四方脸中间，我们见到的是一只宽宽的、两孔朝天的狮子鼻，仿佛被拳头打塌了的样子。在乱蓬蓬的头发后面，怎么也遮不住那对难看的招风耳。凹陷的脸颊中间生着两片厚厚的嘴唇。留给人的总印象是失调、崎岖、平庸，甚至粗鄙。……只见面前的小个子那对浓似灌木丛的眉毛下面，一对灰色的眼睛射出一道黑豹似的目光，虽然每个见过托尔斯泰的人都谈过这种犀利目光，但再好的图片都没法加以反映。这道目光就像一把成埕甓的钢刀刺了过来，又稳又准，击中要害，令你无法动弹，无法躲避。

——茨威格《列夫·托尔斯泰》

3.《托尔斯泰传》（第七章）中描写了一段托尔斯泰和屠格涅夫的争议，托尔斯泰的态度前后发生了巨大的变化，请你结合文章说说托尔斯泰为何会有这样的变化。

“托尔斯泰与屠格涅夫第一次会见时即发生了剧烈的冲突。一八六一年，两人发生最剧烈的冲突，以致终身不和。屠格涅夫表示他的泛爱人间的思想，谈着他的女儿所干的慈善事业。可是对于托尔斯泰，再没有比世俗的浮华的慈悲使他更愤怒的了：‘我想’他说，‘一个穿装得很考究的女郎，在膝上拿着些龌龊的破衣服，不啻是扮演缺少真诚性的喜剧’。争辩于此发生。屠格涅夫大怒，威吓托尔斯泰要批他的颊。托尔斯泰勒令当时便用手枪决斗以赔偿名誉。屠格涅夫就后悔他的鲁莽，写信向他道歉。但托尔斯泰绝不原谅。却在二十年之后，在一八七八年，还是托尔斯泰忏悔着他过去的一切，在神前捐弃他的骄傲，请求屠格涅夫宽恕他。”

课型推进

◎ 阅读课规划

教学阶段	主要内容	教学资源	设计意图
导读课	1. 引导学生了解作者罗曼·罗兰及《名人传》的大概内容。 2. 引导学生读传记并掌握读传记的基本方法，激发阅读的兴趣。	1.《名人传》相关的插图。 2. 批注方法。	通过猜作者、猜人物、猜作品，进而激发学生阅读这本书的兴趣。
推进课	1. 以贝多芬的传记为例，读懂书中的英雄。 2. 引出对“英雄”这个文化概念的解读。 3. 引导学生结合时代思考英雄的意义和价值。	1. 人物传记的知识。 2. 英雄的解读。 3. 贝多芬的人生经历。	梳理名人的人生经历，以及结合时代、运用比较阅读策略，深入理解人物形象及有关“英雄”的主题。

续表

教学阶段	主要内容	教学资源	设计意图
成果分享课	1. 通过学习贝多芬的“英雄”专题总结解读方法。 2. 在“我给英雄的勋章”活动中提炼中心观点。 3. 以演讲稿的形式展现学生自主对《米开朗琪罗传》《托尔斯泰传》研究成果。	1. 演讲稿撰写方法。 2. 米开朗琪罗、托尔斯泰的人生经历。	1. 通过演讲，进一步加深对英雄人物形象的认识。 2. 对本书的意义和价值有自己深入的理解和思考。

◎ **专题探究信息一览表**

专题	探究指向	阅读策略	思维层次
《名人传》中被苦难锤炼的英雄	探究名人英雄的精神内涵及学做时代英雄的意义	1. 通过读前言、后记和目录，做摘抄笔记、思维导图，了解传记的特点和名人英雄的人生经历。 2. 通过制作坐标轴和对照阅读探究名人英雄的精神内涵。 3. 通过结合时代特征，认识学做英雄的意义。	理解、分析、评价、创造

英雄之光

——《名人传》导读课

【教学目标】

1. 引导学生了解作者罗曼·罗兰及《名人传》的大概内容；

2. 引导学生读文学名著并掌握读书的基本方法，激发阅读的兴趣。

【教学重点与难点】

引导学生读文学名著并掌握读书的基本方法。

【课时安排】

1 课时

【教学过程】

一、激趣导入　引出经典

同学们，今天老师要给大家推荐一本书，请在老师的描述中猜出这本书的作者，好吗？

他是法国人。

他是一个作家。

他的小说被誉为 20 世纪最伟大的小说。

他获得过 1915 年诺贝尔文学奖。

他说过一句话“生活中不是缺少美，而是缺少发现”。

是的，他就是罗曼·罗兰。

今天要推荐的就是他的传记作品——《名人传》。

二、走近作品 认识经典

1. 说说你眼中的名人。

2. 读读罗曼·罗兰眼中的名人。

边出示图片，边介绍人物。

3. 一个是德国音乐家，一个是意大利的雕塑家，一个是俄国的作家，貌似三条永不相交的平行线，作者为什么要把他们收录到同一本传记里呢？让我们一起走进《名人传》去寻找答案。

三、采用方法 阅读经典

优秀的传记，具有其他书籍不能替代的认识价值和教育功能。传记的描写对象是真实的人物，其中很多是在实际生活中有重大建树的人物，具有人格魅力，足以作为读者的楷模。那么面对三位伟人，你们最想了解他们什么？我们可以采用什么方法来阅读这部经典呢？

学生自由发言。

老师总结：

1. 不妨先读前言、后记和目录。

同学们从前言、后记和目录中了解了些什么？

小结：对这本书的写作背景、作者情况、写作目的和大致内容有个初步的了解。

①初版序

我愿证明，凡是行为善良与高尚的人，定能因之而担当患难。

——贝多芬（一八一九年二月一日在维也纳市政府语）

我们周围的空气多沉重。老大的欧罗巴在重浊与腐败的气氛中昏迷不醒。鄙俗的物质主义镇压着思想，阻挠着政府与个人的行动。社会在乖巧卑下的自私自利中窒息而死。人类喘不过气来。——打开窗子罢！让自由的空气重新进来！呼吸一下英雄们的气息。

人生是艰苦的。在不甘于平庸凡俗的人那里，这是一场无休止的斗争，往往是悲惨的，没有光华的，没有幸福的，在孤独与静寂中展开的斗争。贫穷，日常的烦虑，沉重与愚蠢的劳作，都压在他们身上，无益地消耗着他们的精力，没有希望，没有一道欢乐之光，大多数还彼此隔离着，连对患难中的弟兄们伸以援手的安慰都没有，他们不知道彼此的存在。他们只能依靠自己，可是有时连最强的人都不免在苦难中蹉跌。他们求助，求一个朋友。

②罗曼·罗兰为什么要创作《名人传》？

作者罗曼·罗兰想用英雄来唤醒“老大的欧罗巴”，让人们呼吸自由的空气，摈弃“鄙俗的物质主义”和“卑下的自私自利”；用英雄主义去激励人们战胜苦难，给他们以支撑的力量。

③交代背景：1886年，罗曼·罗兰怀抱着崇高的社会理想和热情，考取巴黎高等师范学校，而周围的现实却让他苦闷困惑，于是他给俄罗斯伟大作家列夫·托尔斯泰写信寻求生活的答案。托尔斯泰很热情地写了一封二三十页长的回信，并指出：“一切使人们团结的，是善与美；一切使人们分裂的，是恶与丑。”

20世纪初，在物质利益决定一切，欺小凌弱和暴力成为国际秩序的时代，需要的是高贵的精神，甘愿自我牺牲、以痛苦为人类献祭的榜样。罗曼·罗兰把社会变革与进步的希望寄托在“英雄”人物的身上，他要为他心中理想的精神巨子立传，让人们“呼吸到英雄的气息”，为我们的精神世界创造光辉夺目的太阳。他制订了详细的创作计划，并先后写成《贝多芬传》《米开朗琪罗传》《托尔斯泰传》等“名人传记”。

他希望告诉人们：在一个物质生活极度丰富而精神生活相对贫弱的时代，在一个人们躲避崇高、告别崇高而自甘平庸的社会里，这些巨人的生涯就像一面明镜，使我们的卑劣与渺小纤毫毕现。我们难道只去赞美他们的作品而不去感受他们人格的伟大？

2. 摘抄，就是选摘、抄录原文中的词语、句子、段落等。摘抄的内容可以是原作的典故、警句、精彩片段等，一般要根据学习、借鉴的意图来选择。

①做摘抄和笔记——富有深意的语句。

世上只有一种英雄主义，就是在认清生活真相之后依然热爱生活。

人生就像一条抛物线，幸运的顶点，往往也是厄运的开端。

赌博欲，可能战胜的。肉欲，极难战胜的。虚荣欲，一切中最可怕的。

你不是天生的赢家，也不是天生的失败者，成为什么样的人取决于你自己。

唯其痛苦，才有欢乐！

讨论：世上只有一种英雄主义，就是在认清生活真相之后依然热爱生活。请结合《名人传》的相关内容，联系生活实际，谈谈你是如何理解罗曼·罗兰对英雄的定义的。

苦难无法避免，正如贝多芬面对失聪、米开朗琪罗面对不合理的工作要求、托尔斯泰面对内心的矛盾痛苦，但是我们在遭遇了苦难后可以选择不抱怨，而是用热爱、隐忍、专注、博爱去对待生活。在我的身边，有兢兢业业工作的老师，有家人因为生病而离世却依旧乐观的同学，他们都用自己的亲身经历向我诠释了：真正的英雄主义是在认清生活必然受苦后，依然能够热爱生活！

②做摘抄和笔记——精彩的描写片段。

昨天，我们在归路上遇见全体的皇族。我们远远就已看见。歌德挣脱了我的手臂，站在大路一旁。我徒然对他说尽我所有的话，不能使他再走一步。于是我按了一按帽子，扣上外衣的钮子，背着手，往最密的人丛中撞去。亲王与近臣密密层层；太子鲁道尔夫对我脱帽；皇后先对我打招呼——那些大人先生是认得我的。为了好玩起见，我看着这队人马在歌德面前经过。他站在路边上，深深地弯着腰，帽子拿在手里。事后我大大地教训了他一顿，毫不同他客气……

——《贝多芬传》

同学们还可以摘抄另外两部传记的精彩描写片段。

3. 做笔记。

①主要有写提要和写心得两大类。②思维导图式。

思考：根据你目前对《名人传》的了解，我们可以从哪些角度绘制思维导图？

小结：结合人物关系做思维导图。
结合人物经历做思维导图。
结合作品内容做思维导图。

同学们选择其中一个角度绘制思维导图，如结合人物关系做思维导图。

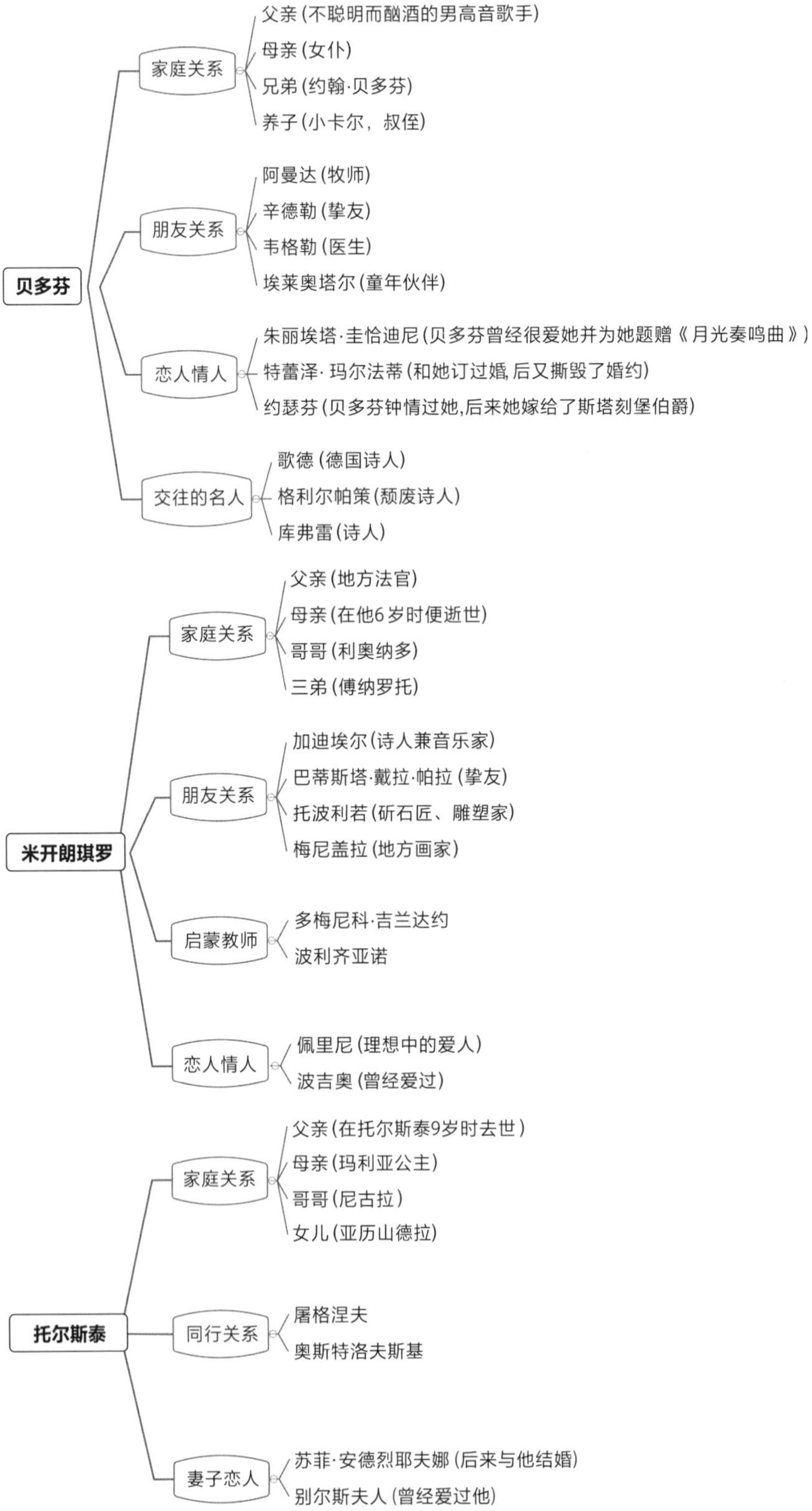
贝多芬
家庭关系
父亲（不聪明而酗酒的男高音歌手）
母亲（女仆）
兄弟（约翰·贝多芬）
养子（小卡尔，叔侄）
朋友关系
阿曼达（牧师）
辛德勒（挚友）
韦格勒（医生）
埃莱奥塔尔（童年伙伴）
恋人情人
朱丽埃塔·圭恰迪尼（贝多芬曾经很爱她并为她题赠《月光奏鸣曲》）
特蕾泽·玛尔法蒂（和她订过婚，后又撕毁了婚约）
约瑟芬（贝多芬钟情过她，后来她嫁给了斯塔刻堡伯爵）
交往的名人
歌德（德国诗人）
格利尔帕策（颓废诗人）
库弗雷（诗人）
米开朗琪罗
家庭关系
父亲（地方法官）
母亲（在他6岁时便逝世）
哥哥（利奥纳多）
三弟（傅纳罗托）
朋友关系
加迪埃尔（诗人兼音乐家）
巴蒂斯塔·戴拉·帕拉（挚友）
托波利若（斫石匠、雕塑家）
梅尼盖拉（地方画家）
启蒙教师
多梅尼科·吉兰达约
波利齐亚诺
恋人情人
佩里尼（理想中的爱人）
波吉奥（曾经爱过）
托尔斯泰
家庭关系
父亲（在托尔斯泰9岁时去世）
母亲（玛利亚公主）
哥哥（尼古拉）
女儿（亚历山德拉）
同行关系
屠格涅夫
奥斯特洛夫斯基
妻子恋人
苏菲·安德烈耶夫娜（后来与他结婚）
别尔斯夫人（曾经爱过他）

四、引导生活　推荐经典

今天，我们只是窥视了三位伟人精神世界的冰山一角，却足以让我们震撼。同学们，经典的东西我们一定要学会分享，如果要给中学生推荐一本励志的名著，《名人传》是再合适不过了，那请你根据今天你所感悟的内容，为其写几句推荐语，好吗？

五、教师小结　升华经典

贝多芬、米开朗琪罗、托尔斯泰他们都在生活中遇到了很多的痛苦和磨难，但经过他们的顽强奋斗，战胜了苦难，最终成为伟人，这正应了我们中国的一句古话：古今之成大事业者，非唯有超世之才，亦必有坚韧不拔之志。

希望我们同学心情沮丧的时候，面对挫折的时候，怀疑自己失去了生活的方向的时候，可以读读这本《名人传》！

【配套练习】

1. 学校开展“名著推荐墙”活动，要求同学们将所读名著浓缩为一句话，推荐给其他同学。请你仿照示例，为《名人传》写一句推荐语。

〔示例〕《人类群星闪耀时》——14个历史瞬间，14个历史人物，给人类历史带来了前所未有的光芒，每个瞬间都是人类精神世界的财富。

2. 请以《朝花夕拾》和《名人传》为例，探究回忆性散文和传记的不同特点。（可以从选材、人称、写作目的、表达方式等角度思考）

英雄之道

——《名人传》推进课

【教学目标】

1. 以贝多芬的传记为例，读懂书中的英雄；

2. 引出对“英雄”这个文化概念的解读；

3. 引导学生结合时代思考英雄的意义和价值。

【教学重点】

以贝多芬的传记为例，读懂书中的英雄。

【教学难点】

对“英雄”这个文化概念的解读。

【课时安排】

1课时

【教学过程】

一、遇见“英雄”

1. “英雄”：非凡出众的人物。指见解、才能超群出众或领袖群众的人。

传统意义上对英雄的认知，是对一种能力的认可，对才华的肯定。但是这样的人往往是极少数的。还有许多人，对英雄这个词存有自我的看法和认识。这让这个世界对“英雄”的定义更加丰富和多元了。

提问：你眼中的英雄是什么样的？

2. 出示罗曼·罗兰对“英雄”的理解。

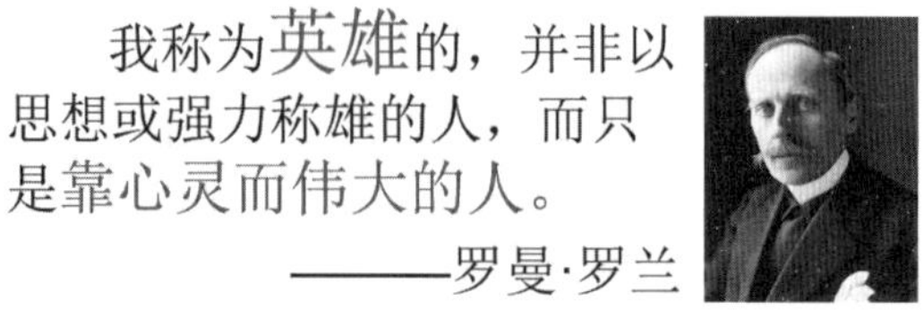

我称为英雄的，并非以思想或强力称雄的人，而只是靠心灵而伟大的人。
——罗曼·罗兰

力量和才华的强大，往往是可以看见和辨别的。但是心灵的强大，我们又该如何辨别呢？

请大家跟着罗曼·罗兰的生花妙笔，看看他所认为的“英雄”之一，大音乐家贝多芬的心灵强大在何处？

二、读出“英雄”

1. 读法指导：读经典作品，需要有文体的意识。《名人传》是一部经典的传记作品，那传记作品应该怎么去读呢？

【纪实性】传记属于纪实性文学，需要在充分尊重传主真实经历的基础上进行创作。所以，在读传记的时候，我们可以紧紧抓住作者的叙述脉络，同时了解传记的时代背景与历史。

【文学性】传记属于对历史事件的文学性加工，带有笔者的一定主观色彩。我们要学会发现作者的情感态度。

2. 阅读策略一：制作坐标轴。

请合作梳理贝多芬一生的经历，制作人生坐标轴。

(1) 人生坐标轴一：经历。

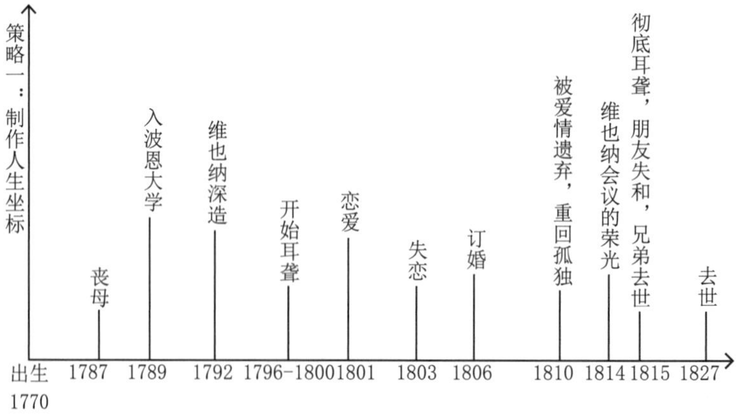

提问：从他的人生经历中，你看到了一个怎样的贝多芬？

（2）人生坐标轴二：成就。

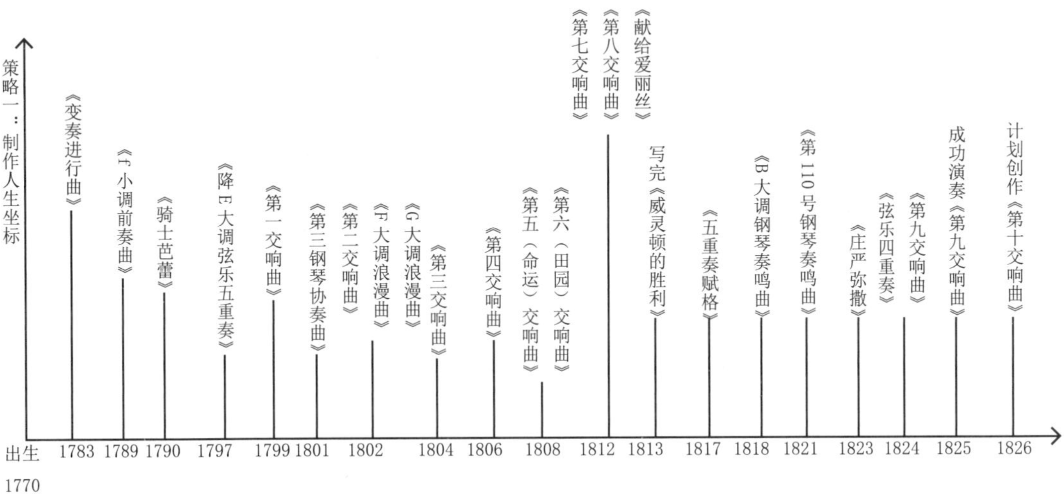

提问：从贝多芬的成就中，你又看到了一个怎样的贝多芬？

（3）人生坐标轴三：经历与成就合并。

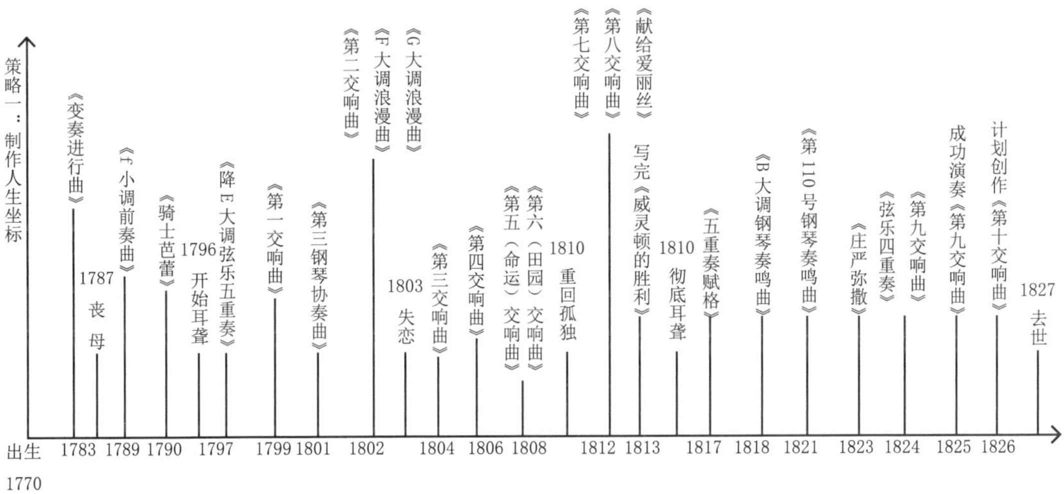

发现：一生不幸的贝多芬，世界不给他快乐，他却创造了欢乐来给予世界。

小结：通过人生坐标轴的制作，伟人的一生就清晰展现在我们面前。贝多芬的一生是伴随着波折和痛苦的，但是这一切并不能淹没他乐观坚毅的心和对世界的热爱。

3. 贝多芬一生坎坷，但却发出了振聋发聩的语言。请你在文中找一找。

痛苦能够毁灭人，受苦的人也能把痛苦毁灭。创造就需苦难，苦难是上帝的礼物。卓越的人一大优点是：在不利与艰难的遭遇里百折不挠。	我要扼住命运的咽喉，它妄想使我屈服，这绝对办不到。——生活这样美好，活它一辈子吧！	把“德性”教给你们的孩子：使人幸福的是德性，而非金钱。这是我的经验之谈。在患难中支持我的是道德，使我不曾自杀的，除了艺术以外，也是道德。

总结：当面对生活的不幸时，以乐观坚毅的心态与之抗衡，并最终取得自我的胜利的，就是心灵强大的人。

3. 阅读策略二：对照阅读。

对照阅读，即在阅读中自觉地将具有一定关联的人物、事件或场景进行对比参照，区分细微差别，探究差别产生的本质原因。

以《贝多芬传》中表现贝多芬两次失恋后的内容为例，比较阅读。

提问：在下面这两段文字中，我们读出了一个怎样的贝多芬？

这样的热情是摧残心灵的；而像贝多芬那样，心灵已因疾病而变得虚弱的时候，狂乱的情绪更有把它完全毁灭的危险。他一生就只是这一次，似乎到了颠蹶的关头；他经历着一个绝望的苦闷时期，只消读他那时写给兄弟卡尔与约翰的遗嘱便可知道，遗嘱上注明“等我死后开拆”。这是惨痛之极的呼声，也是反抗的呼声。	爱情把他遗弃了。一八一〇年，他重又变成孤独；但光荣已经来到，他也显然感到自己的威力。他正当盛年。……爱情，没有了；野心，没有了。所剩下的只有力，力的欢乐，需要应用它，甚至滥用它。“力，这才是和寻常人不同的人的精神！”……“除了仁慈以外，我不承认还有什么优越的标记”。

小结：英雄并非天生而成，而是在不断的挫折失败和痛苦中千锤百炼而成的。磨难可以打败弱者，但是也能铸就英雄。

三、重识“英雄”

新冠肺炎疫情期间，我们看到了这样一张图，引发很多网友的争议。请根据今天所学的《贝多芬传》，谈谈你对英雄的认识，并思考：在现在的时代，怎么样的人能被称为英雄？

什么是英雄？
任何人都能成为英雄吗？
英雄是怎样影响其他人的？
英雄会被所有人喜爱吗？
……

小结：如同罗曼·罗兰的观点一样，英雄不一定非要是能力才华卓绝的人。能在自己的岗位上尽心尽职，能够怀有坚定的信念和奉献的勇气的人，都是这个时代最伟大的英雄。

【配套练习】

1. 罗曼·罗兰说："世界上只有一种英雄主义，便是注视世界的真面目——并且爱世界。"我们的生活或许就是充满苦难的，但是因苦难而磨砺出的精神品质则让一个人带有英雄的光辉。试结合《名人传》的相关内容，联系生活实际，谈谈你是如何理解罗曼·罗兰对英雄主义的定义的。

2. 本节课我们已经学会了如何从传记中读出人物的特点和精神品质。请你为本书的另外两位名人米开朗琪罗和托尔斯泰分别颁发一枚勋章，用来表彰他们的崇高品质。请你说说，你会为你的勋章取一个什么样的名字呢？为什么？

英雄之歌

——《名人传》成果分享课

【教学目标】

1. 通过学习贝多芬的"英雄"专题总结解读方法；

2. 以演讲稿的形式展现学生自主对《米开朗琪罗传》《托尔斯泰传》研究的成果。

【教学重点】

通过学习贝多芬的"英雄"专题总结解读方法。

【教学难点】

以演讲稿的形式展现学生自主对《米开朗琪罗传》《托尔斯泰传》研究的成果。

【课时安排】

1 课时

【教学过程】

一、我给名人的演讲

在勋章颁奖典礼上，你将对观众们进行一段演讲，用来阐述你颁发这枚勋章的理由及用意。请结合语文八年级下册教材中有关演讲活动的内容，自拟题目并撰写一篇合情合理的演讲稿。

演讲稿的准备攻略：

1. 演讲主题的设定。

围绕拟定的勋章名，思考你的核心赞扬点在哪里，然后由此拟定演讲的题目，搭建框架，明晰演讲思路，形成演讲提纲。演讲的框架基本有两种：一是并列式，所讲的观点之间是并列关系，互不交叉，也基本不存在因果关系；一是递进式，所讲的观点与观点之间存在着比较明显的因果、递进关系。

2. 演讲素材的选择。

①文本素材：选择书中的细节点作为演讲材料的支撑。可以是《名人传》中名人应对苦难的不同做法，也可以是书中人物的经典言论。

②现实素材：生活中接近的例子，其他人对这部分内容的评价。

3. 演讲稿技巧的运用。

①风格选定：演讲的整体风格是庄重的、风趣的，还是煽情的？根据你的演讲内容定好。如将“苦难英雄勋章”颁给贝多芬，因为从“苦难”这个角度出发，不应选用太风趣幽默的，而适合采用一些偏煽情或者偏向鼓舞的风格。

②首尾先行：关于演讲的开头，有一个著名的“七秒法则”，即必须在七秒内抓住听众的注意力；关于演讲的结尾，可以采用呼应开头、发出号召、幽默调侃等方式让听众留下深刻的印象。如庄重式的开篇：每个时代都有自己的英雄，每个英雄也有自己独特的魅力。我这里的这位英雄，在某些方面来看也许并不出色，但是我要把“执着自信勋章”颁给他，他在艰难困苦中，在旁人的不解和怀疑中，始终能保持清醒的自我，保持少年般的热忱，去不断攀登一个个艺术的高峰，创造一个个生命的奇迹。他，就是米开朗琪罗。

③情理交融：如何达到“以情动人”和“以理服人”的结合。

以情动人：适合采用抒情性的渲染，可以采用排比、呼告等手法，也能运用感叹句或者细致的描写，从而使观众产生情感共鸣。

以理服人：适合采用严密的逻辑推导，从论据和论证的过程中体现自己观点的正确性，从而加强对观众的说服力，产生理性的共识。

④技巧把握：演讲是交流的文学，如何进行互动和气氛的营造，小互动、小玩笑、小肢体语言都是好方法。

小互动：请台下的听众举手投票选择英雄的首要必备条件是什么。

小肢体语言：在讲到振奋的地方可以采用握拳、扬首等姿态，并且环视观众。

二、举办演讲活动

为了更好地帮助同学们提升演讲能力，我们制作了如下演讲评分量表，大家在观看他人演讲时，可以结合评分量表给他们打分。演讲结束后，将评选出一、二、三等奖。

评分角度	关键词	层级四（9—10分）	层级三（7—8分）	层级二（5—6分）	层级一（4分及以下）	选手得分
中心	中心、演讲目的	所讲内容紧紧围绕演讲中心，演讲目的明确。	所讲内容贴近演讲中心，演讲目的较明确。	所讲内容与中心有些脱离，缺少明确的目的。	所讲内容与演讲题目没有关系。	
内容	开头、结尾	开头吸引人，结尾让人印象深刻，开头和结尾所占比例合理。	开头和结尾有设计，有较好的效果。	开头和结尾均能点明主旨，但比较平淡、普通。	开头与演讲缺乏关联，结尾仓促或缺失。	
	论证材料	论证材料鲜明具体、清晰准确，且类型丰富。	论证材料清晰准确，但类型比较单一。	所用材料对演讲帮助不大。	所用材料与演讲主题无关。	
	语言	语句通顺，句式变化丰富，且表达贴切。	语句通顺，有意识地进行句式变化。	句子表达形式单一，文字平淡枯燥。	语句不通顺，有许多语病。	
结构	层次、过渡、条理	层次清晰，过渡语运用巧妙自然，听众听完对内容十分明了。	层次清晰，听众听完能大致把握内容。	有多处重复、含糊，听众听完很难把握其大概内容。	内容凌乱无序，不知所云，让人摸不着头脑。	
表达	语速、语调、音量	声音清晰、悦耳，速度快慢适中，音量适中。	音量适中，但未能根据表达需要变换语速、语调，比较呆板。	有意识地控制自己的语速、语调、音量等，但效果不好。	声音太轻，速度过快或过慢。	
	口齿、情感	发音清晰，没有口头禅，语言表达抑扬顿挫。	基本能听清，有情感，但拿捏还需更准确。	有许多“然后”“啊”之类的口头禅，影响表达。	大部分内容听不清，表达极其平淡。	
体态	身体语言	与听众有充分的眼神交流，手势、移动、点头等肢体语言很自然，且有助于表达，站姿自然。	眼神交流与肢体语言较多，与表达的贴合度还需加强，站姿端庄。	眼神有些游离，偶尔使用肢体语言，但肢体比较僵硬。	和听众几乎没有眼神交流，没有肢体语言，非常拘束紧绷。	
	着装仪表	着装与演讲主题贴合，仪表大方。	着装端庄，仪表不错。	着装随意，不符合演讲需要。	着装随意，仪表邋遢。	
其他	脱稿、即兴、时间	脱稿完成，且能根据现场情况灵活应变，时间掌控好。	脱稿，但有些磕巴，有背稿之嫌，时间掌控较好。	有忘词现象，需要借助稿子来完成演讲，时间掌控不够。	死板念稿，时间控制不好，过长或过短。	

【配套练习】

1. 清明节是缅怀和纪念逝去的人们的日子。那些故去的人们生前的行为举止、精神品质可能深深地感染着我们，知乎网站上今年掀起一股为名人写墓志铭的活动，墓志铭是对逝者一生的评价。请你选择《名人传》中的一位名人，为他撰写一句墓志铭。

2. 某班召开了一场以“苦难是不是人生的财富”为主题的辩论赛，部分辩论内容如下：

正方：苦难是人生的财富，不经历苦难无法走向成功。

反方：苦难不可能是人生的财富，大多数人们在时代潮流中是渺小的，或者不够强壮，或者不够坚毅不可能逆流而上。

请你结合《名人传》中某一人物的具体事例，为正方写一段反驳反方观点的话。

中考链接：

真题 1

原题呈现（2021 年浙江杭州卷）

阅读名著，要有合适的关注点，如下表所列。参照示例，选择一项举例分析。

序号	作品	关注点
①	《朝花夕拾》	“回忆中的我”和“写作时的我”两种叙述视角表达的不同情感。
②	《名人传》	传主的典型事例反映的精神品质。
③	《艾青诗选》	意象的鲜明特点及其表达的情感。

〔示例〕《昆虫记》：科普作品的科学性和文学性

如写蝉蜕壳时皮从背上裂开等内容，观察仔细，描述准确，具有科学性。蜕壳之后，蝉享受阳光和空气，语言生动，富有文学性。

思维层次：综合、比较、评价、分析

阅读能力：理解、分析、综合、鉴赏评价、表达。

命题特点及解题策略：考查名著特色分析。考查内容的可选择性明显加强，不局限于人物分析。

参考答案：

①［示例］称呼阿长，从“回忆中的我”视角，叫她“阿长”，表达对她的厌烦；从“写作时的我”视角，称呼她为“长妈妈”，表达对她的感激和怀念。

②［示例］贝多芬，在经历失聪的打击、爱情的缺失、经济的窘迫之后，仍能创作出《英雄交响曲》《命运交响曲》等一系列不朽的杰作，反映了他直面苦难、不向命运屈服的精神。

③［示例］诗人创造了“太阳”“火把”“光”等明朗、热烈的意象，表达驱逐黑暗、争取胜利的美好愿望。

真题②

原题呈现（2018年安徽合肥卷）

“用苦痛换来欢乐”是他写给埃尔多迪伯爵夫人信中的话，也是他的人生写照。他是（　　）。

A. 罗曼·罗兰　B. 贝多芬　C. 米开朗琪罗　D. 托尔斯泰

思维层次：识记

阅读能力：人物识别。

命题特点及解题策略：考查的是对重要人物的记忆，以识记为主

参考答案：

B

真题③

原题呈现（2018年山东青岛卷）

1824年5月7日，在维也纳举行《D调弥撒曲》和《第九交响曲》的第一次演奏会，获得空前的成功。情况之热烈，几乎含有暴动的性质。当贝多芬出场时，受到群众五次鼓掌的欢迎；在此讲究礼节的国家，对皇族的出场，习惯也只用三次的鼓掌礼……可是胜利是暂时的，贝多芬毫无盈利。音乐会不曾给他挣什么钱。物质生活的窘迫依然如故。他贫病交迫，孤独无依，可是战胜了——战胜了人类的平庸，战胜了他自己的命运，战胜了他的痛苦。

（1）下列填入空格正确的一项是（　　）

选文出自________的著作《名人传》，这段文字的主要内容是________________。

A. 罗曼·罗兰　音乐上的成功没有改善贝多芬的生活，但他依然战胜了苦难

B. 歌德　维也纳演奏会上观众的狂热使贝多芬不再孤独和痛苦

C. 罗曼·罗兰　维也纳演奏会上观众的狂热使贝多芬不再孤独和痛苦

D. 歌德　音乐上的成功没有改善贝多芬的生活，但他依然战胜了苦难

（2）下列表述不正确的一项是（　　）

A.《名人传》的作者是20世纪上半叶著名的人道主义作家。

B. 作品中所写的三位伟人除贝多芬外，还有米开朗琪罗和列夫·托尔斯泰。

C. 在这部小说中，作者展开想象，设计了曲折的情节，塑造了鲜明的人物形象。

D.《名人传》叙述了三位伟人苦难的一生，赞美了他们的高尚品格和顽强精神。

思维层次：识记、理解

阅读能力：识记、理解

命题特点及解题策略：考查的是对作家作品的识记，了解作品主要内容、主要人物、主题等。根据阅读记忆来判断。

参考答案：

（1）A （2）C

真题④

原题呈现（2017 年湖南邵阳卷）

他短小臃肿，外表结实，生就运动家般的骨骼，一张土红色的宽大的脸，到晚年皮肤才变得病态，耳聋，额角隆起，宽广无比。乌黑的头发，异乎寻常的浓密，好似梳子从未在上面光临过，到处逆立，赛似“梅杜萨头的乱蛇”。

（1）此语段出自罗曼·罗兰的《巨人三传》（《名人传》的另一译名），文段中的“他”是________________________（人物）。

（2）文段选自的作品突出表现了“他”怎样的精神？（2 分）

思维层次：识记、理解、分析、综合

阅读能力：识记、理解、分析、综合。

命题特点及解题策略：第（1）小题考查的是对重要人物的记忆，以识记为主。第（2）小题考查对人物形象、精神品质的分析，结合文本提炼要点。

参考答案：

（1）贝多芬（2）表现了他“扼住命运的咽喉”，将反抗苦难作为其生存方式的精神。

真题⑤

原题呈现（2016 年河南郑州卷）

文学作品中的人物形象往往是丰满的，优缺点并存。请从下面人物中任选一个，结合作品中的具体情节，分析他的优点和缺点。

①猪八戒（《西游记》）

②武松（《水浒》）

③米开朗琪罗（《名人传》）

思维层次：理解、评价

阅读能力：理解、分析、综合、鉴赏评价、表达。

命题特点及解题策略：考查对人物形象和主要情节的认识、评价和思考，形式灵活，学生可以根据自己的喜好选择。要求了解情节，把握人物形象，注重阅读思辨。

参考答案：

[示例]米开朗琪罗的优点是敢于挑战，意志坚强。教皇让他为教堂画天顶画，对壁画技术一窍不通的他毅然接受挑战，克服了重重困难，最终完成了史诗般的作品。他的缺点是不善于与人合作。他受命建造教堂，导致工人罢工，连运石料的船也找不到，工程被迫搁浅。

真题⑥

原题呈现（2019 年浙江杭州卷）

艾青被称为“太阳与火把”的歌手，他常用“太阳”的意象，表达光明、自由、胜利的不懈追求。保尔·柯察金(《钢铁是怎样炼成的》)、江姐(《红岩》)、贝多芬(《名人传》)都能体现这种追求，请你选择一位，结合作品分析。

思维层次：综合、比较、评价、分析

阅读能力：理解、分析、综合、鉴赏评价、表达。

命题特点及解题策略：从备选人物中选择一人，结合原著谈谈人物“对光明、自由、胜利的不懈追求”。这题以“主题词”的形式呈现，例证阐述的方式，用关联性点燃学生的思考热情。

参考答案：

［示例 1］我选保尔 · 柯察金。他追求世界上最壮丽的事业——人类的解放。在敌人的严刑拷打面前，他坚贞不屈；在枪林弹雨的战场上，他勇往直前，即使全身瘫痪、双目失明，他也没有放弃。可以说，他为人类的解放事业奉献了全部精力和整个生命。

［示例 2］我选江姐。临近解放，江姐组织越狱，敌人策划逃跑前杀害共产党，为了不暴露越狱计划，保护同志们，江姐毅然走向刑场。她的一生是追求光明、追求胜利的一生。

［示例 3］我选贝多芬。他从小受酗酒父亲的虐待，中年遭受耳疾折磨和侄子的不孝，但他在痛苦中坚持创作，谱写了《英雄交响曲》《欢乐颂》等乐曲，用音乐的语言表达对命运的抗争，对自由、平等、博爱的热切追求。

参考文献

[1] 张思瑶 . 以人为镜，鉴彼知己——基于分类读物推广理念的“传记读物阅览室”建设 [J]. 图书馆杂志，2019（11）：49–55.

[2] 钱义勇 . 罗曼·罗兰的《名人传》如何归类 [J]. 国家图书馆学刊，1986（4）：61–62.

[3] 宋其利 . 站在名人的肩上——走近《名人传》[J]. 小葵花：快乐读写，2011（11）：17–26.